TINKERCAD 3D Design & Coding

팅커캐드
3D 디자인 & 코딩

발 행 일	1판2쇄 2024년 10월 11일
I S B N	978-89-5960-472-2
정 가	14,000원
집 필	렉스 기획팀
진 행	이 영 수
본문디자인	디자인 꿈틀
발 행 처	(주)렉스미디어
발 행 인	안 광 준
주 소	경기도 파주시 파주읍 정문로 588번길 24
대표전화	(02)849-4423
대표팩스	(02)849-4421
홈 페 이 지	www.rexmedia.net

※ 이 책은 저작권법에 따라 보호를 받는 저작물이므로 무단 전재와 무단 복제를 금지하며,
이 책 내용의 전부 또는 일부를 이용하려면 반드시 렉스미디어 출판사의 서면 동의를 받아야 합니다.

팅커캐드 자료 다운로드 방법

1 렉스미디어(http://www.rexmedia.net) 홈페이지에 접속한 후 [자료실]을 클릭합니다.

2 교재 목록이 나타나면 [팅커캐드]를 입력한 후 [검색] 단추를 클릭합니다.

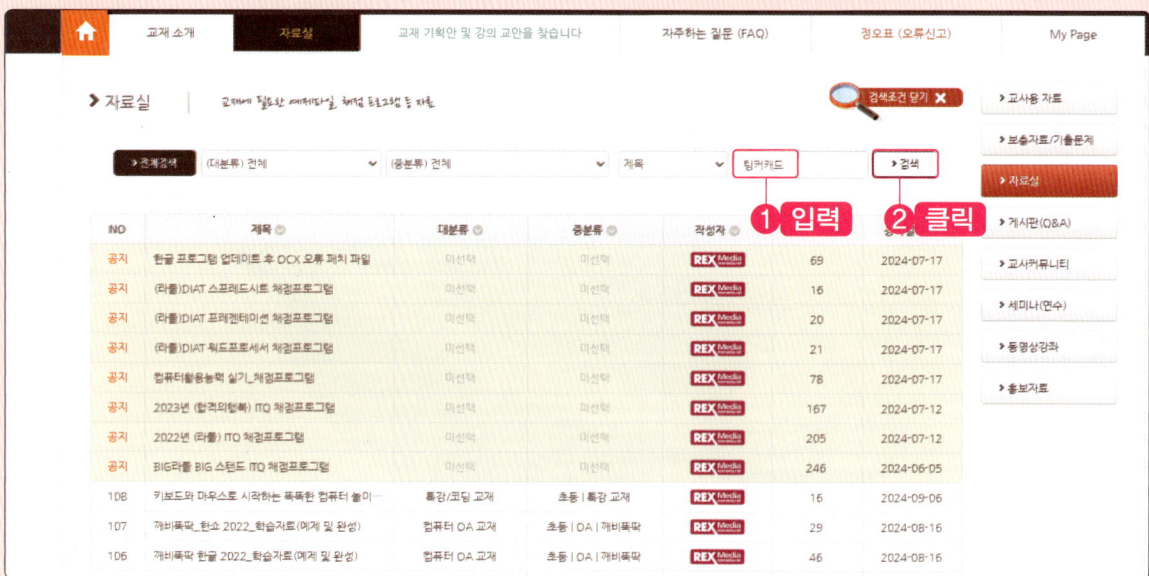

3 검색 결과가 나타나면 [팅커캐드 3D 디자인&코딩(개정판)_학습자료(예제 및 완성)]을 클릭합니다.

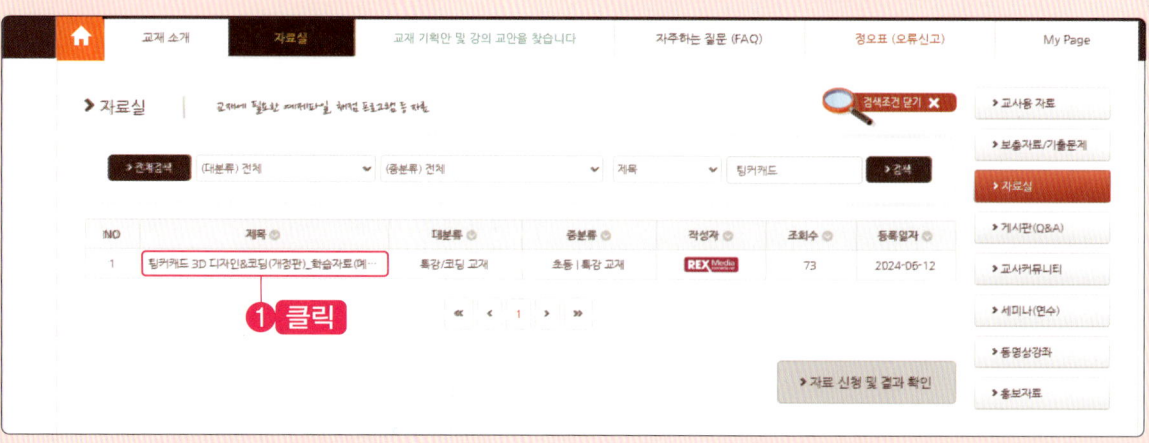

팅커캐드 자료 다운로드 방법

4 자료실 보기 화면에 팅커캐드 관련 설명이 표시되면 '학습자료(예제 및 완성)' 항목의 **[다운로드]를 클릭**하여 학습 자료를 다운로드 받아 사용합니다.

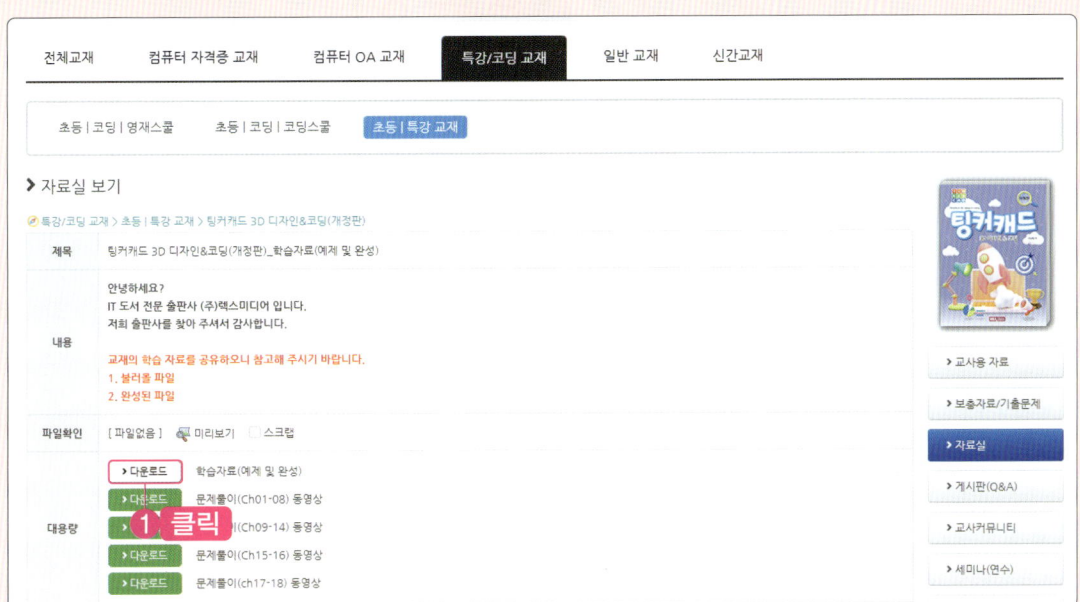

Tip

팅커캐드 문제풀이 동영상 다운로드

팅커캐드의 문제풀이 과정을 동영상으로 제공합니다. 동영상 파일을 다운로드는 챕터(Chapter)별 압축 파일로 제공하며, 해당 파일을 클릭한 후 다운로드 받아 사용하시기 바랍니다.

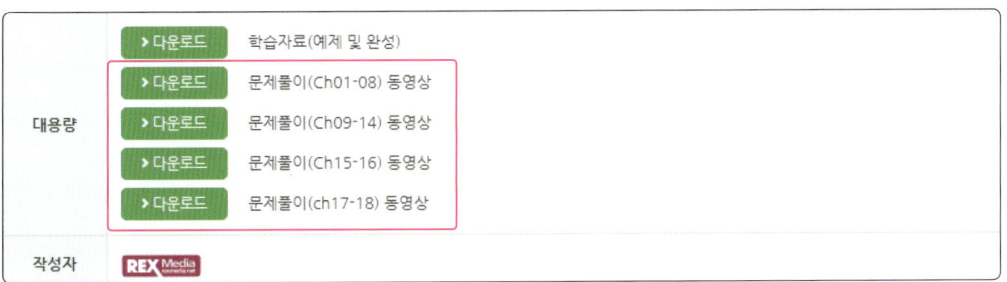

이 책의 차례

팅커캐드 3D 디자인 & 코딩

PART 01 팅커캐드 3D 디자인 알아보기

01장 팅커캐드의 계정 설정 및 사용법 알아보기 ················8
- 13세 미만 초등학생의 팅커캐드 계정 설정하기
- 마이 페이지 알아보기
- 작업 화면 알아보기
- 작업 화면 제어하기
- 도형 가져오기 및 이동/크기변경/삭제하기
- 도형 회전하기
- 도형의 색상 변경하기

02장 팅커캐드의 기본 기능 익히기 ···························· 20
- 워크플레인 기능 이용하기
- 눈금자 사용하기
- 정렬하기
- 도형 모양 반전시키기
- 도형의 복사 및 붙여넣기
- 도형 복제하기
- 도형의 그룹 및 그룹 해제하기

03장 팅커캐드의 실무 기능 익히기 ···························· 29
- 기본 도형 수정하기
- 도형 자르기
- 도형의 구멍 뚫기
- 도형 내부의 속 비우기
- 모서리 라운딩 자르기
- 도형 가져오기 및 내보내기
- 모델링 공유하기

이 책의 차례

PART 02 팅커캐드 3D 디자인 작품 만들기

04장	이름표 만들기	40
05장	주사위 만들기	45
06장	김밥 만들기	50
07장	머그컵 만들기	55
08장	꽃잎 만들기	60
09장	소파 만들기	65
10장	화분 만들기	70
11장	연필꽂이 만들기	76
12장	도장 만들기	81
13장	케이크 만들기	86
14장	반지 만들기	91
15장	석탑 만들기	97
16장	피규어 만들기	103
17장	장난감 자동차 만들기	109
18장	비행기 만들기	115

이 책의 차례

PART 03 팅커캐드 3D 코드 블록 사용하기

19장 코드 블록 사용법 알아보기 ·· 122

20장 코딩을 위한 블록 알아보기 ·· 133

21장 테이블 만들기 ··· 140

22장 공구 만들기 ·· 145

23장 필기구 만들기 ··· 150

24장 머그컵 만들기 ··· 155

20~24장 Jump Jump 정답 ·· 160

JUMPJUMP 문제 풀이 과정 동영상으로 확인하세요.

렉스미디어 홈페이지(rexmedia.net)의 자료를 다운로드 받으면 Chapter별 JumpJump 문제의 풀이 과정을 동영상으로 제공하며, 스마트폰을 이용할 경우 QR 코드를 찍어 바로 확인해 볼 수 있습니다.

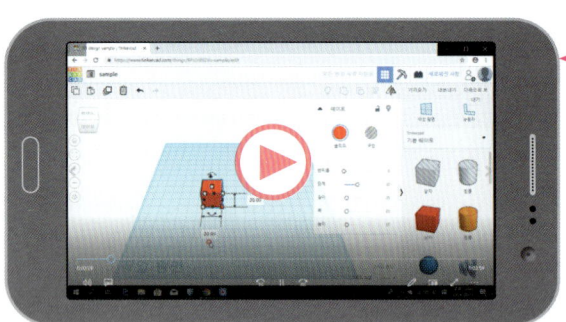

PART 01

팅커캐드 3D 디자인 알아보기

01장 팅커캐드의 계정 설정 및 사용법 알아보기

02장 팅커캐드의 기본 기능 익히기

03장 팅커캐드의 실무 기능 익히기

01 Chapter
팅커캐드의 계정 설정 및 사용법 알아보기

Section 01 - 12세 이하 초등학생의 팅커캐드 계정 설정하기

1 인터넷 웹브라우저인 크롬에서 팅커캐드(www.tinkercad.com)에 접속한 후 [팅커링 시작]을 클릭합니다.

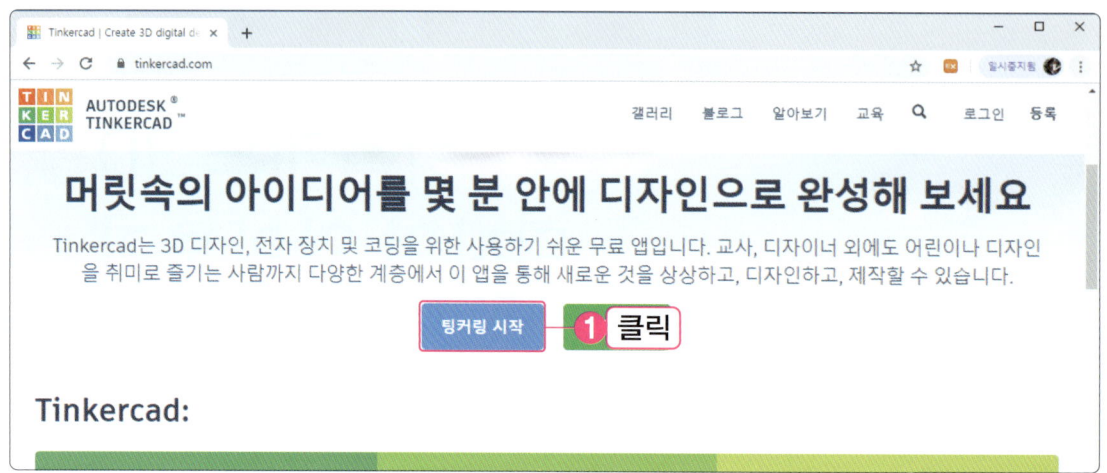

2 [팅커링 시작] 대화상자에서 [개인 계정 생성] 단추를 클릭한 후 계정의 생성 방법(이메일 등록)을 클릭합니다.

3 국가, 지역 또는 영역(대한민국) 및 생일 등의 정보와 사용자의 이름 및 암호 등 계정을 만들기 위한 내용을 입력한 후 [계정 작성]을 클릭합니다.

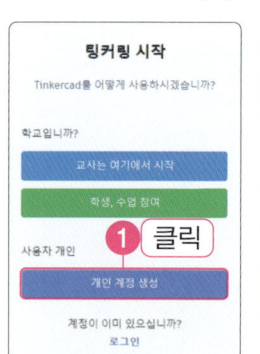 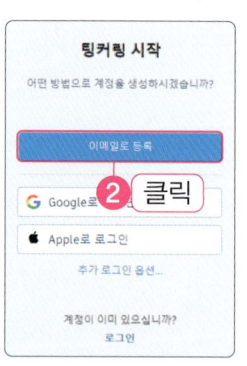 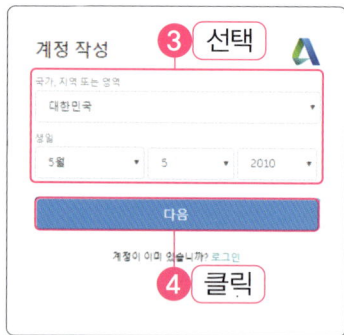 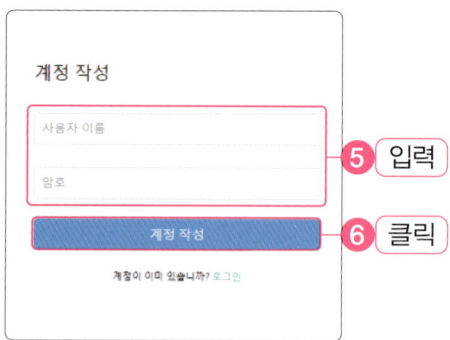

> **Tip**
> **13세 이상의 계정 등록하기**
> 13세 이상의 경우 계정 작성 화면에서 전자 메일 주소 및 암호를 입력한 후 [계정 작성]을 클릭하면 쉽게 등록할 수 있습니다.

4 13세 미만 학생의 경우 선생님의 승인을 받아야 수업에 참여할 수 있으며, 부모님의 이메일 주소 입력을 통해서도 사용할 수 있습니다.

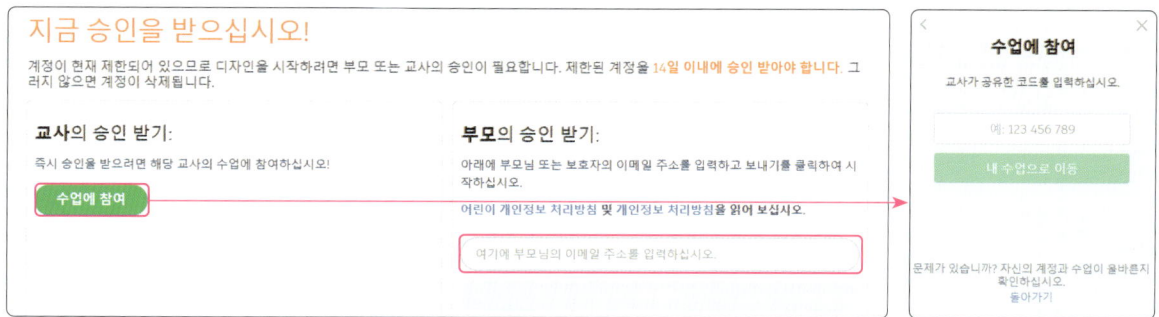

> **Tip**
>
> ### 선생님 계정을 이용한 초대코드 만들기
>
> 13세 미만 어린이의 경우 팅커캐드 계정을 생성시 선생님의 초대코드가 필요하며, 초대코드 생성은 아래와 같습니다.
>
> ① 선생님 계정에서 새로운 수업을 만듭니다.
> ② 만들어진 수업을 클릭하여 이동합니다.
> ③ [수업 링크 공유]를 클릭한 후 수업 코드를 이용하여 학생들을 초대합니다.
>
> 학생 계정을 등록한 경우 수업 이름을 클릭하면 학생 계정 목록이 표시되며, 학생 이름을 클릭하여 작품을 확인할 수 있고 댓글 및 암호 변경, 편집 작업이 가능합니다.
>
> 새로운 그룹을 생성하여 그룹 단위로 수업을 진행할 수도 있습니다.
>
>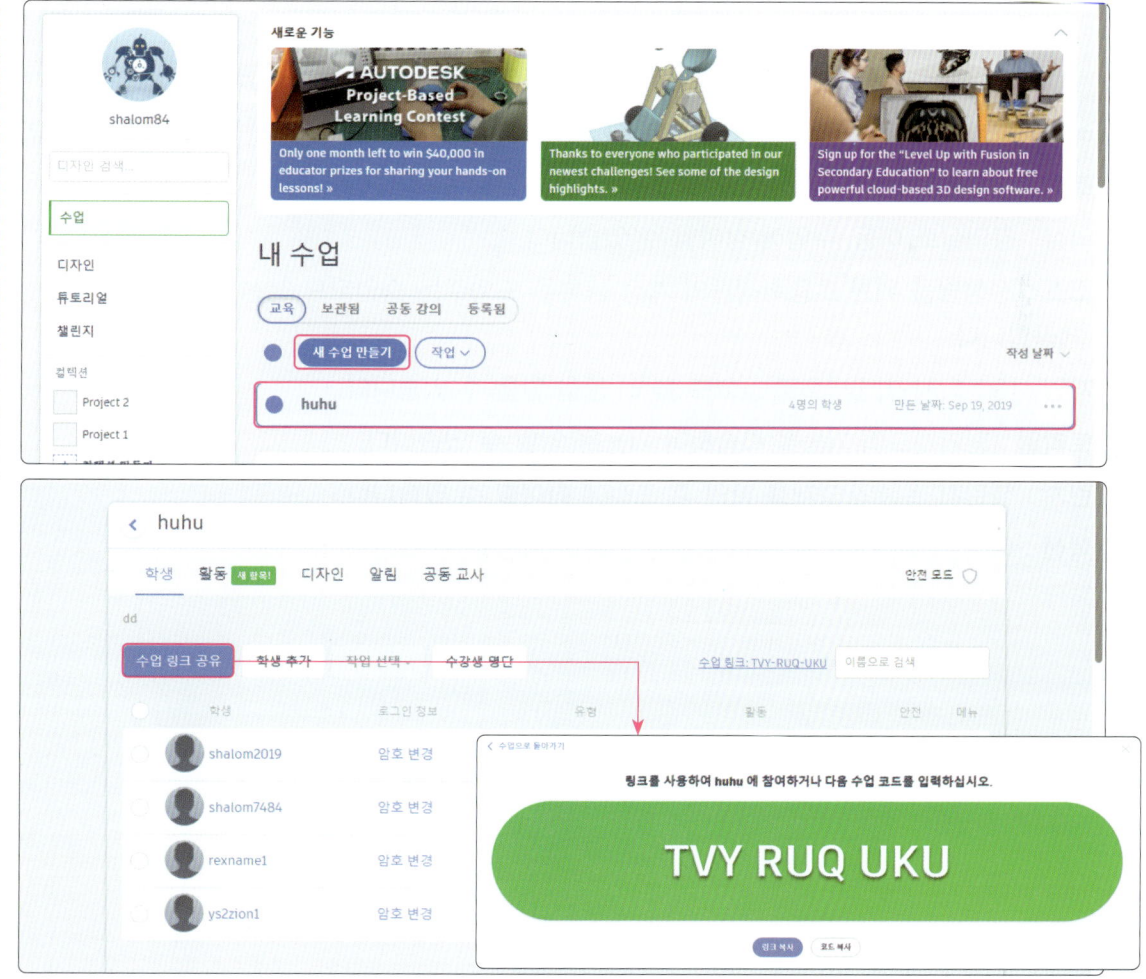

Chapter 01 - 팅커캐드의 계정 설정 및 사용법 알아보기 **9**

Section 02 마이 페이지 알아보기

팅커캐드 계정에 로그인시 표시되는 화면으로 팅커캐드에서 완성한 디자인 및 새로운 디자인 작성, 학습 및 아두이노 회로 설계와 코드블록 등을 모델링할 수 있습니다.

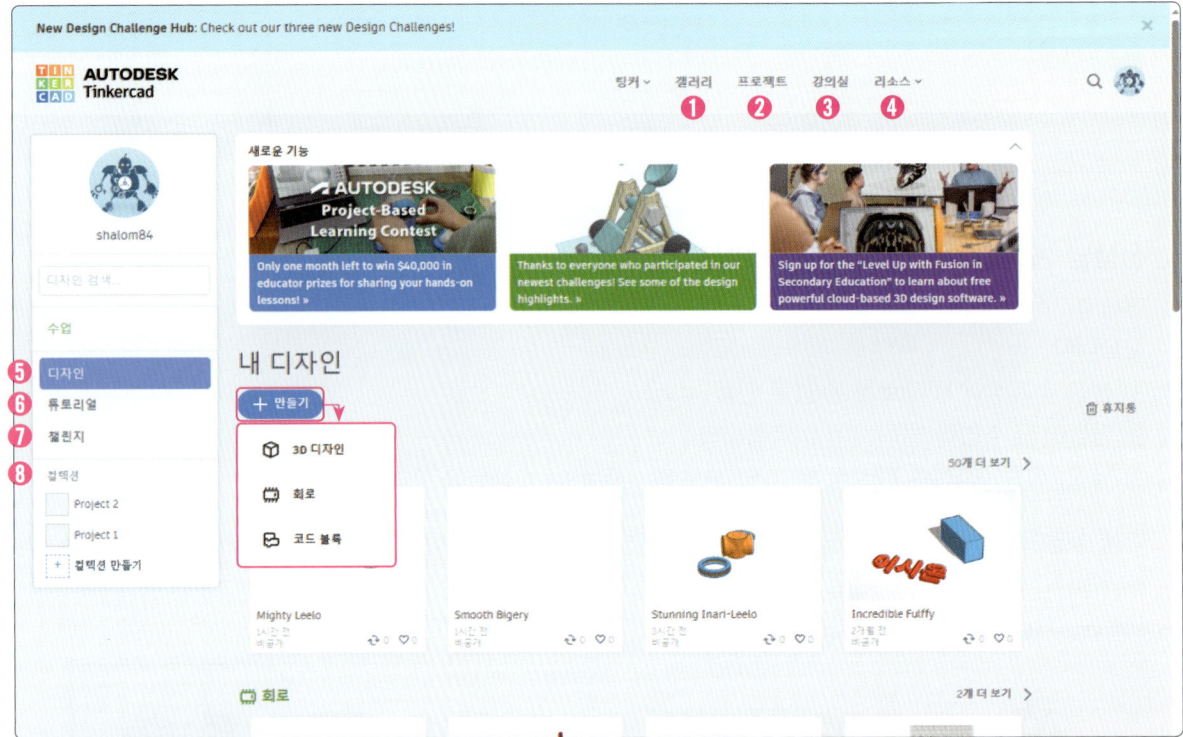

❶ **갤러리** : 팅커캐드 블로그 및 학습 센터, 학습 계획, 챌린지, 도움말 센터 등 정보를 제공합니다.

❷ **프로젝트** : 모든 학년과 주제에 대한 학습 내용을 확인할 수 있습니다.

❸ **강의실** : 강의실로 이동, 수업에 참여할 수 있습니다.

❹ **리소스** : 선생님을 위한 초등학생들의 계정 등록을 도와주는 승인코드 생성 및 교육에 관한 정보를 제공합니다.

❺ **디자인** : [3D 디자인] 및 [회로], [코드 블록] 등을 만들 수 있습니다.

❻ **튜토리얼** : 팅커캐드의 기능을 학습하며 기능을 익힐 수 있습니다.

❼ **챌린지** : 챌린지 목록의 과제를 확인 후 도전에 참여할 수 있습니다.

❽ **컬렉션** : 여러 개의 프로젝트 작업 공간을 만들어 사용할 수 있습니다.

Section 03 작업 화면 알아보기

마이 페이지에서 [새 디자인 작성]을 클릭하여 표시하며, 하늘색 모눈종이 모양의 작업 평면에 다양한 도형을 가져와서 작업을 합니다.

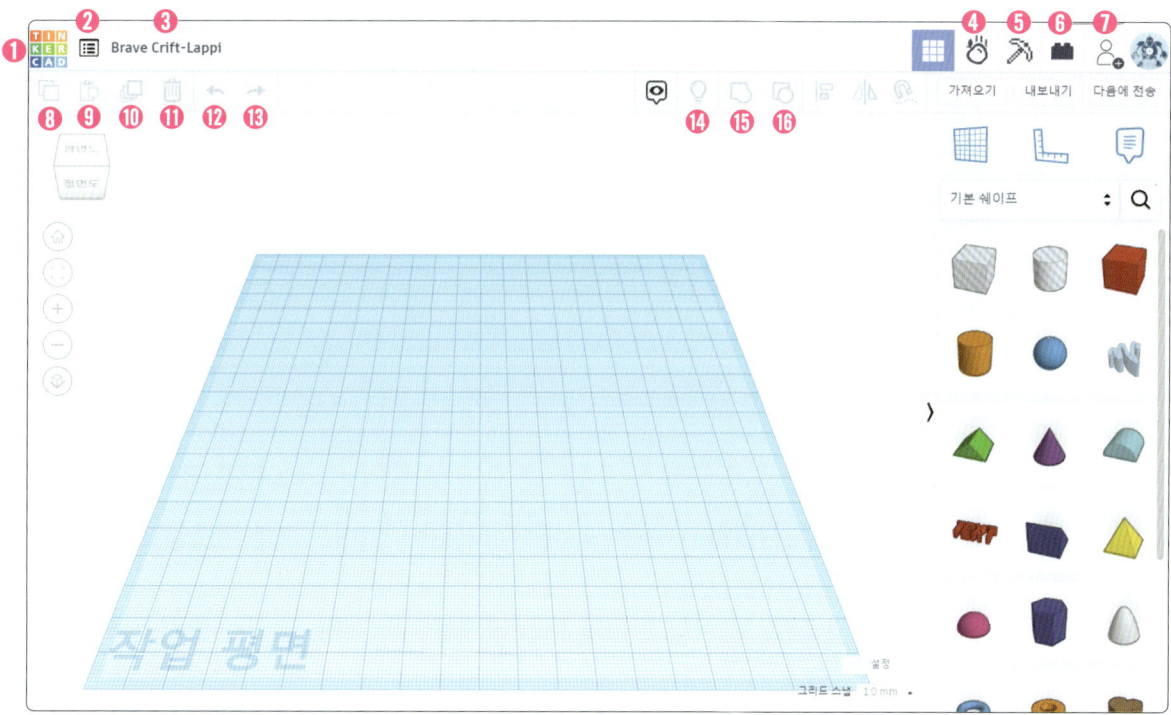

① **팅커캐드 대시보드(** **)** : 본인의 계정인 마이페이지로 이동합니다.

② **최근 디자인(** **)** : 본인이 디자인한 3D 모델을 목록으로 표시하며, 편집 및 삭제할 수 있습니다.

③ **모델 이름** : 본인이 디자인하는 3D 모델의 이름을 지정하며, 마우스를 클릭 후 새로운 이름으로 변경할 수 있습니다.

④ **Sim Lab** : 본인이 디자인한 3D 모델을 시뮬레이션하여 확인할 수 있습니다.

⑤ **블록** : 본인이 디자인한 3D 모델을 마인크래프트 블록 모양으로 바꿀 수 있습니다.

⑥ **벽돌** : 본인이 디자인한 3D 모델을 레고 블록 모양으로 바꿀 수 있습니다.

⑦ **함께 디자인할 사용자 초대** : 공동으로 작업할 작품의 링크 주소를 제공하여 여러 사람이 함께 작업할 수 있도록 도와줍니다.

⑧ **복사(Ctrl+C)** : 도형을 복사할 수 있습니다.

⑨ **붙여넣기(Ctrl+V)** : 복사한 도형을 붙여넣을 수 있습니다.

⑩ **복제(Ctrl+D)** : 동일한 도형을 연속적으로 복제하여 일정한 패턴으로 만들 수 있습니다.

⑪ **삭제(Delete)** : 선택한 도형을 삭제할 수 있습니다.

⑫ **명령 취소(Ctrl+Z)** : 실행한 명령을 취소합니다.

⑬ **명령 복구(Ctrl+Y)** : 취소한 명령을 다시 복구할 수 있습니다.

⑭ **모두 표시(Ctrl+Shift+H)** : 숨긴 도형을 모두 표시할 수 있습니다.

⑮ **그룹화(Ctrl+G)** : 선택한 여러 개의 도형들을 하나의 그룹으로 만들 수 있습니다.

⑯ **그룹 해제(Ctrl+Shift+G)** : 선택한 그룹을 그룹 지정 이전의 상태로 해제합니다.

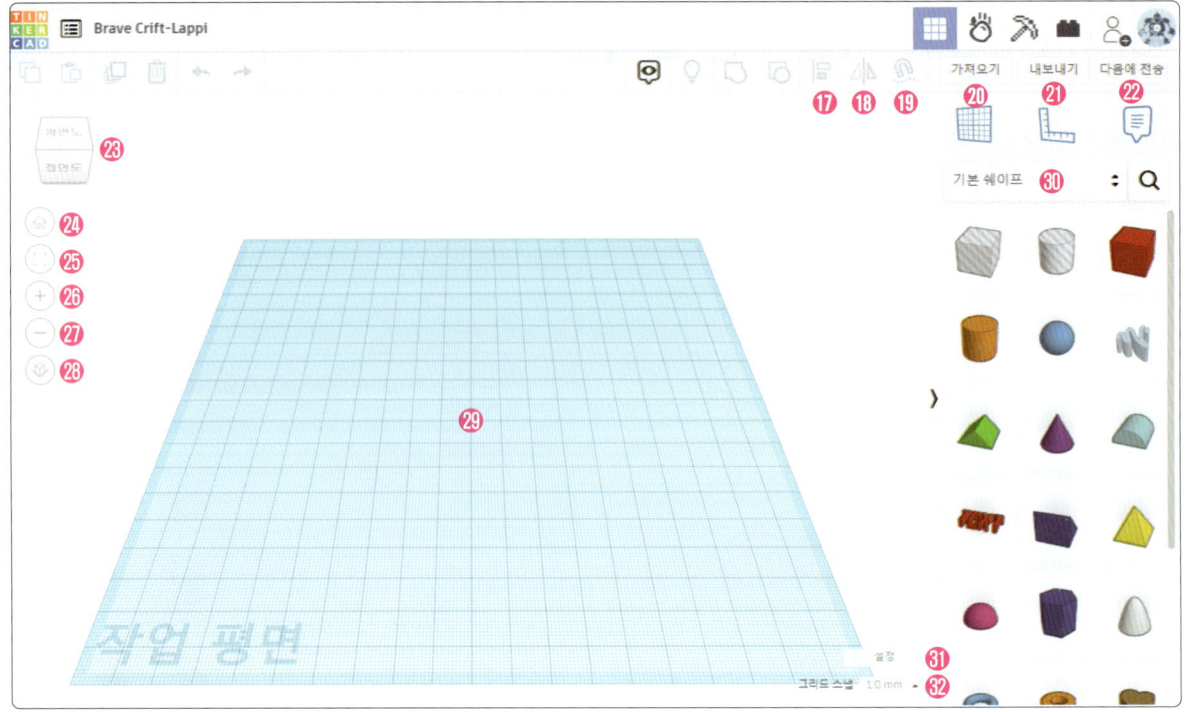

- ❶ **정렬(L)** : 선택한 도형들을 정렬하기 위한 표시를 나타내며, 원하는 정렬 기준을 선택하여 재배치할 수 있습니다.
- ❷ **반전(M)** : 선택한 도형의 좌우 및 상하 반전을 위한 표시를 나타내며, 원하는 반전 기준을 선택하여 모양을 변경할 수 있습니다.
- ❸ **크루즈** : 도형과 도형을 서로 자석으로 붙이듯 배치할 수 있습니다.
- ❹ **가져오기** : 팅커캐드에서 지원하는 stl, obj, svg 형식의 파일을 불러올 수 있습니다.
- ❺ **내보내기** : 팅커캐드에서 작업한 디자인을 stl, obj, svg 형식으로 다운로드 받을 수 있으며, 3D 프린터로 출력을 진행할 수 있습니다.
- ❻ **다음에 전송** : 이미지 파일(PNG) 형식으로 다운로드 받거나 디자인 링크를 공유하여 다른 사용자와 만들 수 있도록 링크 주소를 보낼 수 있습니다.
- ❼ **뷰 박스( )** : 작업 중인 모델을 여러 각도에서 확인할 수 있습니다.
- ❽ **홈 뷰( )** : 작업 평면의 글자가 정면으로 표시되도록 기본 화면으로 움직입니다.
- ❾ **모두 뷰에 맞춤( )** : 선택한 도형 모델이 화면에 꽉 차도록 보여줍니다.
- ❿ **줌 확대(+)** : 작업 평면을 확대합니다.
- ⓫ **줌 축소(−)** : 작업 평면을 축소합니다.
- ⓬ **평면(직교) 뷰로 전환** : 평면(직교) 뷰( ) 또는 투시 뷰( )로 서로 전환할 수 있습니다.
- ⓭ **작업 평면** : 도형을 가져와서 원하는 모양으로 모델링하는 작업 공간입니다.
- ⓮ **기본 쉐이프** : 팅커캐드에서 지원하는 각종 도형 및 문자, 숫자 등의 구성 요소들을 불러올 수 있습니다.
- ⓯ **그리드 편집** : 작업 평면에서 사용할 단위와 작업 평면의 모눈 크기를 수정할 수 있습니다.
- ⓰ **그리드 스냅** : 0.1mm에서 최대 5.0mm까지 그리드 값을 조정할 수 있습니다.
(그리드 설정값에 따라 마우스를 이용한 도형의 크기 및 회전, 이동 단위가 달라집니다.)

Section 04 작업 화면 제어하기

1 뷰 박스를 이용한 작업 화면 전환하기

뷰 박스의 평면도, 정면도, 좌측면도, 우측면도, 배면도, 밑면도 등 6방향의 면을 클릭하여 해당 면으로 이동하며, 마우스를 드래그하여 원하는 화면 위치를 조정합니다.

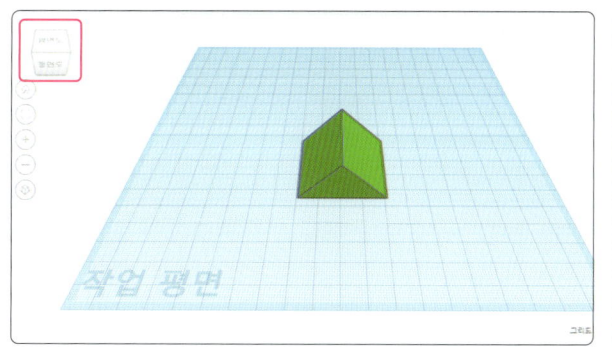
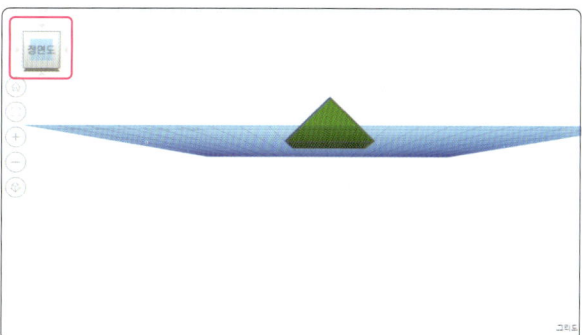
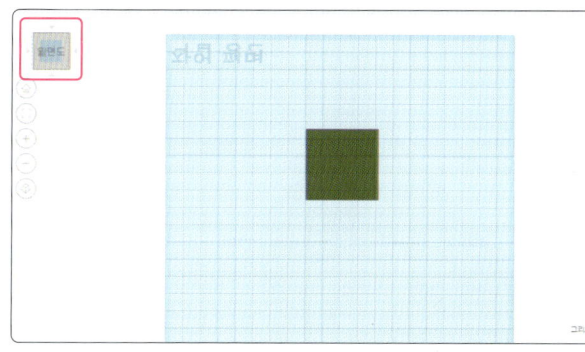
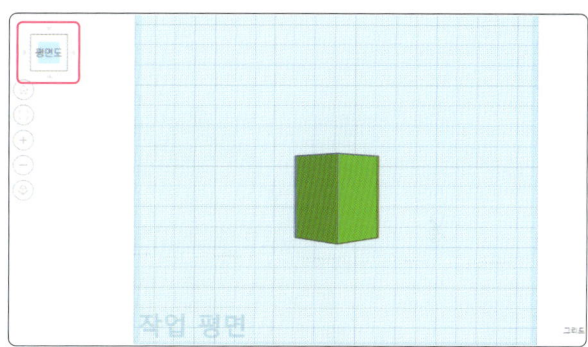

2 작업 화면 회전하기

마우스 오른쪽 단추를 누른 상태에서 드래그하면 작업 평면이 360° 회전으로 자유롭게 위치를 조정할 수 있습니다.

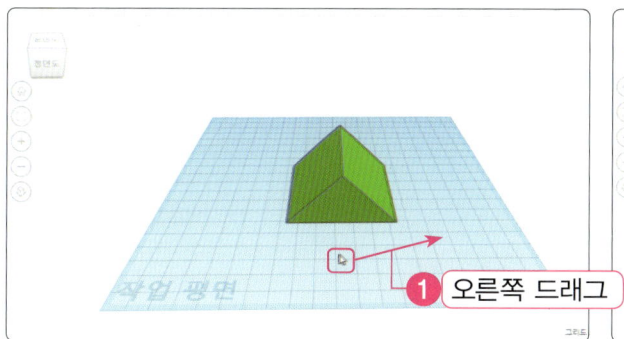
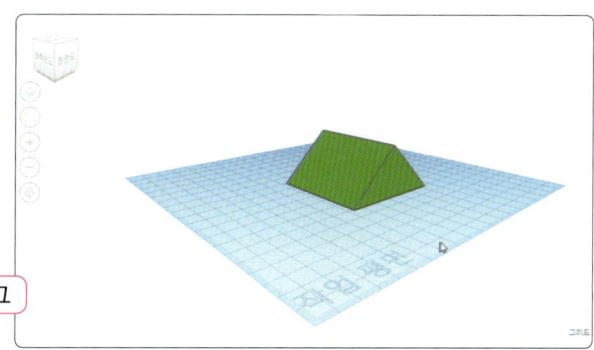

① 오른쪽 드래그

3 작업 화면 확대 및 축소하기

마우스의 스크롤 휠을 앞으로 돌려 확대, 뒤로 돌려 축소할 수 있습니다.

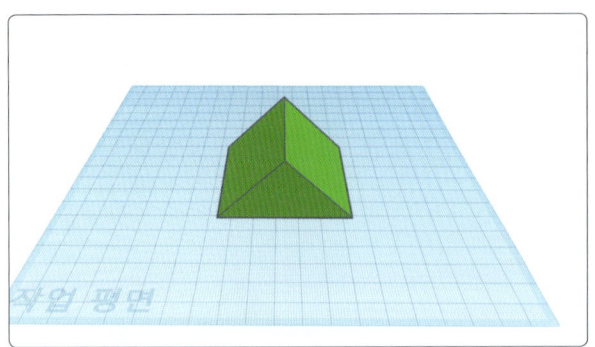 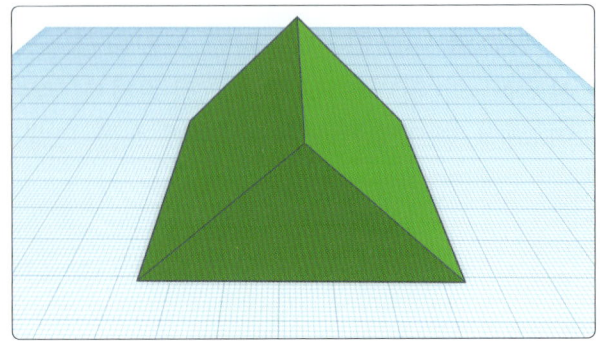

4 작업 화면 이동하기

마우스의 스크롤 휠을 누른 상태에서 상하좌우로 드래그하면 작업 평면을 이동할 수 있습니다.

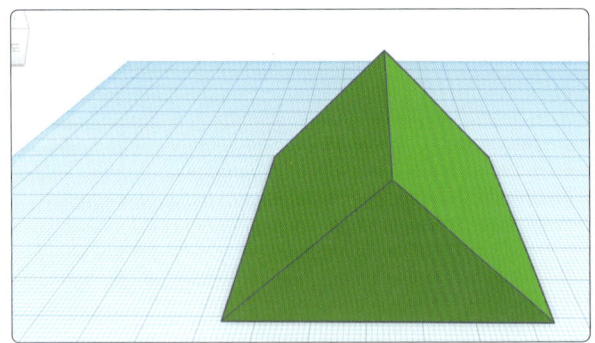 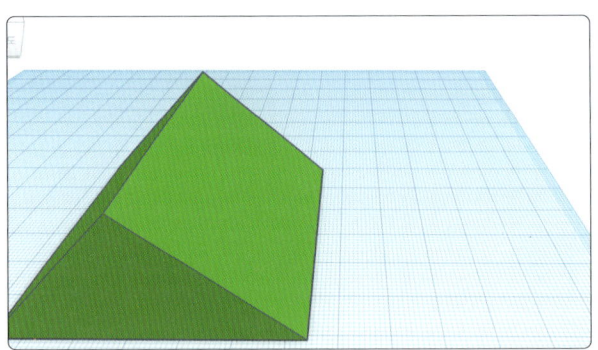

Section 05 도형 가져오기 및 이동/크기변경/삭제하기

1 도형 가져오기

가져올 도형을 마우스를 드래그하여 작업 평면에 놓습니다.

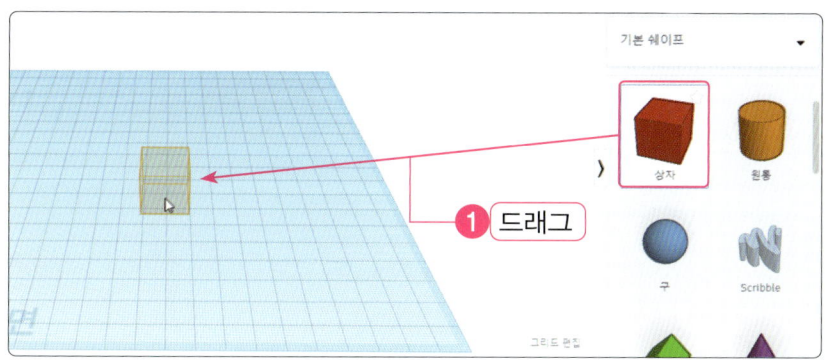
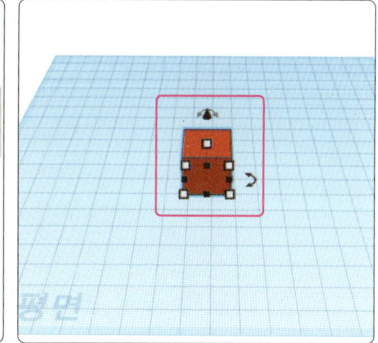

2 도형 이동하기

작업 평면에 위치한 도형 중에서 이동할 도형을 마우스 왼쪽 버튼을 누른 상태에서 드래그하여 원하는 위치로 이동시킵니다.

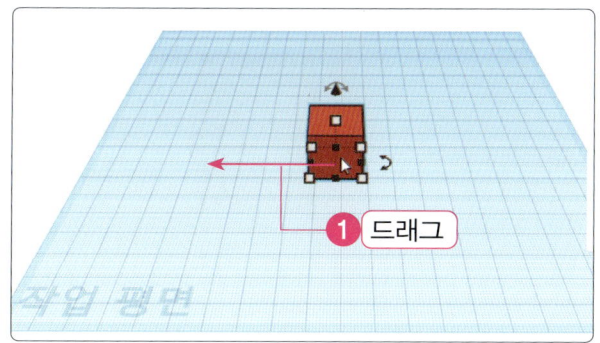
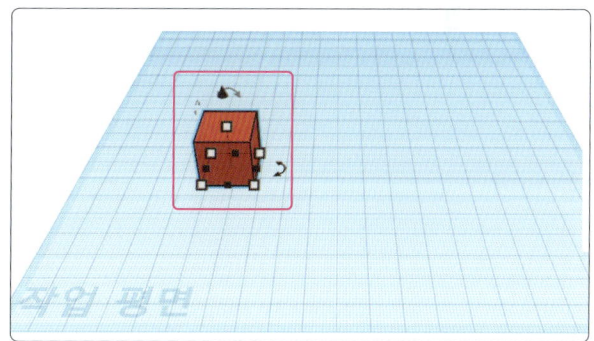

> **Tip**
>
> **도형 이동시 주의사항**
>
> 도형의 측면(①) 및 모서리(②), 높이(③) 등의 크기 변경점과 회전 각도 조절 화살표(④), 위쪽 높이 이동 화살표(⑤) 등이 선택되면 해당 크기 및 회전 각도 등이 조절되므로 해당 점이 선택되지 않은 마우스 포인터 모양이 되도록 해야 이동할 수 있습니다.
>
>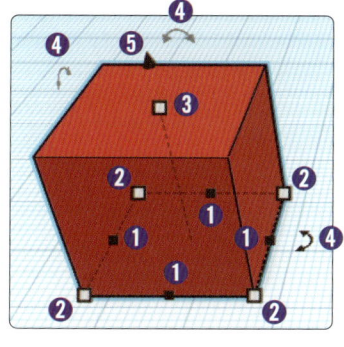
>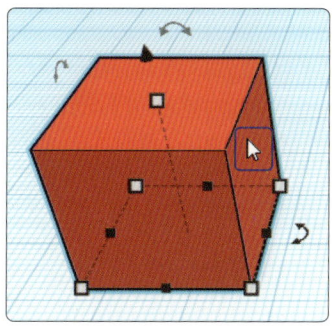

3 도형의 크기 변경하기

- 도형을 선택한 후 크기 변경점을 드래그합니다.

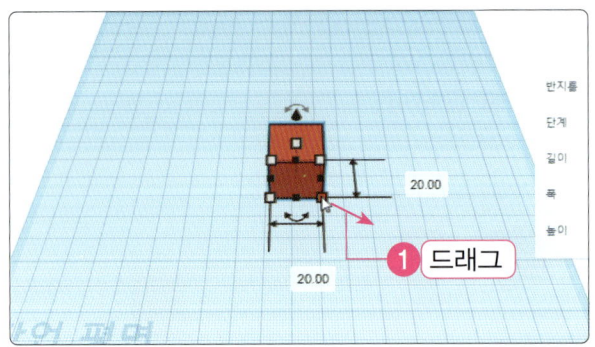 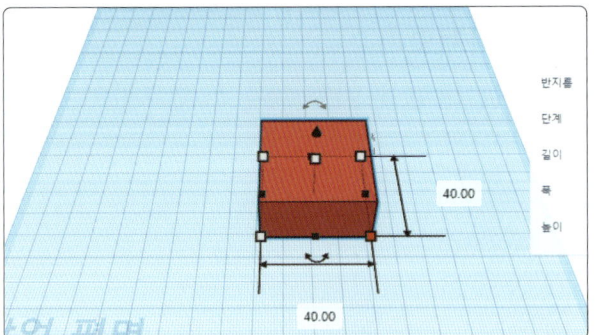

> **Tip**
>
> **같은 비율의 크기 변경하기**
>
> 도형의 크기를 변경할 때 키보드의 Shift 를 누른 상태에서 드래그하면 같은 비율로 크기를 변경할 수 있습니다.

- 도형을 선택한 후 크기 변경점을 클릭한 후 표시되는 크기값을 수정합니다.

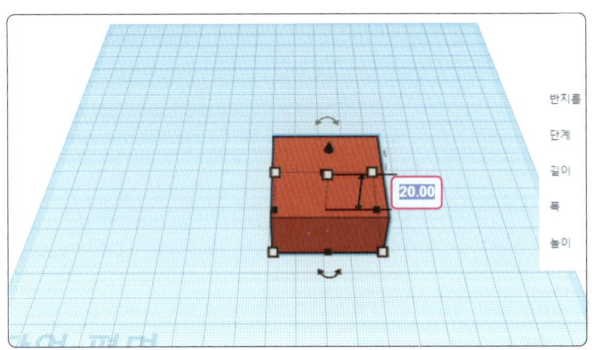 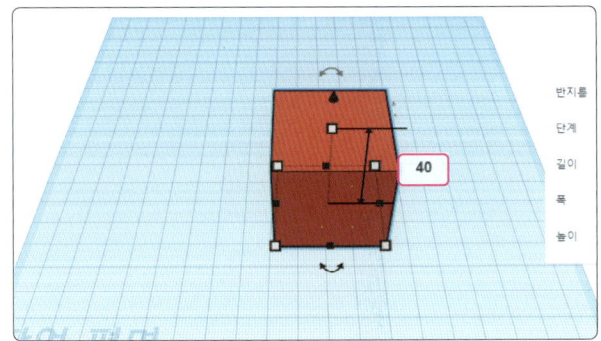

4 도형 삭제하기

삭제할 도형을 선택한 후 삭제(🗑) 도구를 클릭하거나 키보드의 Delete 를 누릅니다.

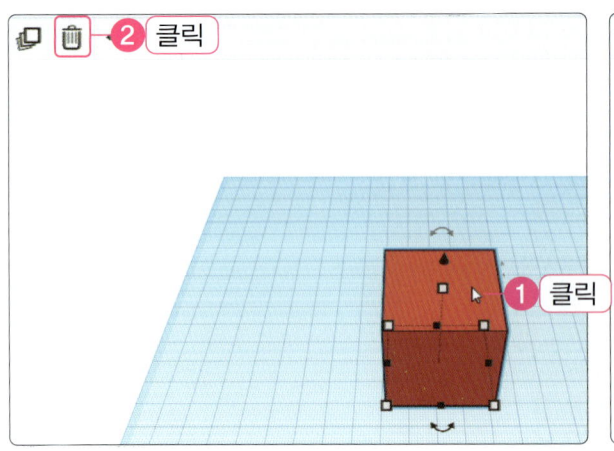 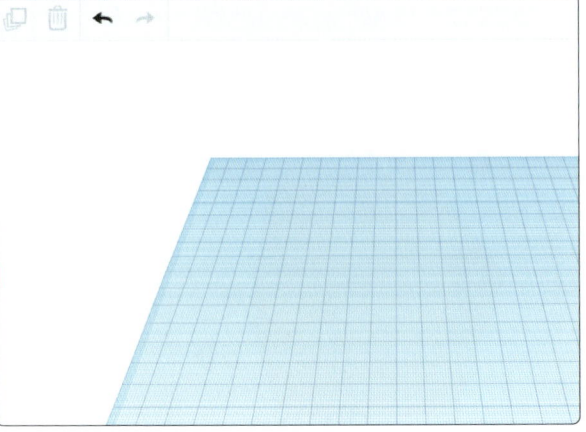

Section 06 도형 회전하기

도형을 선택하면 모서리 부분에 3개의 회전 화살표가 표시되며, X축, Y축, Z축 방향으로 각각 회전할 수 있습니다.

1 마우스를 이용한 회전하기

회전할 축의 회전 화살표를 클릭한 후 회전 각도가 표시되면 원하는 방향으로 드래그하여 회전합니다. 이때 안쪽의 눈금 단위에서 드래그하면 22.5° 각도로 회전하며, 바깥쪽 눈금 단위에서 드래그하면 1° 단위로 회전합니다.

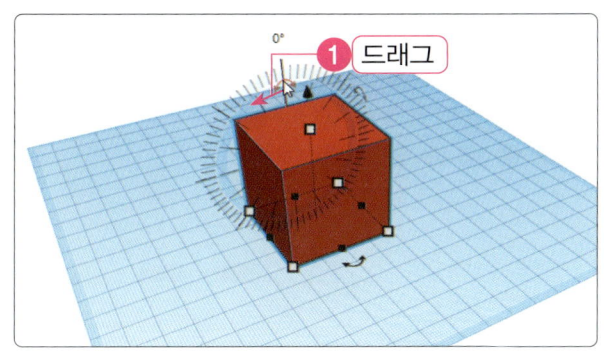 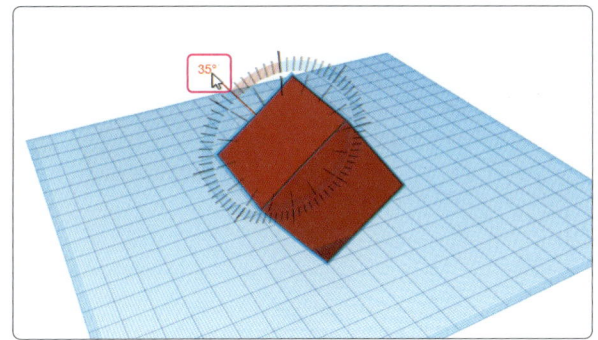

Tip

22.5° 및 45° 단위로 회전시키기

- **22.5° 단위로 회전하기** : 도형을 회전할 때 안쪽의 눈금 단위에서 드래그합니다.
- **45° 단위로 회전하기** : 도형을 회전할 때 키보드의 Shift를 누르고 회전합니다.

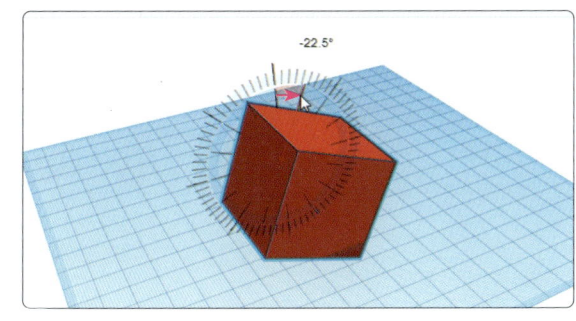 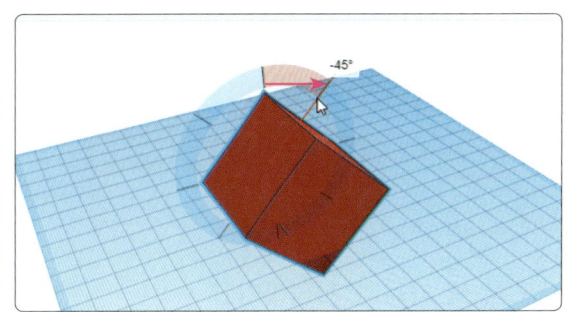

2 입력값을 이용하여 회전하기

회전할 축의 회전 화살표를 클릭한 후 입력값을 직접 입력하여 원하는 각도로 회전합니다.

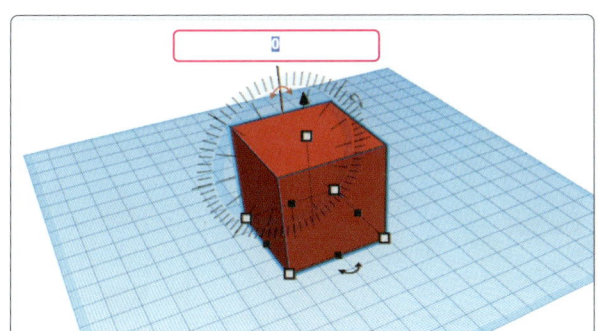 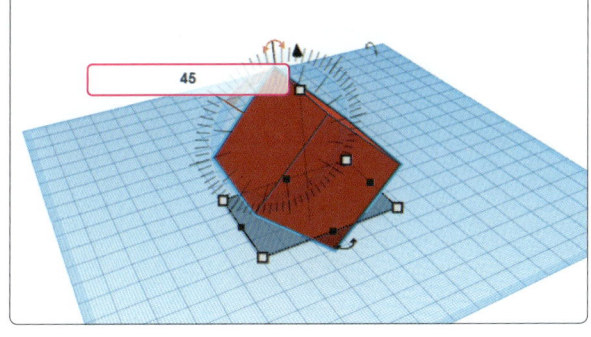

Section 07 도형의 색상 변경하기

1 상자를 작업 평면에 위치한 후 도형을 선택한 다음 선택한 도형의 옵션 패널에서 솔리드를 클릭하면 색상표가 표시되며 원하는 색상을 선택합니다.

2 선택한 색상으로 도형의 색이 변경됩니다.

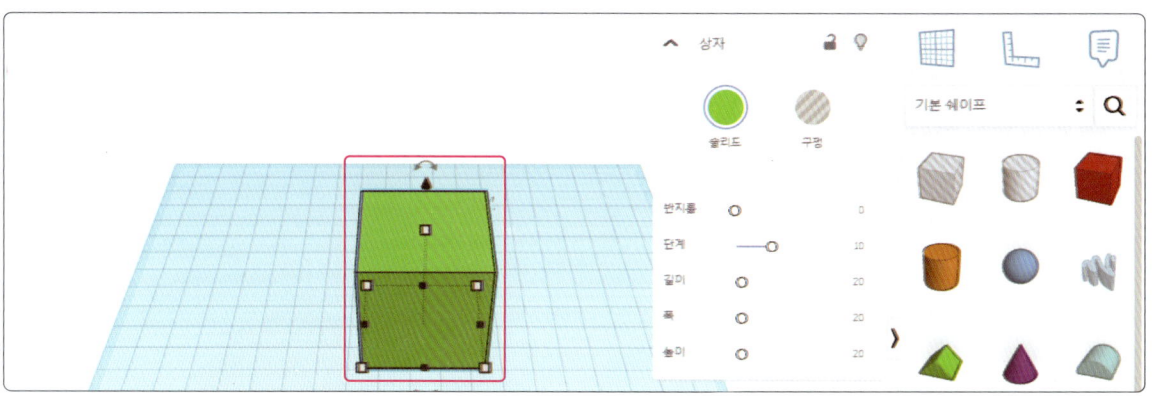

> **Tip**
>
> **도형 색 사용자 지정하기**
>
> 도형의 옵션 패널에서 솔리드를 선택한 후 [사용자 지정]을 클릭하면 색상표 이외의 다양한 색을 설정하여 사용할 수 있습니다.
>
>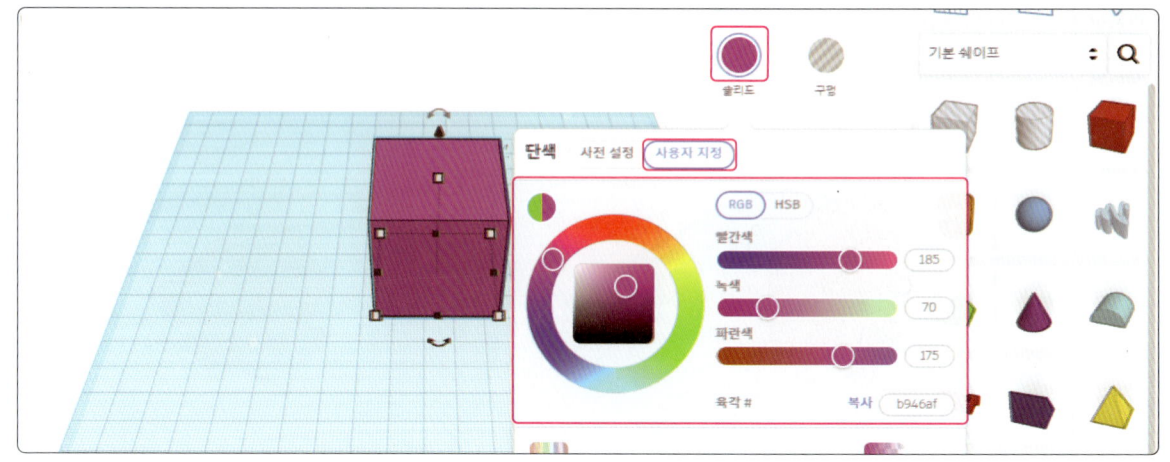

http://gofile.me/4BQ07/EGUQHNdg7　　　　　　　　　　Chapter01 ▶ Ch01(연습).mp4

01 작업 평면에 상자 도형을 배치하고 크기를 수정해 보세요.

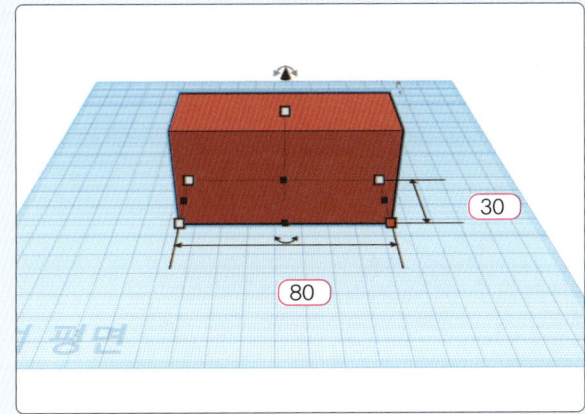 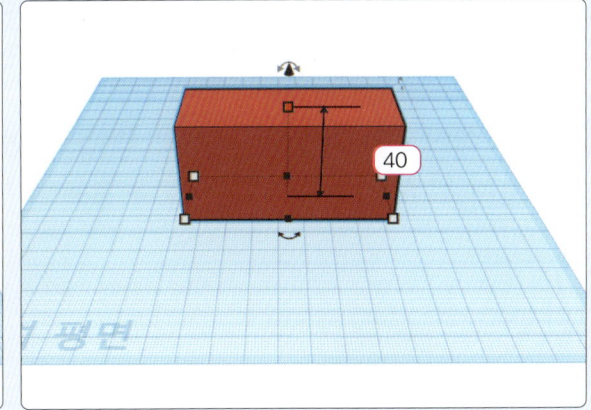

02 상자 도형을 90° 회전하여 세로로 길게 표시해 보세요.

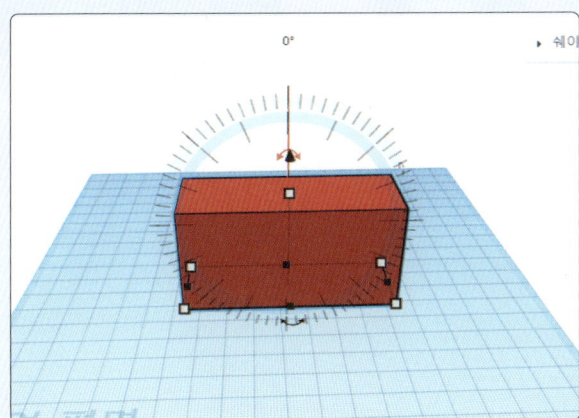 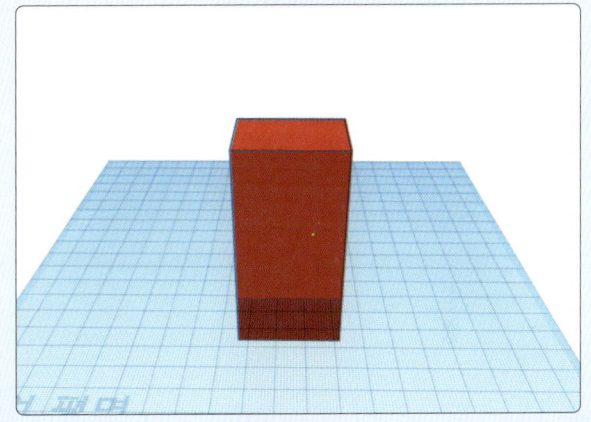

03 상자 도형이 작업 평면의 바닥과 일치하도록 위로 올려 보세요.

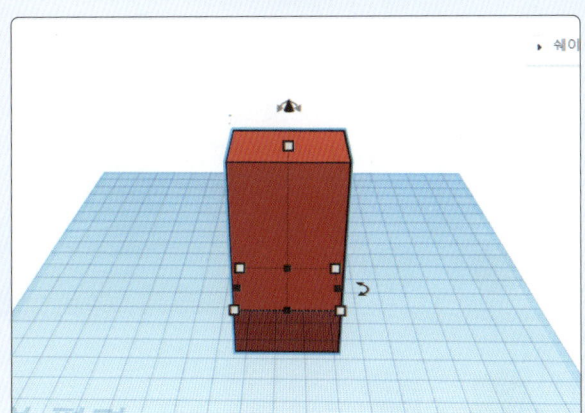 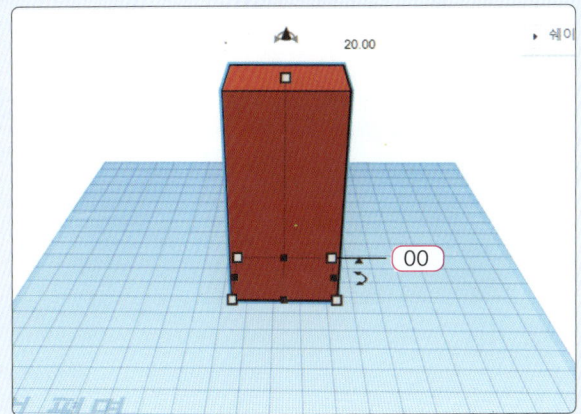

Chapter 01 – 팅커캐드의 계정 설정 및 사용법 알아보기　**19**

02 Chapter
팅커캐드의 기본 기능 익히기

Section 01 워크플레인 기능 이용하기

도형의 원하는 면을 작업 평면의 기준면으로 바꾸는 기능입니다. 도형의 특정면의 크기를 바꾸거나 특정 면을 기준으로 도형을 추가하는 등의 작업을 할 때 편리합니다.

1 기본 쉐이프의 지붕을 가져와 작업 평면에 위치한 후 [작업 평면 도구]를 클릭한 다음 도형의 옆면을 클릭하여 지붕 도형의 옆면을 작업 평면으로 만듭니다.

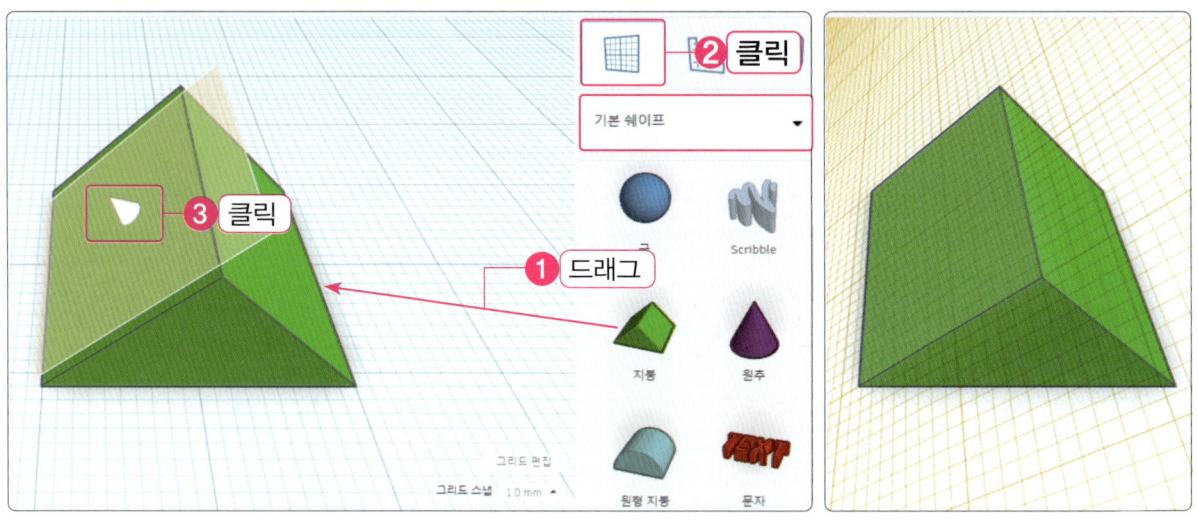

> **Tip**
> [작업 평면 도구]를 작업 평면으로 지정할 지붕 도형의 옆면까지 드래그해도 해당 면을 작업 평면으로 지정할 수 있습니다.

2 설계 스타터의 문자(A)를 가져와 지붕의 옆면 위치에 배치합니다.

3 [작업 평면 도구]를 지붕 도형의 반대쪽 옆면까지 드래그하여 기준면을 바꿉니다.

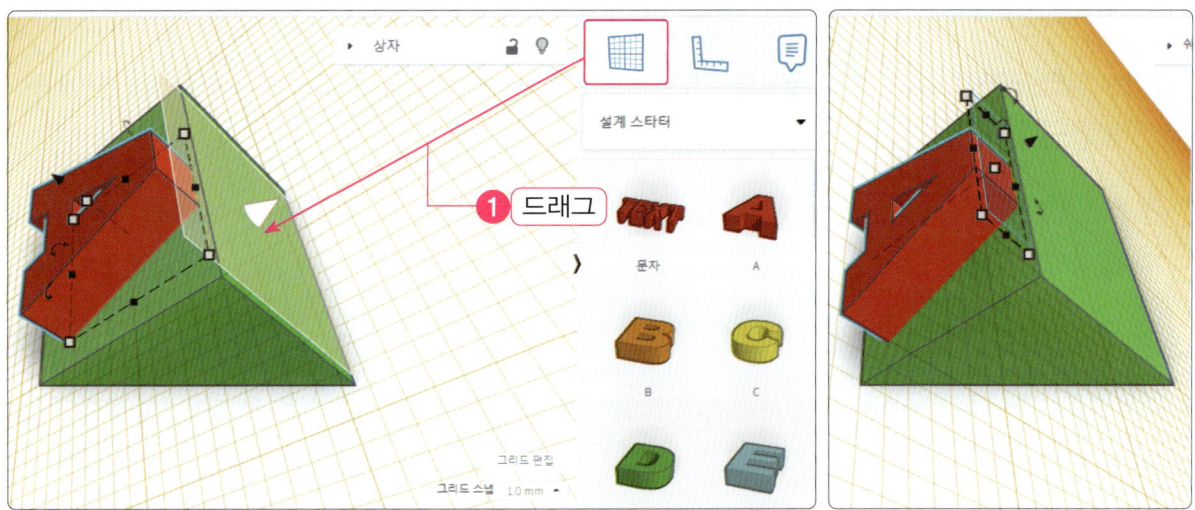

4 설계 스타터의 문자(B)를 가져와 반대쪽 옆면 위치에 배치합니다.

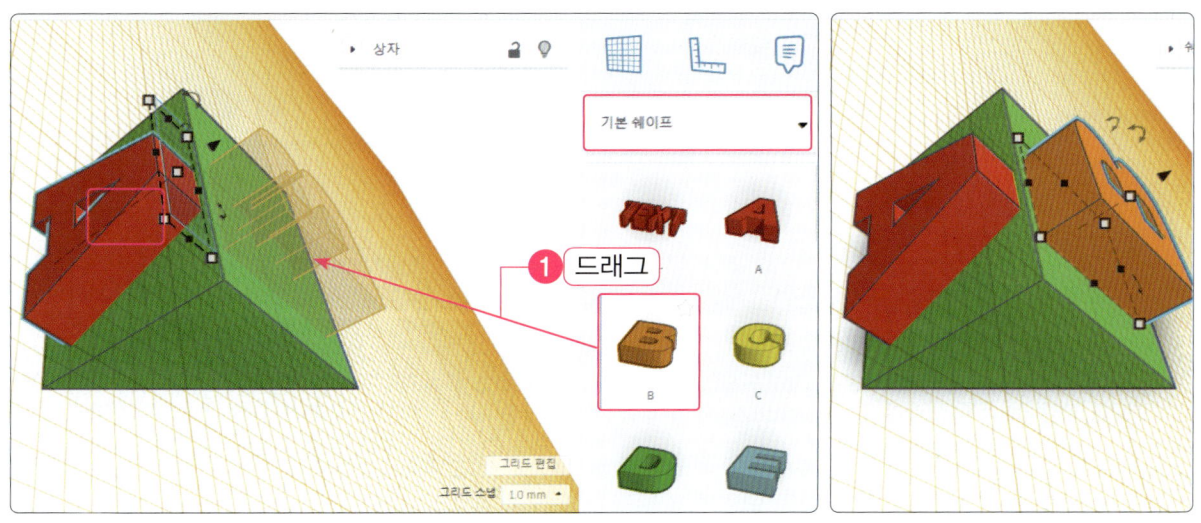

5 [작업 평면 도구]를 지붕 도형의 바닥 부분까지 드래그하면 바닥 부분이 원래의 평면 작업 위치로 바뀝니다.

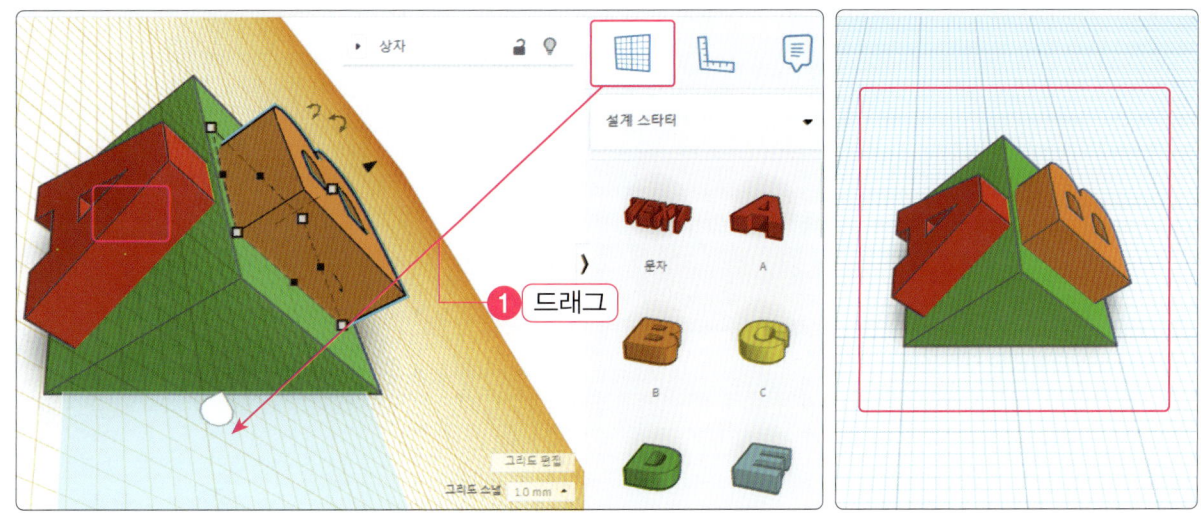

Section 02 눈금자 사용하기

눈금자는 작업 평면이 위치한 눈금자를 기준으로 선택한 도형의 치수 및 간격 등을 화면상에 표시해주는 기능입니다.

1 기본 쉐이프의 상자를 가져온 후 [눈금자 도구]를 클릭한 다음 작업 평면의 원하는 위치에 클릭합니다.

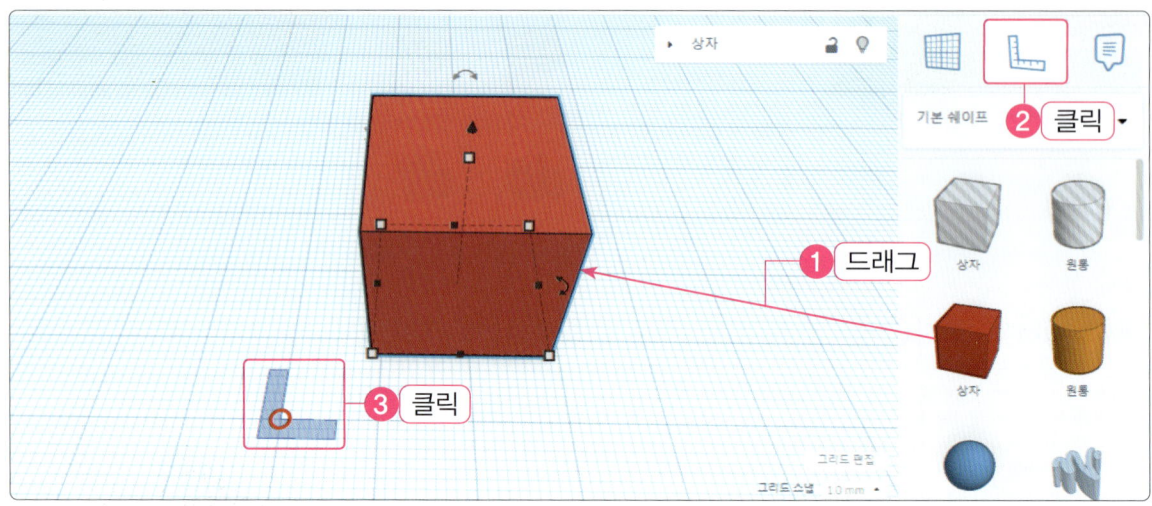

> **Tip**
>
> **눈금자 사용하기**
>
> 눈금자를 작업 평면에 표시하면 두 개의 축이 교차하는 지점에 동그란 원 모양이 표시되며, 드래그하여 위치를 변경할 수 있습니다.
>
> [눈금자 도구]를 드래그 또는 키보드의 R 을 누른 후 마우스를 따라 다니는 눈금자를 원하는 위치에서 클릭하여 작업 평면에 배치할 수 있습니다.
>
> 기준점 변경(☰)을 클릭하면 눈금자의 기준점을 도형의 중간점 혹은 끝점을 기준으로 변경할 수 있으며, 눈금자 닫기(×)를 클릭하면 작업 평면에서 눈금자를 닫을 수 있습니다.

2 도형을 선택하면 눈금자를 기준으로 도형의 치수 및 간격이 표시되며, 도형을 드래그하거나 입력값을 직접 입력하여 치수 및 간격을 조정할 수 있습니다.

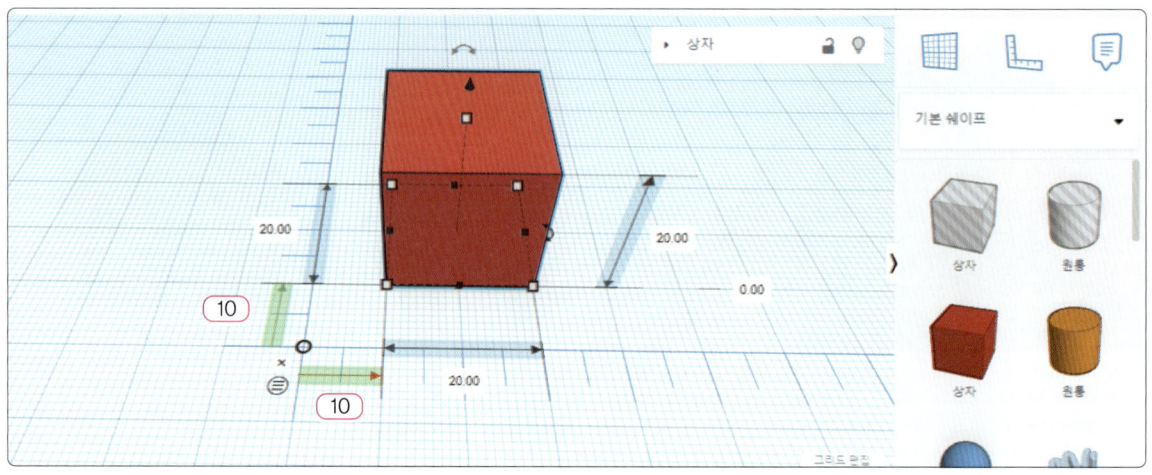

Section 03 정렬하기

여러 개의 도형을 특정 위치를 기준으로 재 배치해 주는 기능입니다.

1 기본 쉐이프의 피라미드 및 상자를 가져와 배치한 후 모두 선택하고 도구 모음의 [정렬(L)]을 클릭합니다.

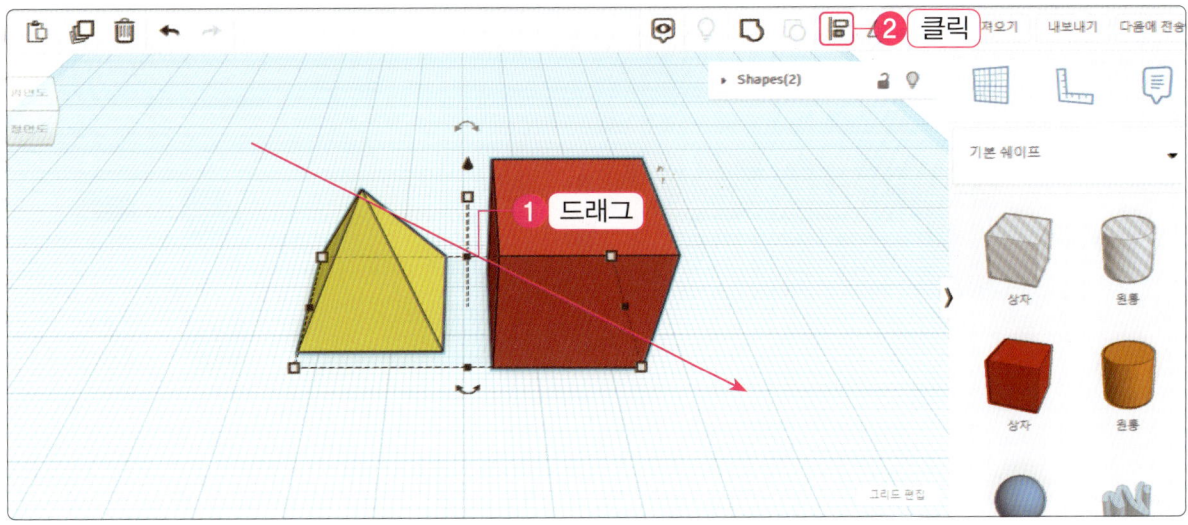

> **Tip**
> **도형 선택하기**
> 작업 평면의 빈 공간에서 도형이 모두 포함되도록 드래그하거나 키보드의 Shift 를 누른 상태에서 선택할 도형을 순서대로 클릭하면 여러 개의 도형을 한꺼번에 선택할 수 있습니다.

2 선택한 도형을 기준으로 검은 색의 점(●)이 표시되며, 정렬할 기준점을 클릭하면 해당 기준으로 정렬됩니다.

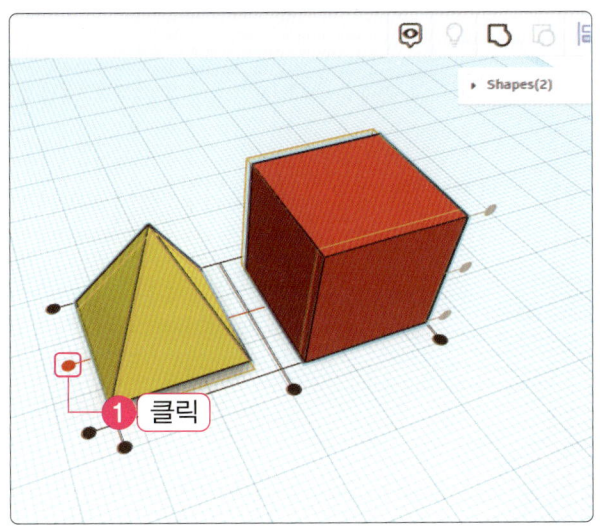 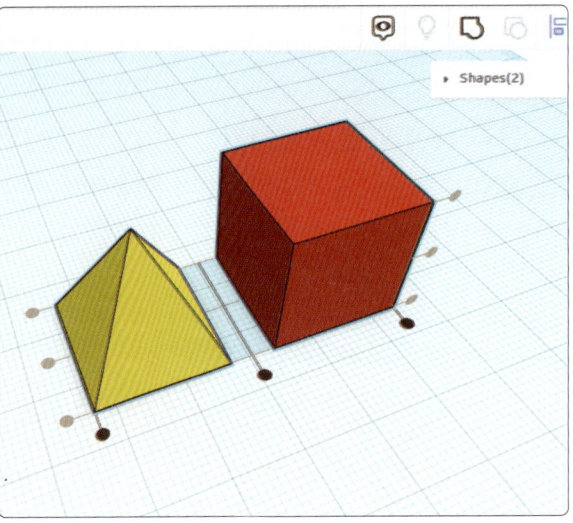

Chapter 02 – 팅커캐드의 기본 기능 익히기 **23**

Section 04 도형 모양 반전시키기

반전 기능이란 도형의 좌/우 혹은 앞/뒤 또는 위/아래 등의 반대 방향으로 뒤집어 주는 기능입니다.

1 기본 쉐이프의 문자를 가져와 배치한 후 도구 모음의 ◭[반전(M)]을 클릭합니다.

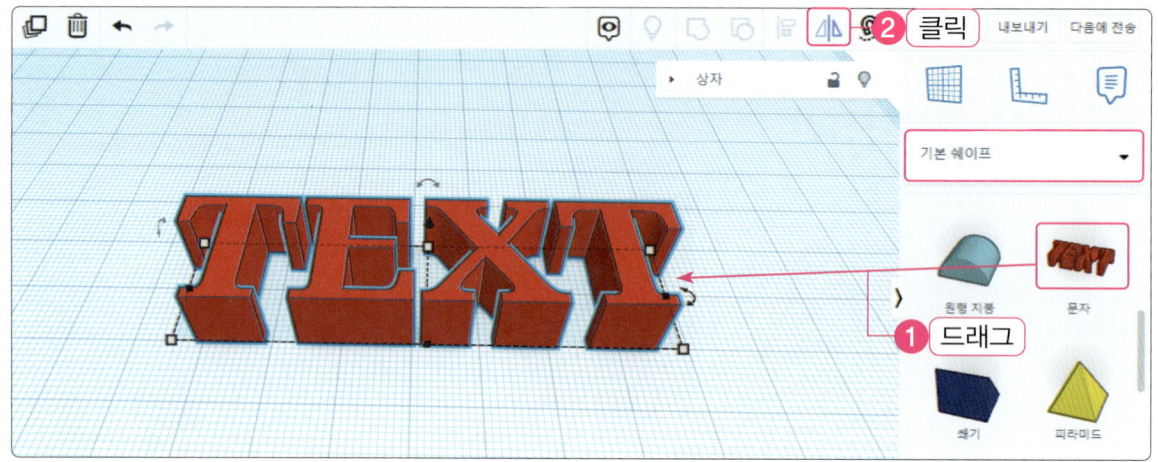

2 반전을 원하는 각 방향의 화살표에 마우스 커서를 갖다 대면 해당 방향의 반전된 모습을 보여주며, 클릭하면 적용됩니다.

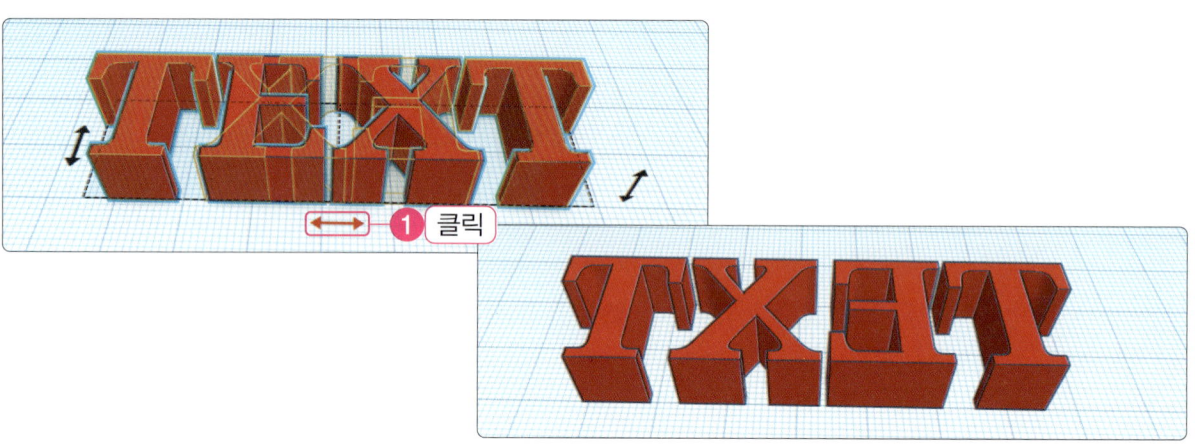

Tip

문자 옵션 패널 사용하기

문자의 옵션 패널에서 목록 단추를 클릭하면 문자 내용 수정 및 글꼴, 크기 등을 수정할 수 있습니다.

Section 05 도형의 복사 및 붙여넣기

1 기본 쉐이프의 상자를 가져와 배치한 후 도구 모음의 [복사(Ctrl+C)]를 클릭합니다.

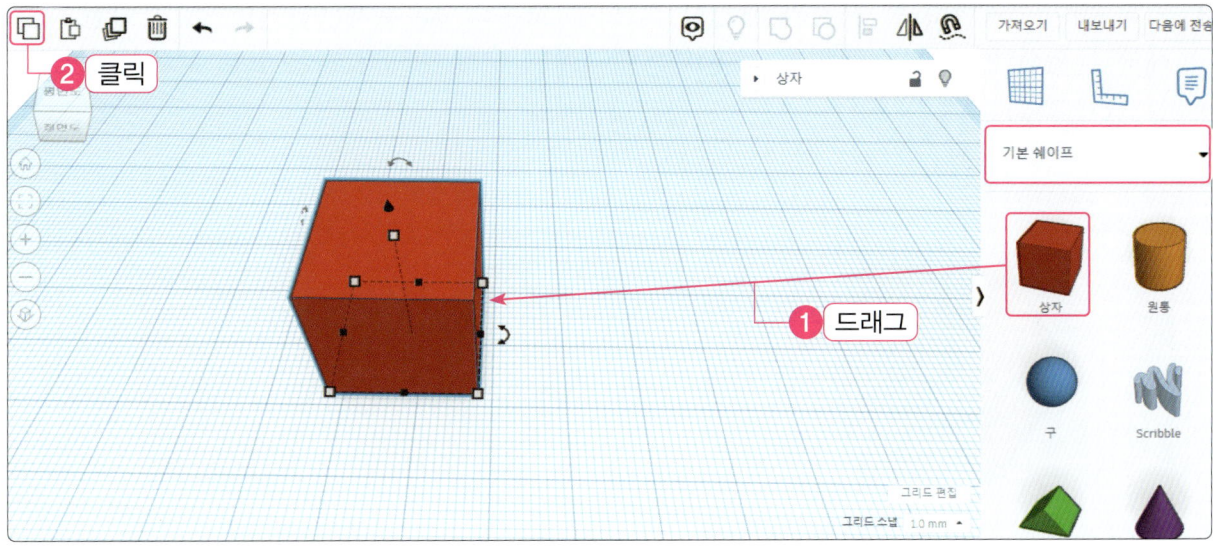

2 도구 모음의 [붙여넣기(Ctrl+V)]를 클릭하면 복사한 상자 모양이 하나 더 표시됩니다.

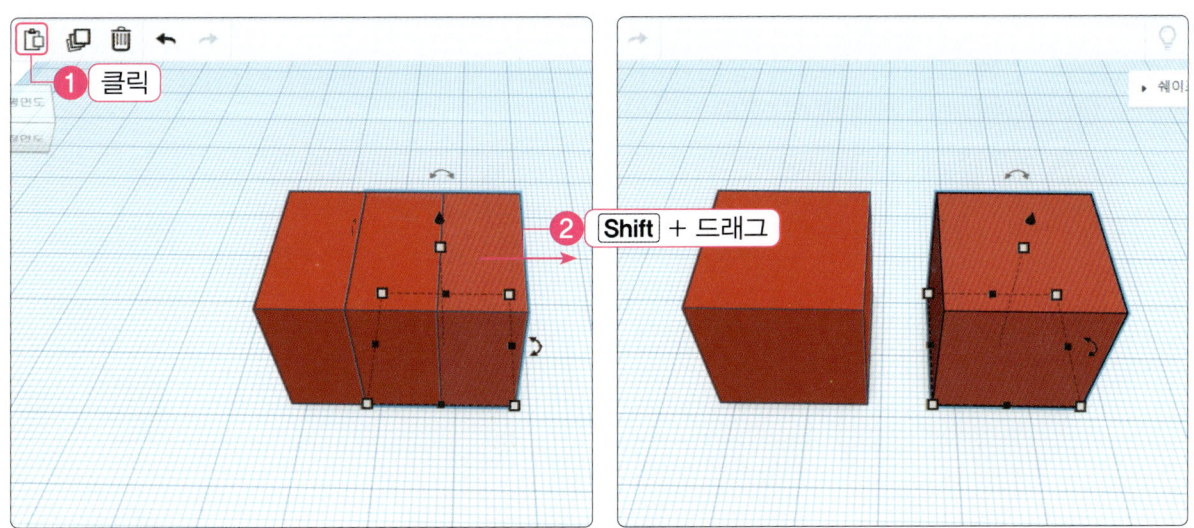

> **Tip**
>
> **도형 이동하기**
> 복사된 도형은 서로 붙어있지 않기 때문에 각각의 도형을 선택하여 원하는 위치로 이동 및 수정할 수 있으며, 키보드의 Shift를 누르고 드래그하면 수직 또는 수평으로 동일한 위치에 배치할 수 있습니다.

Section 06 · 도형 복제하기

복제란 도형의 복사 뿐만 아니라 앞에서 작업한 실행 명령까지 복제하여 실행하는 기능입니다.

1 기본 쉐이프의 상자를 가져와 배치한 후 도구 모음의 [복제(Ctrl+D)]를 클릭한 다음 복제된 도형을 키보드의 Shift를 누르고 드래그하여 수평 방향으로 일정한 간격을 띄웁니다.

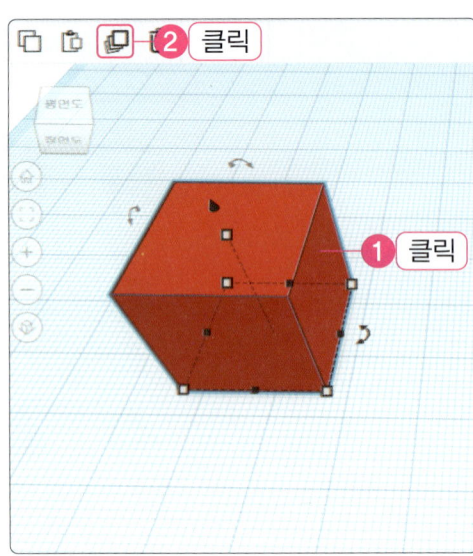
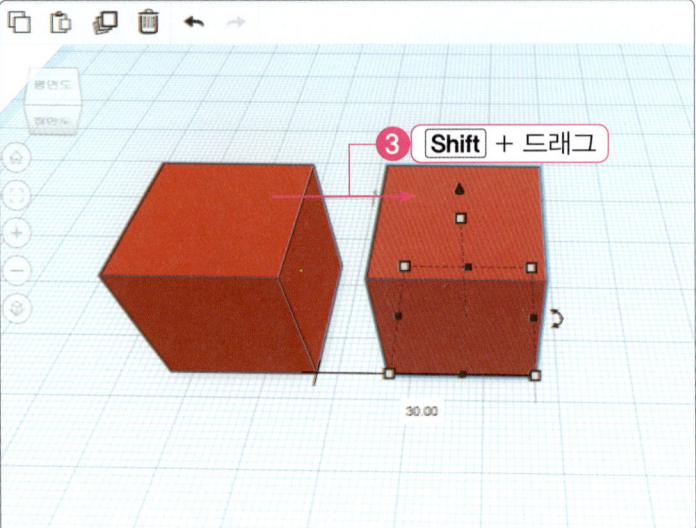

2 복제된 두 번째 도형이 선택된 상태에서 도구 모음의 [복제(Ctrl+D)]를 클릭하면 도형 및 도형의 간격까지 복제되어 재배치됩니다.

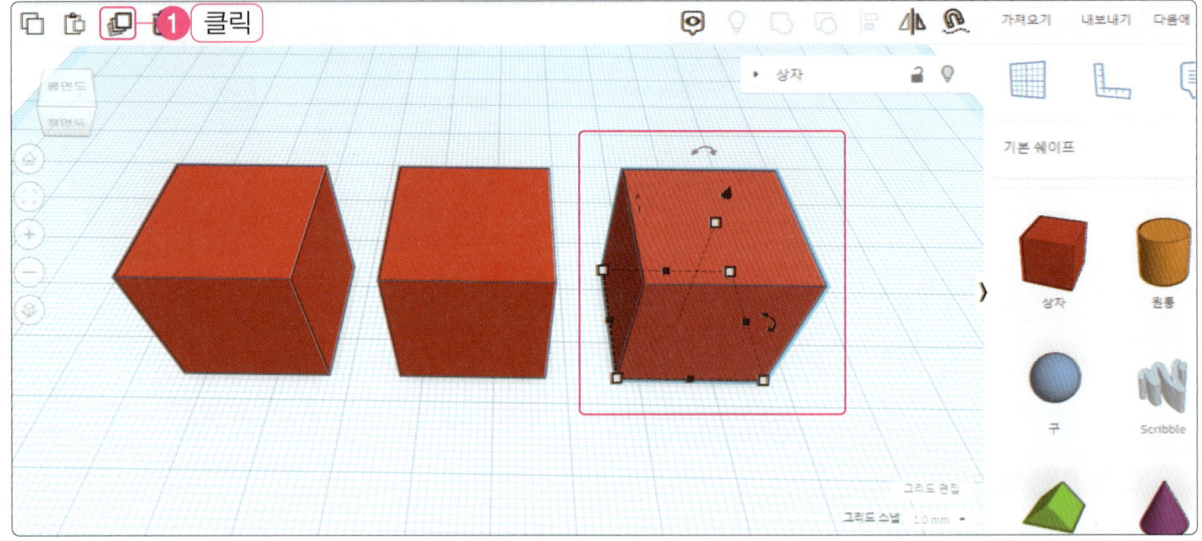

> **Tip**
>
> **도형 복제하기**
>
> 복제 기능은 도형의 복사 뿐만 아니라 이동 또는 크기 변경 등 작업에서의 실행 명령까지 기억하여 복제함으로써 반복적인 모양의 패턴을 만들 수 있는 기능으로 반드시 복제된 도형이 선택되어 있어야 합니다.

Section 07 도형의 그룹 및 그룹 해제하기

1 기본 쉐이프의 원형 지붕 및 원통을 가져와 배치한 후 두 개의 도형을 모두 선택한 다음 도구 모음의 [정렬(L)]을 클릭하여 가로 및 세로 가운데 맞춤을 적용합니다.

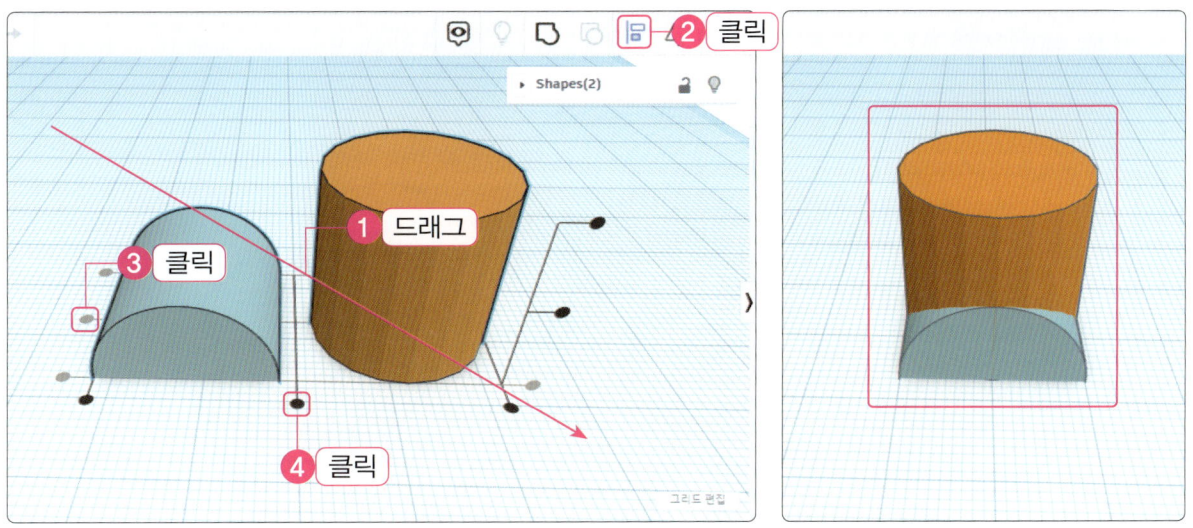

2 두 개의 도형이 모두 선택된 상태에서 도구 모음의 [그룹 만들기(Ctrl+G)]를 클릭하면 하나의 그룹으로 지정되며, 도형의 색이 하나의 색으로 통일됩니다.

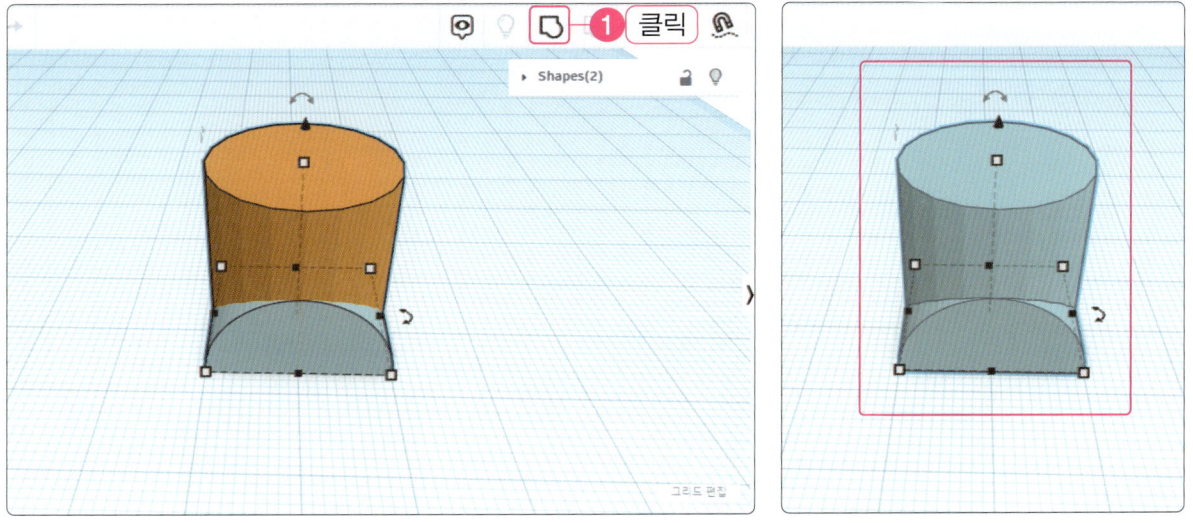

> **Tip**
>
> **도형의 그룹 지정 이전의 도형 색 유지하기**
> 도형을 그룹으로 지정해도 그룹 지정하기 전의 색으로 그대로 유지하기 위해서는 그룹으로 지정한 후 옵션 패널에서 [여러 색]을 클릭하면 그룹 이전의 색을 그대로 유지할 수 있습니다.

3 도구 모음의 [그룹 해제(Ctrl+Shift+G)]를 클릭하면 선택한 그룹이 해제되어 표시됩니다.

http://gofile.me/4BQ07/FBT3PpDTN Chapter02 ▶ Ch02(연습).mp4

01 기본 쉐이프의 상자 및 원통을 이용하여 레고 블록 모양을 만들어 보세요.

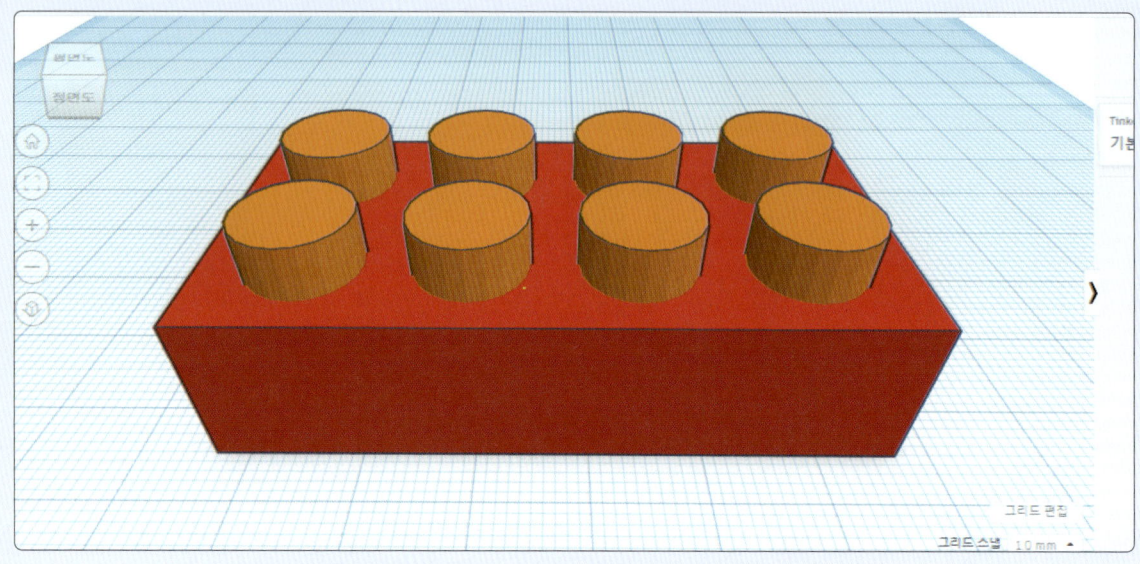

02 기본 쉐이프의 주사위와 설계 스타터의 숫자 1~6을 이용하여 6개의 면에 숫자를 붙여 주사위 모양을 만들어 보세요.

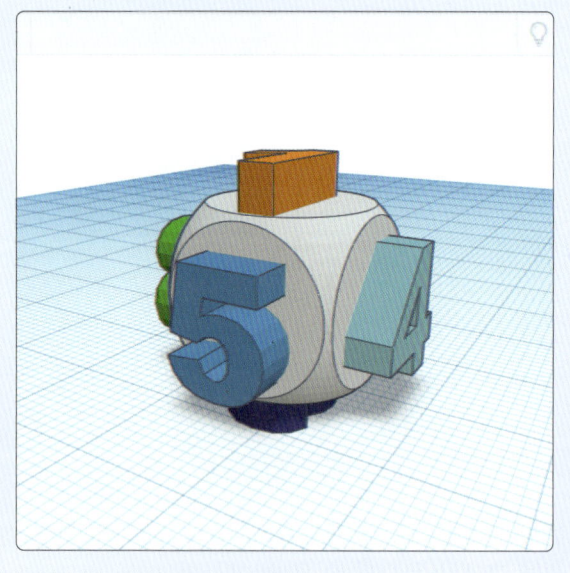
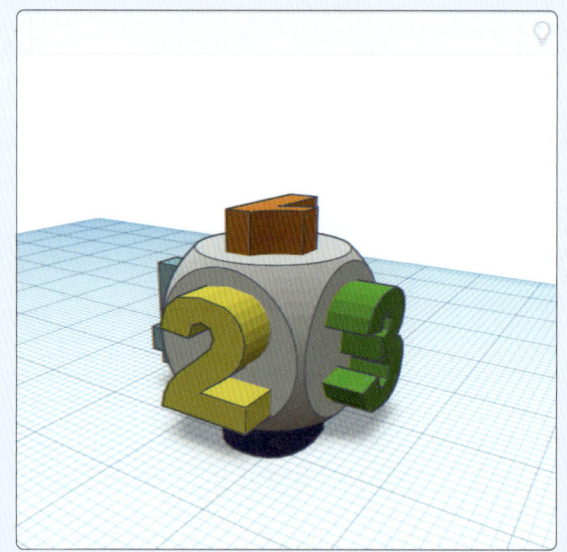

작업 평면 이용하기

기본 쉐이프의 주사위를 가져와 6개의 면에 숫자를 붙일 경우 붙여넣을 면을 작업 평면으로 지정하면 쉽게 숫자를 각각의 면에 붙일 수 있습니다.

03 Chapter
팅커캐드의 실무 기능 익히기

Section 01 기본 도형 수정하기

1 기본 쉐이프의 원추를 가져와 배치한 후 옵션 패널에서 상단 반지름(10) 및 밑면 반지름(15), 높이(15), 측면(60) 등을 수정합니다.

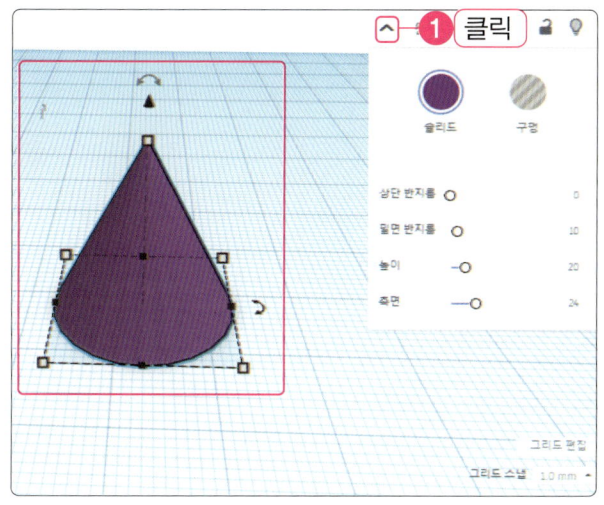 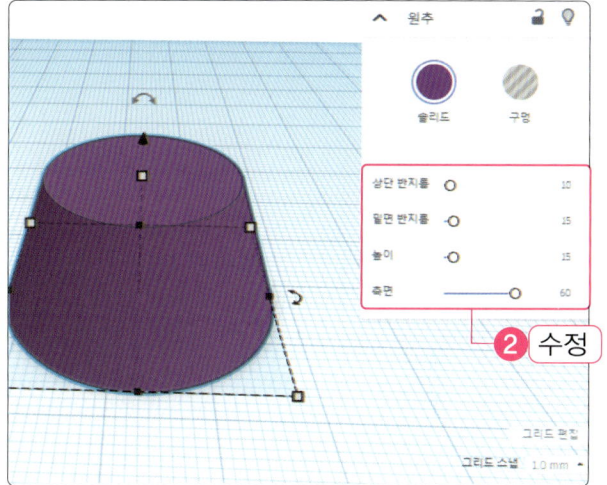

2 원추 도형을 삭제한 후 별을 가져와 배치한 다음 옵션 패널에서 점(7) 및 반지름(25), 내부 반지름(0.3) 등을 수정합니다.

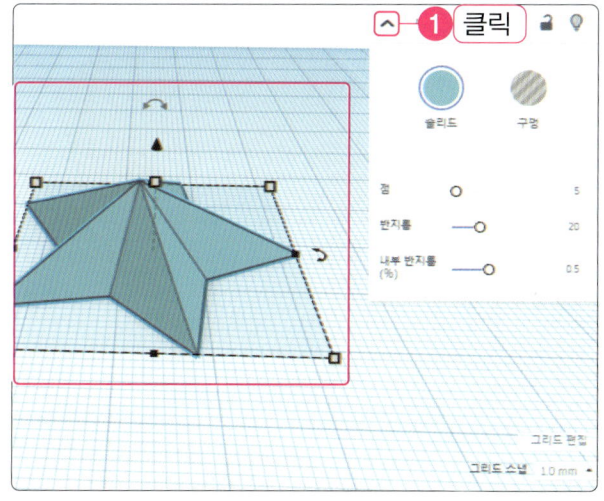 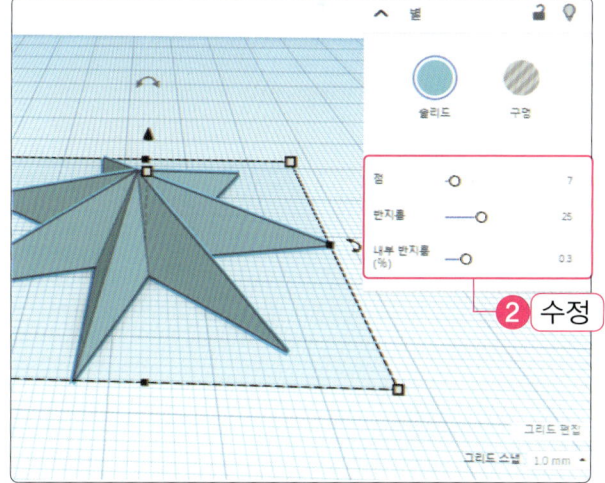

> **Tip**
> **편집 잠금 및 숨기기**
> - **편집 잠금 및 잠금 해제** : 선택한 도형을 수정할 수 없도록 편집을 잠금 또는 잠금 해제할 수 있습니다.
> - **선택 항목 숨기기** : 선택한 도형을 작업 평면에서 숨기거나 다시 표시할 수 있습니다.

Section 02 도형 자르기

1 기본 쉐이프의 문자(기본 크기) 및 지붕(가로 30, 세로 80, 높이 10)을 가져와 배치한 후 지붕 도형이 선택된 상태에서 옵션 패널의 구멍을 선택합니다.

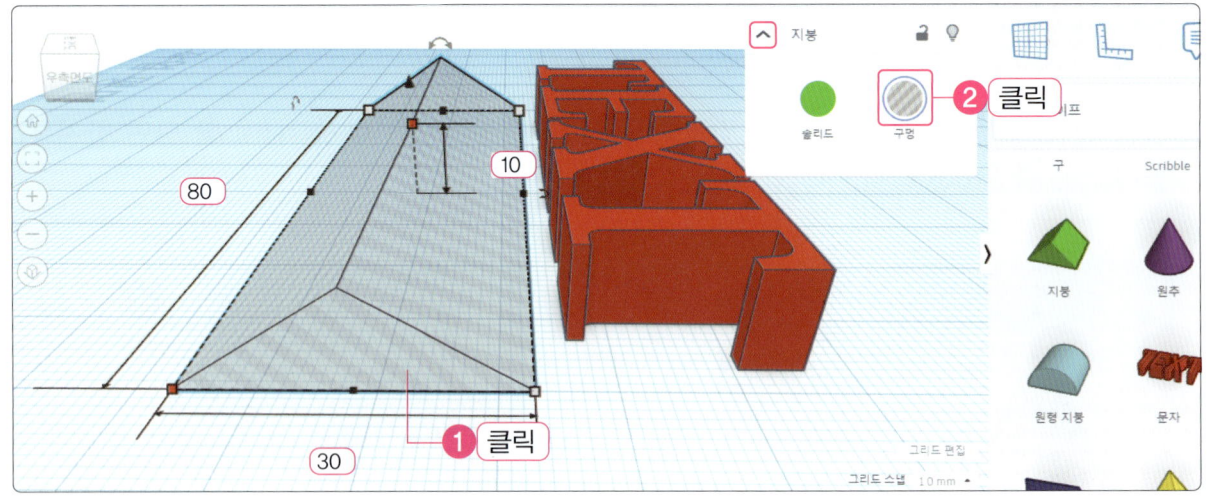

2 지붕을 드래그하여 이동, 결과 화면과 같이 서로 겹치도록 배치한 후 두 개의 도형을 모두 선택한 다음 도구 모음의 [그룹 만들기(Ctrl+G)]를 클릭합니다.

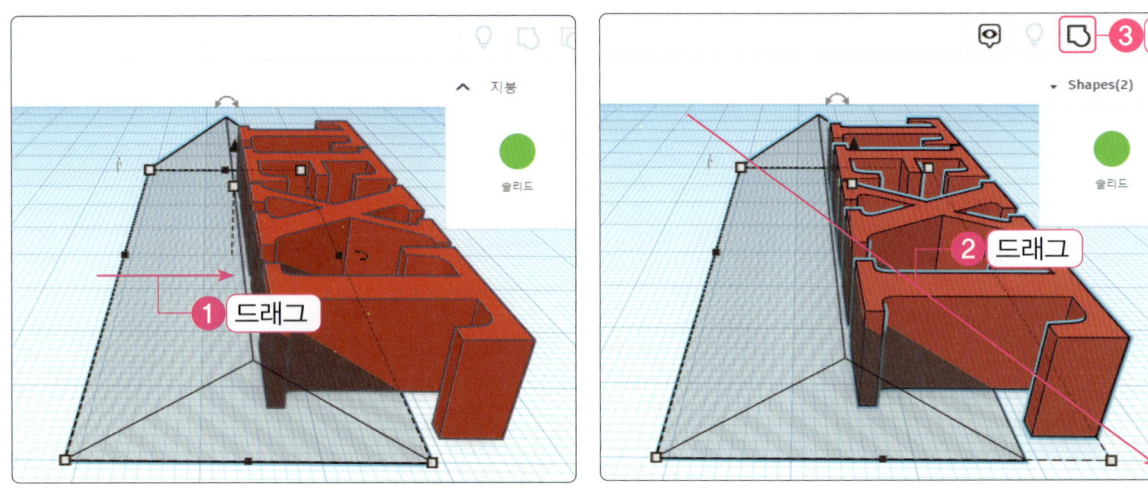

3 완성된 도형을 회전 및 바닥과 일치하도록 내려 결과 화면과 같이 배치합니다.

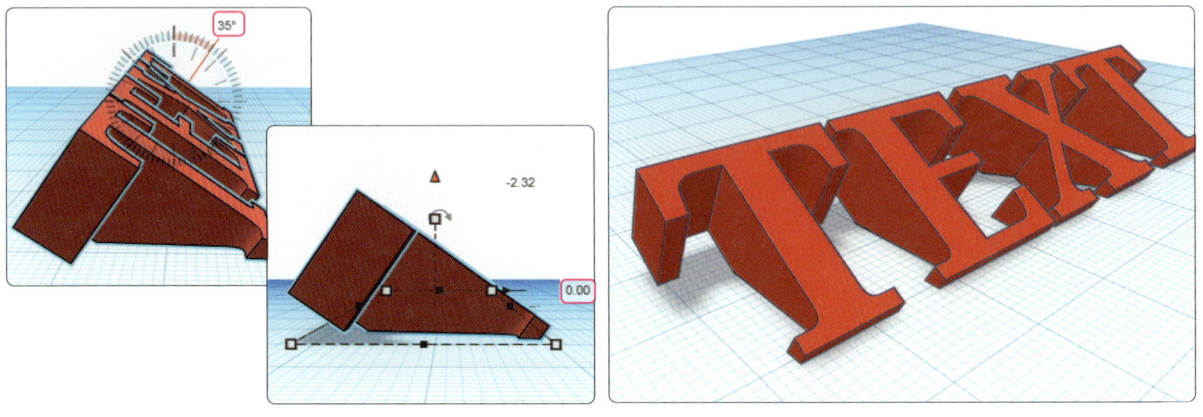

Section 03 도형의 구멍 뚫기

1 기본 쉐이프의 상자 및 원통을 가져와 배치한 후 크기 및 위치를 수정합니다.
  - 상자 크기(가로/세로 20, 높이 10), 원통 크기(가로/세로 10, 높이 20)

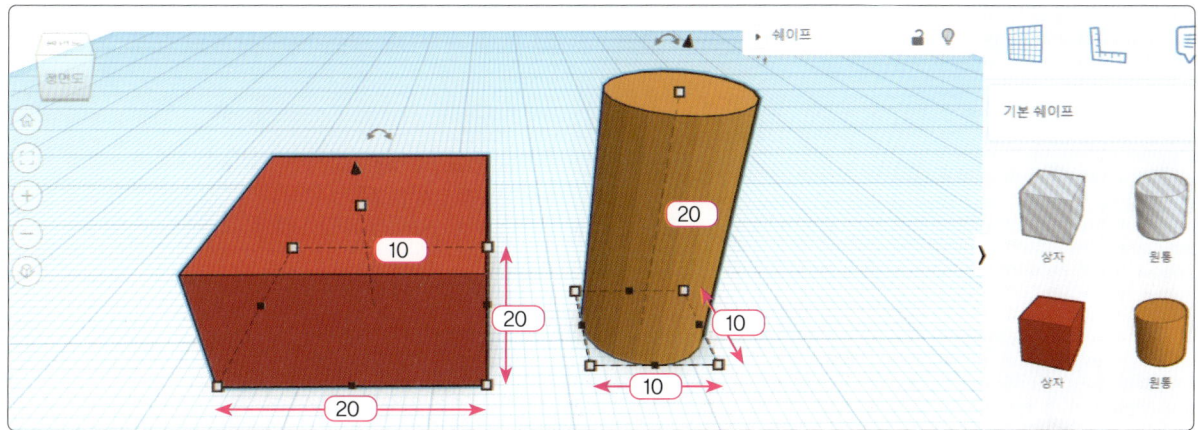

2 원통을 구멍으로 투명하게 만들고 두 개의 도형을 모두 선택한 후 [정렬(L)]을 클릭하여 가로 및 세로 배치를 가운데로 조정합니다.

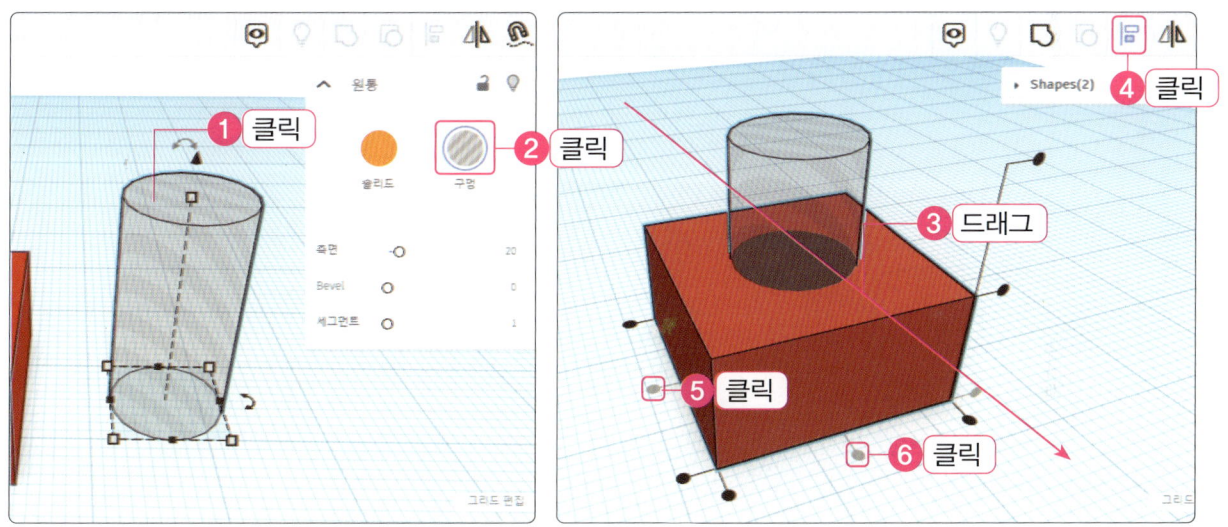

3 두 개의 도형이 모두 선택된 상태에서 [그룹 만들기(Ctrl+G)]를 클릭하면 하나의 그룹으로 지정되며, 구멍이 뚫린 모양으로 바뀝니다.

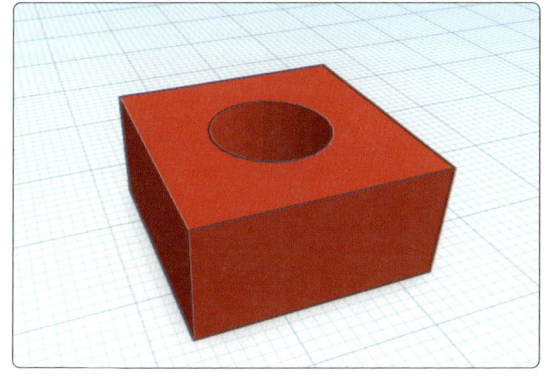 

Chapter 03 - 팅커캐드의 실무 기능 익히기 **31**

Section 04 도형 내부의 속 비우기

1 기본 쉐이프의 원통 및 구멍 스타일의 원통을 가져와 배치합니다.
- 원통 : 크기(가로/세로 30, 높이 20)
- 구멍 스타일의 원통 : 크기(가로/세로 20, 높이 20), 바닥에서 5mm 올림
  (구멍 스타일의 원통은 원통을 복제(Ctrl+D)한 후 크기 및 위치를 조정하여 사용할 수도 있습니다.)

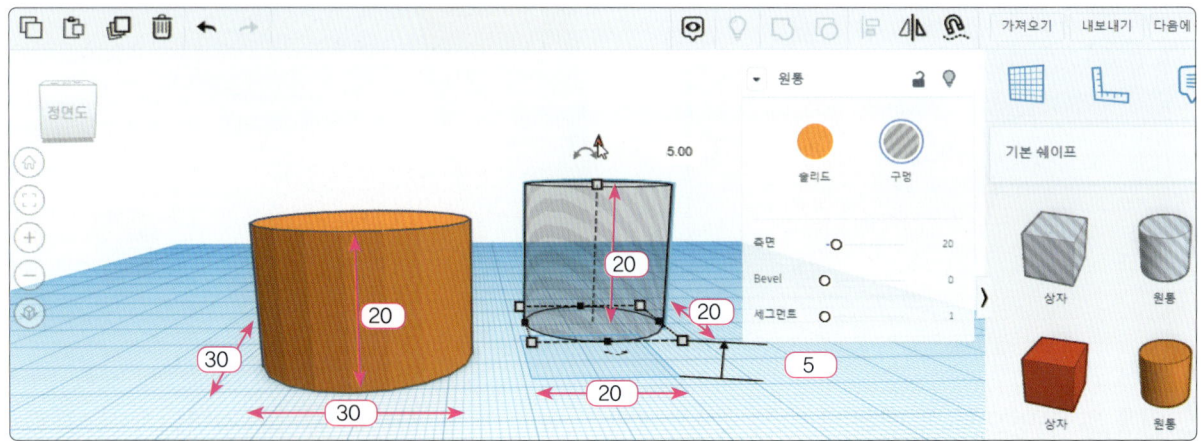

2 두 개의 원통 도형을 모두 선택한 후 도구 모음의 [정렬(L)]을 클릭한 다음 가로 및 세로 가운데 맞춤을 지정합니다.

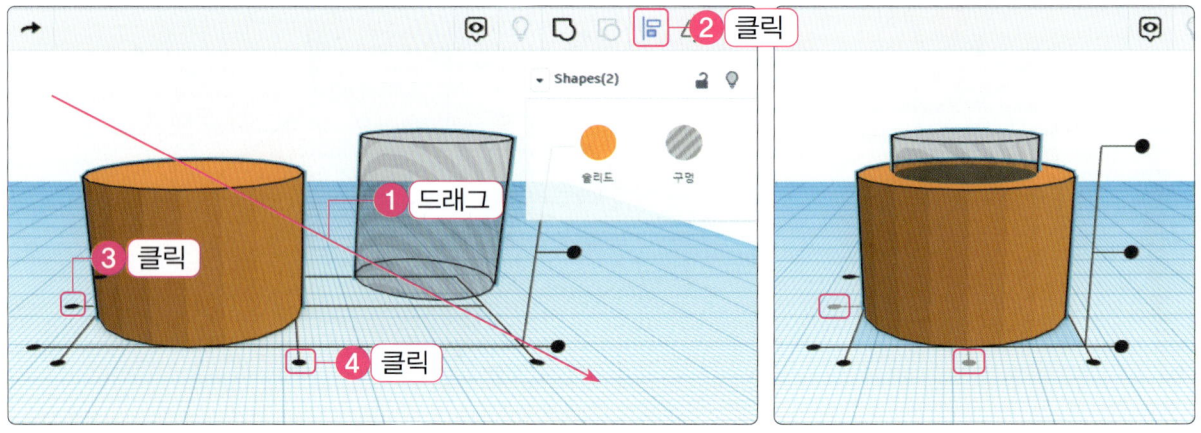

3 도구 모음의 [그룹 만들기(Ctrl+G)]를 통해 하나의 그룹으로 만듭니다.

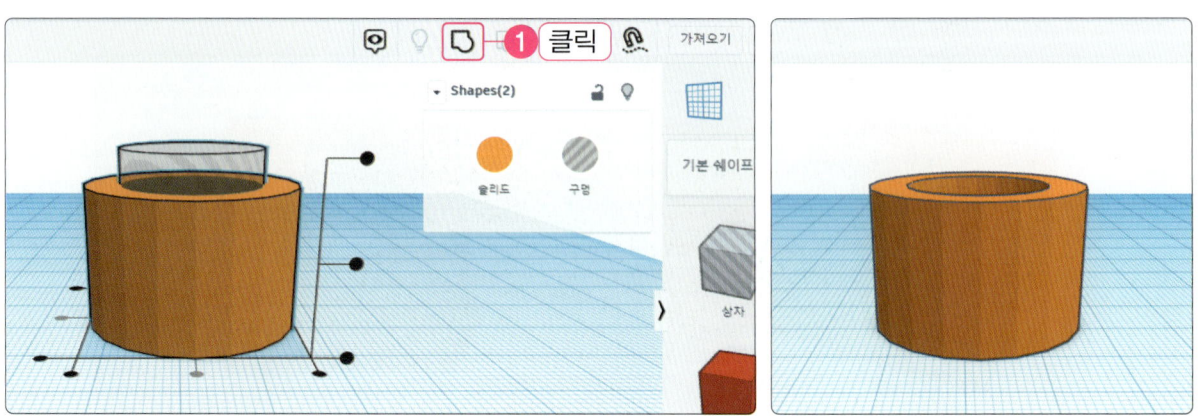

Section 05 모서리 라운딩 자르기

1 기본 쉐이프의 상자(가로/세로 20, 높이 20) 및 구멍 스타일의 원통 도형(가로/세로 40, 높이 25)을 가져와 배치한 후 원통 도형을 구멍 도형으로 만들고 두 개의 도형을 왼쪽 아래에 맞춰 정렬합니다.

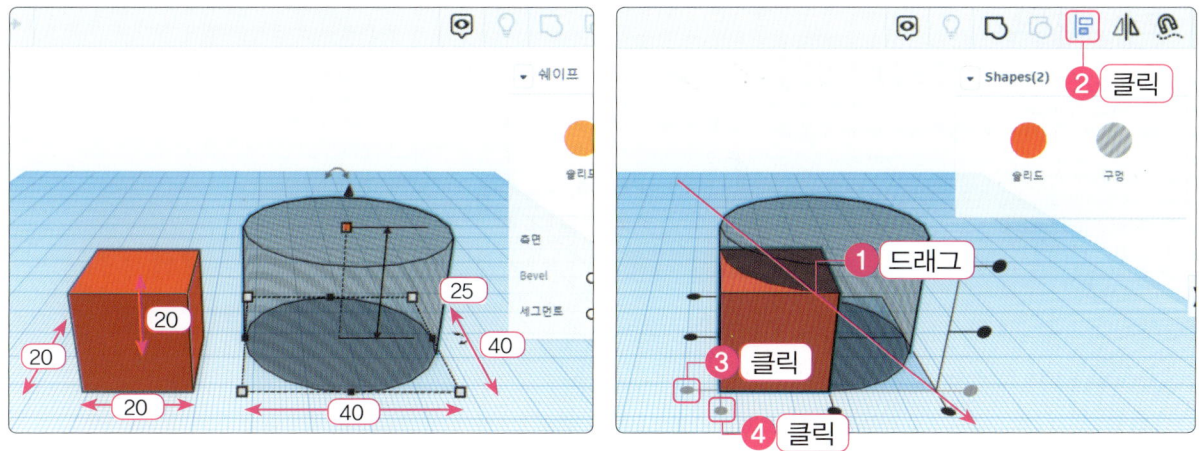

2 두 개의 도형을 그룹 만들기(Ctrl+G)로 합친 후 새로이 만들어진 도형을 구멍 스타일로 만듭니다.

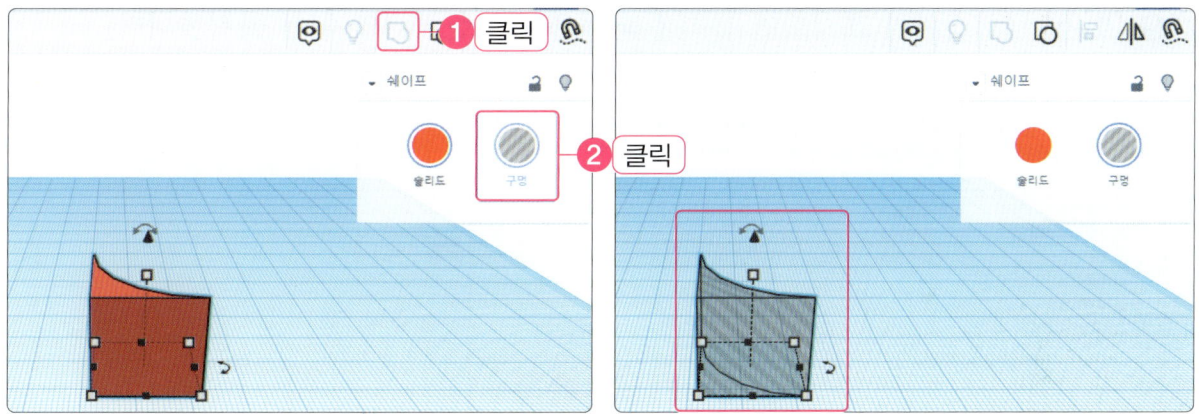

3 기본 쉐이프의 상자(가로 80, 세로 40, 높이 20)를 가져와 배치 후 기존의 도형과 함께 왼쪽 아래에 맞춰 정렬한 다음 그룹(Ctrl+G)으로 만듭니다.

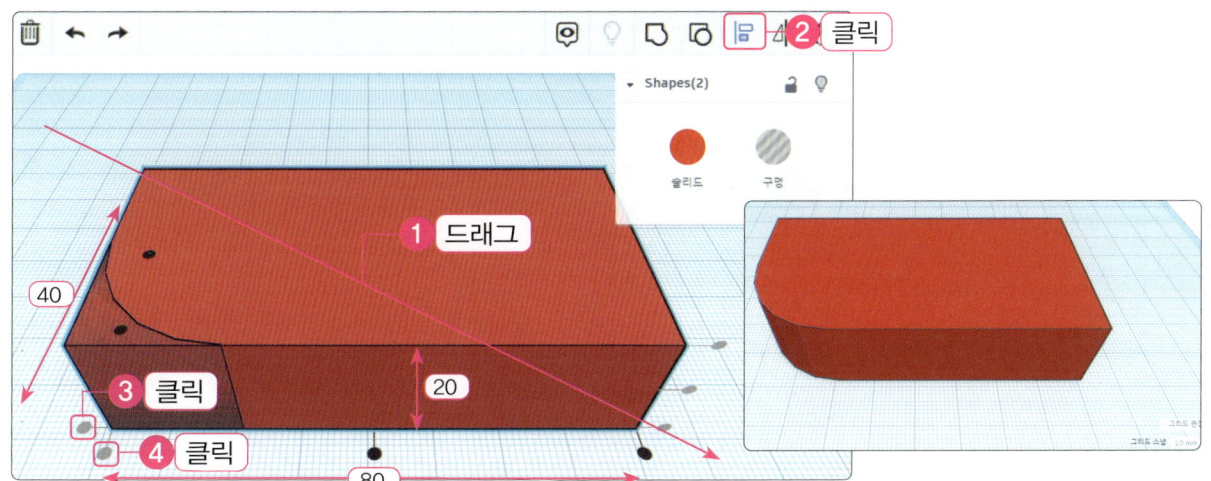

Section 06 도형 가져오기 및 내보내기

팅커캐드에서는 3D 형식의 stl, obj 및 2D 형식의 svg 파일 형식을 지원하며, [가져오기]를 통해 해당 파일을 불러올 수 있습니다. 또한 팅커캐드에서 완성한 파일을 stl, obj 또는 svg 파일 형식으로 다운로드 받거나 3D 프린터로 출력할 수 있습니다.

1 도형 가져오기

❶ 도구 모음의 [가져오기]를 클릭한 후 [쉐이프 가져오기] 대화상자에서 [파일 선택]을 클릭합니다.

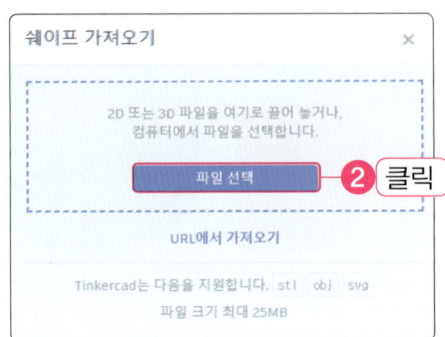

❷ [열기] 대화상자가 표시되면 불러올 파일을 선택한 후 [열기]를 클릭합니다.

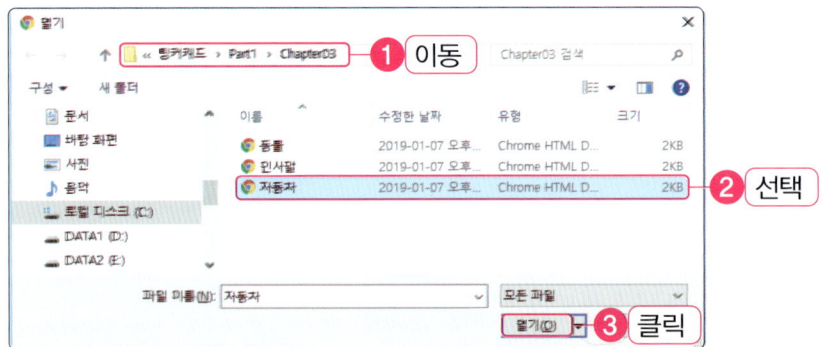

❸ [3D 쉐이프 가져오기] 대화상자의 중심 조정(아트)을 선택한 후 [가져오기]를 클릭합니다.

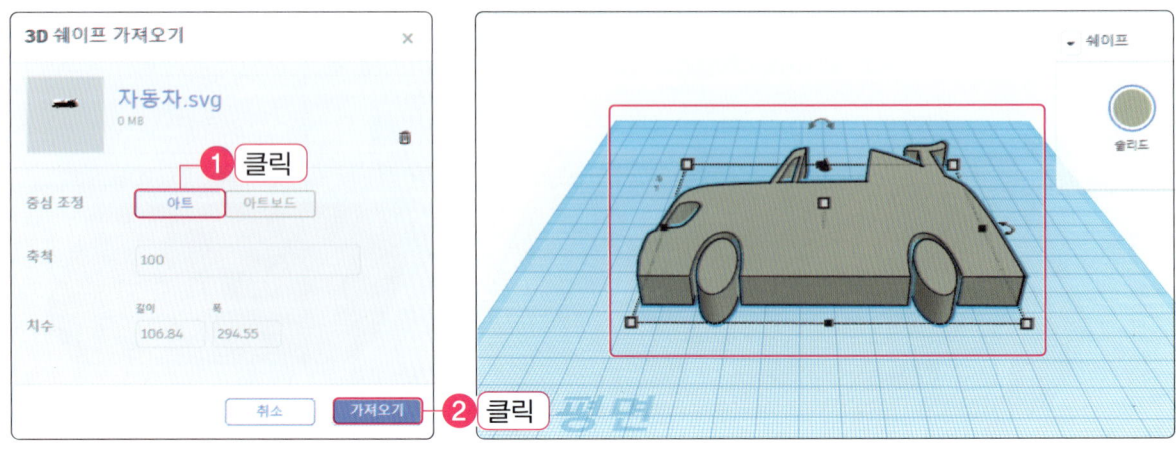

2 도형 내보내기

❶ 도형을 원하는 모양으로 완성한 후 도구 모음의 [내보내기]를 클릭한 다음 [다운로드] 탭에서 [.STL]을 선택합니다.

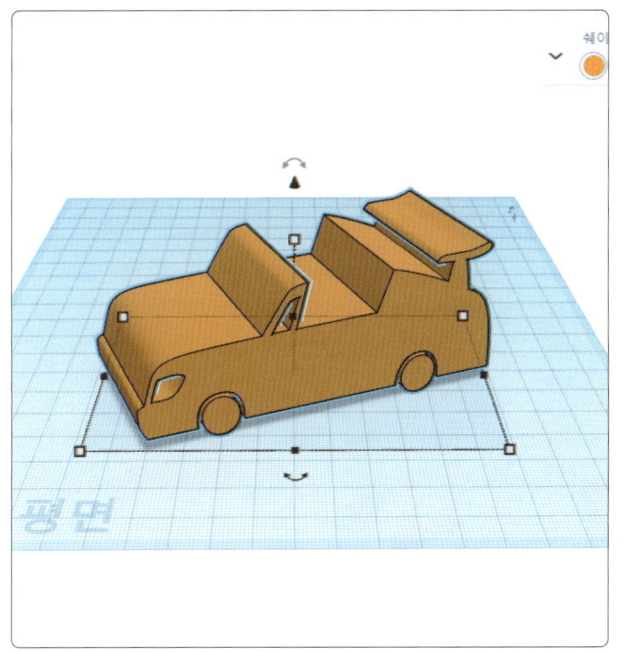
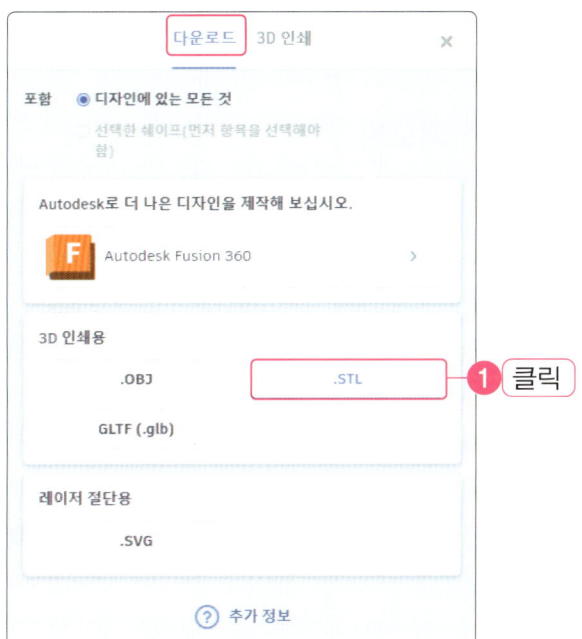

❷ 화면 왼쪽 하단에 변환된 파일이 저장된 것을 확인할 수 있습니다.

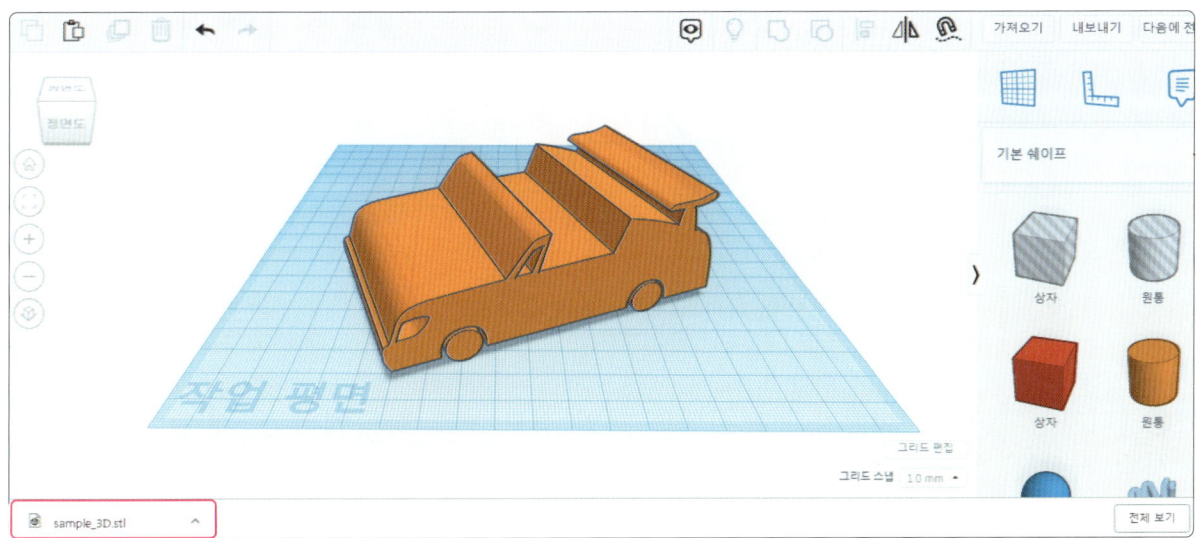

> **Tip**
>
> **내보내기 형식 알아보기**
> - **[.STL]** : 일반적인 한가지 색상의 필라멘트로 출력하는 보급형 3D 프린터의 출력 형식입니다.
> - **[.OBJ]** : 모델의 색상 정보까지 포함되어 다양한 색상의 필라멘트로 출력할 수 있도록 만든 고급형 3D 프린터의 출력 형식입니다.
> - **[.SVG]** : 레이저 커팅을 위한 2D 벡터 형식의 파일로 만들 수 있습니다.

Section 07 모델링 공유하기

웹에서 작업이 이루어지는 팅커캐드는 클라우드 서버에 저장되어 내가 만든 작품을 여러 사용자들과 서로 공유할 수 있습니다.

1 도형 가져오기

❶ 디자인 목록에서 공유할 3D 디자인 파일의 이름(sample_3D)을 클릭 후 대화상자가 표시되면 [공개 여부를 공유로 변경]을 클릭합니다.

❷ [디자인 특성] 대화상자가 표시되면 개인 정보 보호 항목에서 [공개]를 선택 후 [변경 사항 저장]을 클릭합니다.

❸ 대화상자에서 [뒤로]를 클릭하면 3D 디자인 목록의 해당 파일이 공개로 변경된 것을 확인할 수 있습니다.

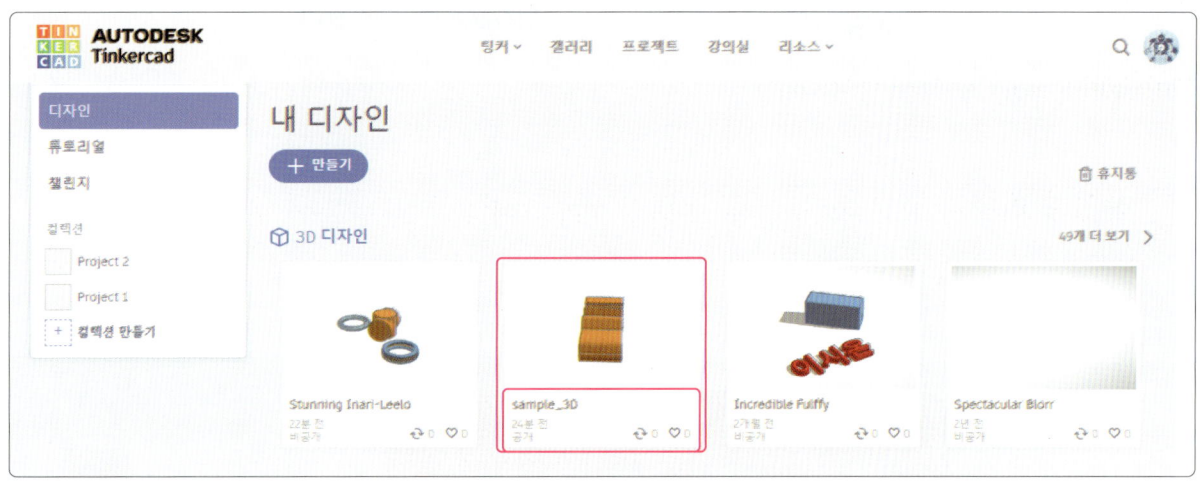

> **Tip**
>
> **갤러리 작품 사용하기**
>
> 갤러리 메뉴 목록에서 원하는 갤러리를 선택 후 [복사하여 편집]을 클릭하면 해당 디자인을 사용할 수 있습니다.

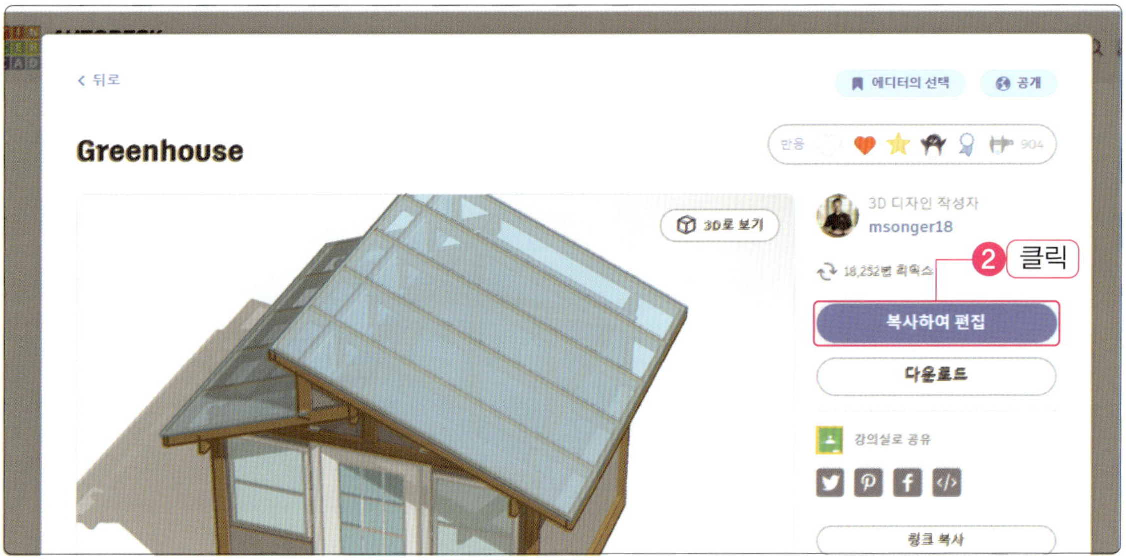

Chapter 03 – 팅커캐드의 실무 기능 익히기 **37**

JUMP JUMP

http://gofile.me/4BQ07/njFZK22mO   Chapter03 ▶ Ch03(연습).mp4

01 작업 평면에 상자와 문자, 원통 모양을 이용하여 판넬을 만들어 보세요.

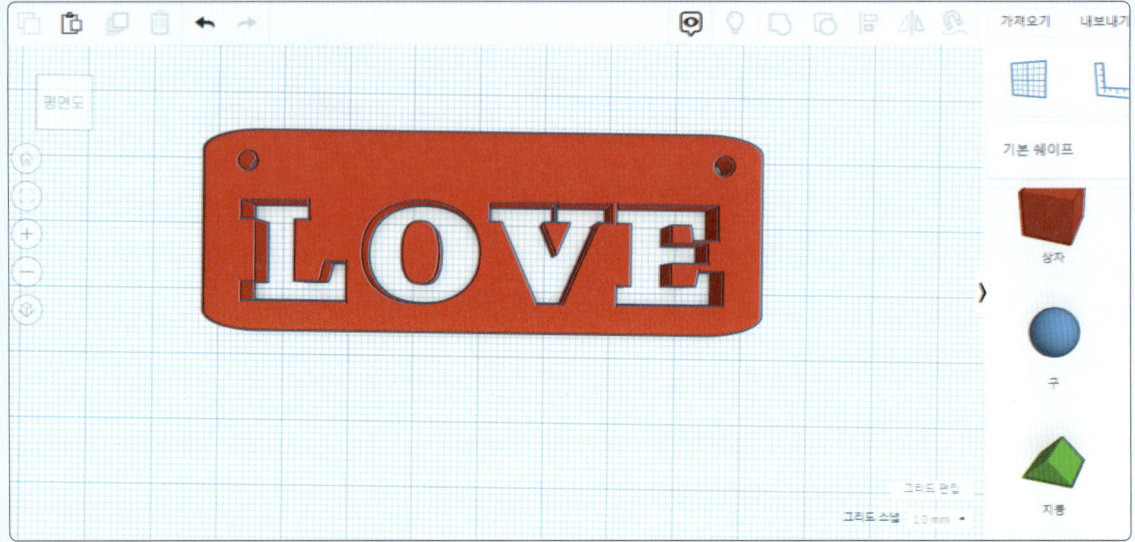

02 작업 평면에 하트 모양을 이용하여 하트 케이스를 만들어 보세요.

힌트

하트 케이스 만들기

기본 쉐이프의 하트를 가져와 크기를 지정하고 복제하여 하나 더 만든 후 복제한 하트의 크기를 약간 줄여줍니다. 이때 크기를 줄여준 하트를 위로 약간 올리고 구멍 스타일로 만든 다음 기존의 하트 도형과 함께 정렬하여 가로 및 세로 가운데 맞춤을 지정하고 하나의 그룹으로 지정합니다.

PART 02

팅커캐드 3D 디자인 작품 만들기

04장 이름표 만들기

05장 주사위 만들기

06장 김밥 만들기

07장 머그컵 만들기

08장 꽃잎 만들기

09장 소파 만들기

10장 화분 만들기

11장 연필꽂이 만들기

12장 도장 만들기

13장 케이크 만들기

14장 반지 만들기

15장 석탑 만들기

16장 피규어 만들기

17장 장난감 자동차 만들기

18장 비행기 만들기

04 Chapter
이름표 만들기

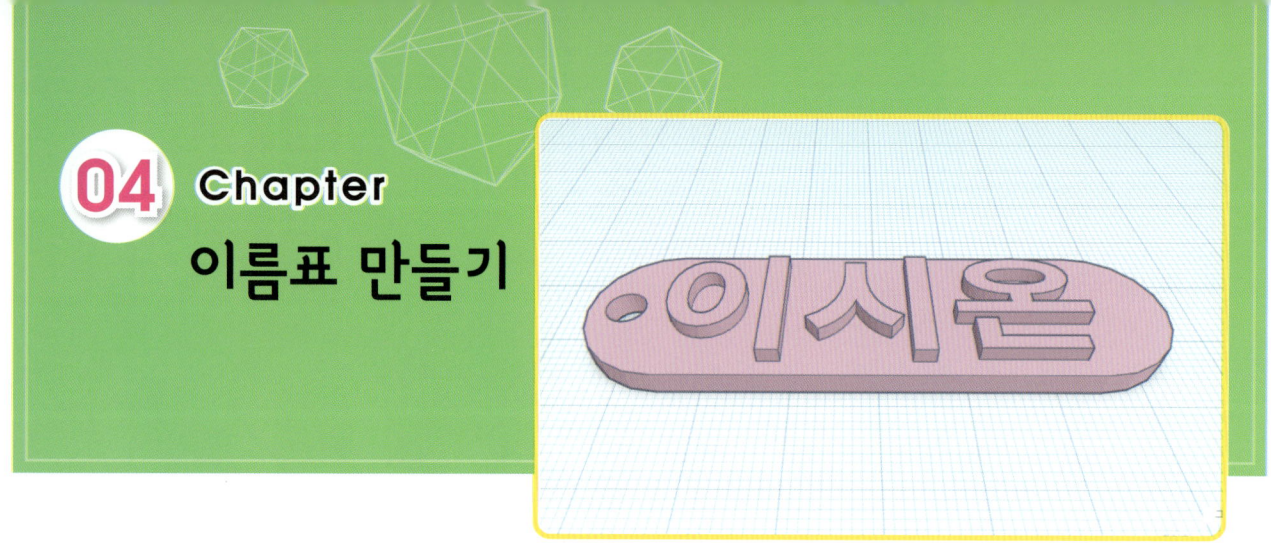

1 기본 쉐이프의 상자를 가져와 크기(가로 50, 세로 20, 높이3)를 수정합니다.

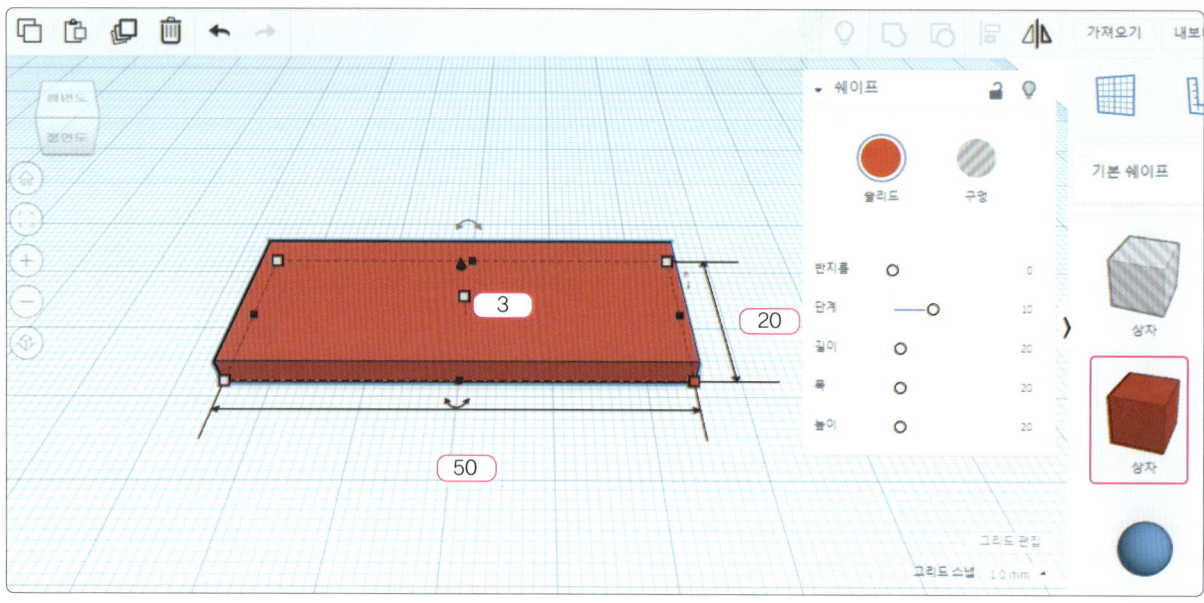

2 기본 쉐이프의 원통을 가져와 크기(가로/세로 20, 높이 3)를 수정합니다.

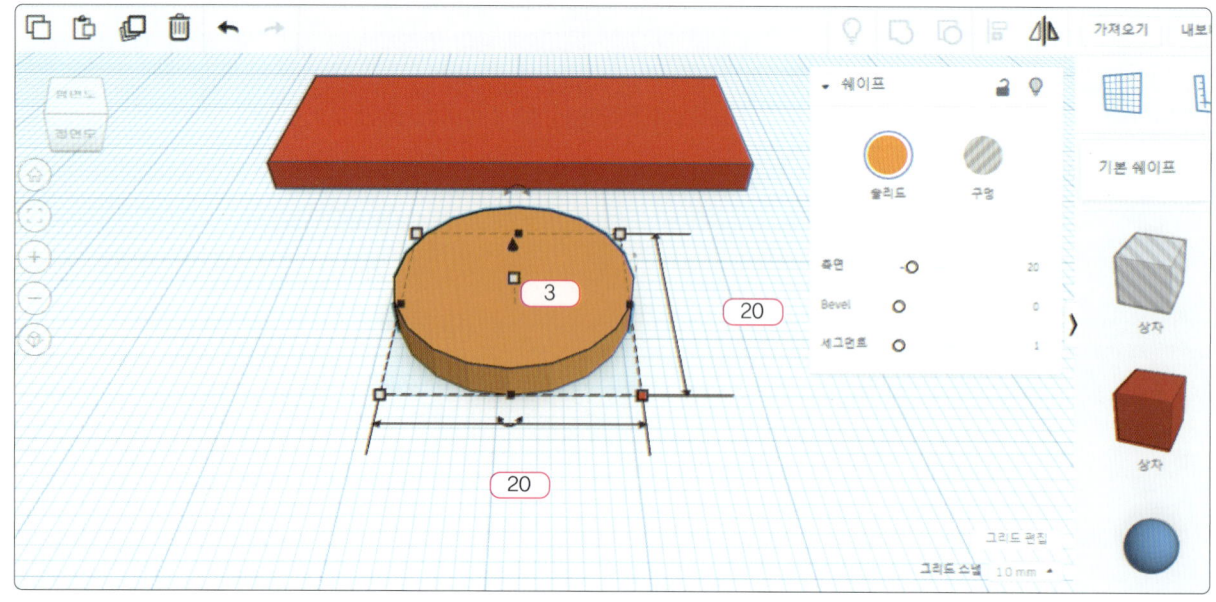

3 원통을 상자의 끝에 배치하고 하나 더 복제(Ctrl+D)하여 상자의 양쪽 끝에 위치시킨 후 모든 도형을 선택한 다음 정렬(L) 기능으로 수평으로 일직선이 되도록 정렬, 하나의 그룹(Ctrl+G)으로 만듭니다.

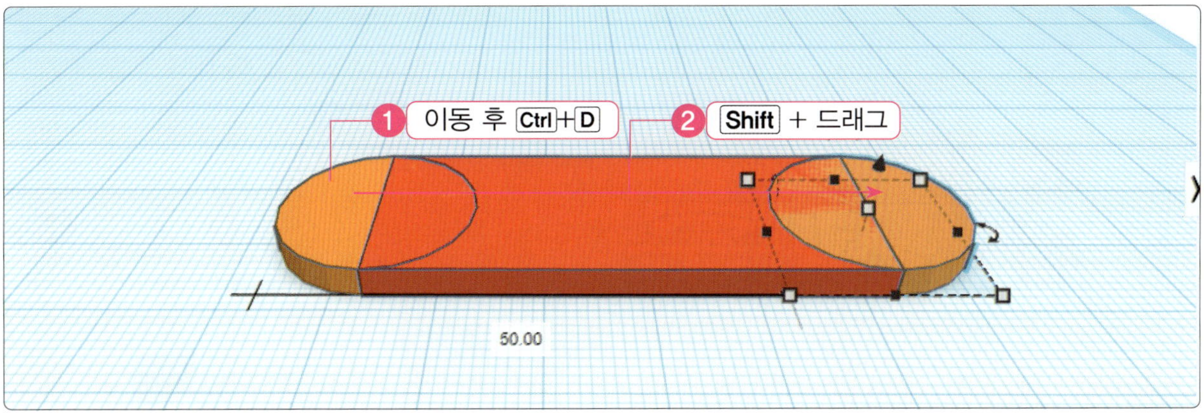

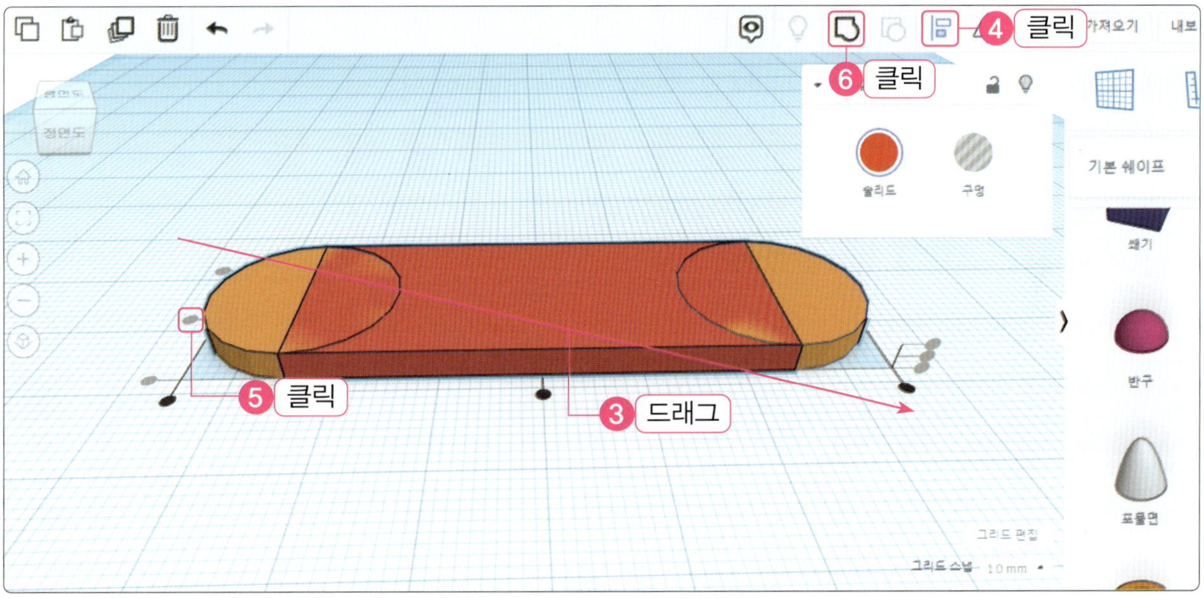

4 하나의 그룹으로 지정된 도형의 크기(가로 70, 세로 20, 높이 3)를 수정합니다.

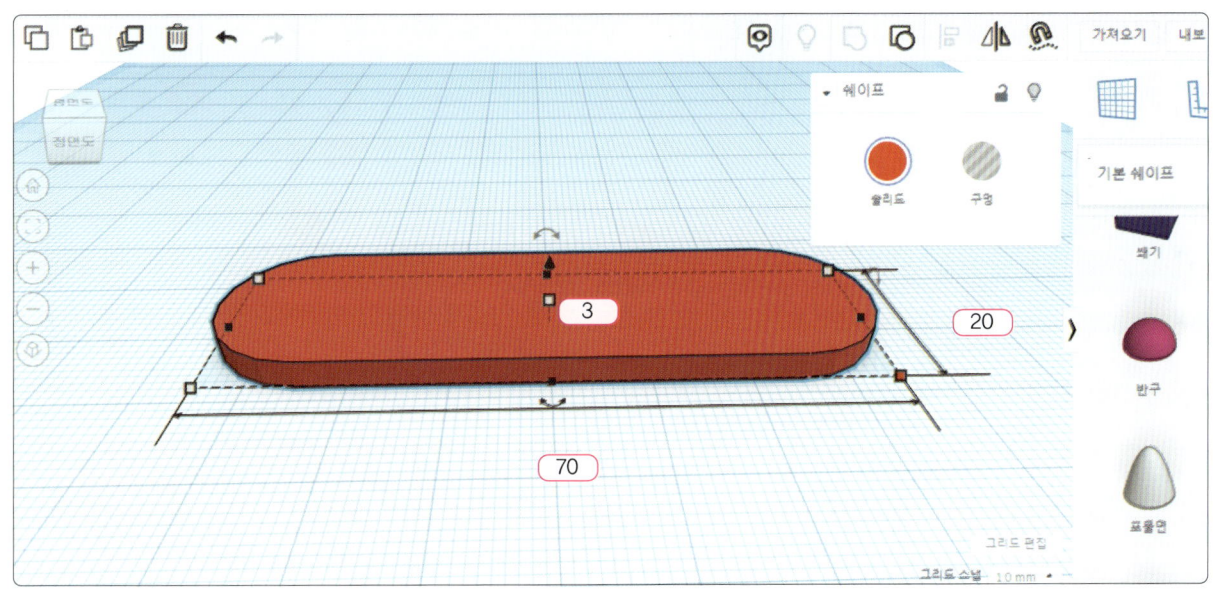

Chapter 04 - 이름표 만들기 **41**

5 기본 쉐이프의 문자를 가져와 문자 내용(이시온)과 크기(가로 50, 세로 16, 높이 2)를 수정합니다.

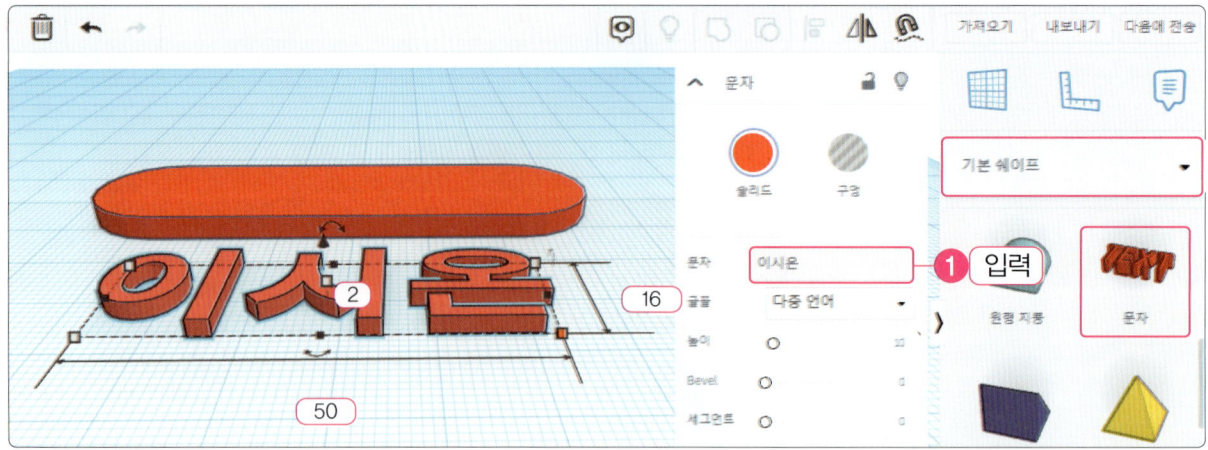

6 문자의 위쪽 화살표(▲)를 위쪽으로 드래그하여 바닥에서 2mm 올립니다.

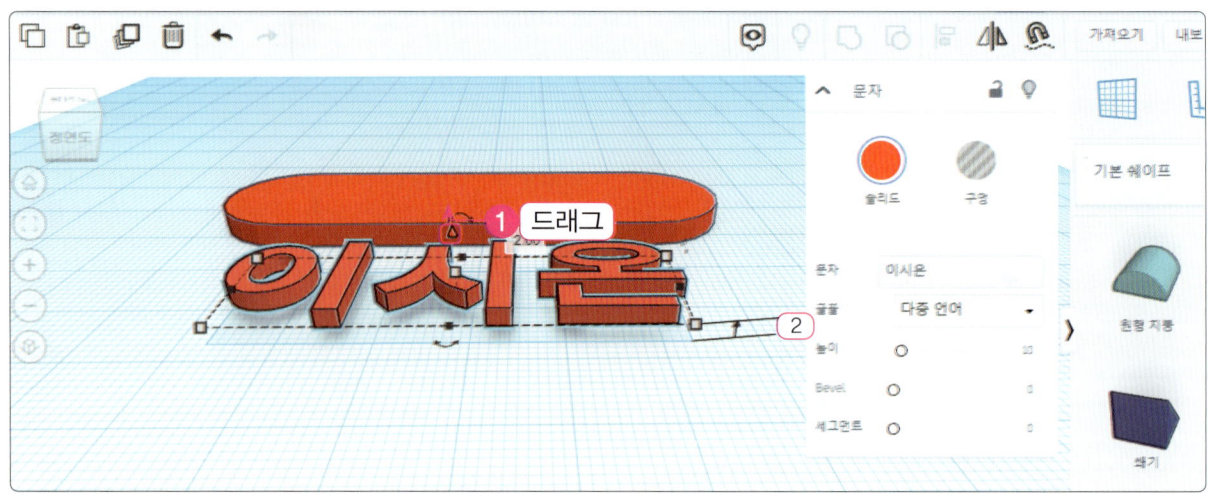

7 모든 도형을 선택한 후 정렬(L) 기능을 이용하여 가로 및 세로 가운데 맞춤을 지정한 다음 하나의 그룹(Ctrl+G)으로 지정합니다.

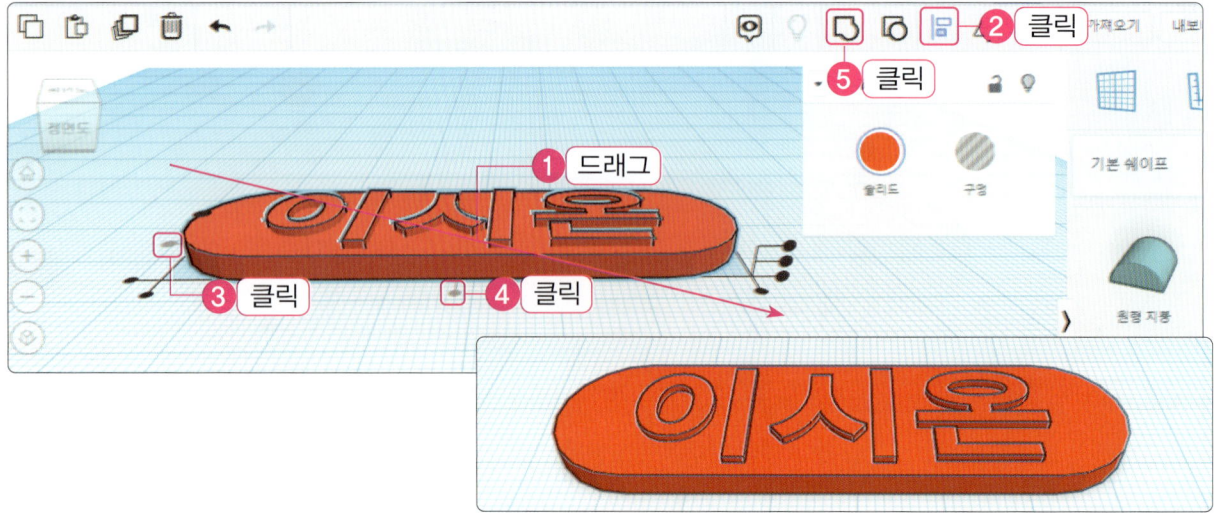

8 기본 쉐이프에서 구멍 스타일의 원통을 이름표 앞 부분으로 가져와 크기(가로/세로 6, 높이 20)를 수정합니다.

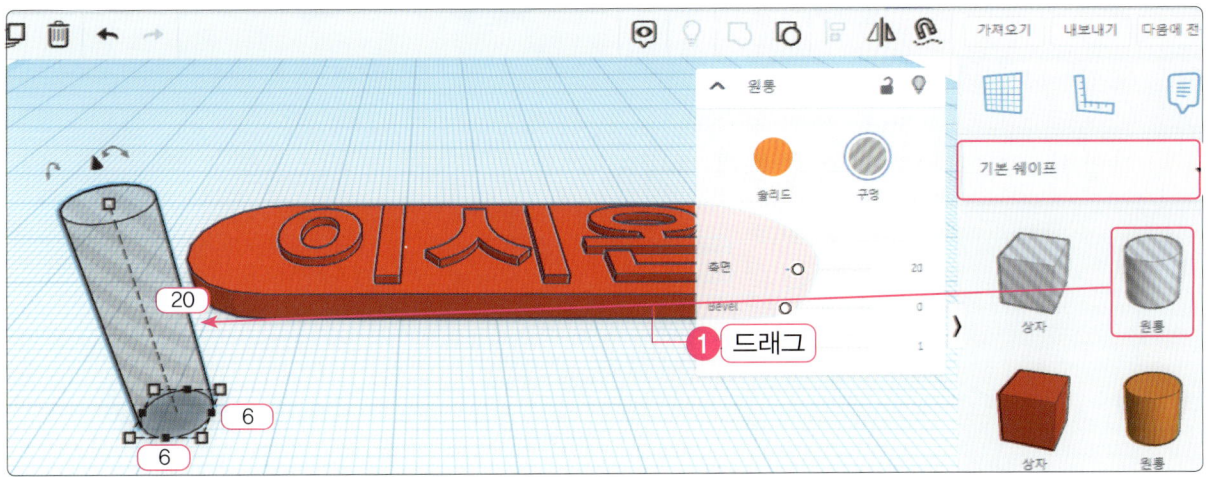

9 도형을 모두 선택한 후 정렬(L) 기능으로 구멍 스타일의 원통 위치를 왼쪽 가운데 배치하고 그룹(Ctrl+G)으로 지정하여 구멍을 뚫습니다.

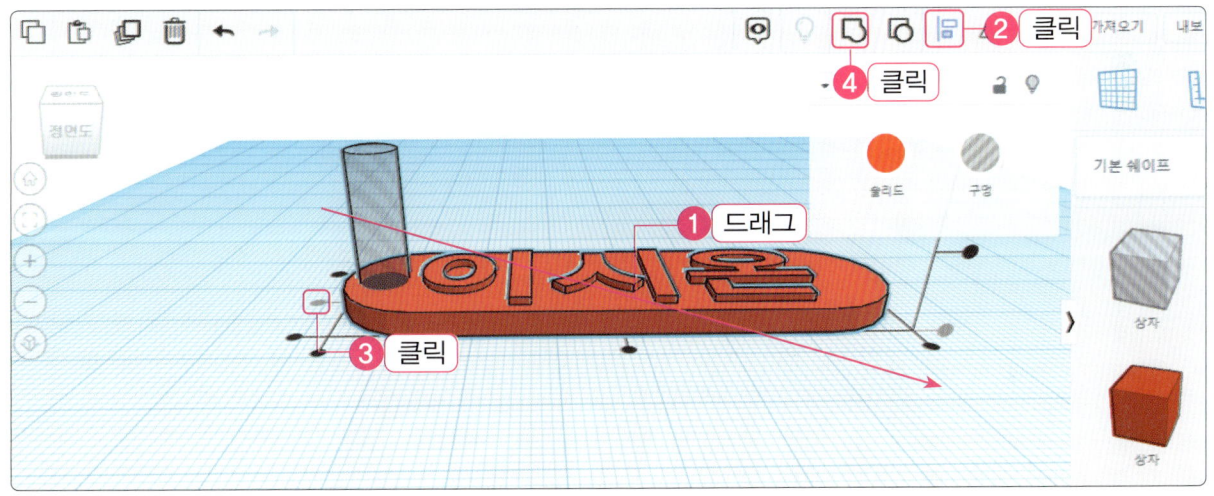

10 완성한 이름표의 색을 원하는 색으로 지정합니다.

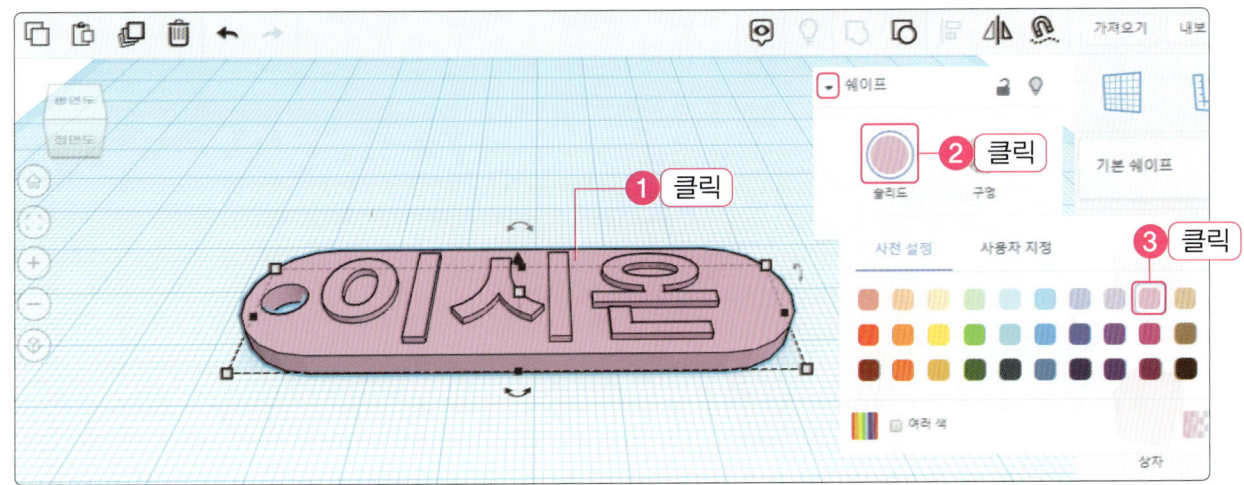

Chapter 04 - 이름표 만들기

http://gofile.me/4BQ07/CnvkiPK0Q   Chapter04 ▶ Ch04(연습).mp4

01 다양한 모양의 이름표를 만들어 보세요.

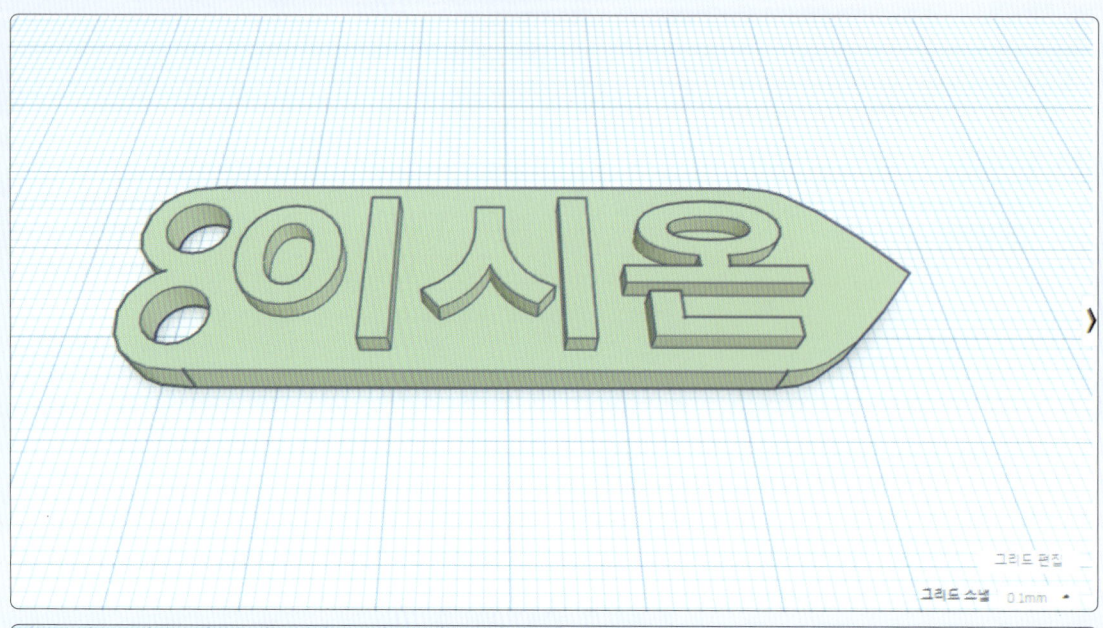

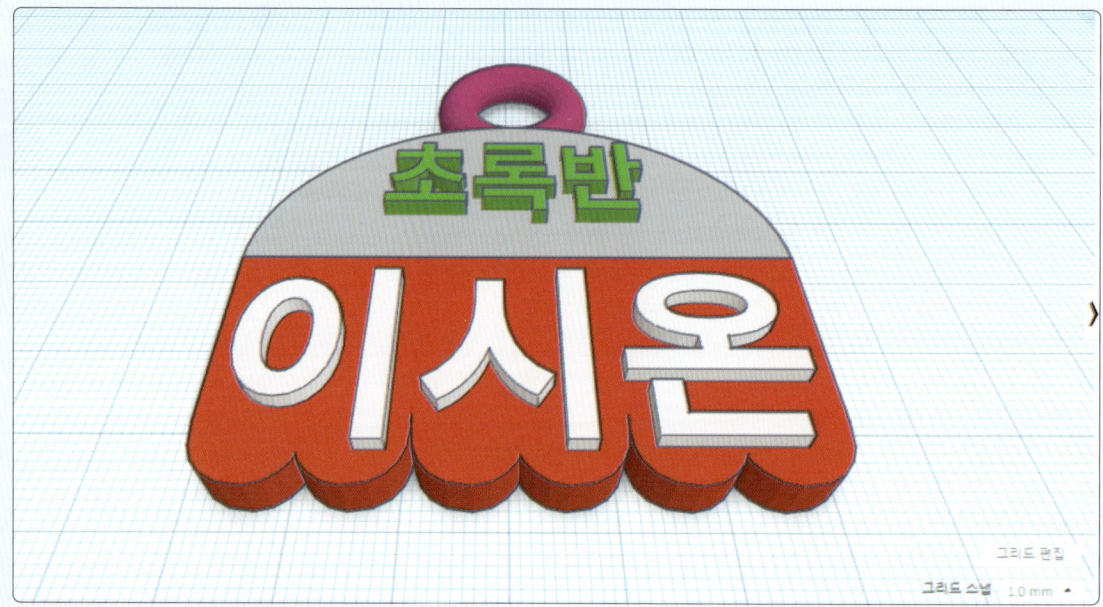

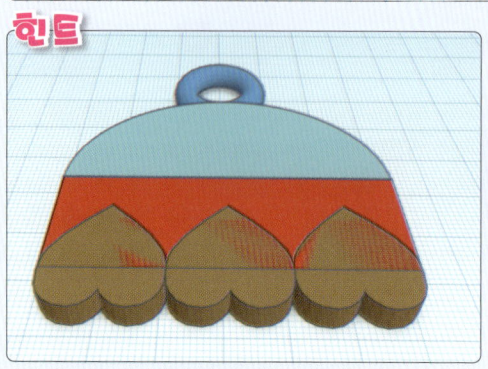

05 Chapter
주사위 만들기

1 기본 쉐이프의 상자를 가져와 옵션 패널에서 반지름(3) 및 단계(10), 길이/폭/높이(20) 등을 수정합니다.

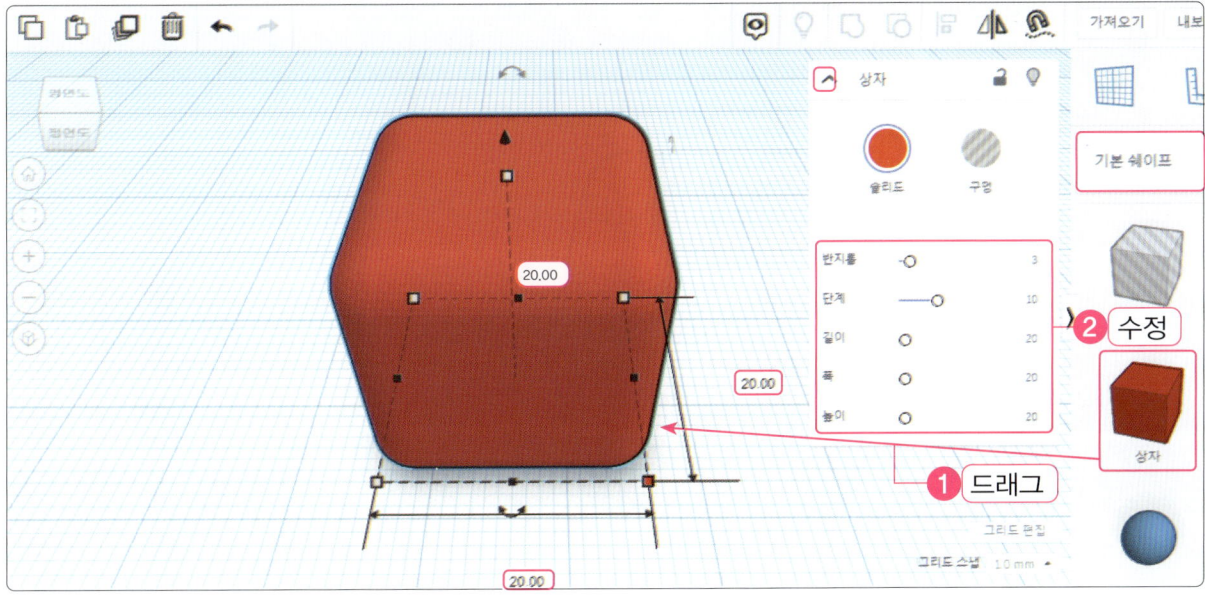

2 [작업 평면 도구]를 클릭한 후 도형의 위쪽면을 클릭하여 작업할 면으로 지정합니다.

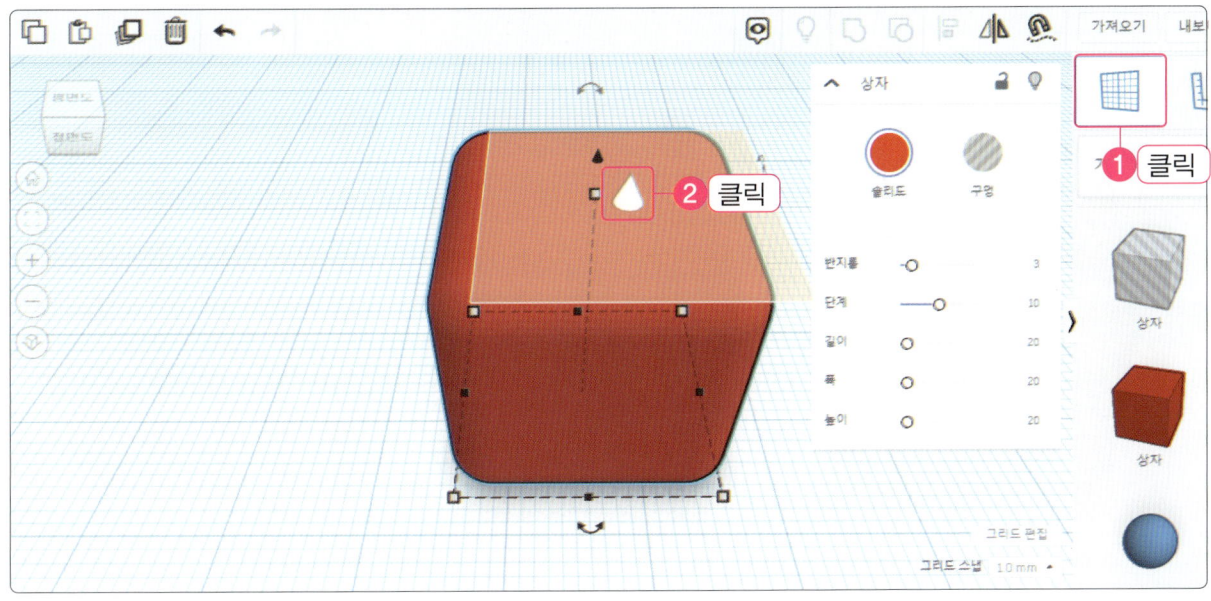

3 설계 스타터의 숫자1을 작업면으로 가져와 정렬(L) 기능으로 가로 및 세로 가운데 정렬합니다.

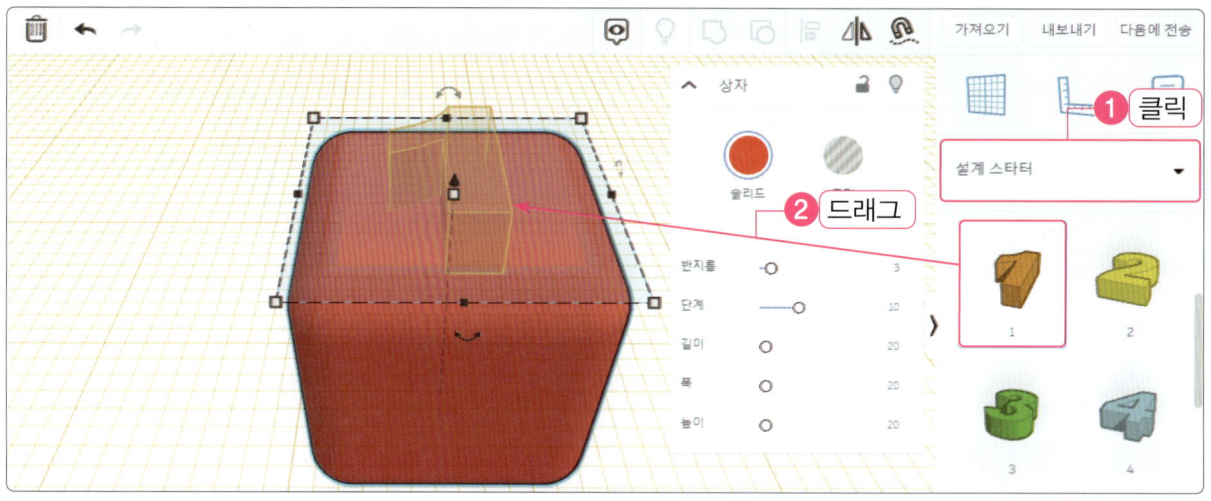

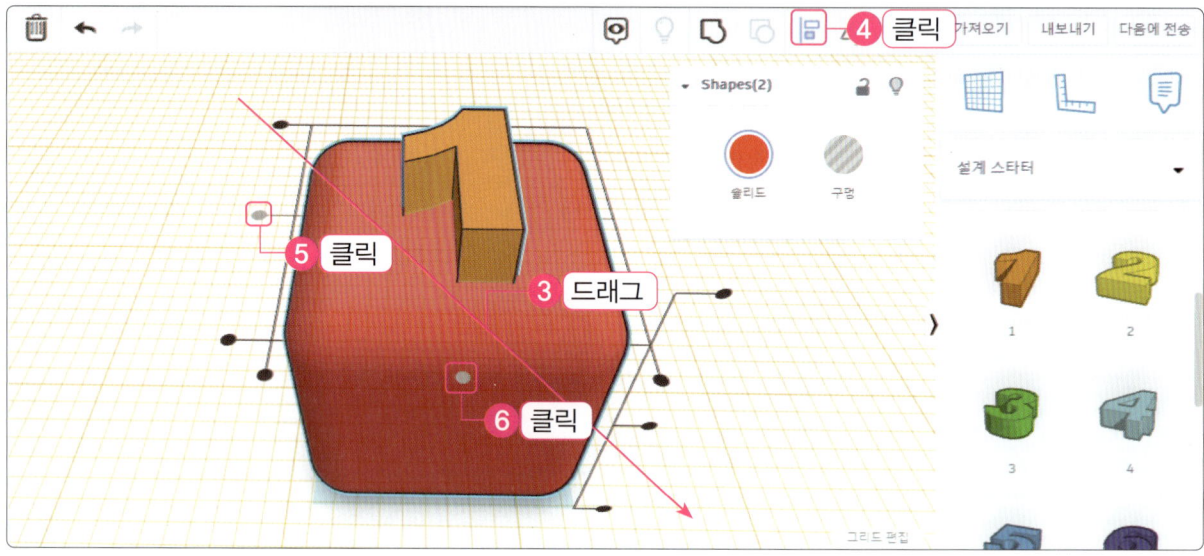

4 그리드 스냅의 단위(0.1mm)를 수정한 후 숫자 도형의 위치 변경 화살표를 −3.9 위치까지 내려 상자의 윗면 높이보다 약간 위로 올라오도록 만듭니다.

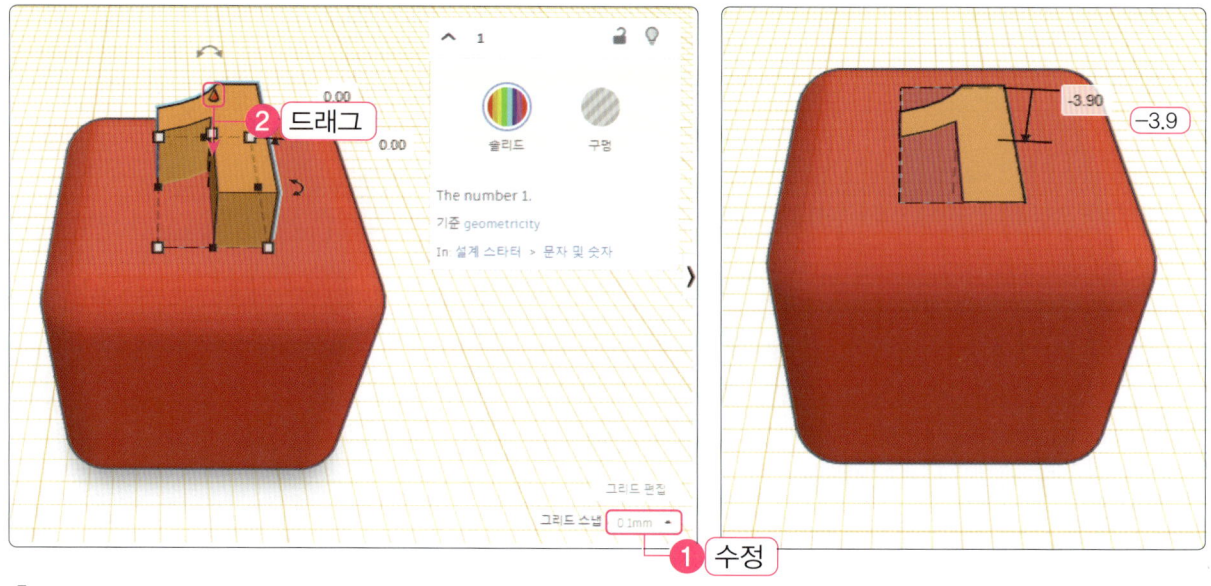

5 숫자1이 표시된 주사위 면의 반대편을 작업 평면으로 지정합니다.

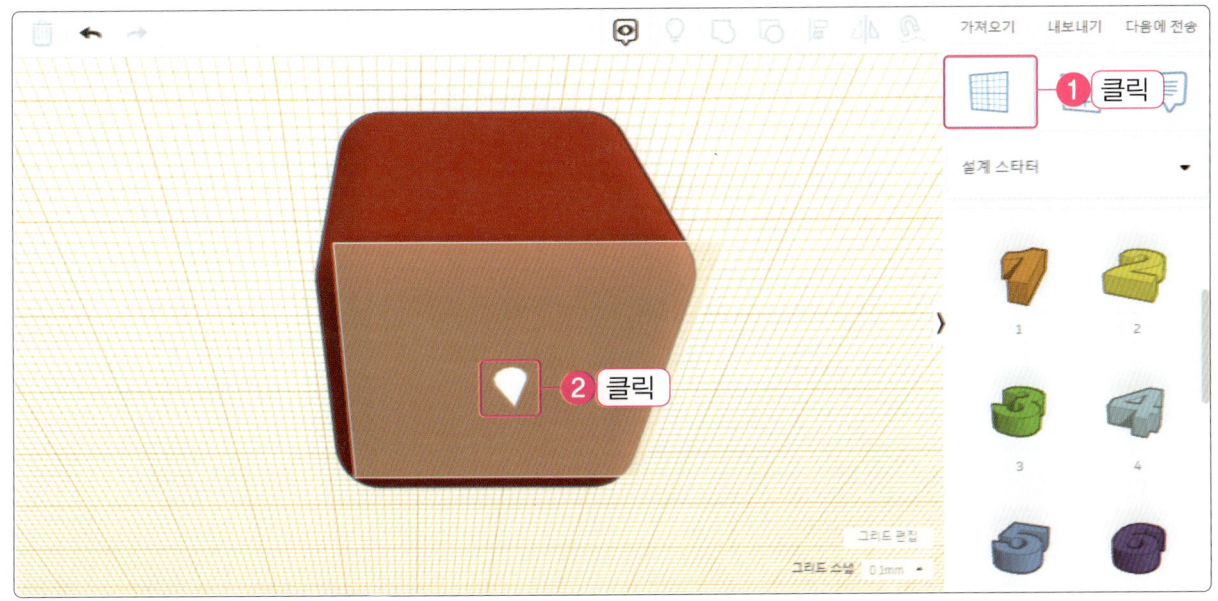

> **Tip**
> **화면 제어하기**
> 마우스 오른쪽 단추를 누른 상태에서 상/하/좌/우로 드래그하면 해당 방향으로 작업 평면의 위치를 자유롭게 제어할 수 있습니다.

6 설계 스타터의 숫자6을 작업면에 위치시킨 후 가운데 정렬하고 상자에서 0.1mm만 나오도록 상자 안으로 넣습니다.

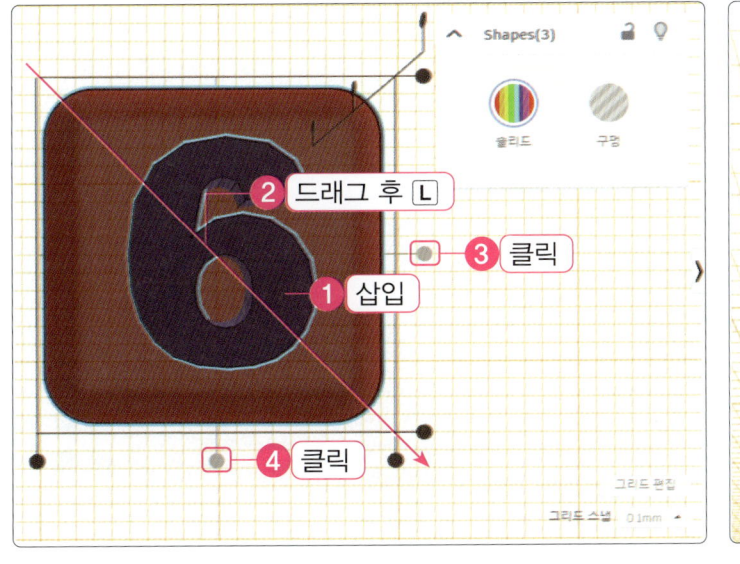
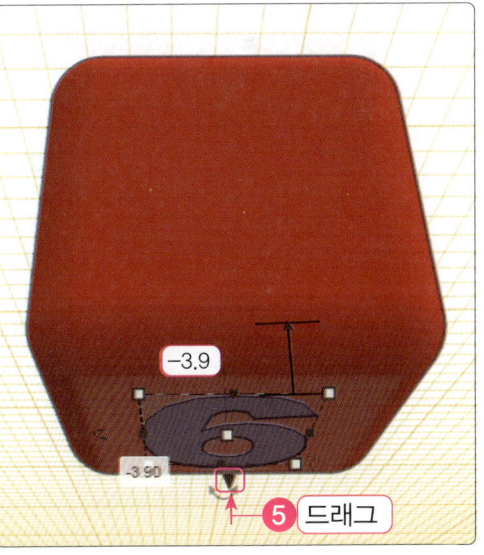

> **Tip**
> **주사위 만들기**
> 주사위는 현재 보이는 면과 반대편 면에 있는 숫자의 합이 7이 되도록 구성되어 있습니다.

Chapter 05 - 주사위 만들기 **47**

7 같은 방법으로 모든 면에 숫자를 입력한 후 작업 평면을 기본 작업 평면 화면으로 돌아옵니다.

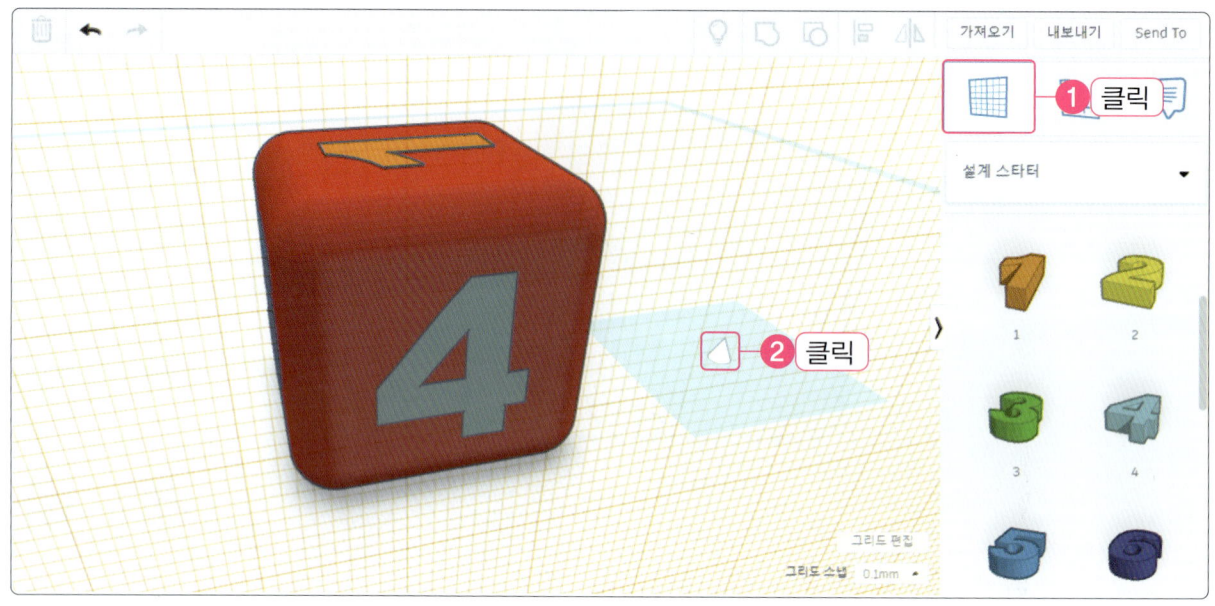

8 상자 및 모든 숫자 도형을 모두 선택한 후 그룹 만들기(Ctrl+G)를 통해 하나의 그룹으로 지정한 다음 옵션 패널에서 [여러 색]을 클릭하여 기존의 색으로 수정합니다.

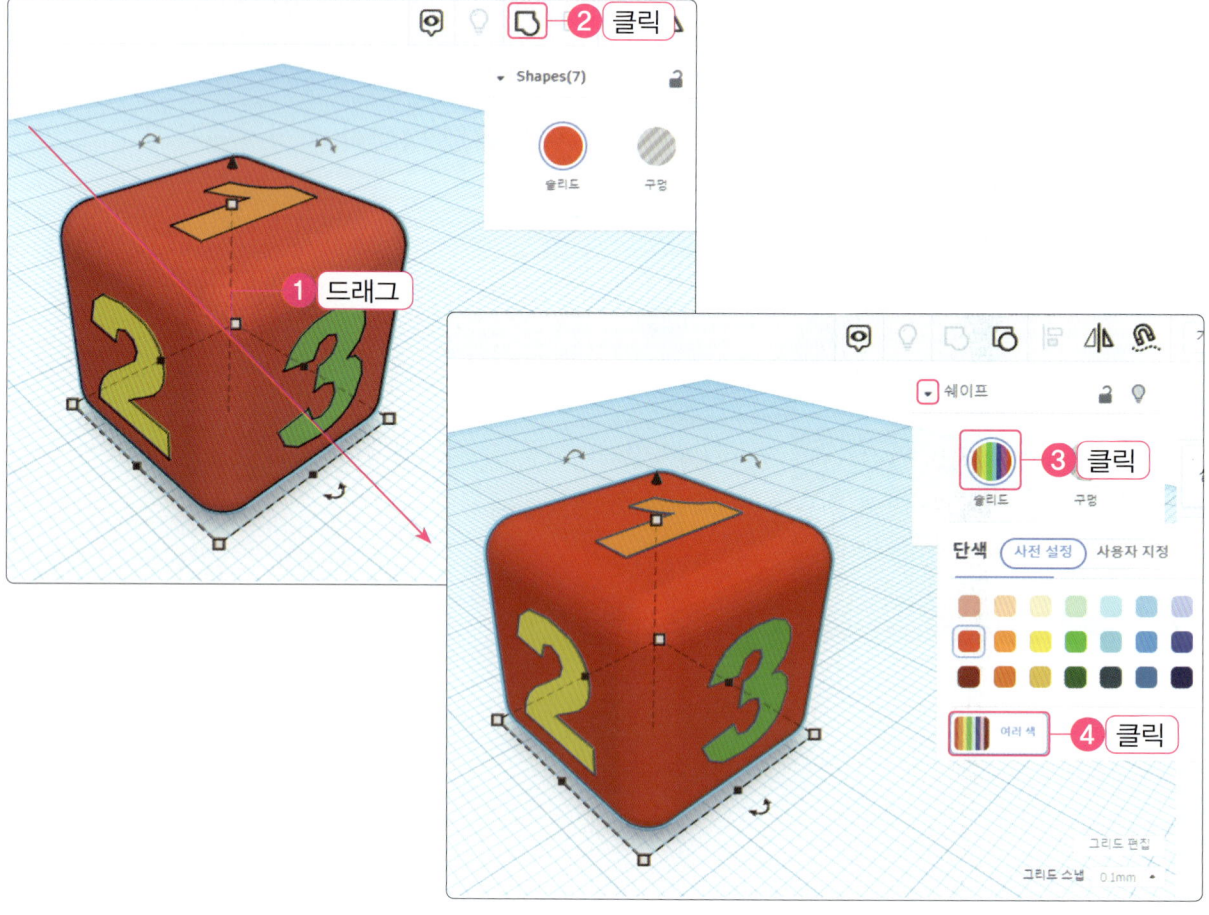

http://gofile.me/4BQ07/788IwkCH4   Chapter05 ▶ Ch05(연습).mp4

01 다양한 모양의 주사위를 만들어 보세요.

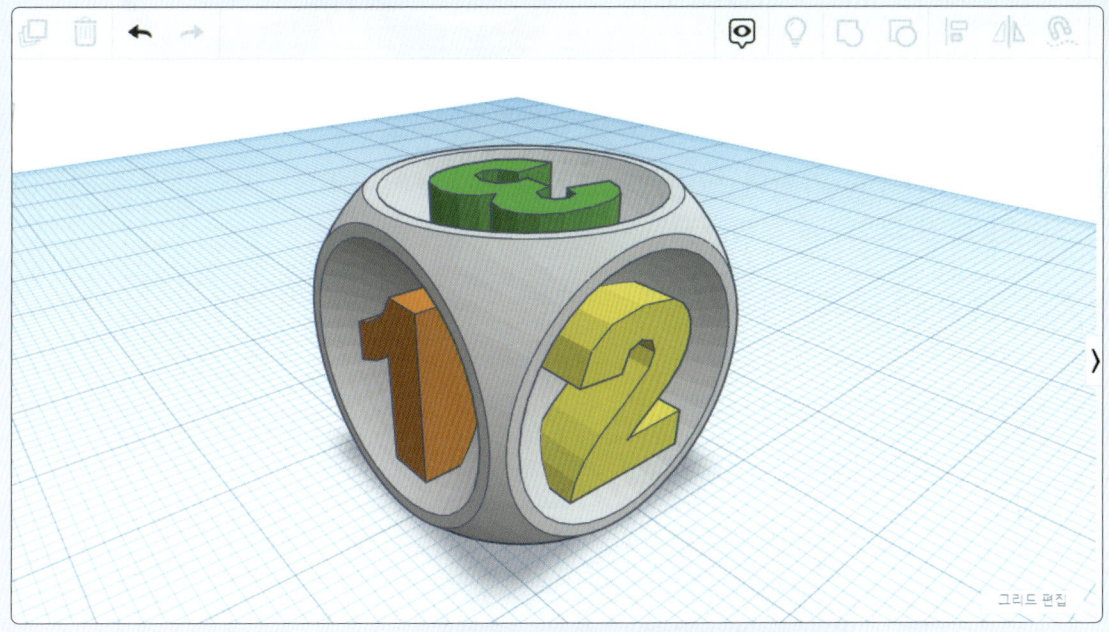

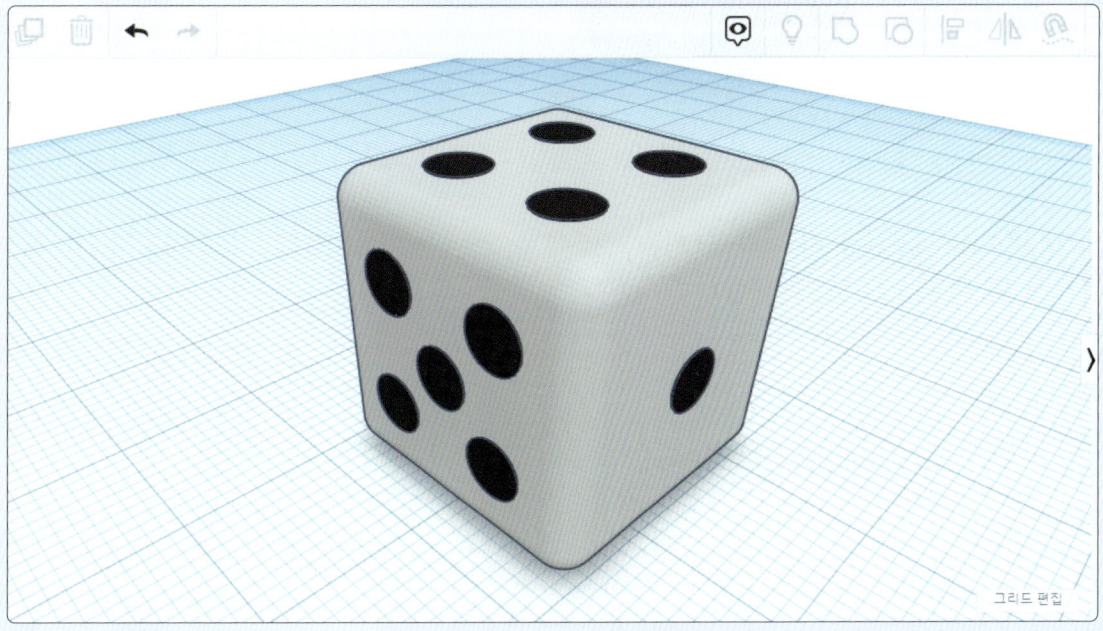

Chapter 05 - 주사위 만들기 **49**

06 Chapter
김밥 만들기

1 기본 쉐이프의 원통을 가져와 크기(가로/세로 30, 높이 9.6)를 지정하고 옵션 패널에서 색(검정) 및 측면(50)을 수정합니다.

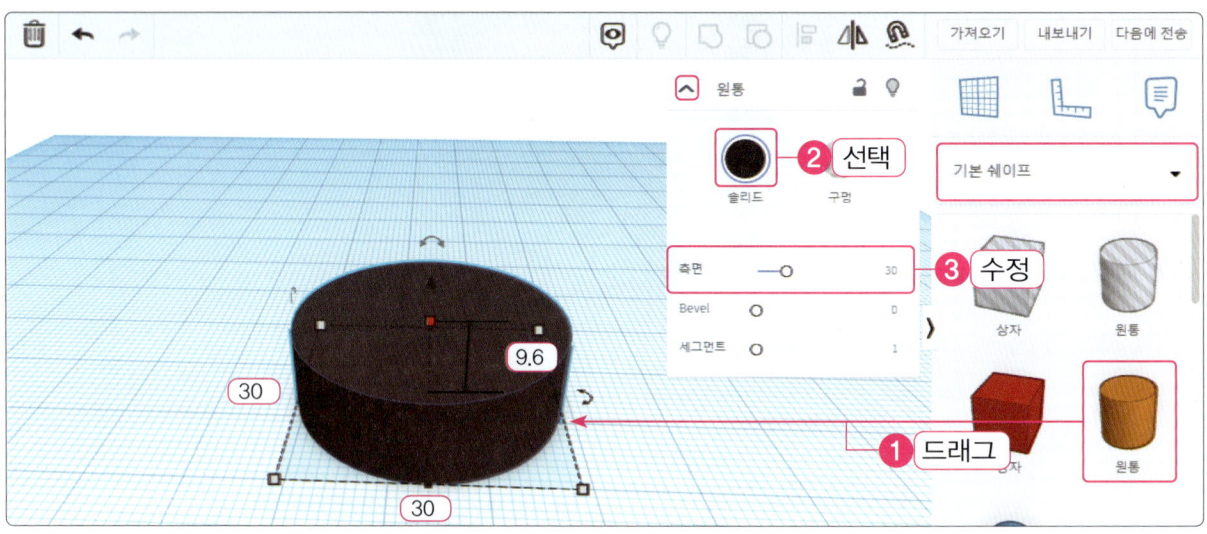

2 같은 방법으로 원통을 가져와 크기(가로/세로 28, 높이 9.8)를 지정하고 옵션 패널에서 색(흰색) 및 측면(50)을 수정합니다.

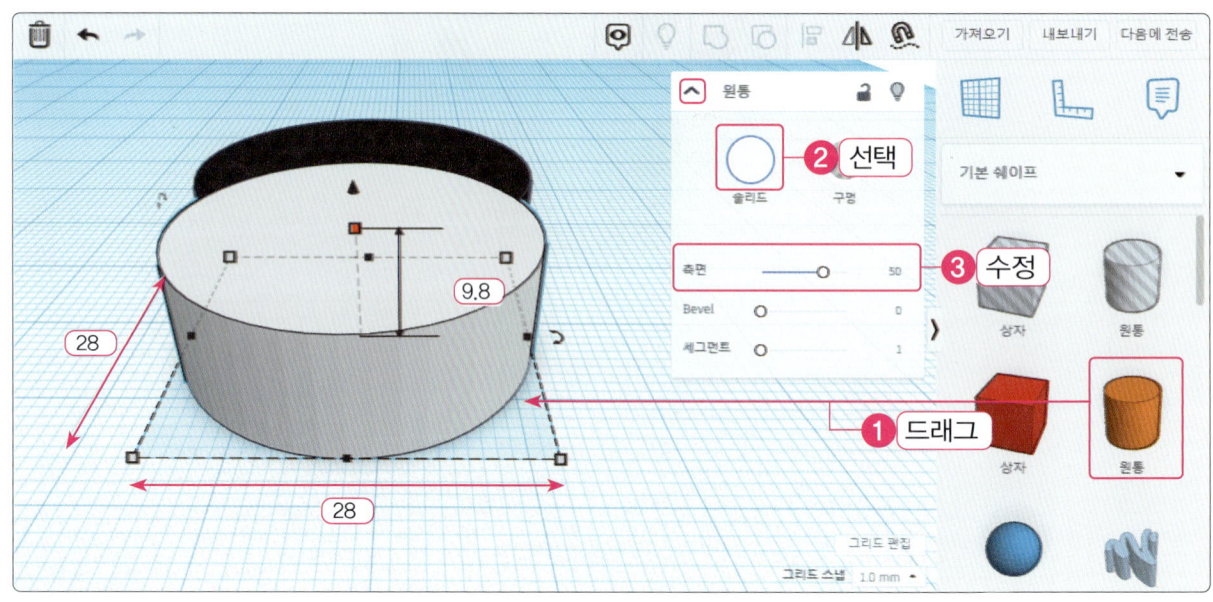

3 두 개의 원통 도형을 모두 선택한 후 도구 모음의 정렬(L)을 이용하여 가로 및 세로, 높이 등을 가운데 맞춤으로 지정합니다.

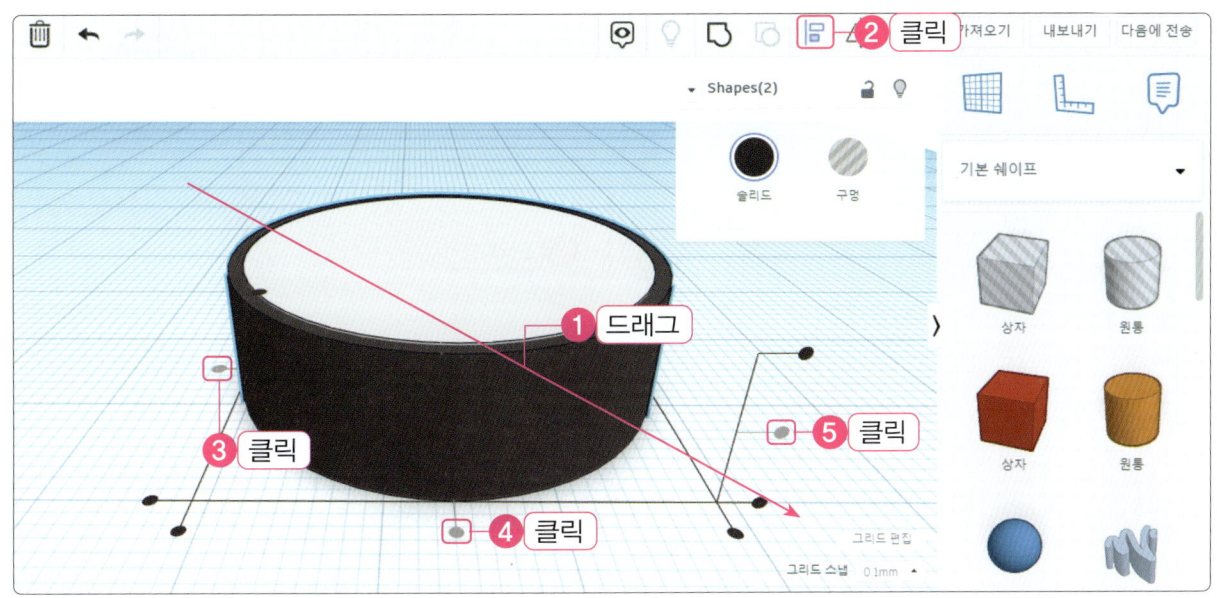

흰색 도형의 높이를 조금 더 크게 만든 이유
김밥에서 밥에 해당하는 흰색 도형의 높이를 조금 더 크게 만든 이유는 두 개의 도형을 수직 방향으로 가운데 맞춤을 할 경우 검은색 도형 보다 약간 커서 밥에 해당하는 흰색 도형이 잘보이도록 만들기 위함입니다.

4 기본 쉐이프의 낙서(Scribble)를 클릭한 후 작업 평면에서 클릭합니다.

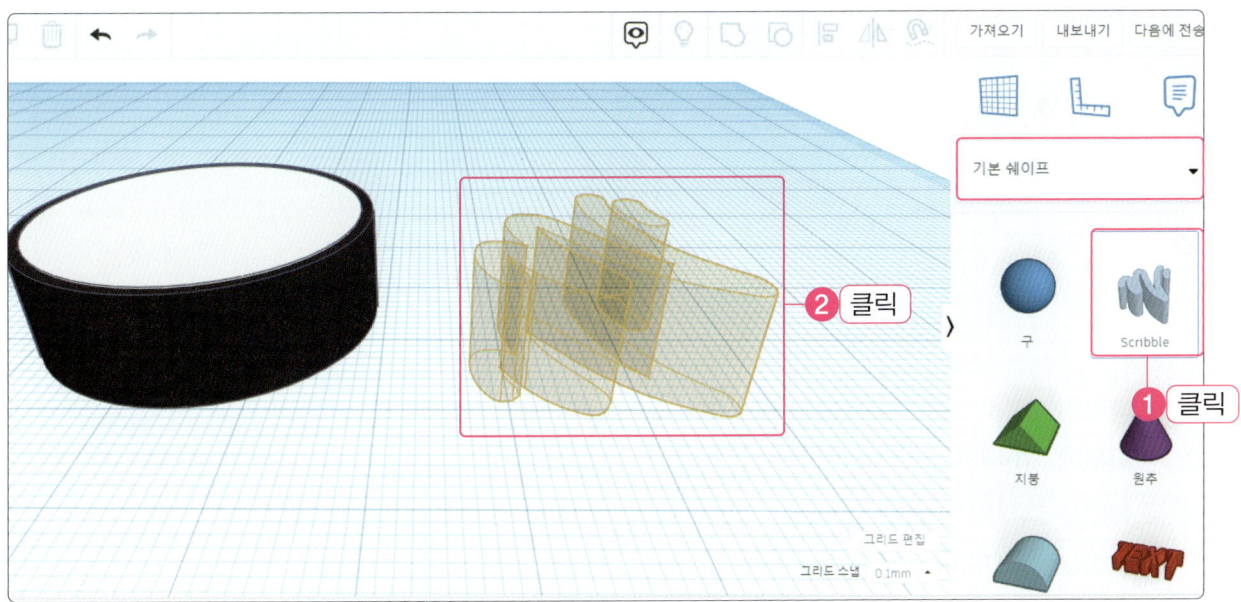

Chapter 06 - 김밥 만들기 **51**

5 낙서 작업 화면이 표시되면 브러쉬로 김밥 속 재료의 단면 모양으로 드래그한 후 완료(Done)를 클릭합니다.

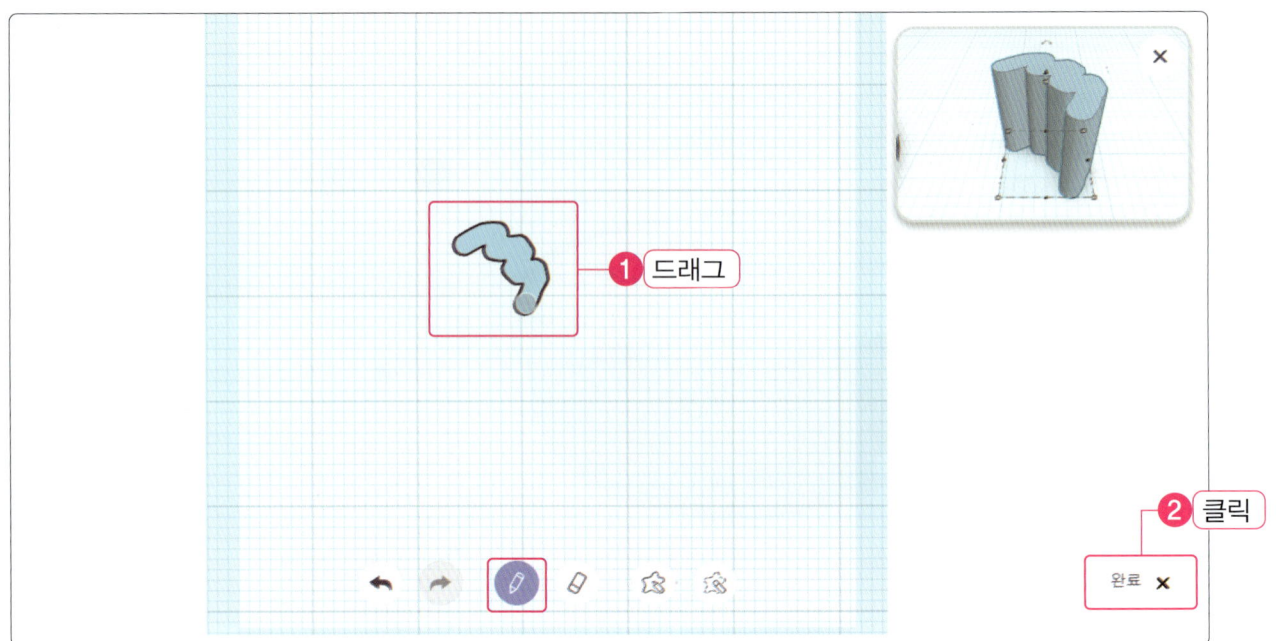

낙서 도형 알아보기

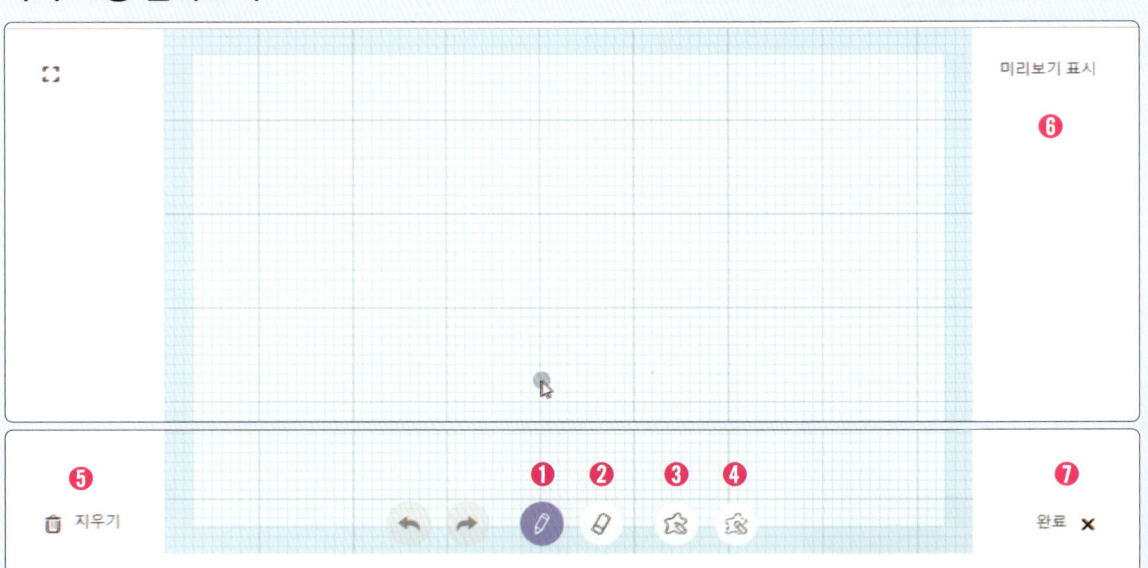

❶ **그리기** : 마우스로 드래그하여 특정 모양을 만듭니다.

❷ **지우기** : 마우스로 드래그하여 특정 부분을 지웁니다.

❸ **쉐이프 그리기** : 마우스로 특정 영역을 드래그하여 도형의 모양을 만듭니다.

❹ **쉐이프를 사용하여 지우기** : 마우스로 특정 영역을 드래그하여 삭제할 수 있습니다.

❺ **지우기** : 작업한 도형을 삭제합니다.

❻ **미리보기 표시/숨기기** : 작업 평면에서의 도형 모양을 미리 확인할 수 있습니다.

❼ **완료** : 작업한 도형 모양을 작업 평면에 표시합니다.

6 작업 평면에 모양이 표시되면 임의의 크기와 색 및 높이(10)를 변경하고 김밥의 안쪽으로 이동합니다. 같은 방법으로 기본 쉐이프의 도형을 이용하여 김밥의 속 재료를 만듭니다.

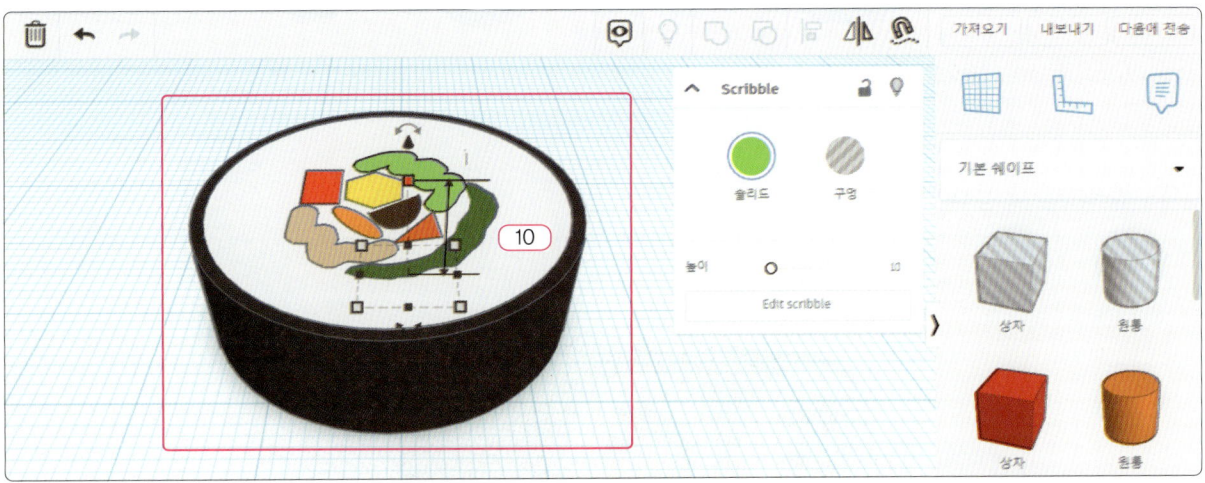

7 모든 도형을 하나의 그룹(Ctrl+G)으로 지정한 후 옵션 패널에서 [여러 색]을 클릭합니다.

8 완성한 김밥을 복제(Ctrl+D)한 후 이동 및 높이 조절로 결과 화면과 같이 배치합니다.

Chapter 06 - 김밥 만들기

JUMP JUMP

http://gofile.me/4BQ07/lXcNWrirh   Chapter06 ▶ Ch06(연습).mp4

01 다양한 모양의 김밥을 만들어 보세요.

07 Chapter
머그컵 만들기

1 기본 쉐이프의 원통을 가져와 크기(가로/세로/높이 70)를 지정하고 옵션 패널에서 측면(60)을 수정합니다.

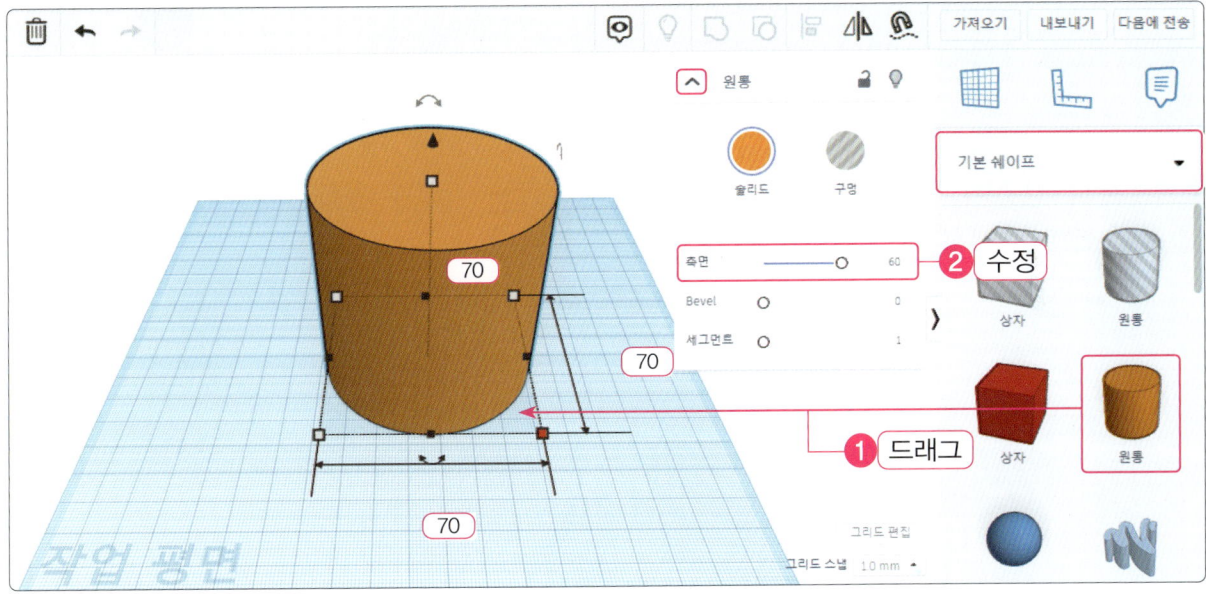

2 도형을 복제(Ctrl+D)한 후 Shift를 누르고 드래그하여 옆으로 이동한 다음 옵션 패널의 구멍을 선택하고 크기(가로/세로 64) 지정 및 바닥에서 위쪽으로 5mm 간격을 띄워 올립니다.

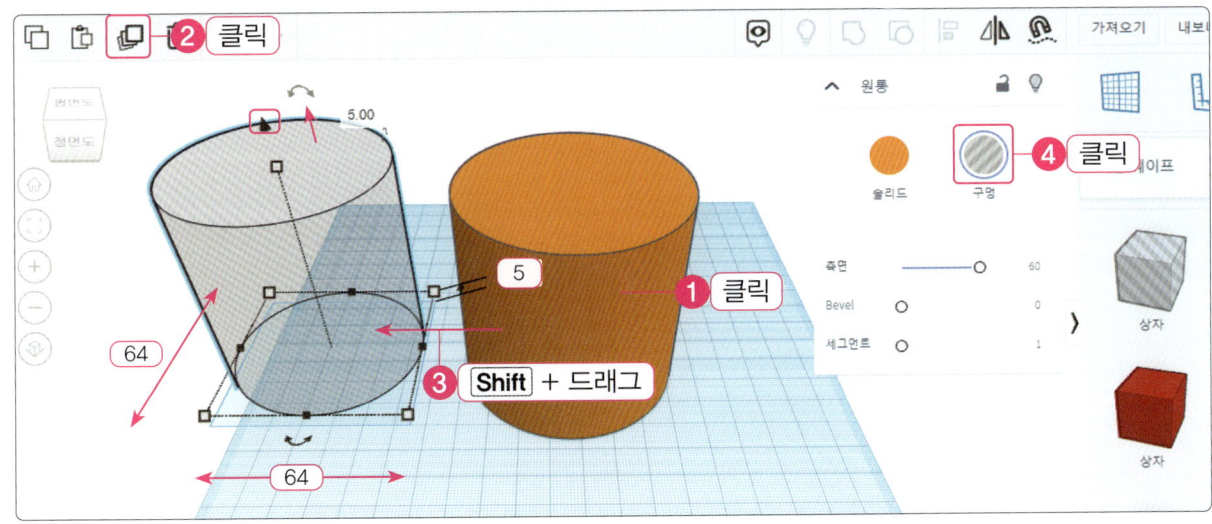

Chapter 07 – 머그컵 만들기 **55**

3 두 개의 원통을 선택한 후 정렬([L])을 눌러 가로 및 세로 가운데 맞춤을 지정합니다.

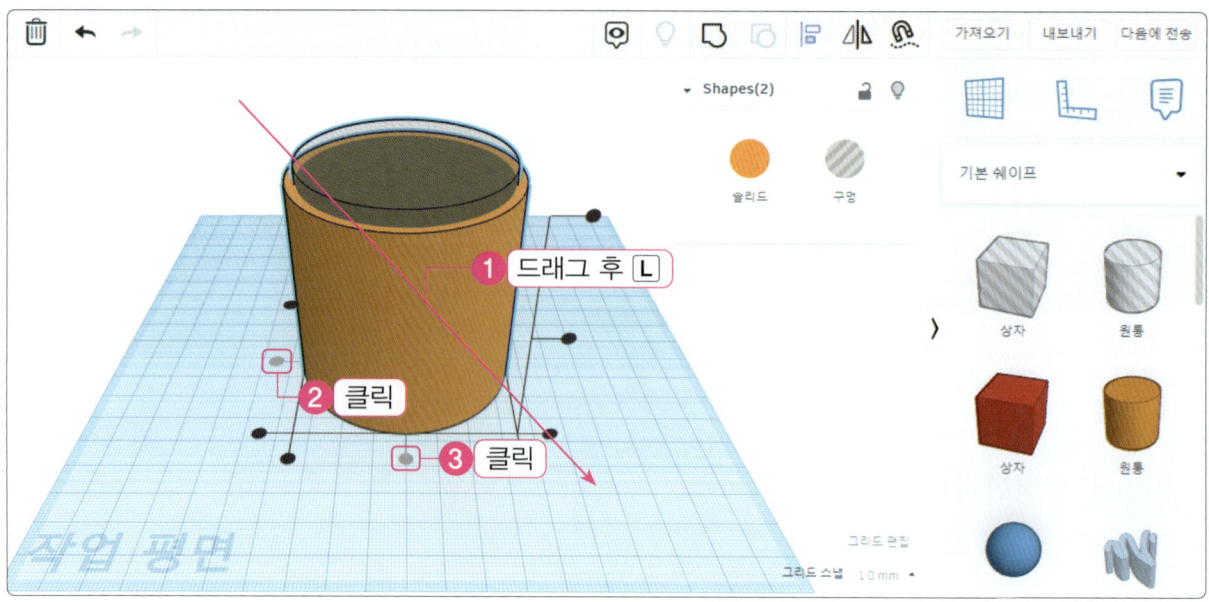

4 두 개의 원통이 선택된 상태에서 그룹 만들기([Ctrl]+[G])를 통해 하나의 그룹으로 지정한 후 옵션 패널에서 색(회색) 및 [투명]을 지정합니다.

5 기본 쉐이프의 토러스를 가져와 크기(가로/세로 40, 높이 8)를 수정한 후 옵션 패널에서 색(회색)을 지정합니다.

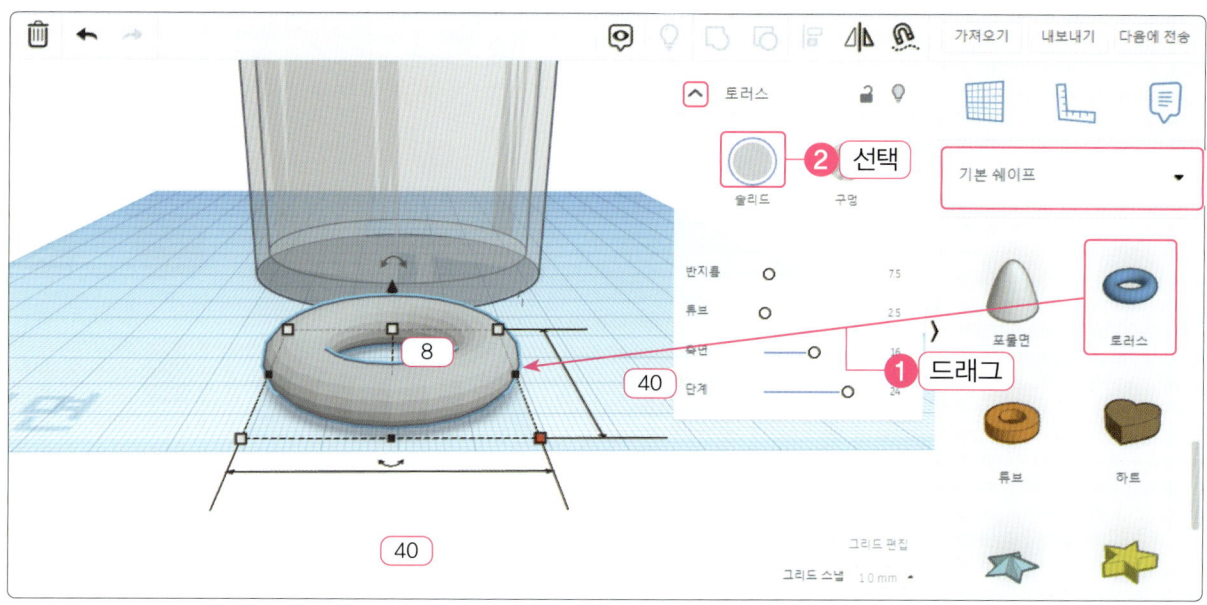

6 기본 쉐이프의 상자를 가져와 토러스의 가운데를 중심으로 왼쪽에 배치한 후 크기(가로/세로 40, 높이 20)를 수정합니다.

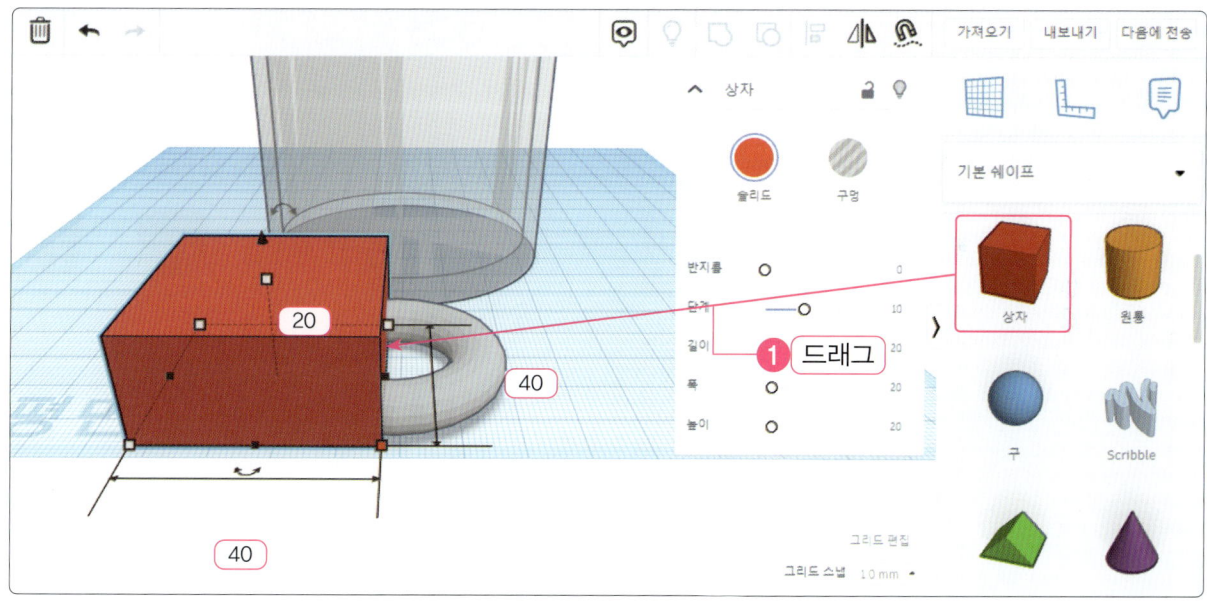

7 옵션 패널에서 상자를 구멍으로 수정한 후 상자와 토러스를 선택한 다음 정렬(L)을 이용하여 토러스의 왼쪽 부분을 잘라 손잡이를 만듭니다.

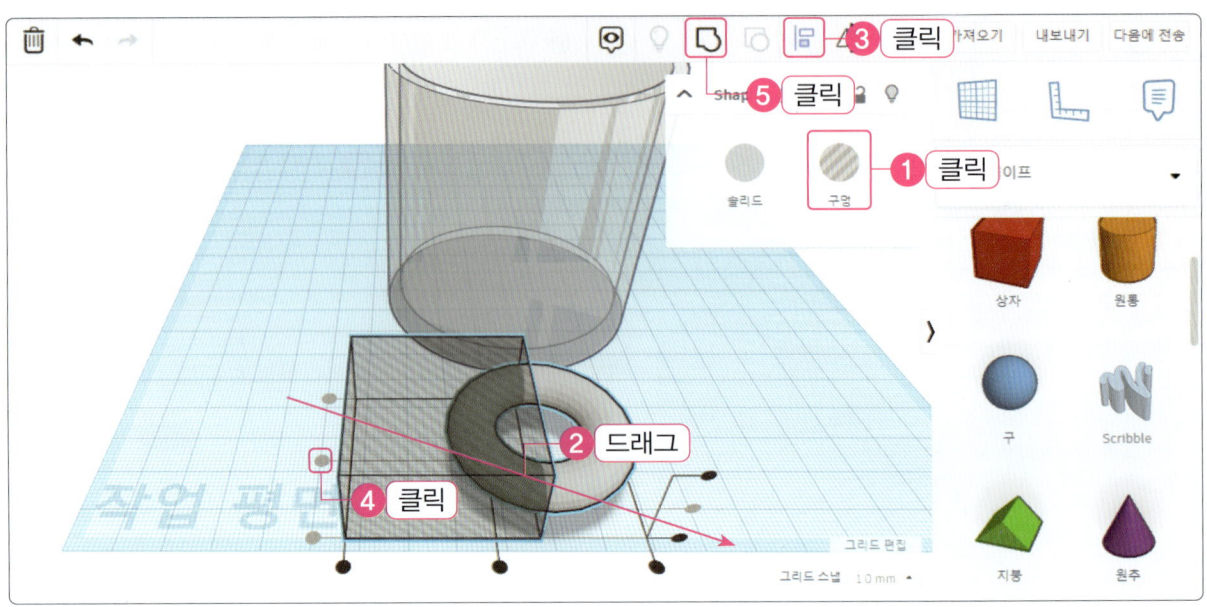

8 토러스의 잘린 부분을 회전한 후 컵 부분과 함께 선택한 다음 정렬(L)를 통해 높이 및 가로 부분을 가운데로 맞추고 손잡이 부분이 컵과 붙도록 이동합니다.

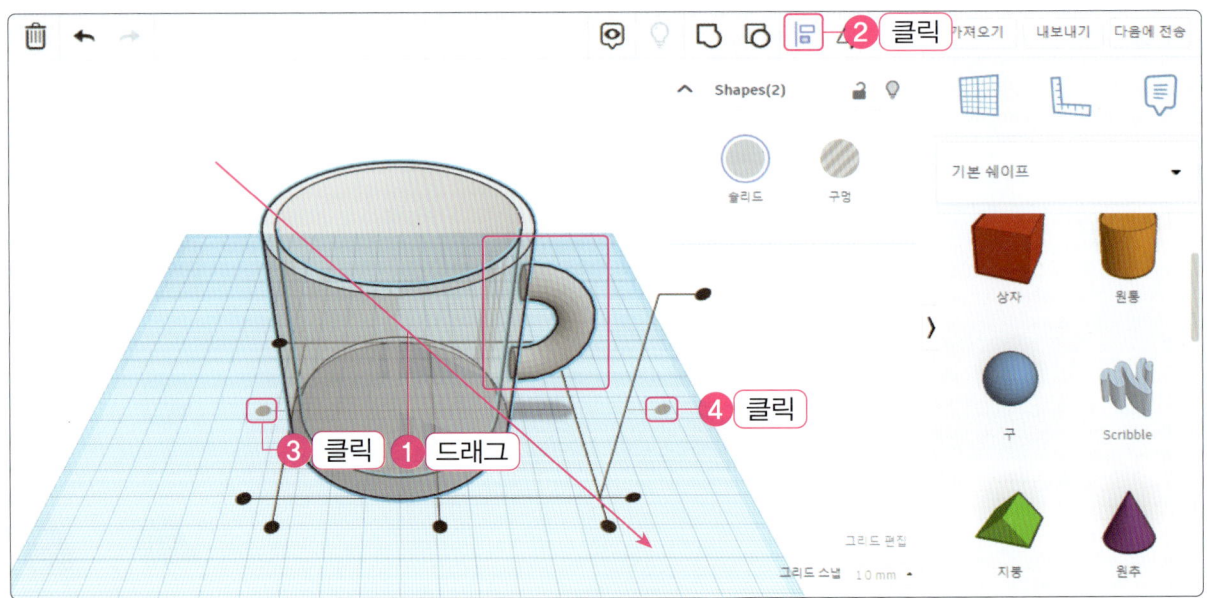

JUMP JUMP

http://gofile.me/4BQ07/hsxptjIGI

Chapter07 ▶ Ch07(연습).mp4

01 다양한 모양의 머그컵을 만들어 보세요.

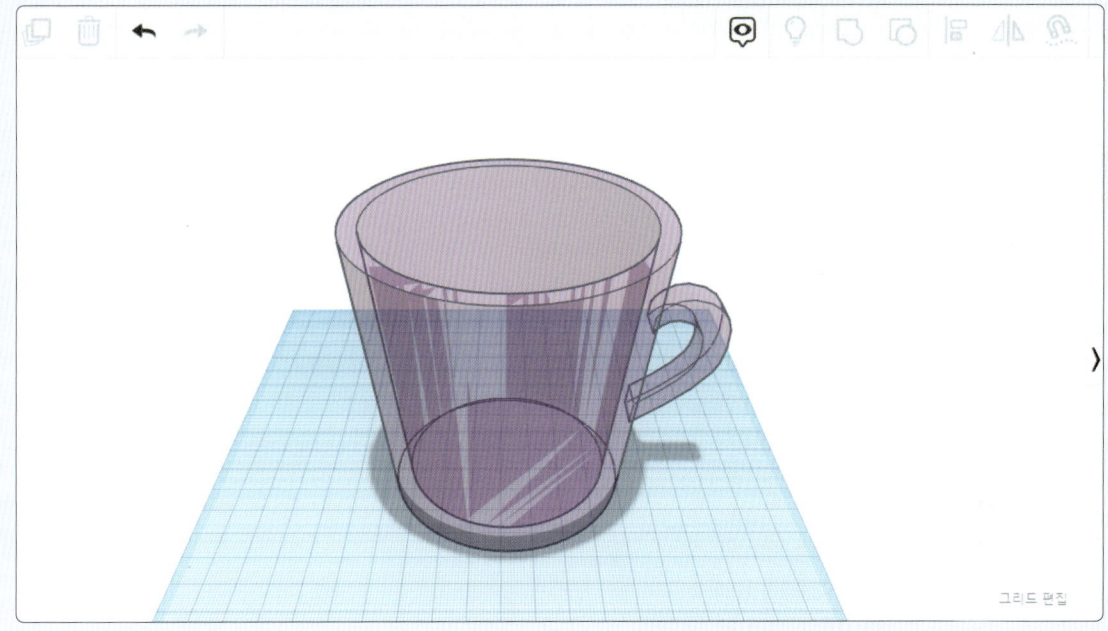

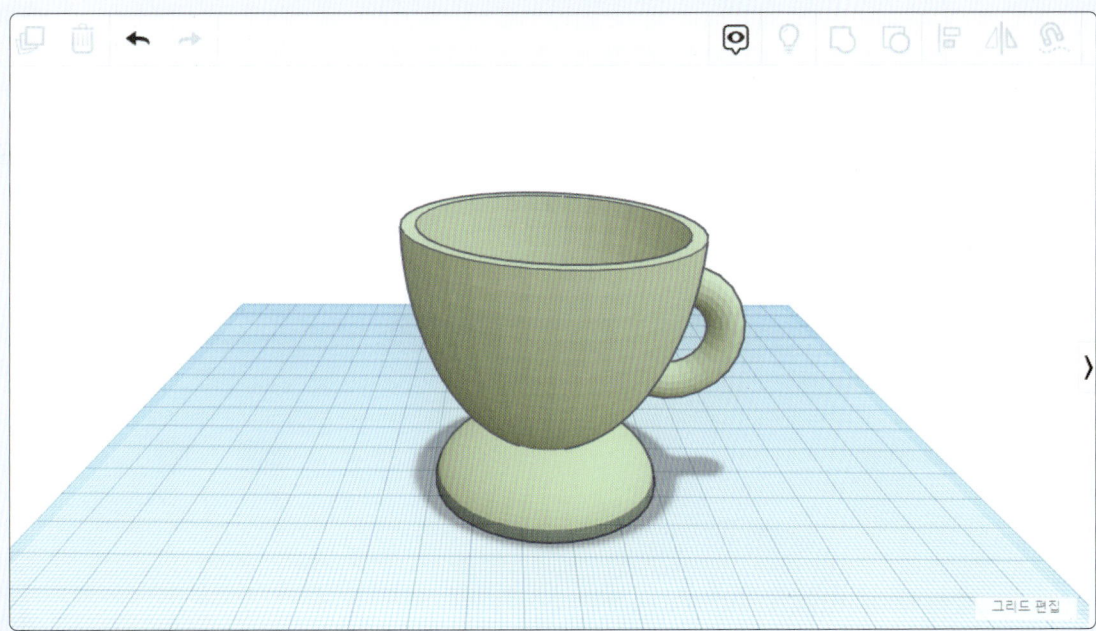

Chapter 07 - 머그컵 만들기 **59**

08 Chapter
꽃잎 만들기

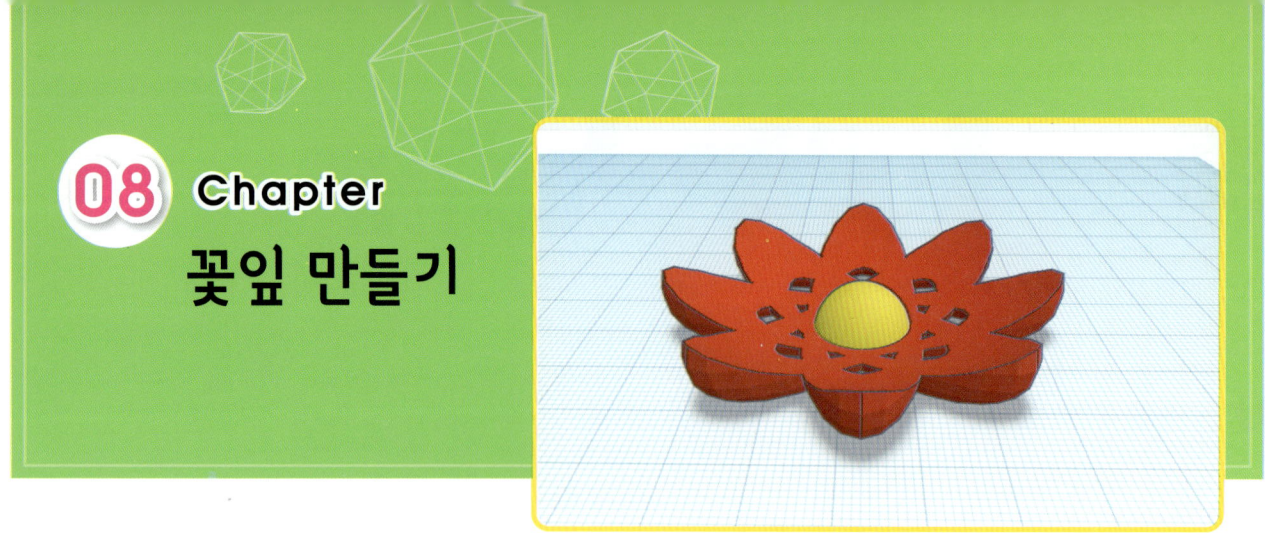

1 기본 쉐이프의 토러스를 가져와 크기(가로 60, 세로 20, 높이 15)를 지정합니다.

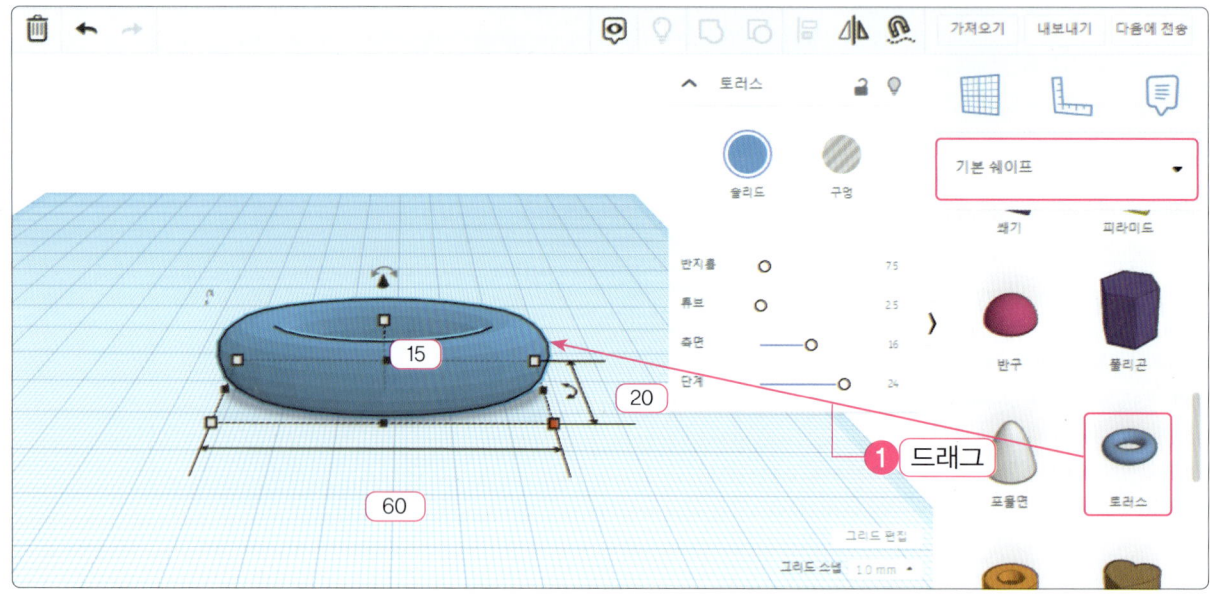

2 토러스를 복제(Ctrl+D)한 후 복제한 도형을 90도 회전합니다.

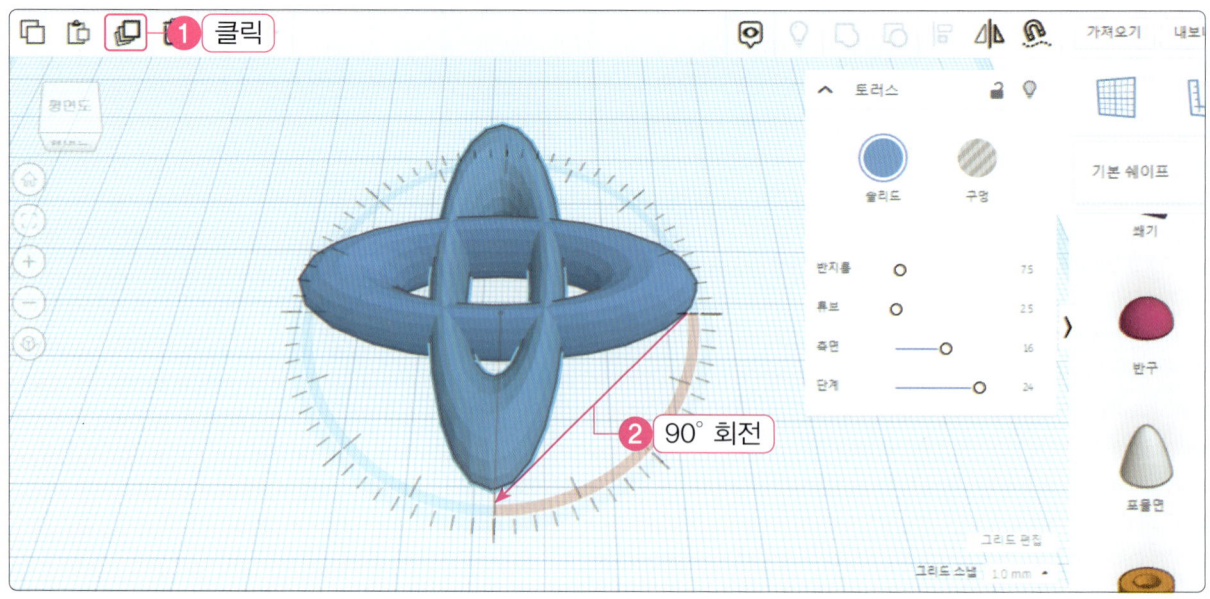

3 두 개의 도형을 모두 선택한 후 복제(Ctrl+D)한 다음 45° 회전합니다. 모든 도형을 하나의 그룹(Ctrl+G)으로 지정합니다.

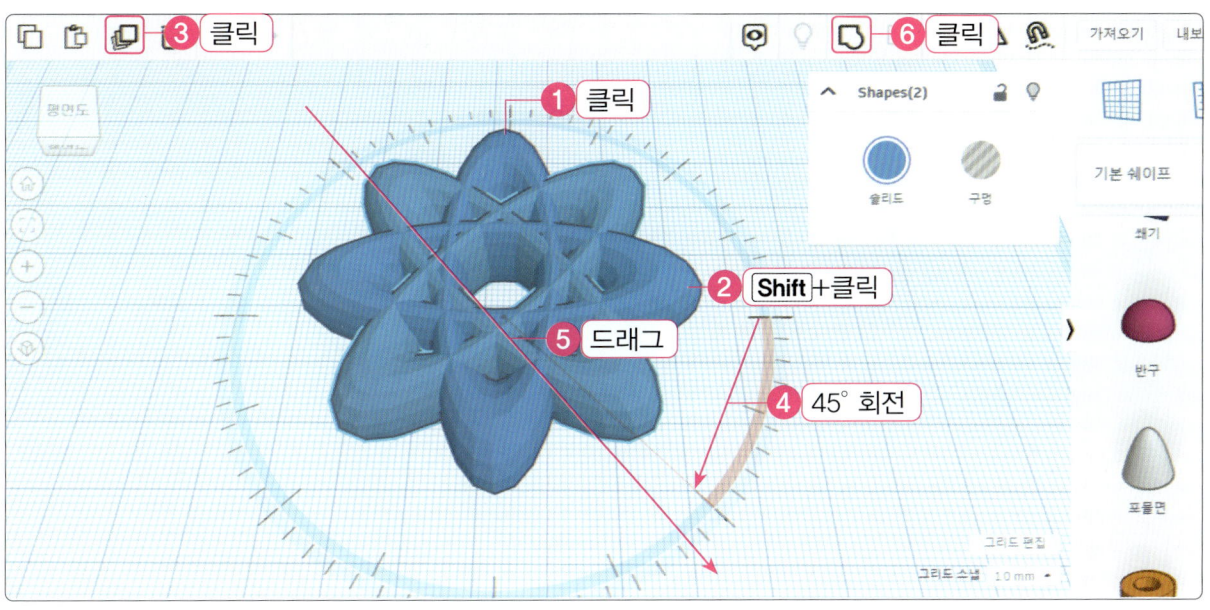

4 기본 쉐이프의 반구를 가져와 180° 회전하여 상하 모양을 뒤집은 후 구멍 스타일 지정 및 크기(가로/세로 70, 높이 20)를 수정합니다.

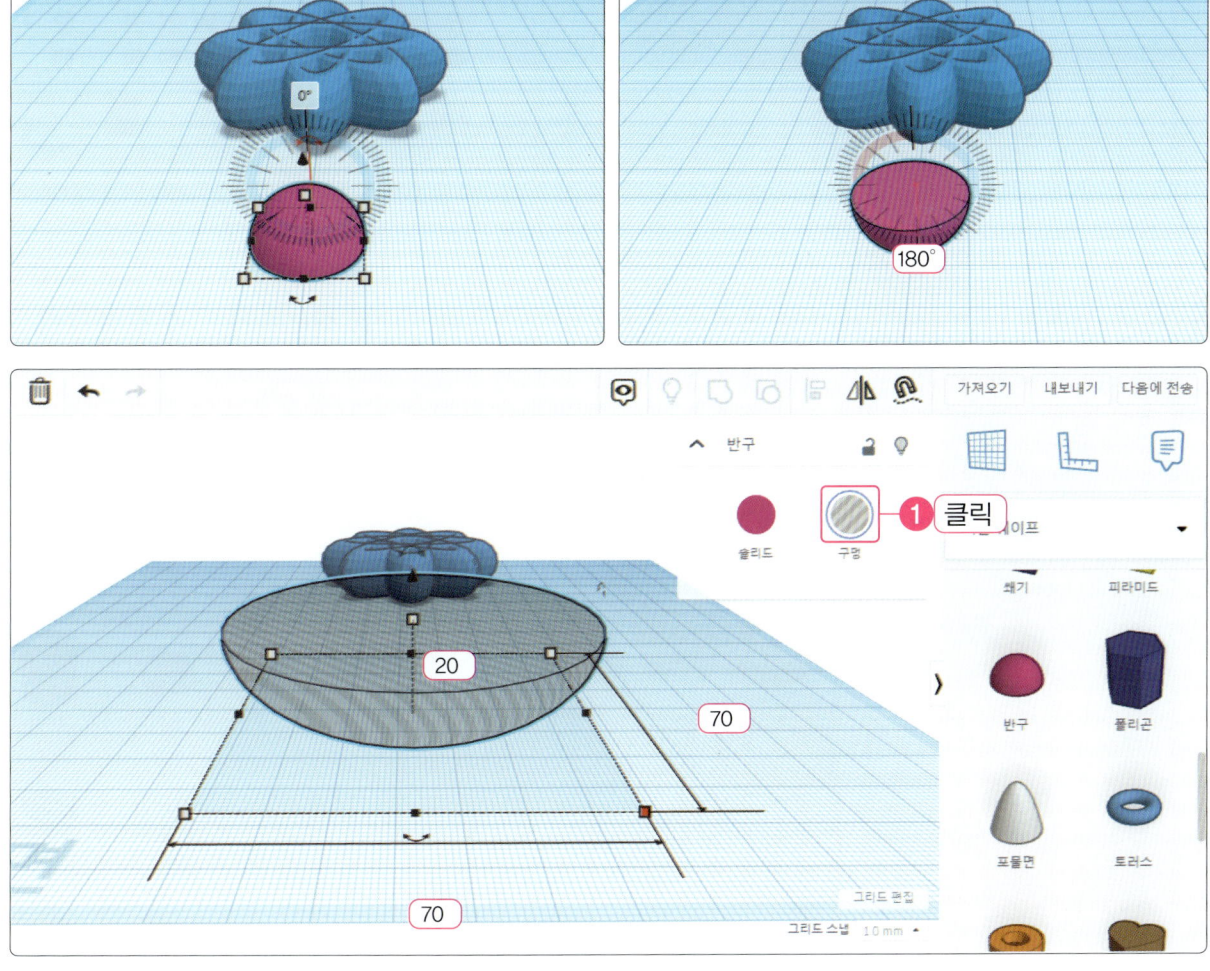

Chapter 08 – 꽃잎 만들기 **61**

5 작업 평면에 위치한 두 개의 도형을 모두 선택한 후 정렬(L)을 통해 가로 및 세로 가운데 맞춤, 수직 아래쪽 맞춤을 실행한 다음 하나의 그룹(Ctrl+G)으로 지정하고 색(빨강)을 바꿉니다.

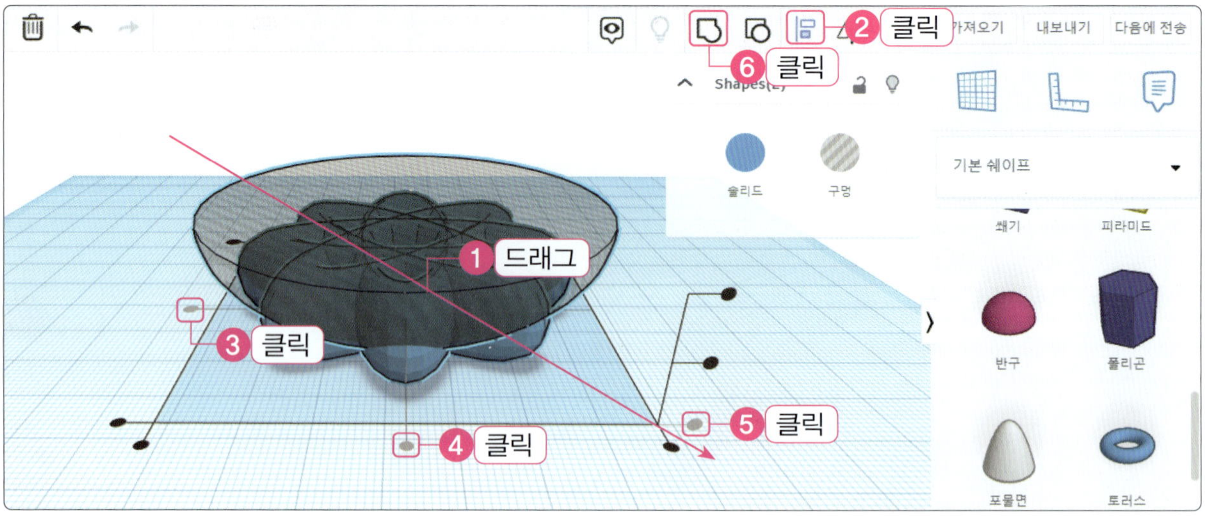

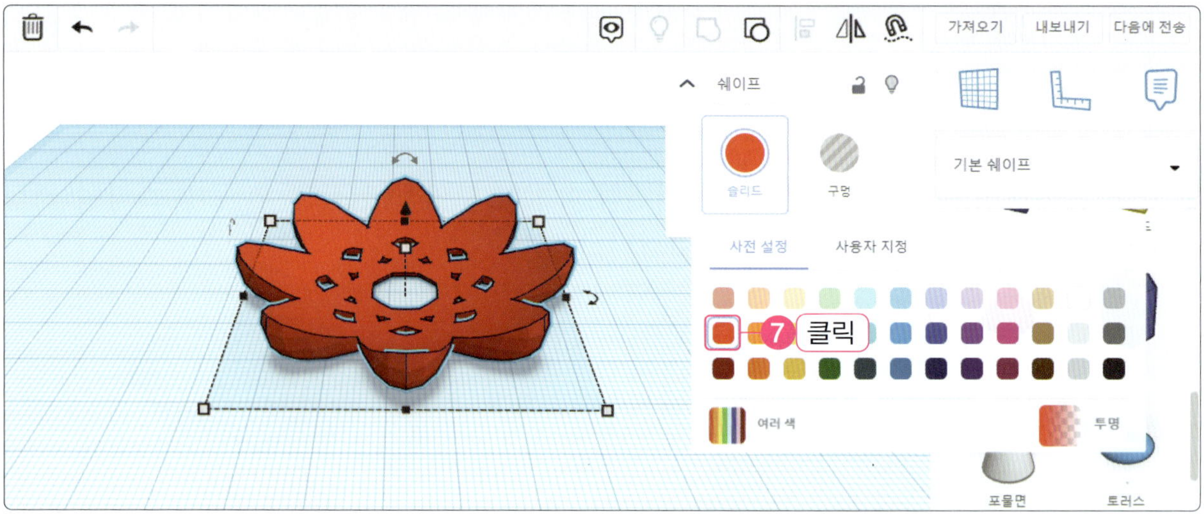

6 기본 쉐이프의 반구를 가져와 크기(가로/세로 15, 높이 8) 및 색(노랑)을 수정합니다.

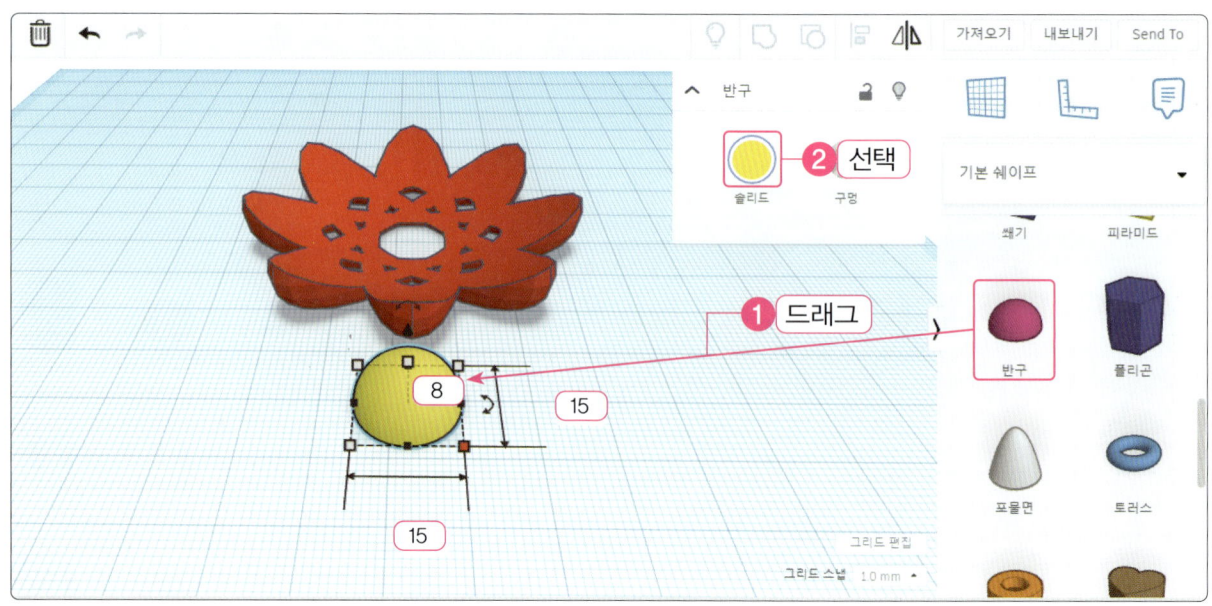

62 팅커캐드

7 두 개의 도형을 모두 선택한 후 정렬(L)을 통해 가로 및 세로 가운데 맞춤, 수직 아래쪽 맞춤을 실행합니다.

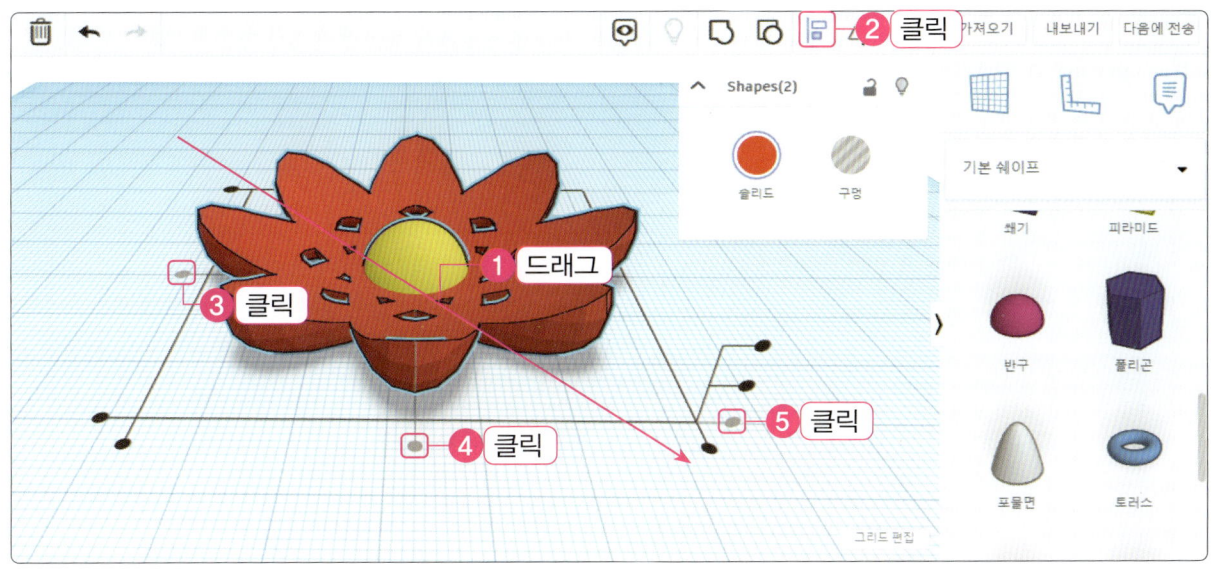

8 두 개의 도형이 모두 선택된 상태에서 하나의 그룹(Ctrl+G)으로 지정한 후 옵션 패널에서 항목에서 [여러 색]을 클릭합니다.

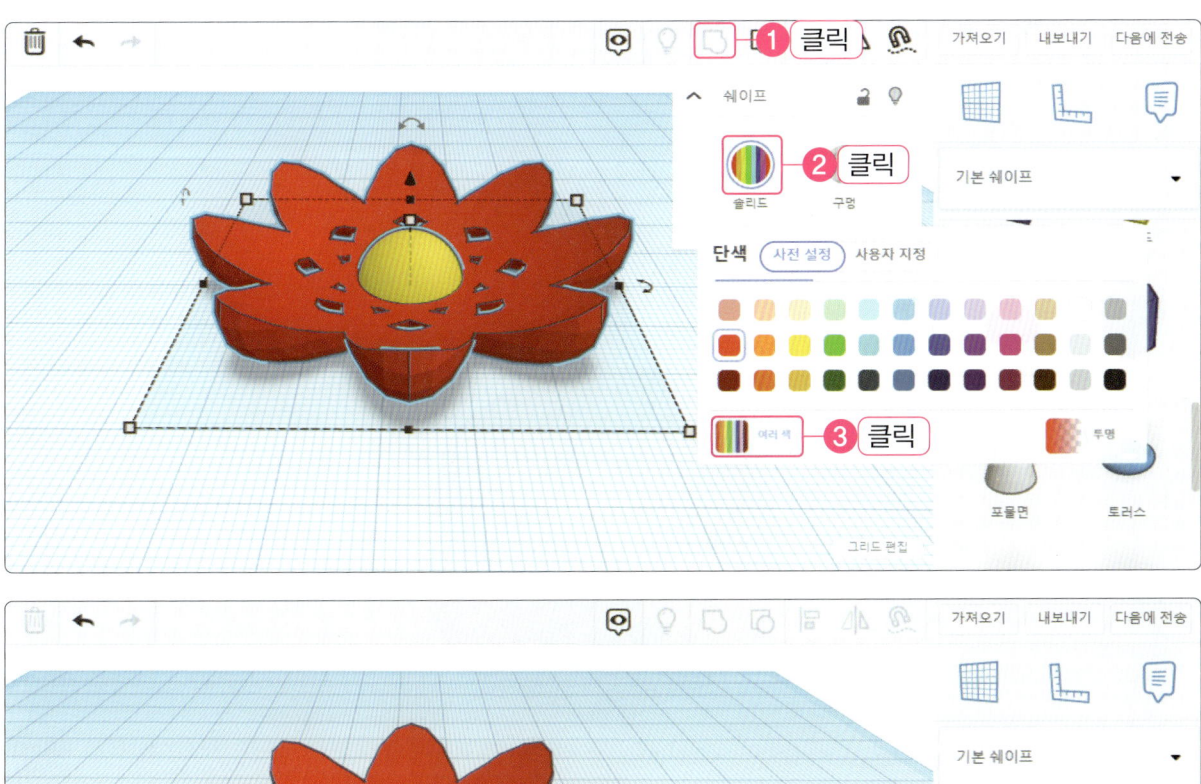

Chapter 08 – 꽃잎 만들기 **63**

JUMP JUMP

http://gofile.me/4BQ07/zX2Wv9t0Q

Chapter08 ▶ Ch08(연습).mp4

01 다양한 모양의 꽃잎을 만들어 보세요.

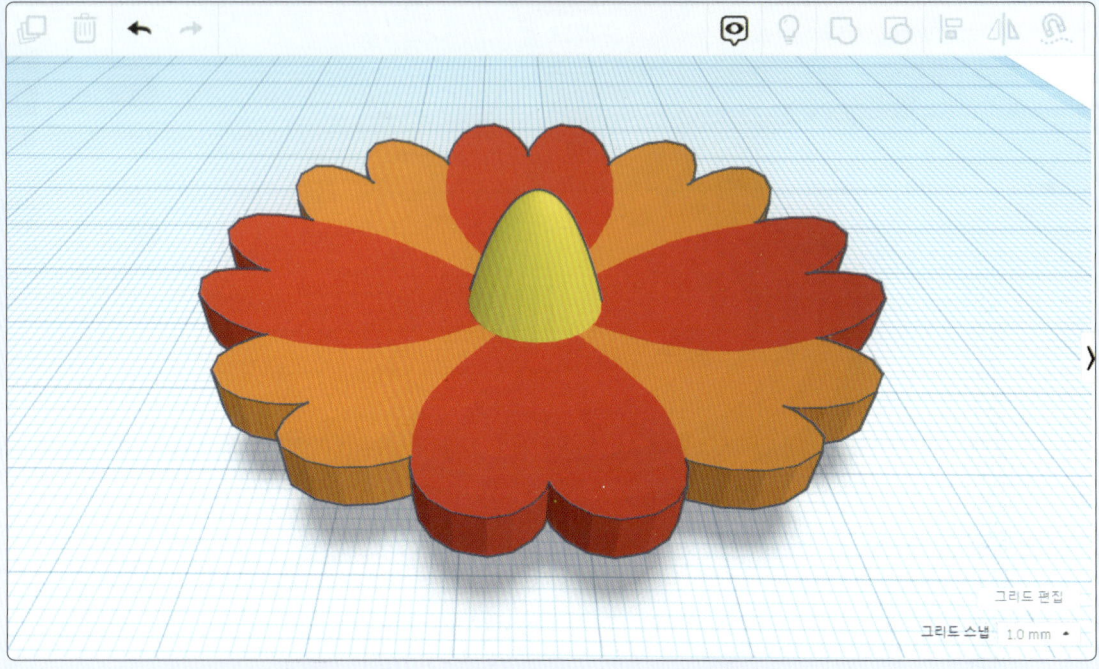

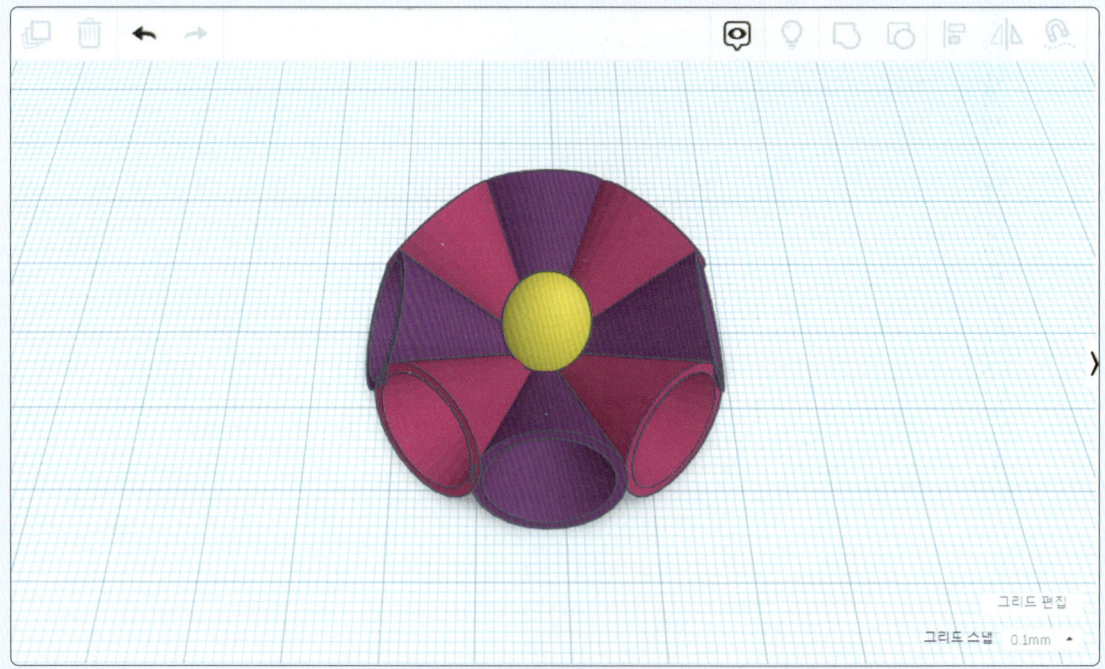

09 Chapter
소파 만들기

1 눈금자를 드래그하여 작업 평면의 왼쪽 아래 부분에 위치시킵니다.

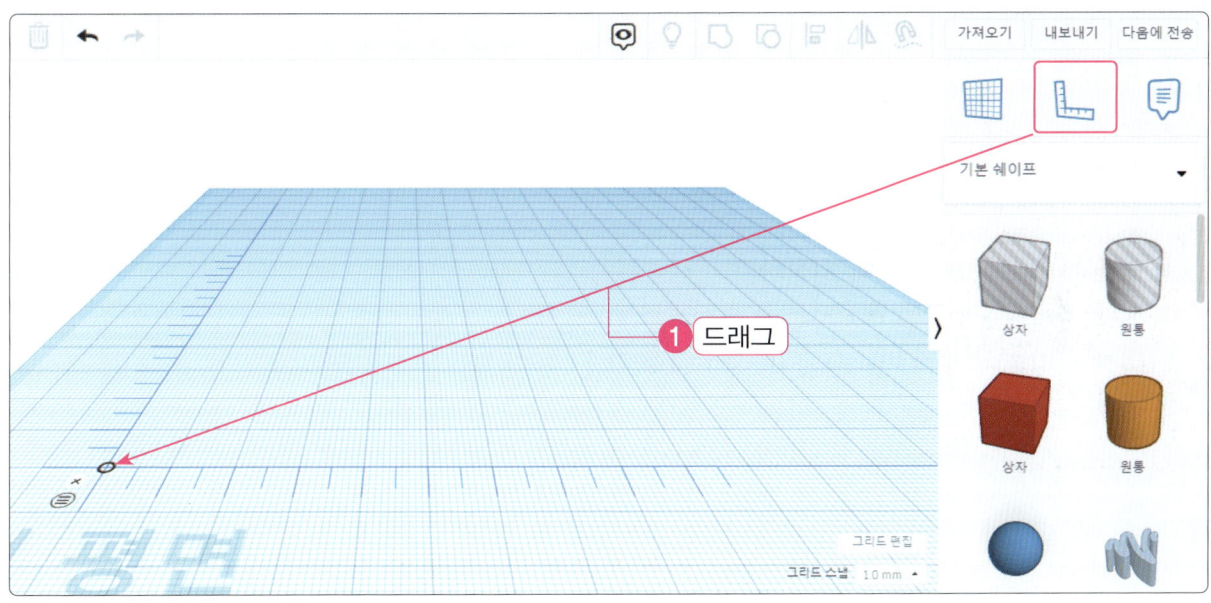

2 기본 쉐이프의 상자를 가져와 눈금자 근처에 위치한 후 눈금자와의 간격(0, 10) 및 크기(가로 10, 세로 50, 높이 45) 등을 수정합니다.

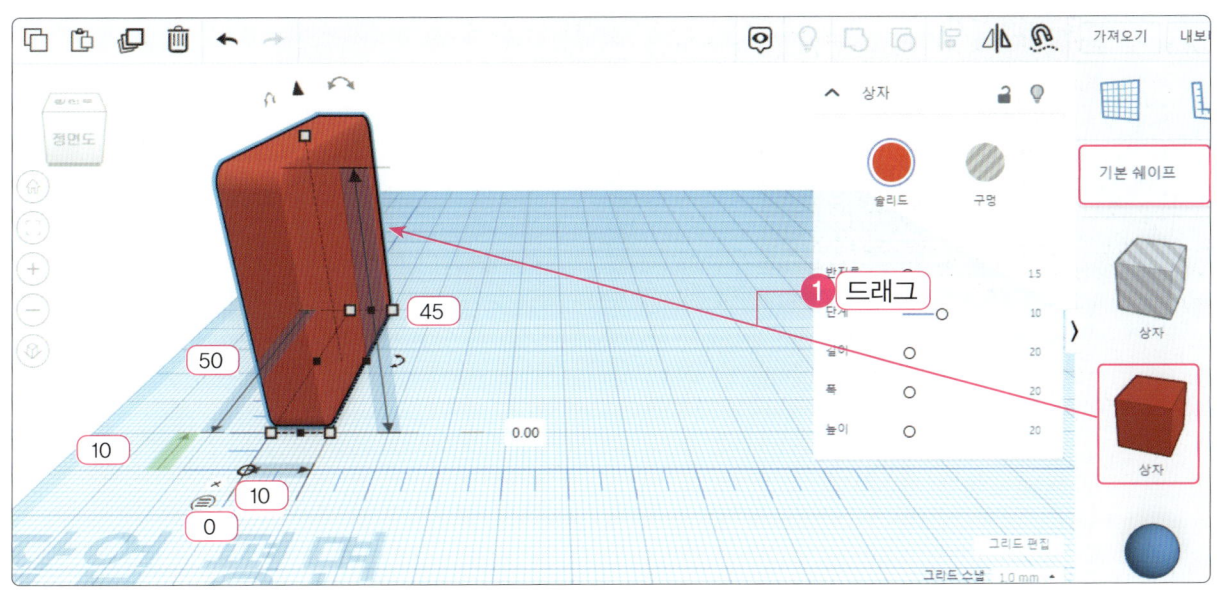

3 기본 쉐이프의 상자를 가져와 크기(가로/세로 40, 높이 25)를 수정한 후 눈금자를 기준으로 가로 10, 세로 20 위치에 배치합니다.

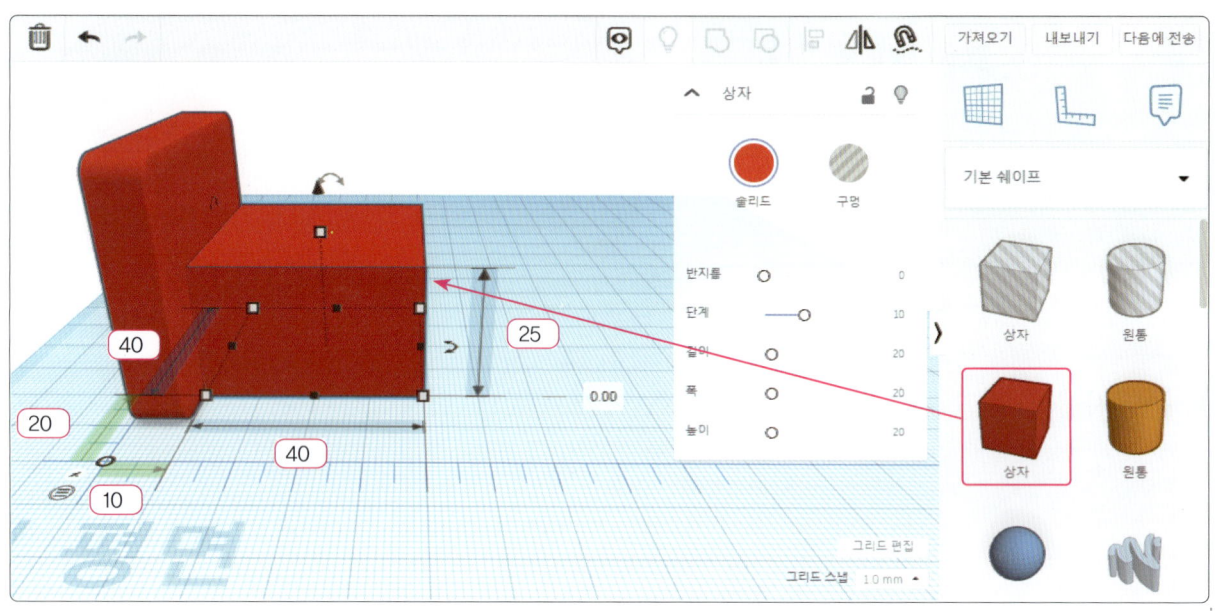

> **Tip**
> **눈금자를 기준으로 위치 지정하기**
> 작업 평면에 눈금자를 배치하면 특정 도형을 선택할 때 눈금자를 기준으로 도형의 위치를 숫자값으로 표시하며, 해당 숫자값을 수정하여 눈금점을 기준으로 위치를 조정할 수 있습니다.

4 같은 방법으로 기본 쉐이프의 상자를 가져와 크기(가로/세로 40, 높이 10) 및 위치(가로 10, 세로 20)를 지정하고 기존의 상자 위쪽에 위치하도록 높이(25)를 수정한 다음 옵션 패널에서 반지름(1.5) 및 단계(10), 색(주황) 등을 수정합니다.

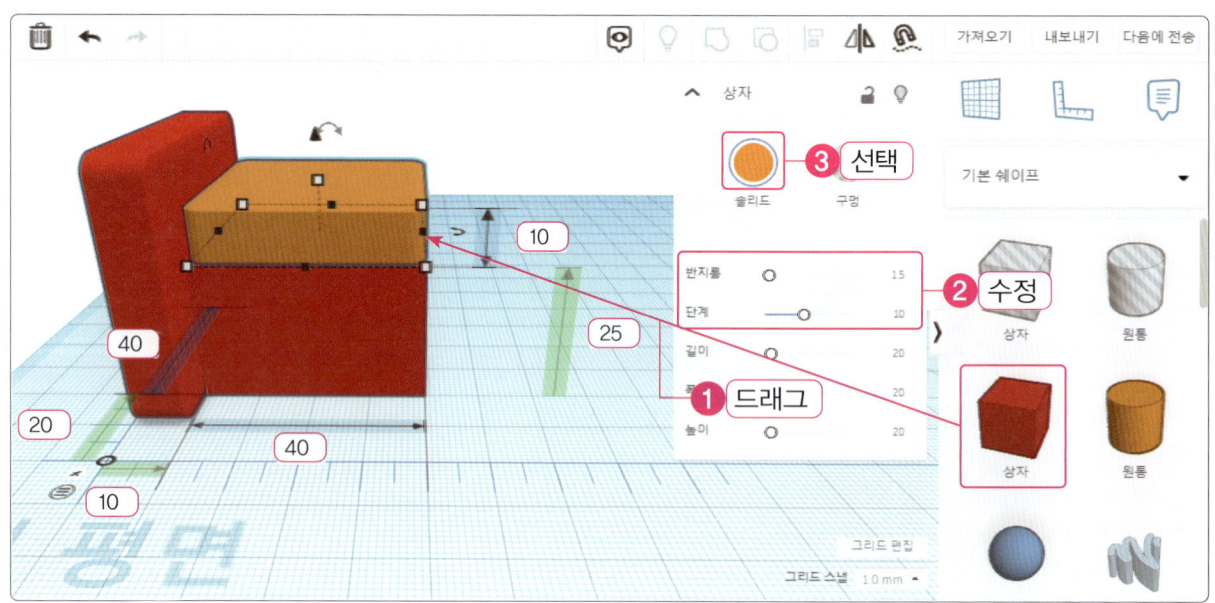

66 팅커캐드

5 소파의 앉는 자리 부분인 두 개의 상자를 선택한 후 복제(Ctrl+D)한 다음 키보드의 Shift를 누르고 오른쪽으로 드래그하여 바로 옆에 하나 더 만듭니다.

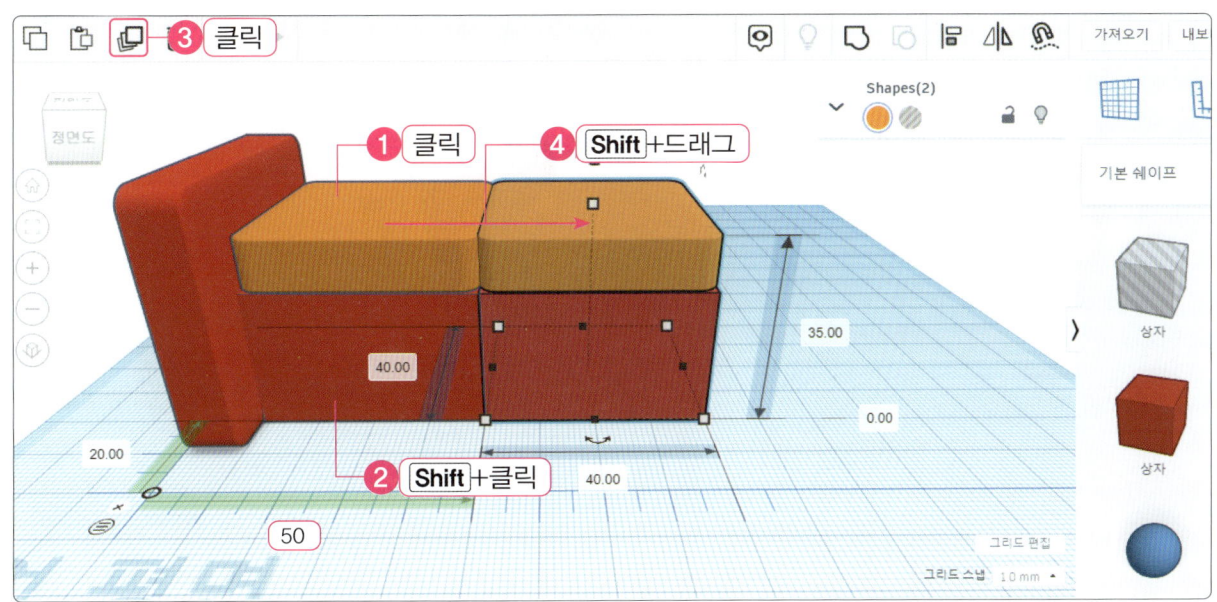

6 두 개의 상자가 선택된 상태에서 한번 더 복제(Ctrl+D) 기능을 실행하면 자동으로 바로 옆에 같은 간격으로 소파의 앉는 자리가 복제됩니다.

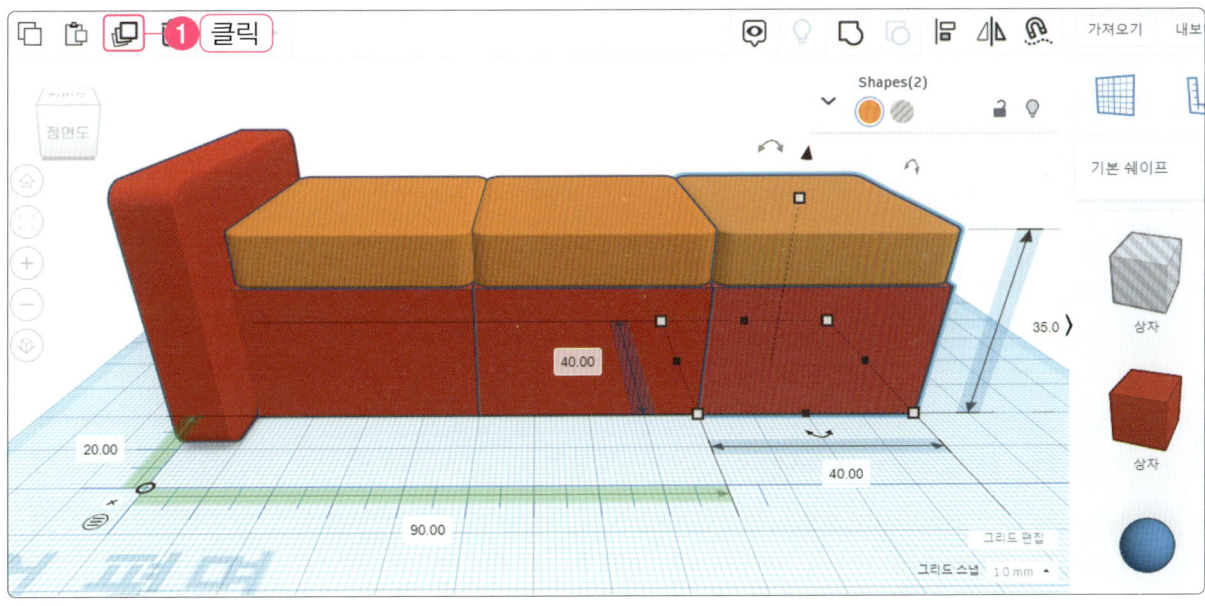

Chapter 09 – 소파 만들기 **67**

7 소파의 팔걸이에 해당하는 왼쪽 상자를 선택한 후 복제(Ctrl+D)한 다음 키보드의 Shift를 누르고 오른쪽으로 드래그하여 앉는자리 바로 옆에 하나 더 만듭니다.

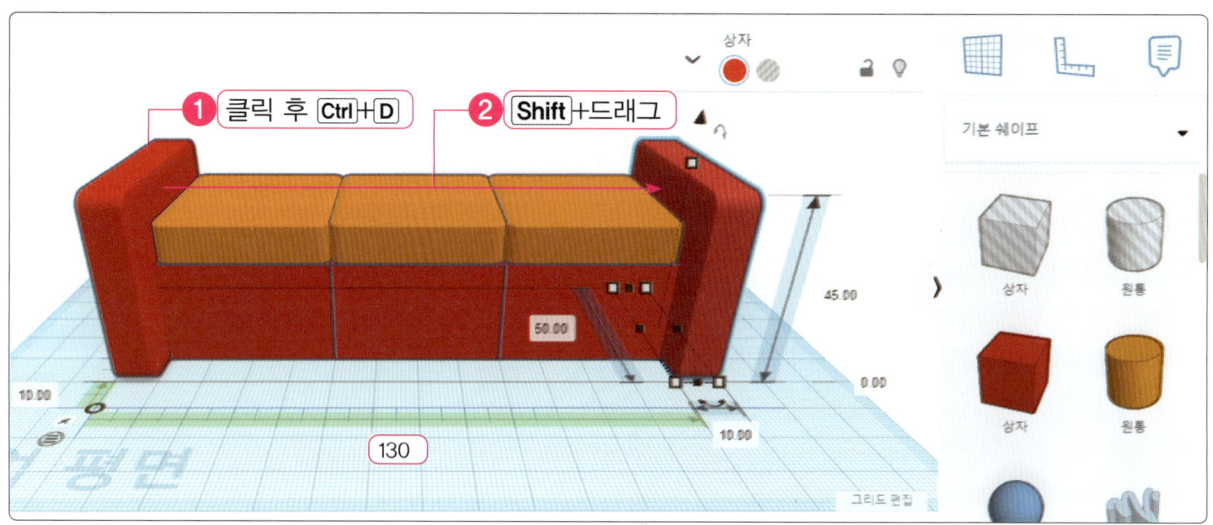

8 작업 평면의 뒤쪽으로 움직여 기본 쉐이프의 상자를 가져와 크기(가로 140, 세로 10, 높이 60) 및 위치(가로 0, 세로 60)를 수정하여 소파 뒤에 붙도록 만듭니다.

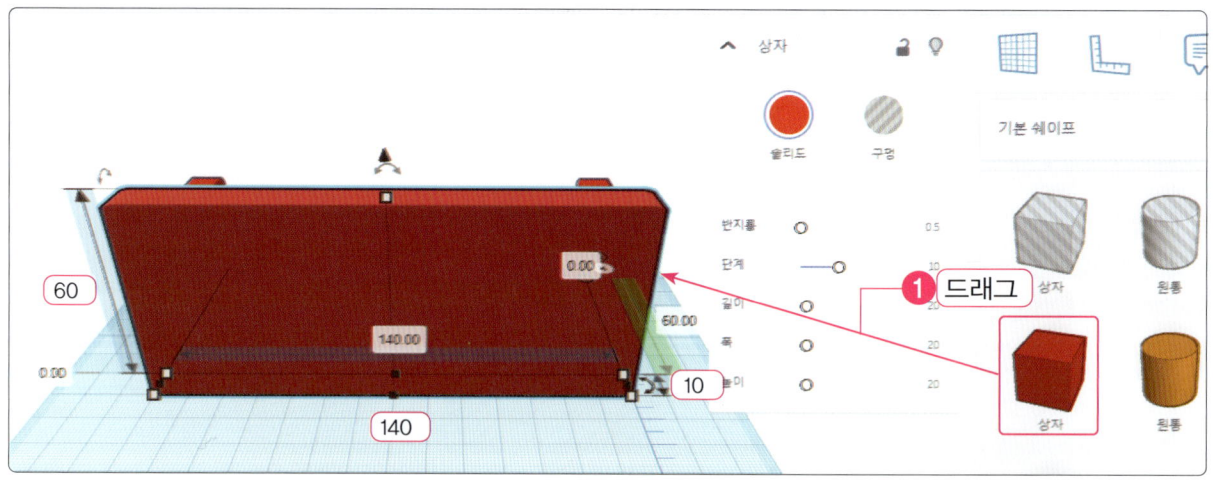

9 모든 도형을 선택한 후 그룹(Ctrl+G)으로 지정하고 옵션 패널에서 [여러 색]을 클릭합니다.

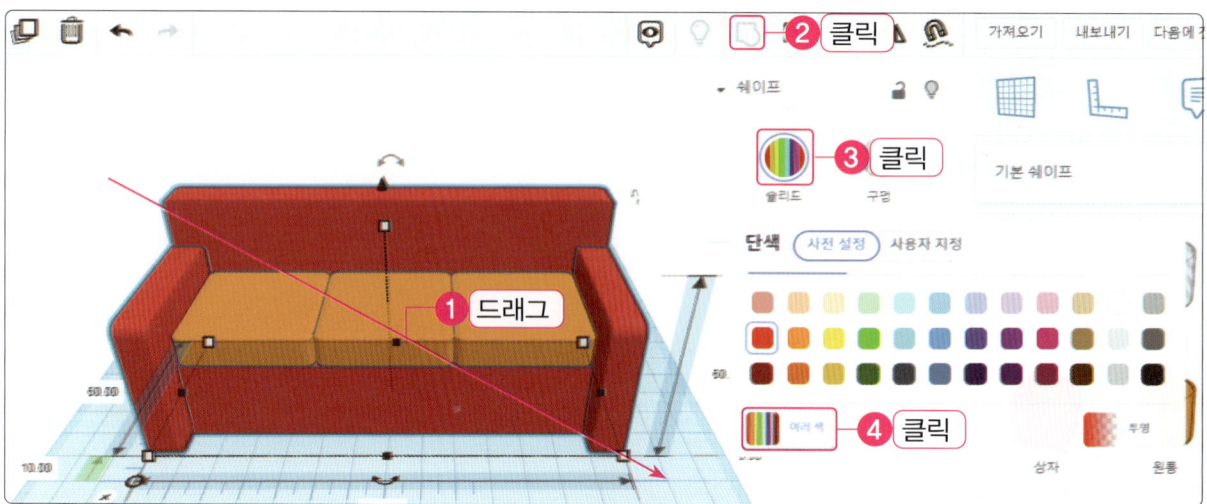

JUMP JUMP

http://gofile.me/4BQ07/dH8ddW5G5　　　　　　　　　Chapter09 ▶ Ch09(연습).mp4

01 다양한 모양의 소파를 만들어 보세요.

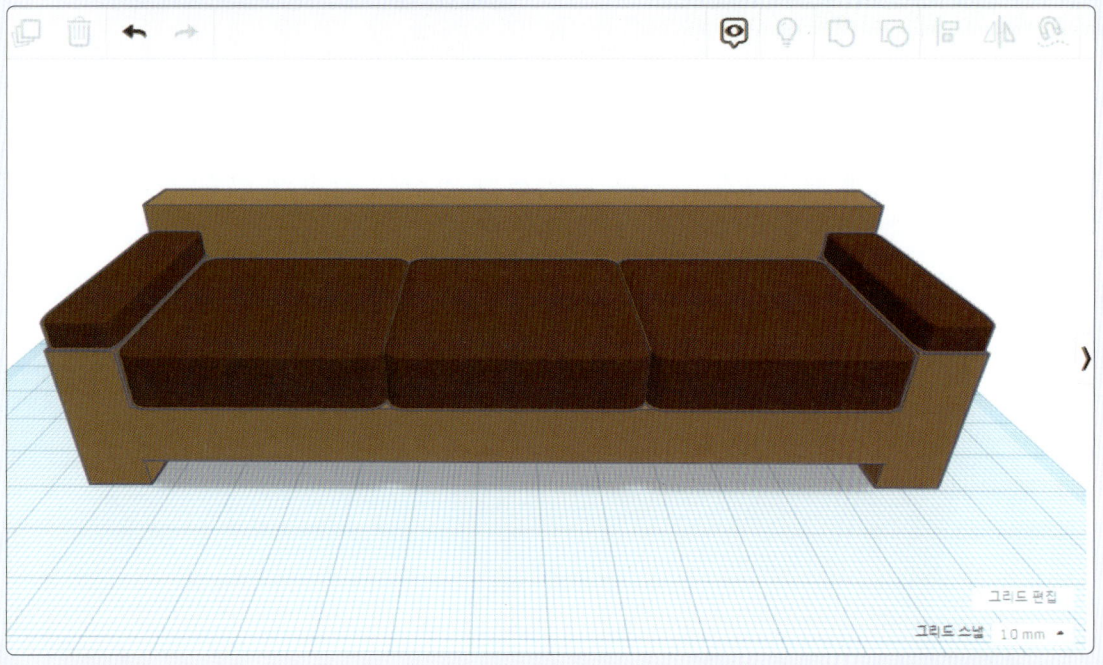

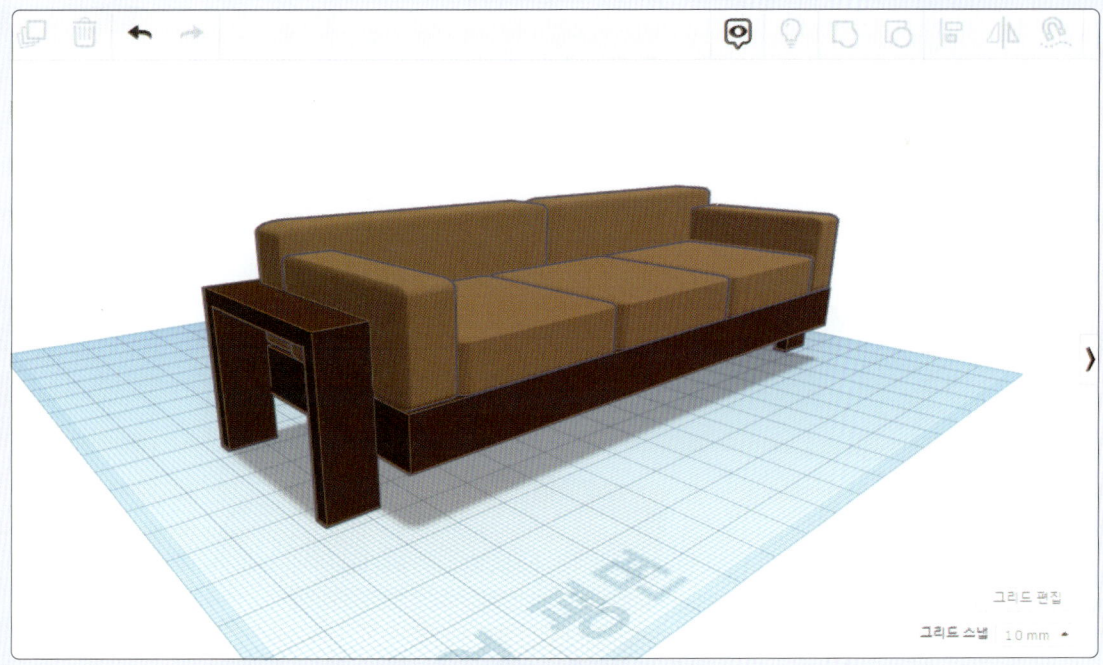

Chapter 09 - 소파 만들기 **69**

10 Chapter
화분 만들기

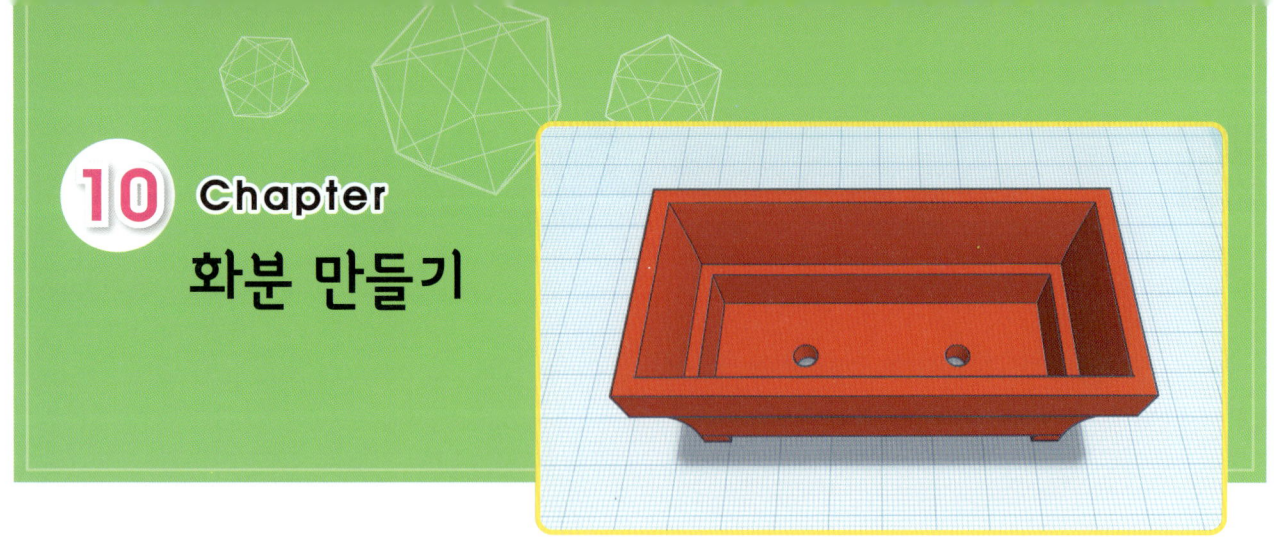

1 눈금자를 작업 평면에 위치시키고 기본 쉐이프의 상자를 가져와 크기(가로 80, 세로 40, 높이 30)를 수정한 다음 눈금자와의 간격(10, 10)을 조정합니다.

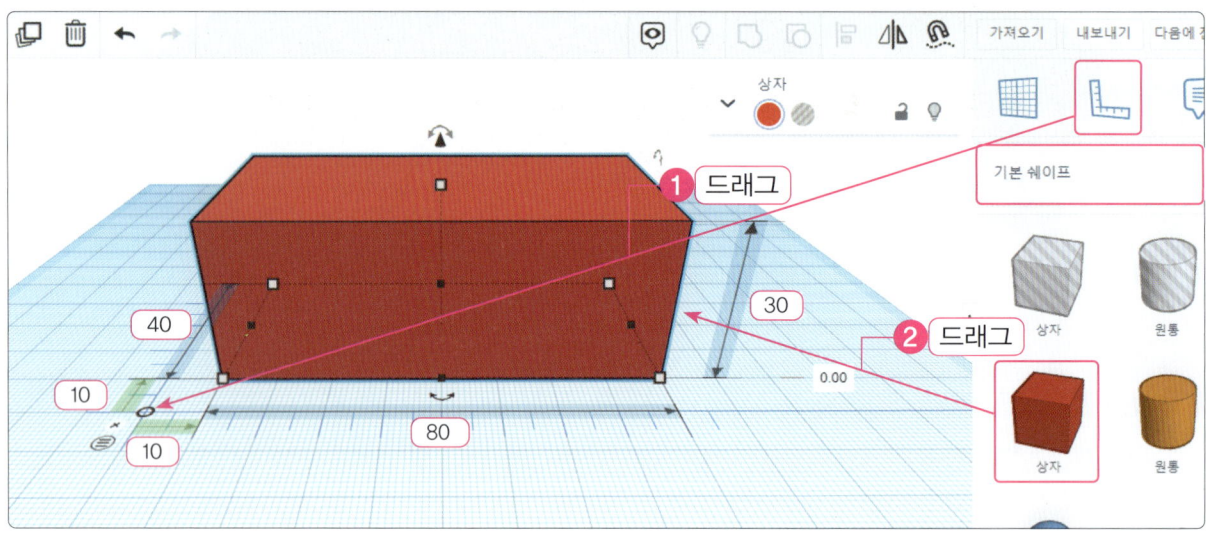

2 기본 쉐이프의 원형 지붕을 가져와 90° 회전한 후 크기(가로 80, 세로/높이 30)를 수정한 다음 옵션 패널을 이용하여 구멍 스타일로 만듭니다.

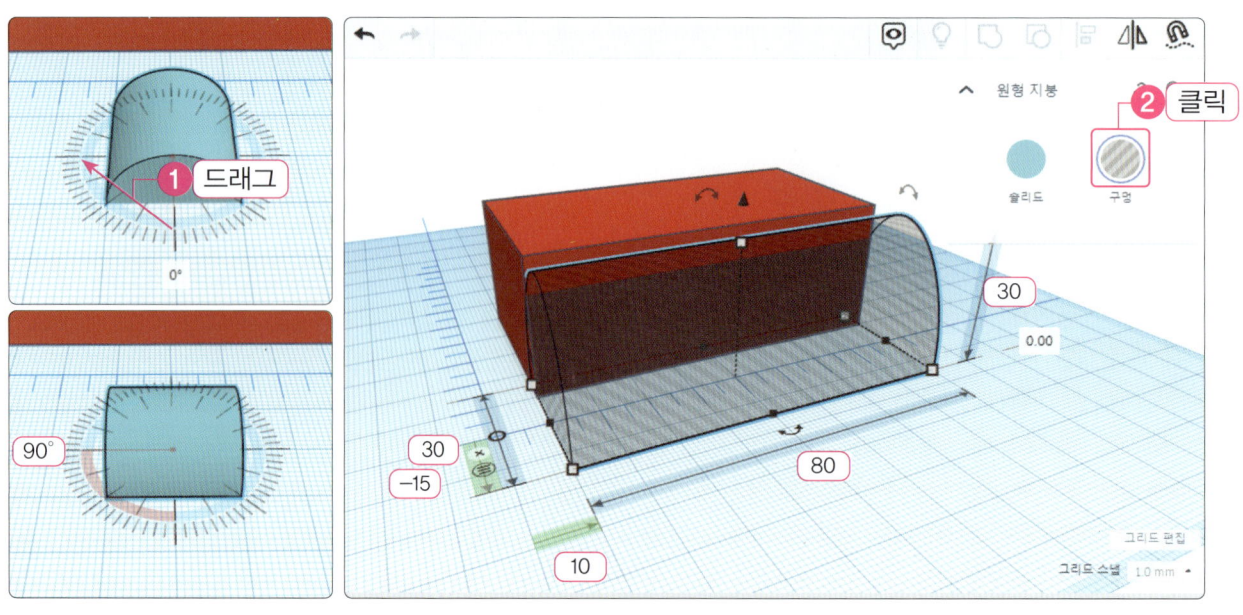

3 원형 지붕을 복제(Ctrl+D)한 다음 키보드의 Shift를 누르고 드래그하여 상자 옆으로 이동 원형 지붕을 상자 도형과 5mm 간격으로 겹치도록 만듭니다.

4 같은 방법으로 원형 지붕을 복제(Ctrl+D)한 후 90° 회전하여 상자의 양쪽에 5mm 간격으로 겹치도록 만듭니다. 모든 도형을 선택한 후 하나의 그룹(Ctrl+G)으로 지정합니다.

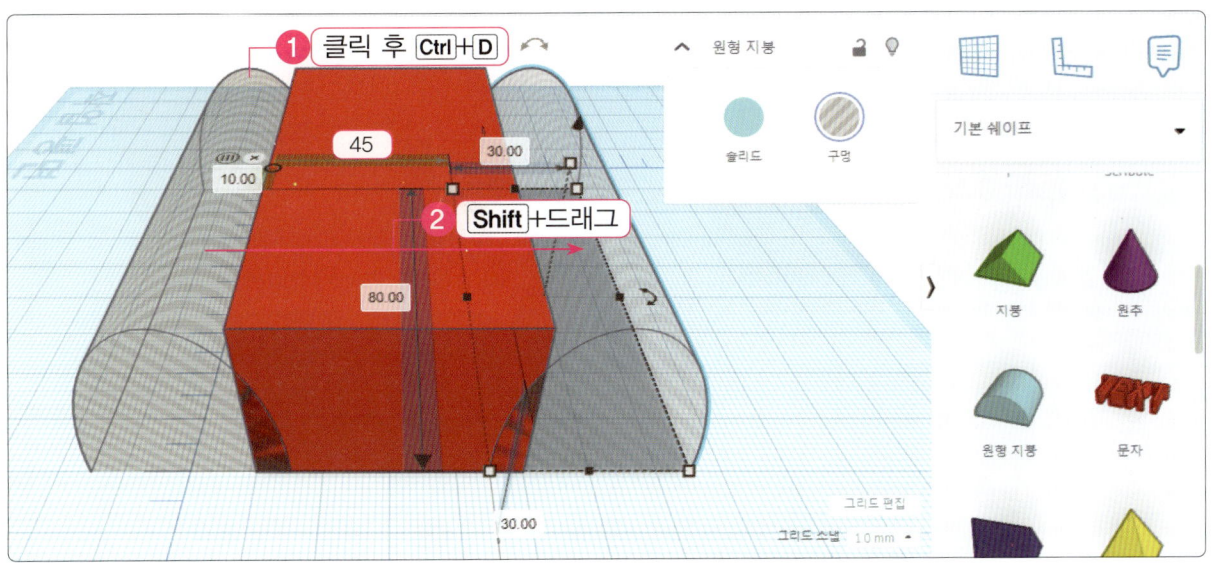

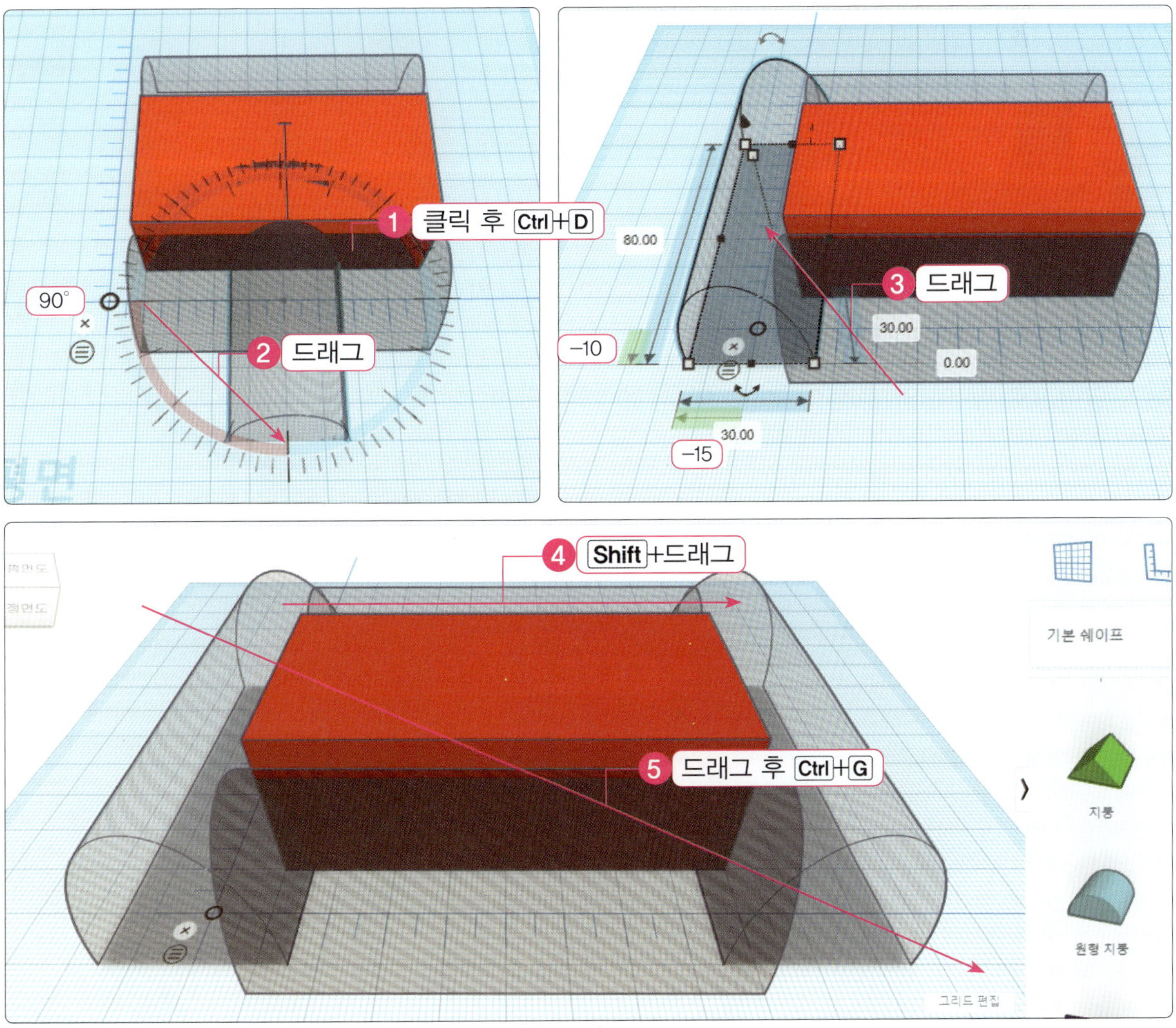

Chapter 10 – 화분 만들기

5 그룹으로 지정된 도형을 복제(Ctrl+D)한 후 복제된 도형을 위쪽으로 15mm 올린 다음 옵션 패널을 이용하여 구멍으로 만들고 모든 도형을 선택, 그룹(Ctrl+G)으로 지정합니다.

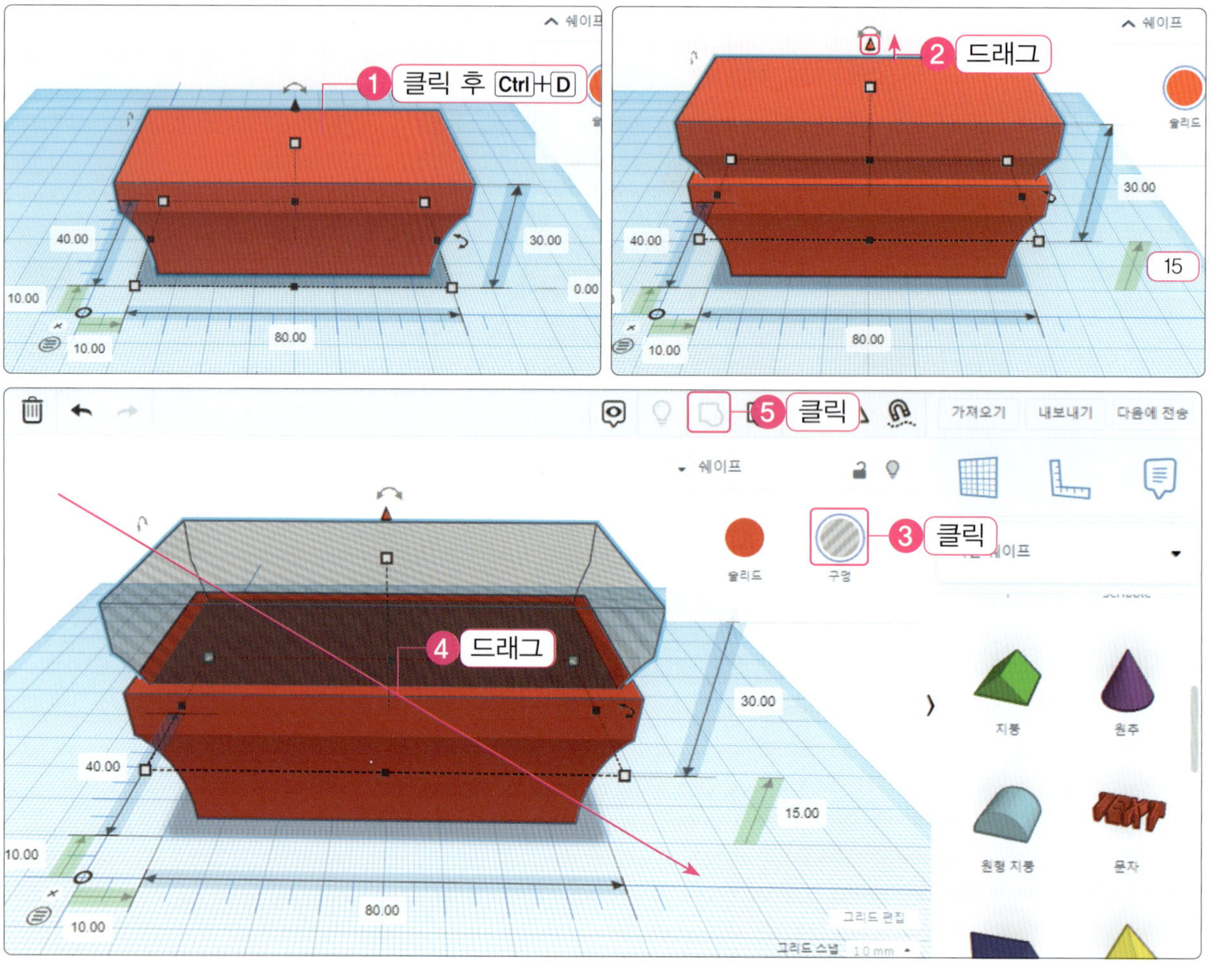

6 기본 쉐이프에서 구멍 스타일의 상자를 가져와 크기(가로 65, 세로 25, 높이 20)를 수정한 후 위쪽으로 5mm 올립니다.

7 정렬(L)로 두 개의 도형이 가로 및 세로 가운데 맞춤이 되도록 수정한 후 그룹(Ctrl+G)을 지정합니다.

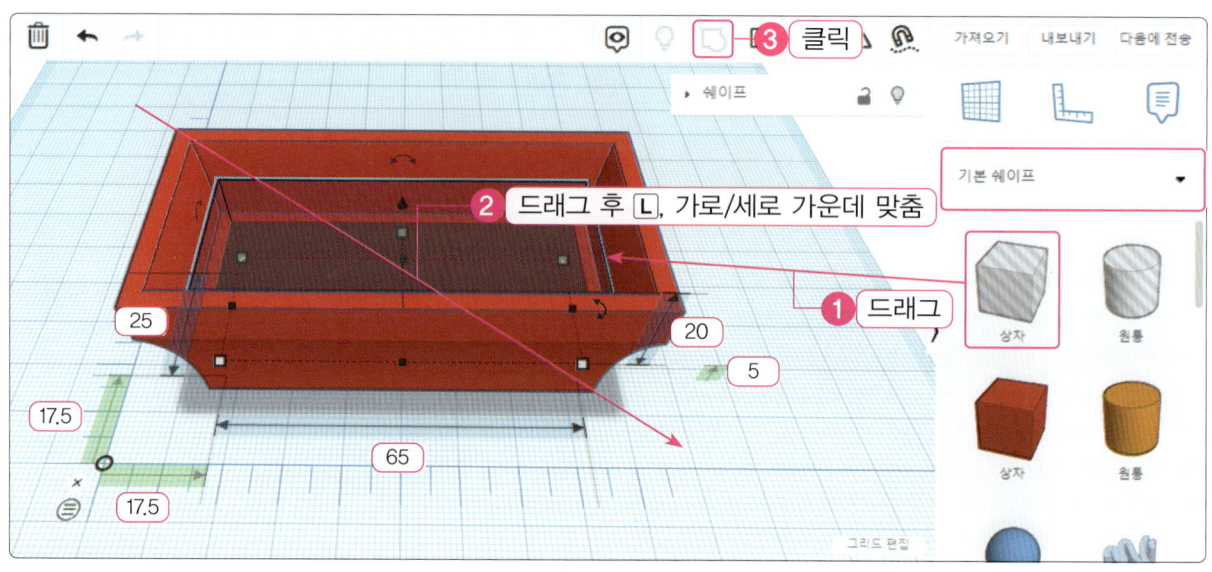

8 기본 쉐이프의 구멍 스타일 원통을 가져와 크기(가로/세로 5, 높이 20)를 수정한 후 2개 모두 간격이 일정하도록 만들어 그룹(Ctrl+G)으로 지정합니다.
모든 도형을 선택한 후 가로 및 세로 가운데 맞춤을 지정한 후 그룹(Ctrl+G)을 지정합니다.

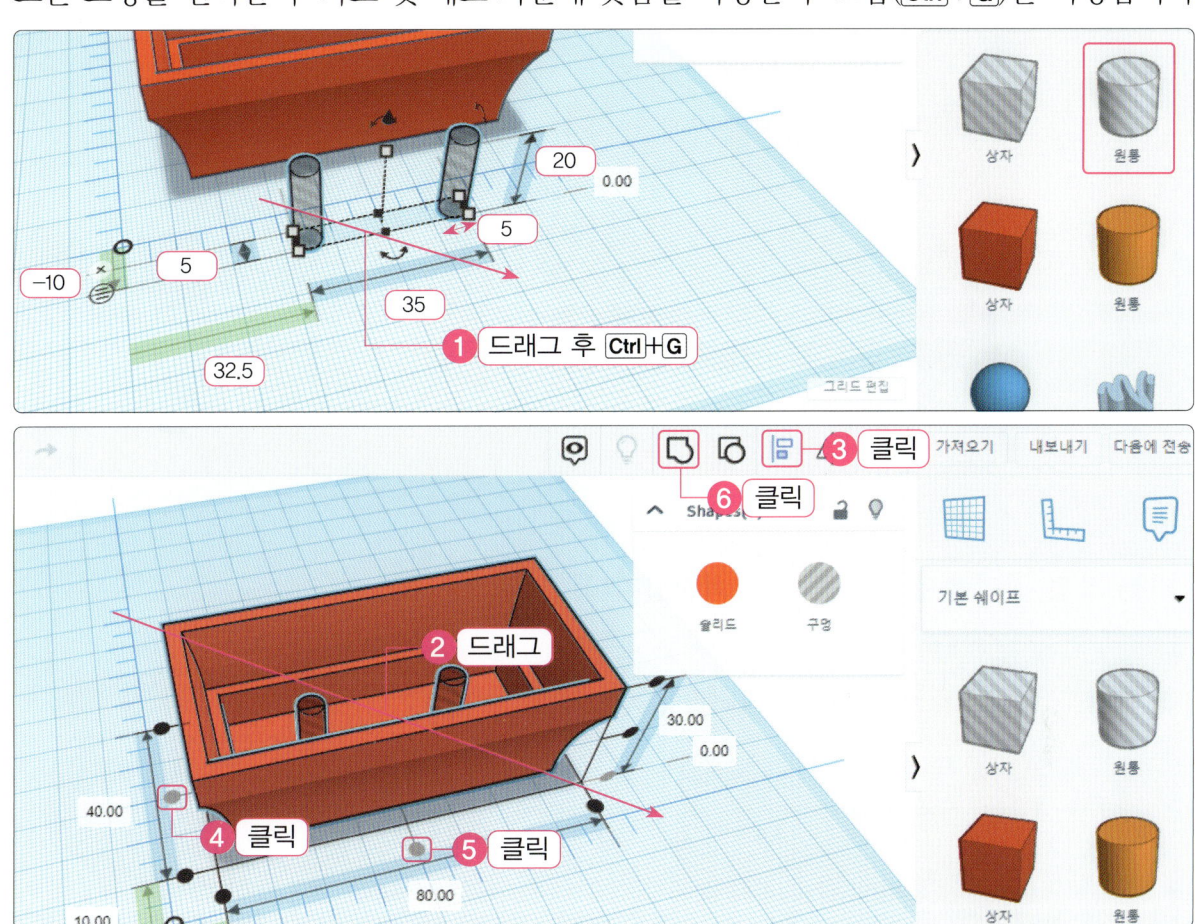

9 그룹으로 지정된 도형을 180° 회전한 후 작업 평면을 화분 바닥 부분으로 지정합니다.

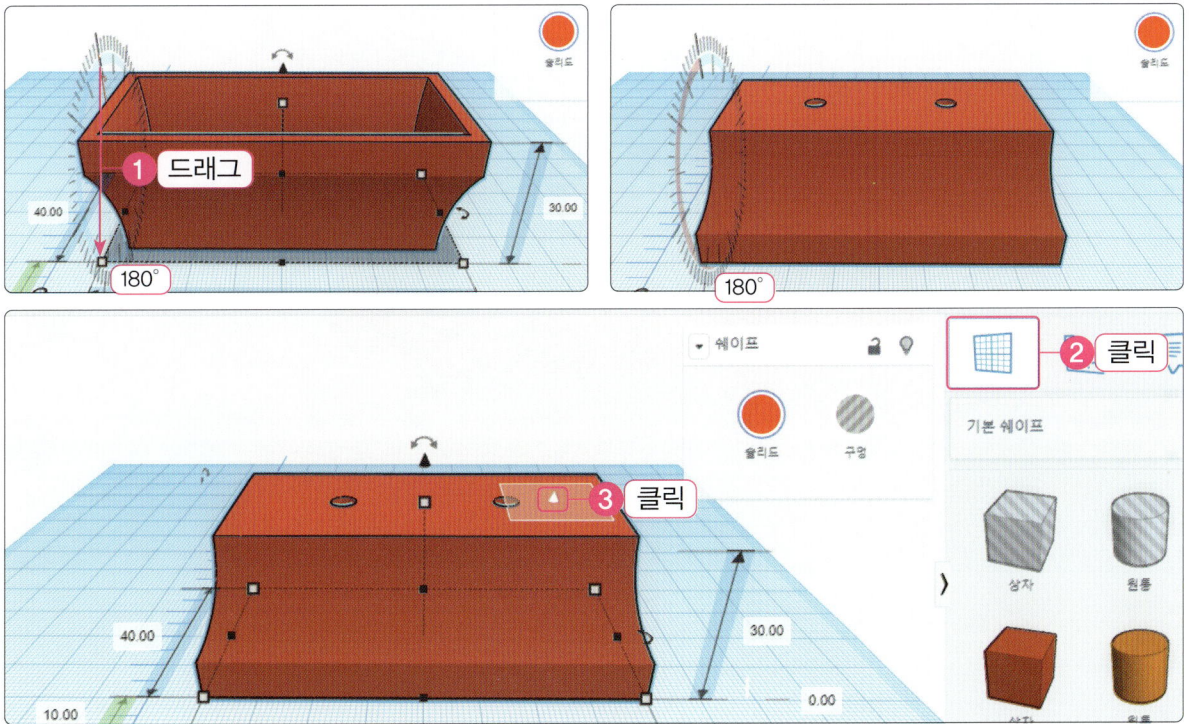

Chapter 10 – 화분 만들기 **73**

10 기본 쉐이프의 상자(가로/세로 5, 높이 2)를 화분 바닥 모서리 끝에 맞게 4개를 붙인 후 모두를 그룹(Ctrl+G)으로 지정하고 작업 평면을 기본 작업 위치에 클릭합니다.

11 기본 작업 평면에서 화분을 180° 회전합니다.

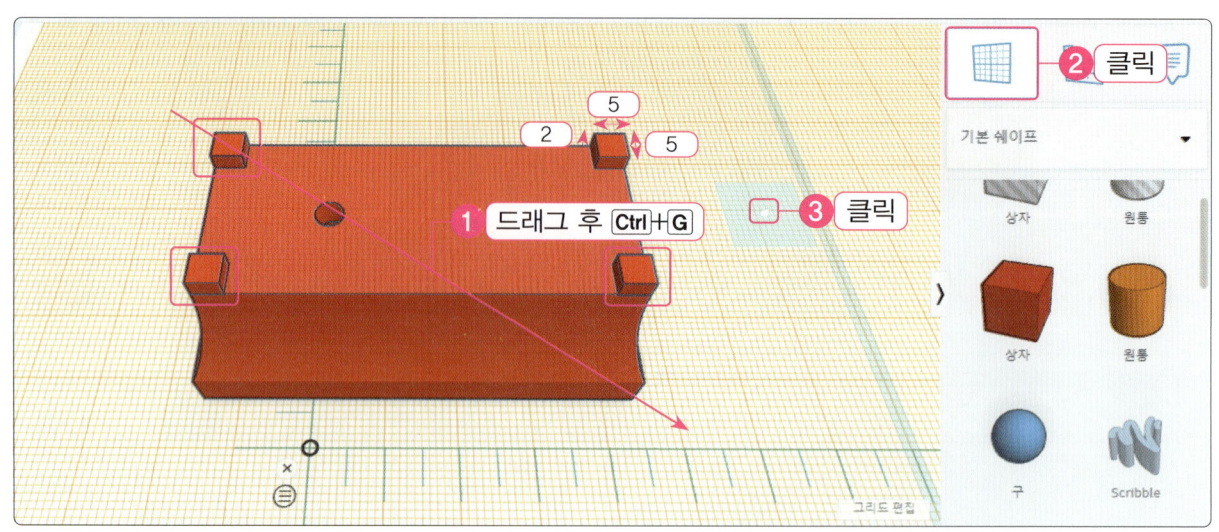

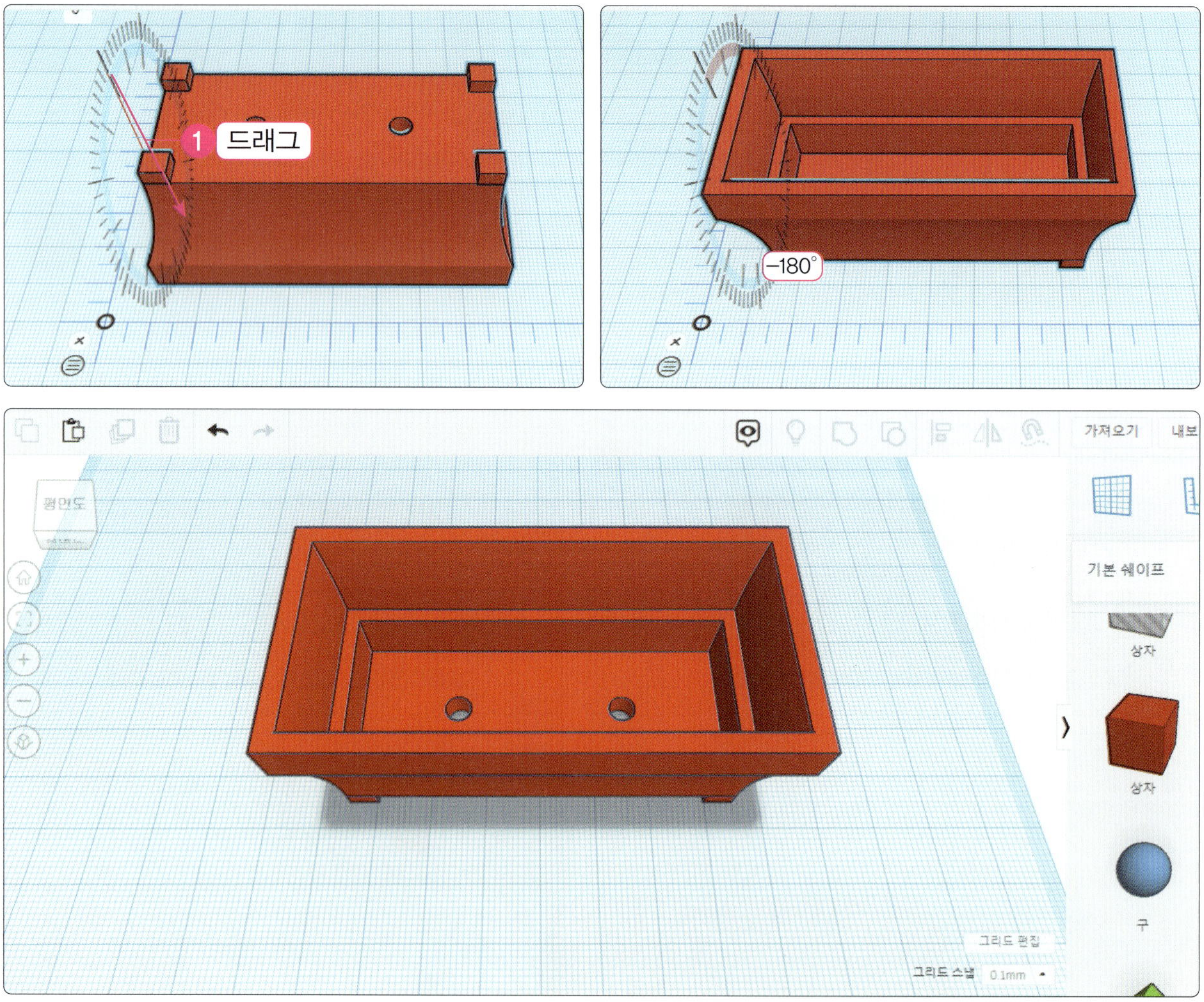

JUMP JUMP

http://gofile.me/4BQ07/Wnal6v6xi

Chapter10 ▶ Ch10(연습).mp4

01 다양한 모양의 화분을 만들어 보세요.

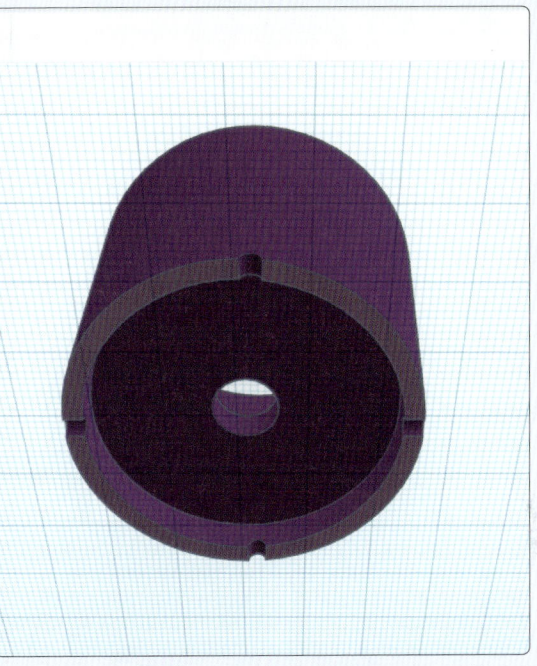
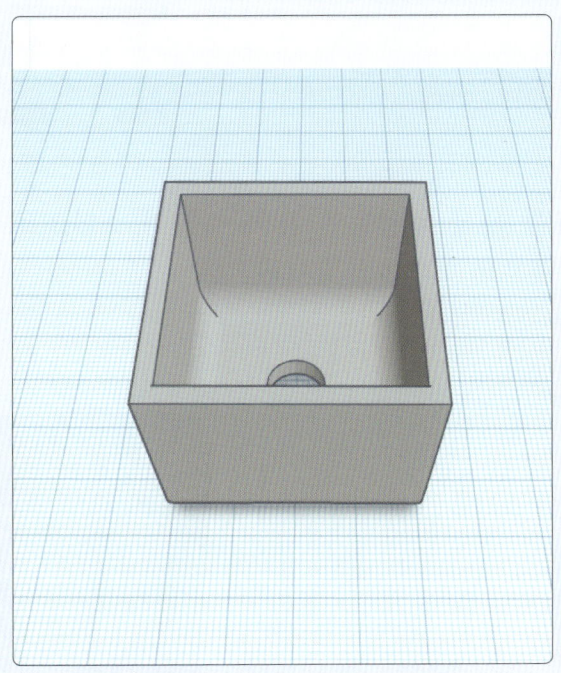
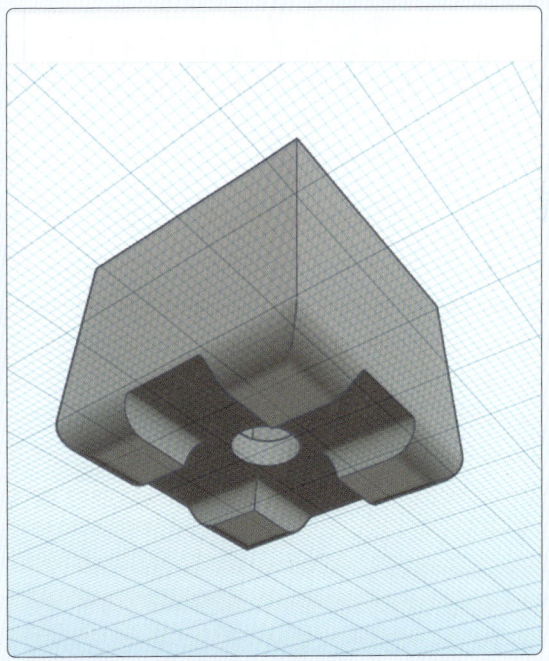

Chapter 10 – 화분 만들기

11 Chapter
연필꽂이 만들기

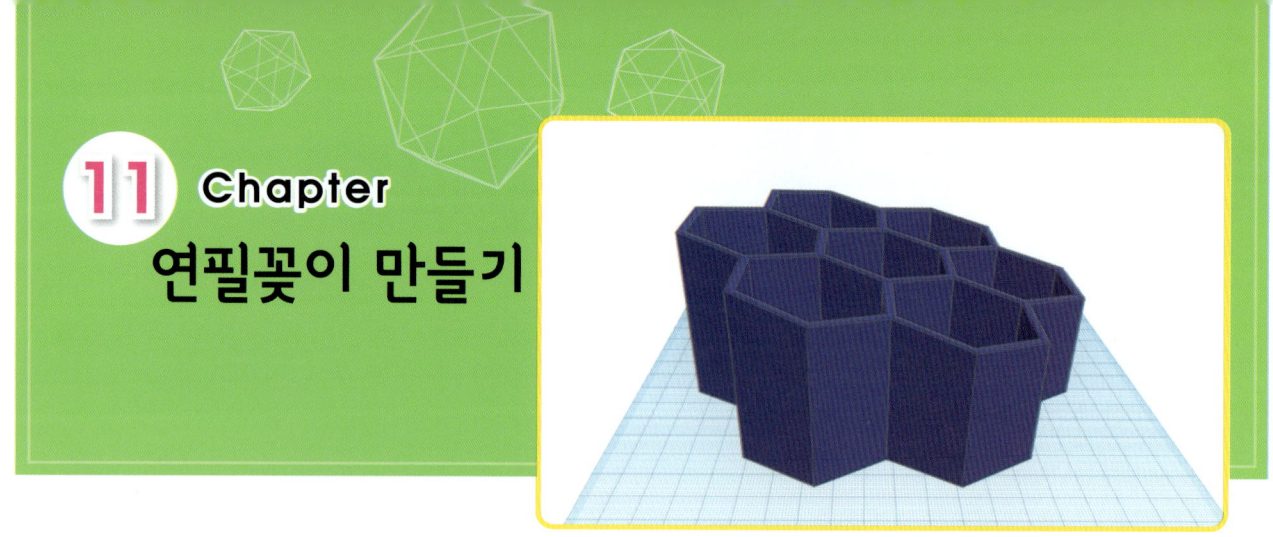

1 기본 쉐이프의 폴리곤을 가져와 크기(가로 50, 세로 55, 높이 70)를 수정합니다.

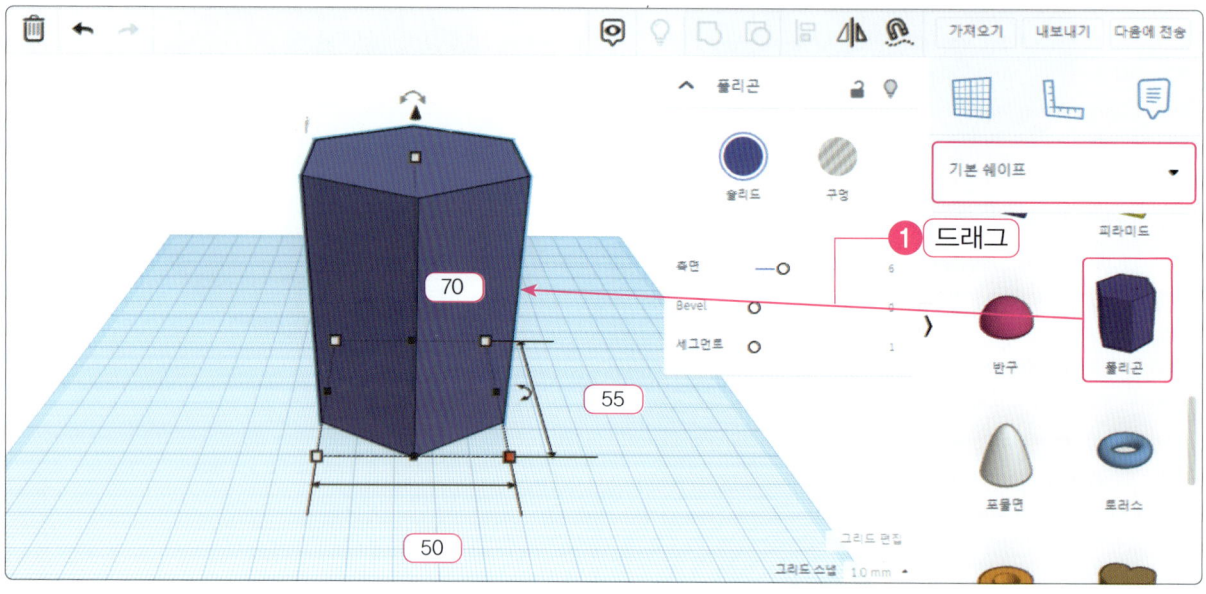

2 폴리곤을 복제(Ctrl+D)한 후 복제한 폴리콘을 옵션 패널을 이용하여 구멍 스타일로 바꾼 다음 크기(가로45, 세로 50)를 수정하고 위쪽으로 5mm 올립니다.

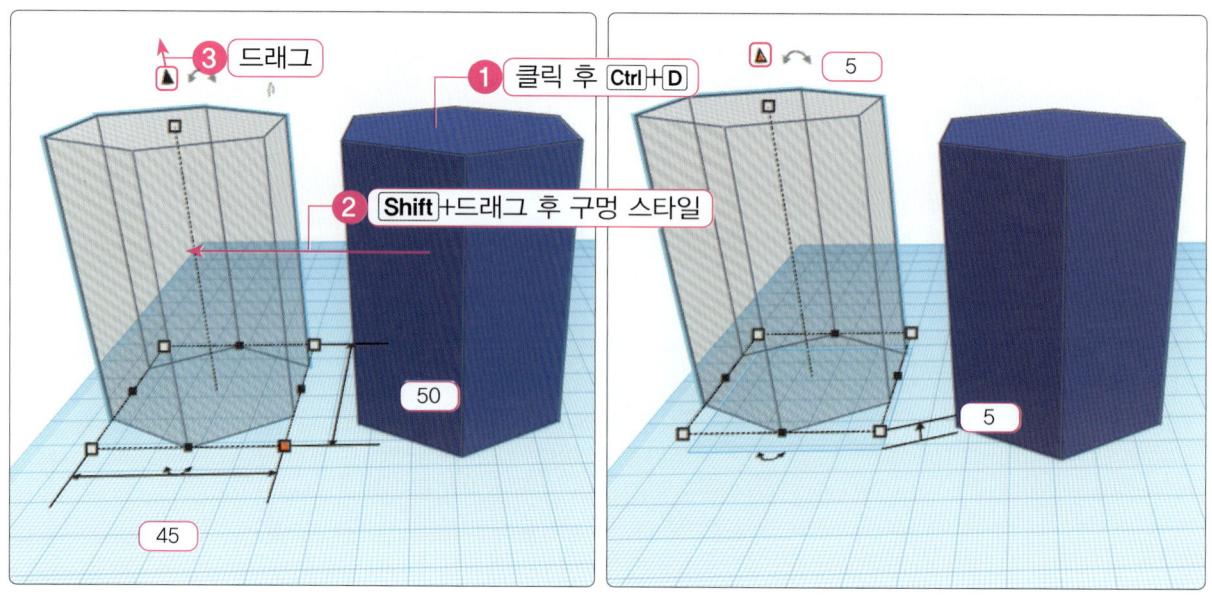

3 두 개의 도형을 모두 선택한 후 정렬(ⓛ)을 이용하여 가로 및 세로 가운데 맞춤을 지정한 다음 하나의 그룹(Ctrl+G)으로 만듭니다.

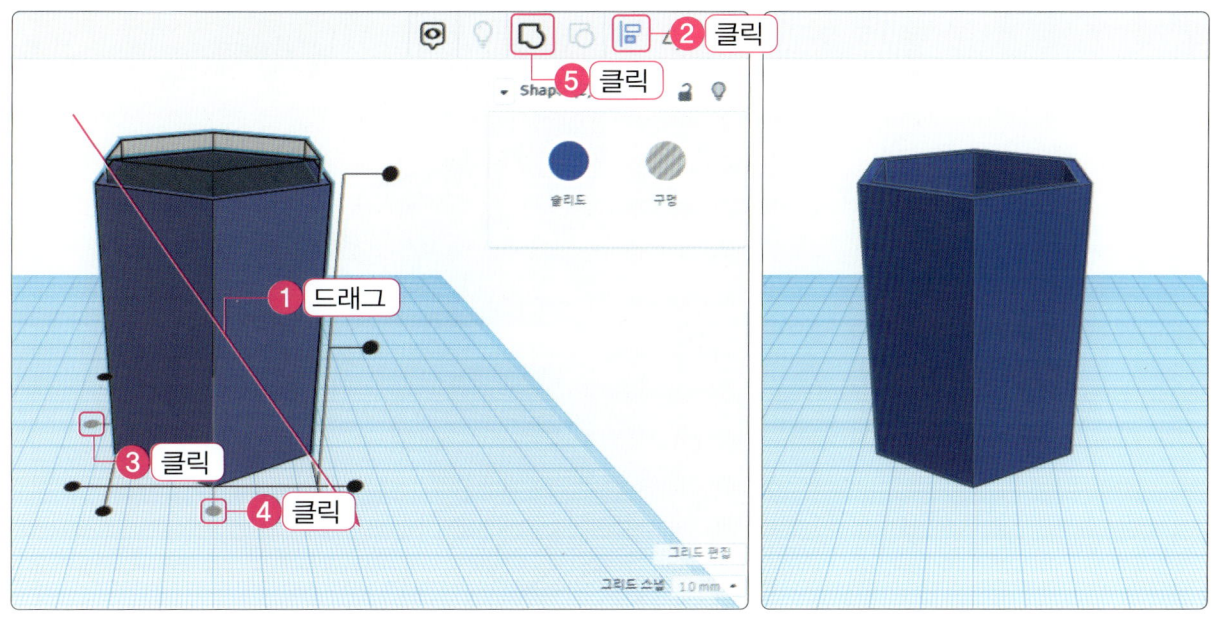

4 완성한 도형을 복제(Ctrl+D)한 후 한쪽 면과 서로 연결되도록 붙입니다.

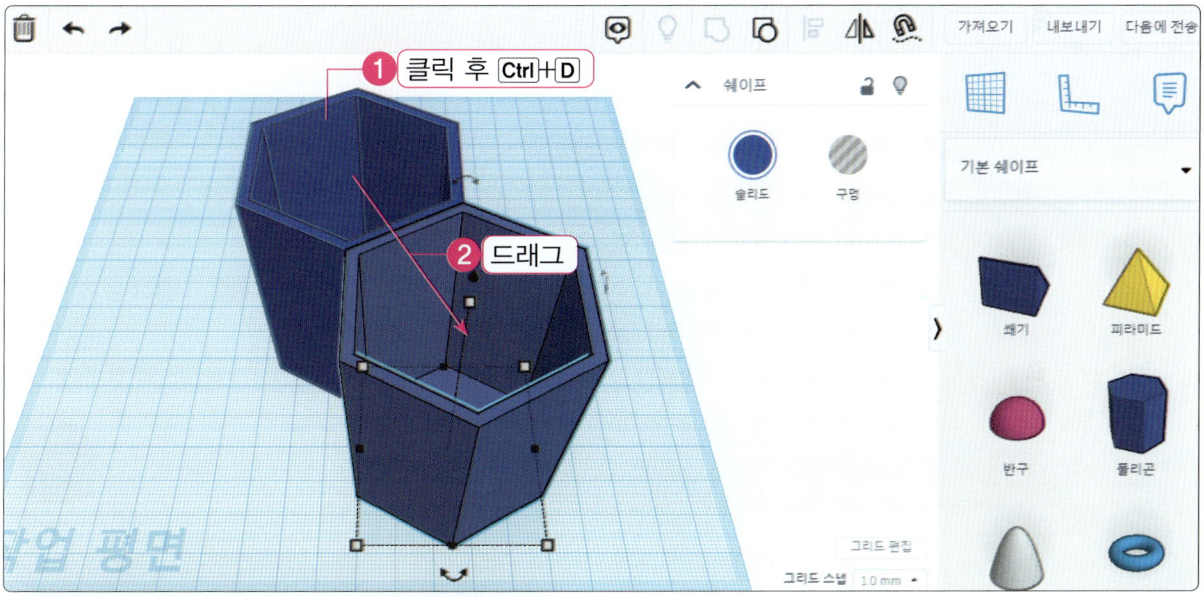

Chapter 11 – 연필꽂이 만들기 **77**

5 복제 및 이동으로 안이 비워진 폴리콘 도형을 결과 화면과 같이 서로 연결한 후 모든 도형을 선택하고 하나의 그룹(Ctrl+G)으로 지정합니다.

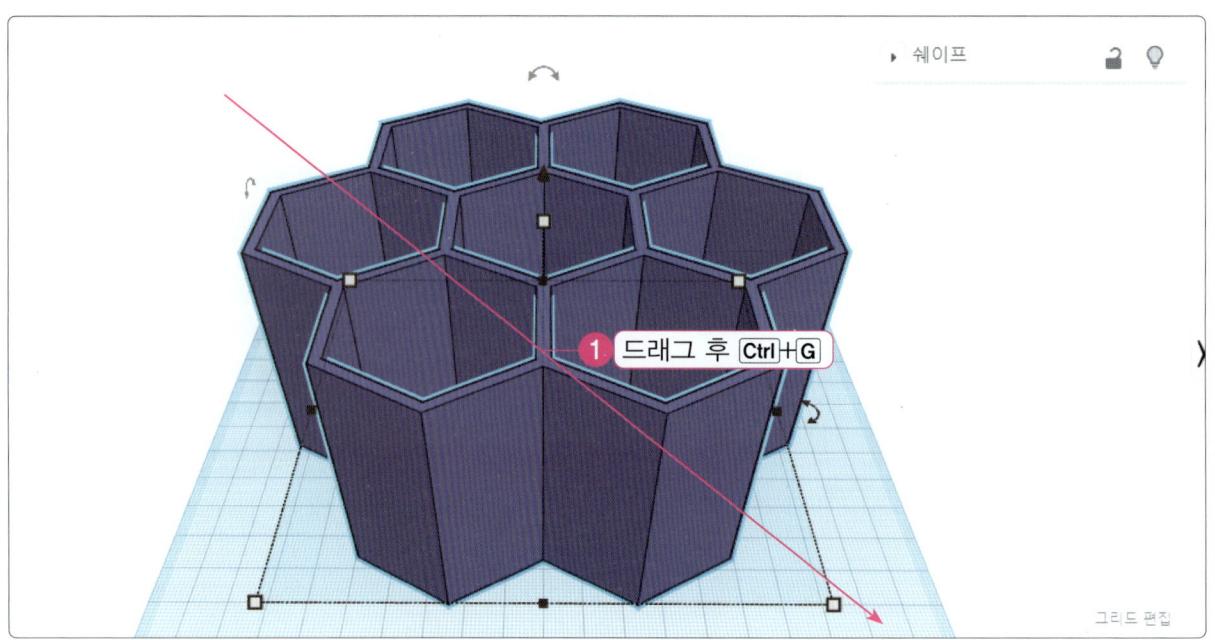

6 기본 쉐이프의 구멍 스타일의 상자를 가져와 크기(가로/세로 180, 높이 70)를 수정합니다.

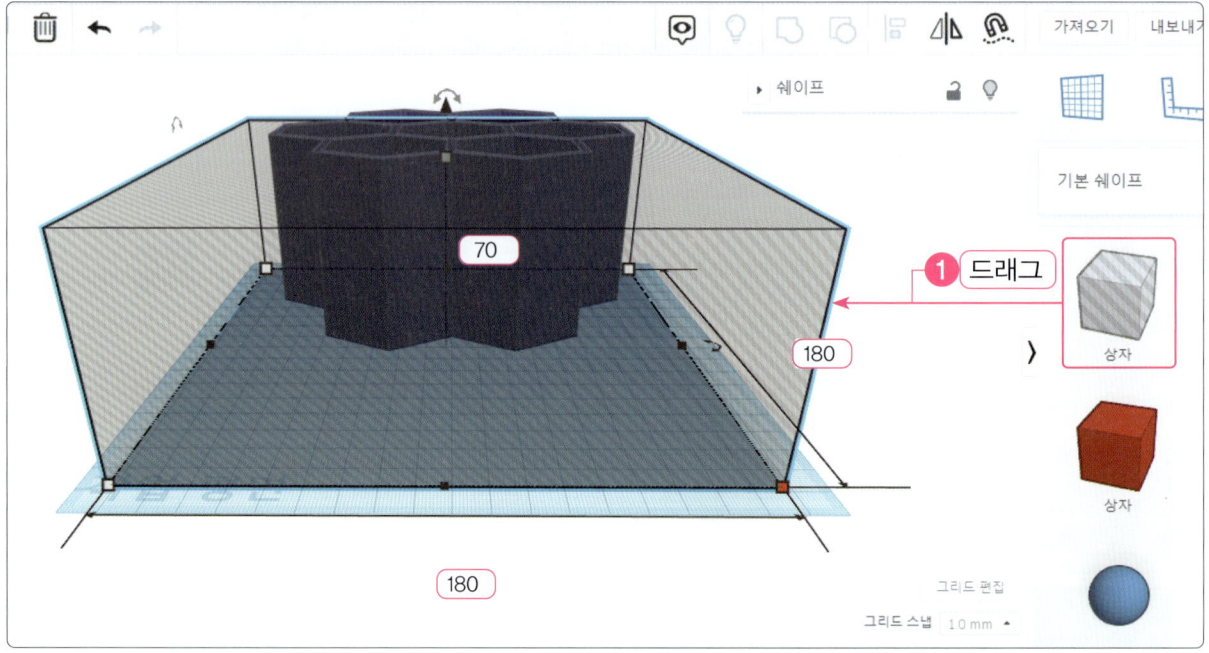

78 팅커캐드

7 두 개의 도형 모두 선택한 후 가로 및 세로 가운데 맞춤을 지정한 다음 상자 도형을 위쪽으로 55mm 올립니다.

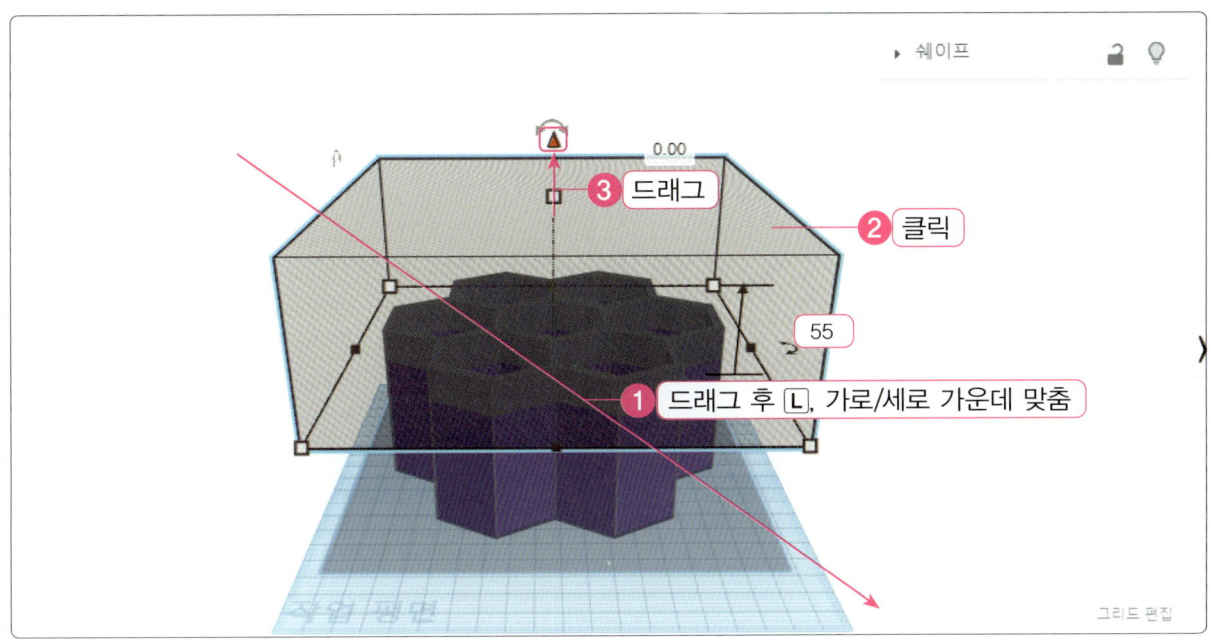

8 상자 도형을 오른쪽으로 약간 회전(10°)한 후 모든 도형을 선택하고 하나의 그룹(Ctrl+G)으로 만듭니다.

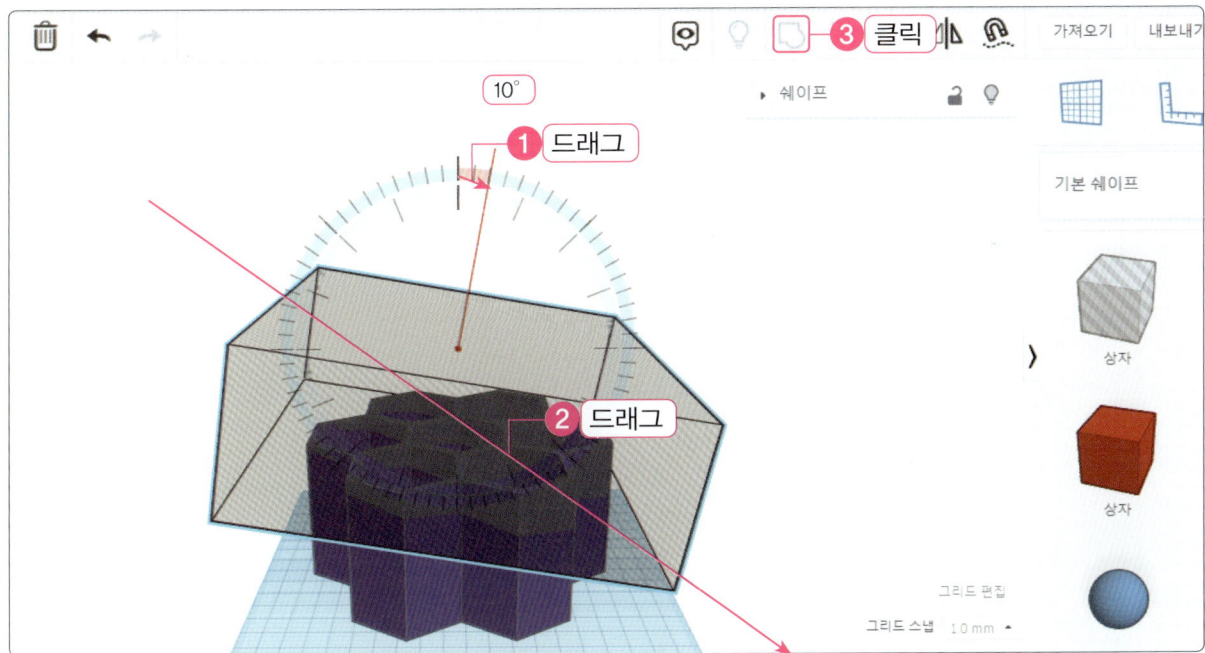

http://gofile.me/4BQ07/EQ0XebvUz   Chapter11 ▶ Ch11(연습).mp4

01 다양한 모양의 연필꽂이를 만들어 보세요.

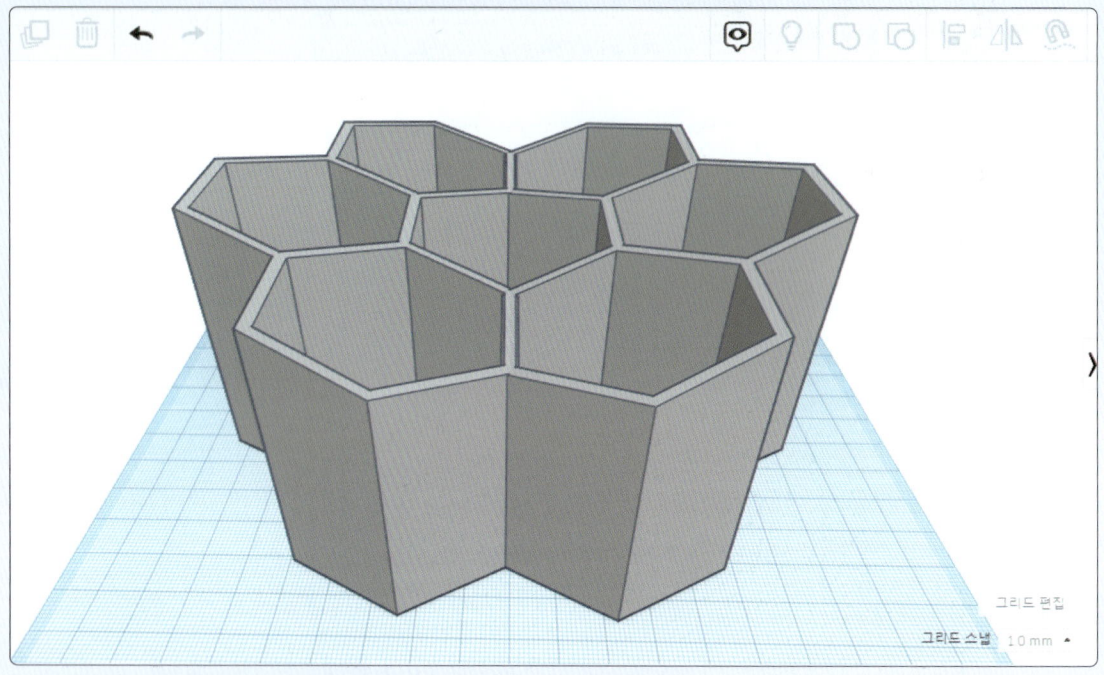

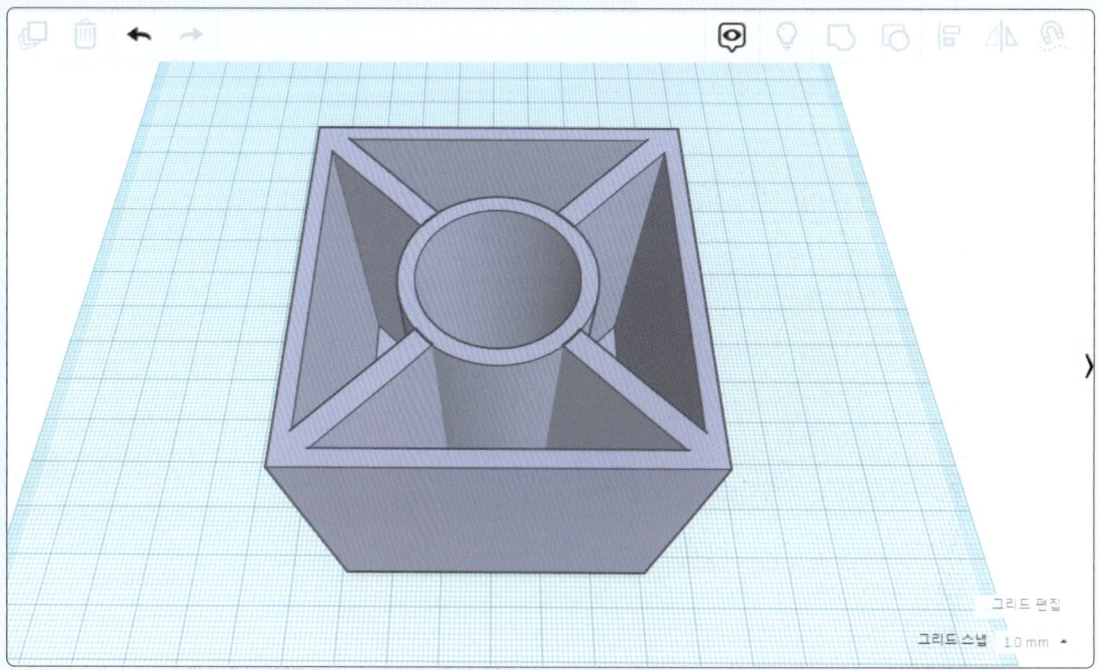

12 Chapter
도장 만들기

1 기본 쉐이프의 반구를 가져와 크기(가로/세로 30, 높이 15)를 수정합니다.

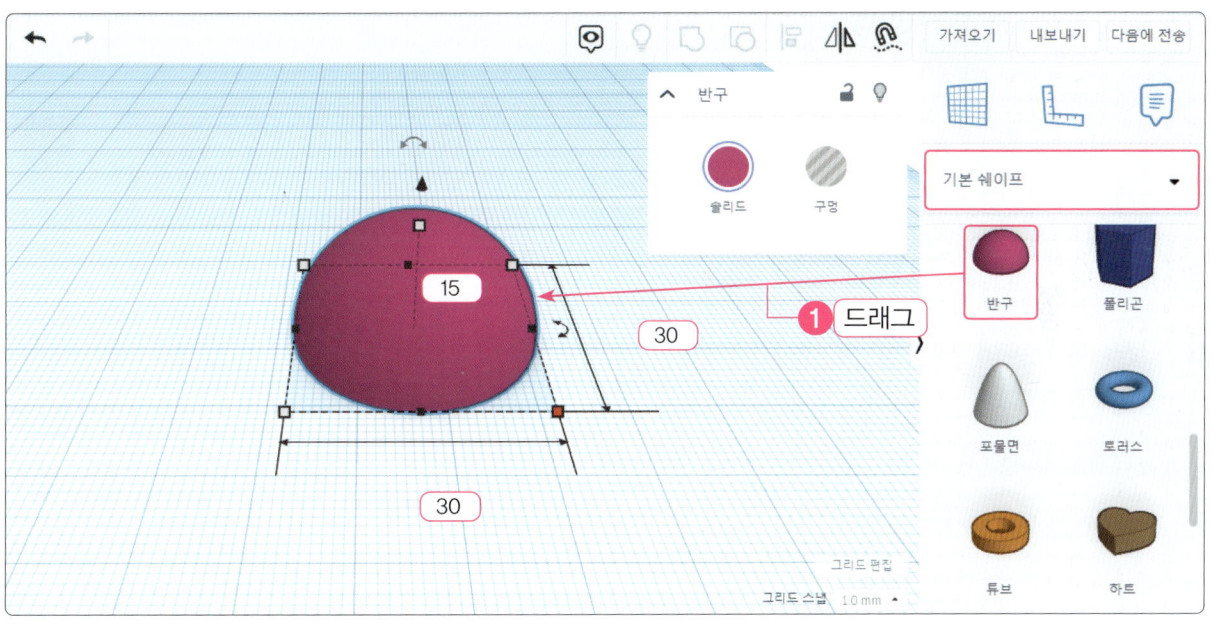

2 반구를 180° 회전한 후 위쪽면이 작업 평면이 되도록 지정합니다.

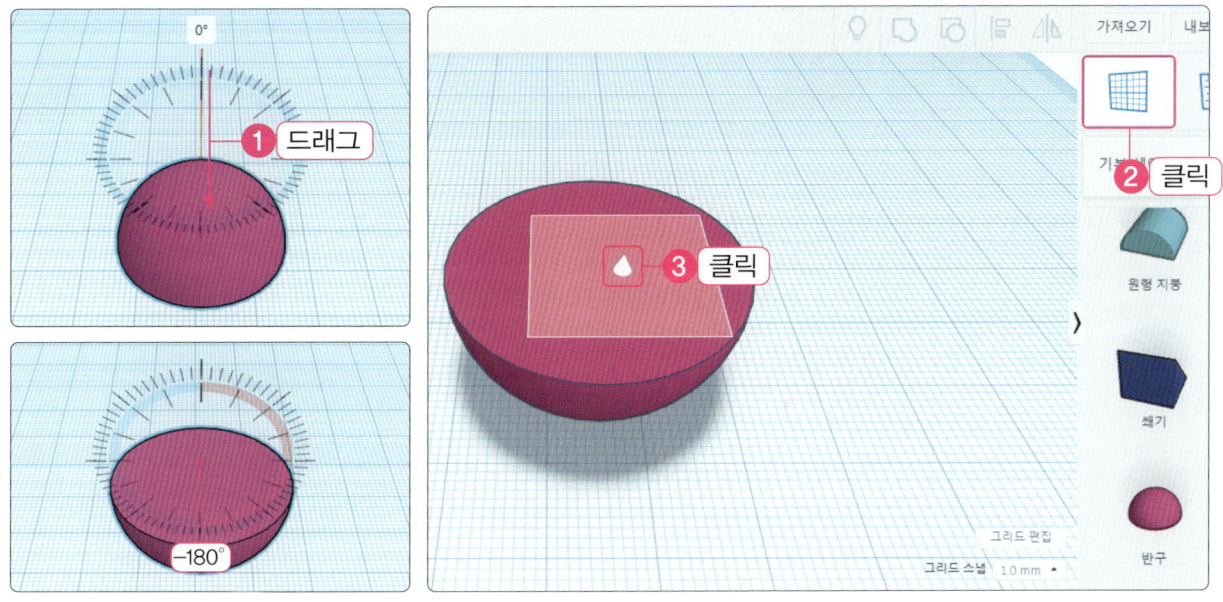

3 기본 쉐이프의 튜브를 가져와 크기(가로/세로 30, 높이 5)를 수정한 후 옵션 패널에서 벽 두께(1.5) 및 측면(60)을 수정합니다.

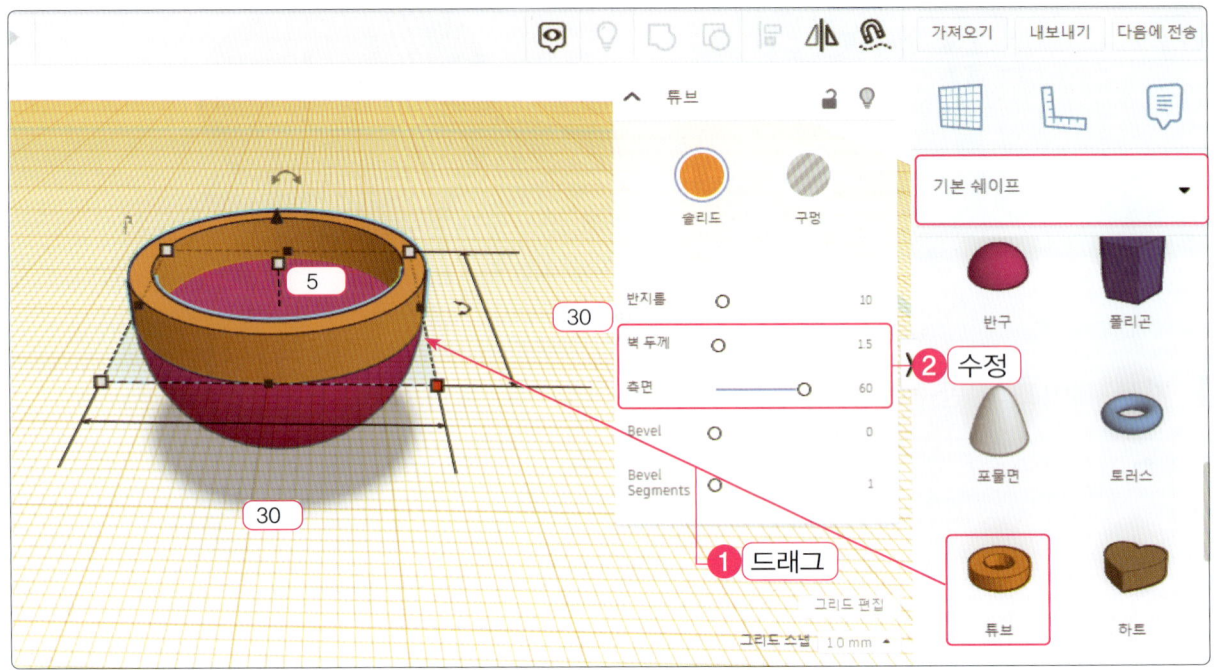

4 기본 쉐이프의 문자를 가져와 문자(본인의 이름) 및 크기(가로 25, 세로 10, 높이 5)를 수정합니다.

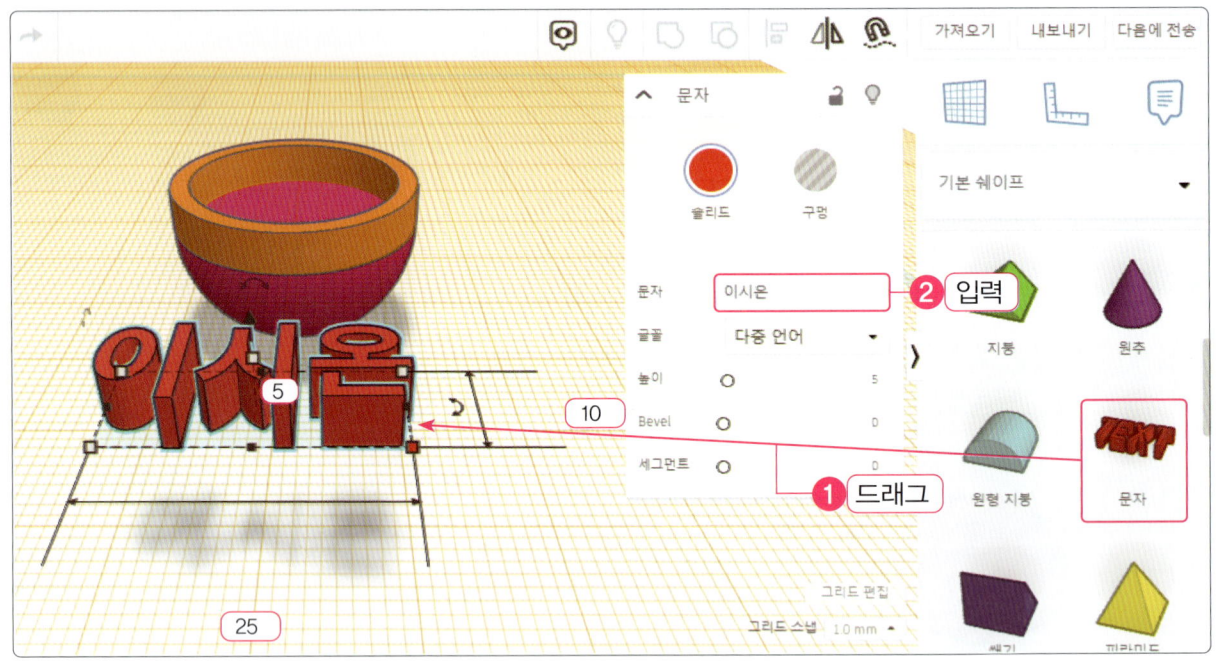

5 반전(M) 도구를 사용하여 문자를 좌우 반전합니다.

6 모든 도형을 선택한 후 정렬(L)로 가로 및 세로 가운데 맞춤을 지정하고 하나의 그룹(Ctrl+G)으로 만듭니다.

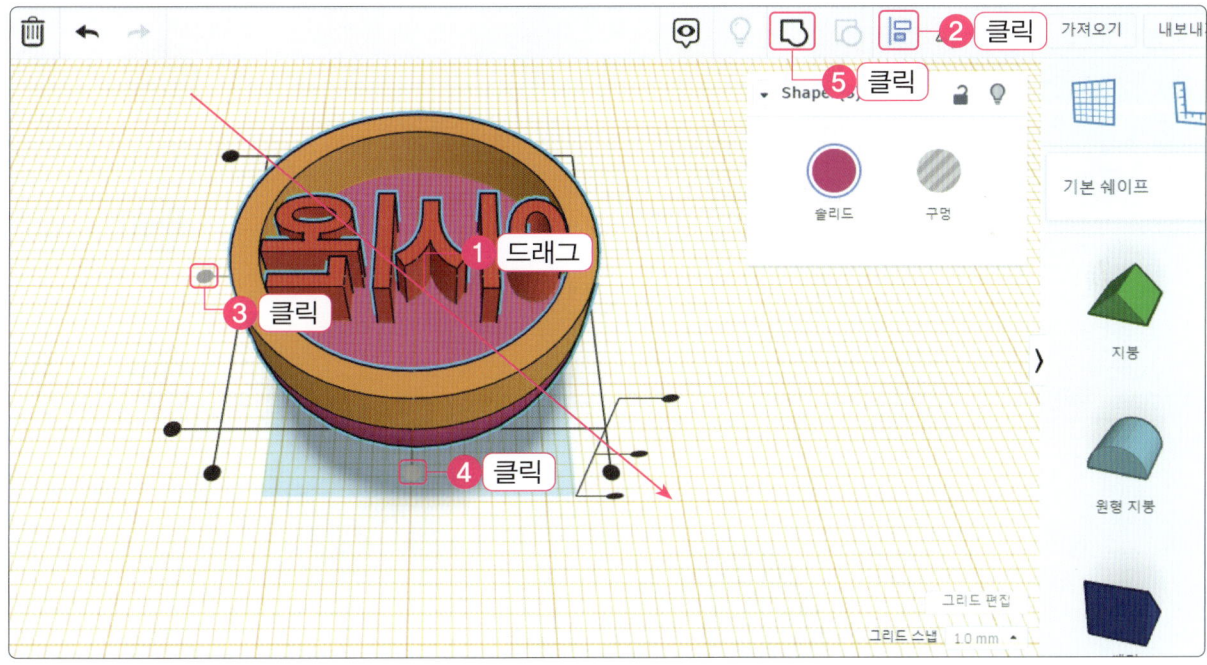

7 도형의 색(주황)을 수정하고 원래의 기본 작업 평면으로 수정한 다음 180° 회전합니다.

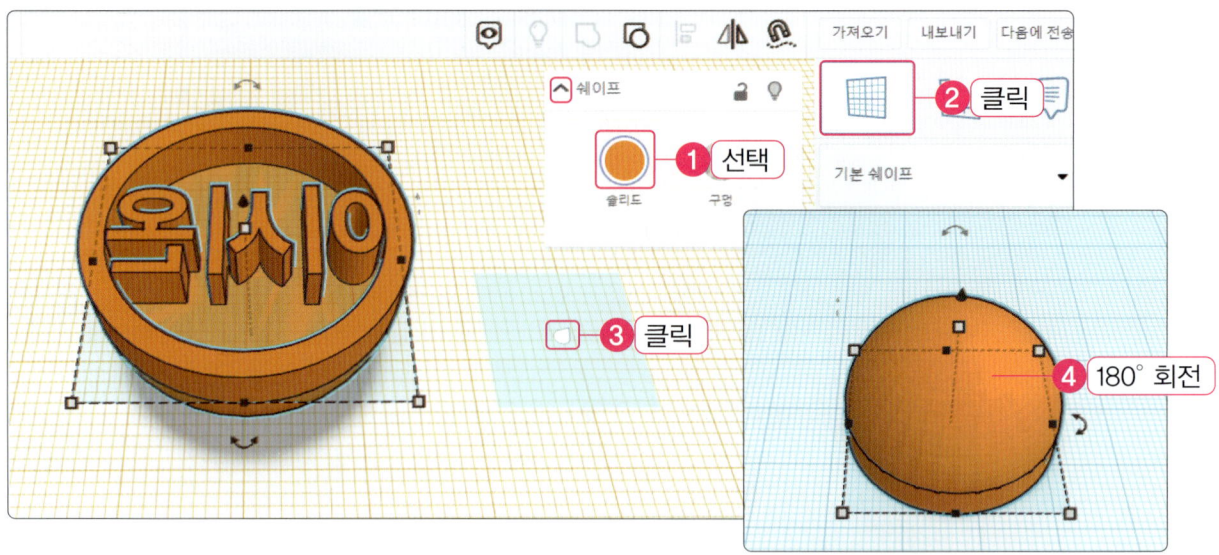

8 기본 쉐이프의 구를 가져와 크기(가로/세로 30, 높이 40)를 지정하고 위쪽으로 15mm 올립니다. 모든 도형을 선택한 후 정렬(L)로 가로 및 세로 가운데 맞춤과 그룹(Ctrl+G)을 지정합니다.

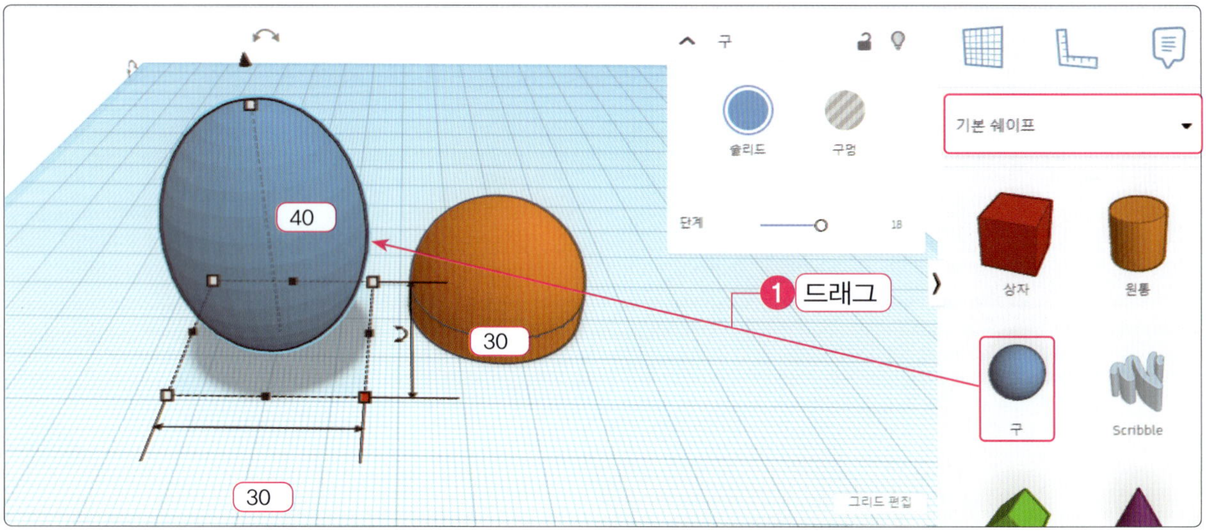

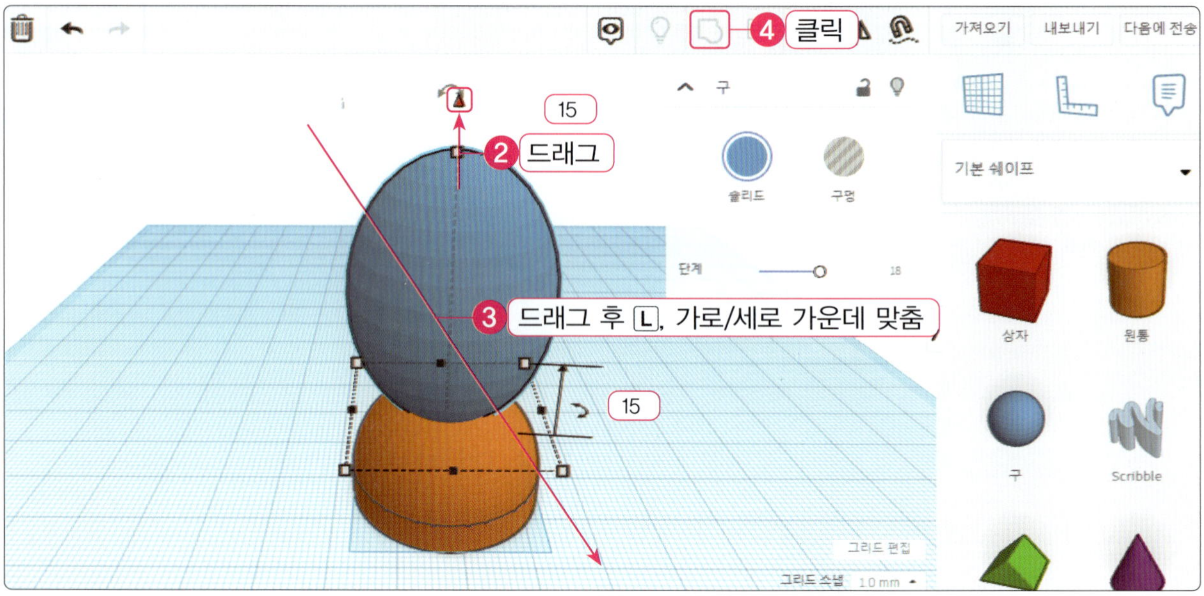

 # JUMP JUMP

http://gofile.me/4BQ07/DkKA9h6gs　　　　　　　Chapter12 ▶ Ch12(연습).mp4

01 다양한 모양의 도장을 만들어 보세요.

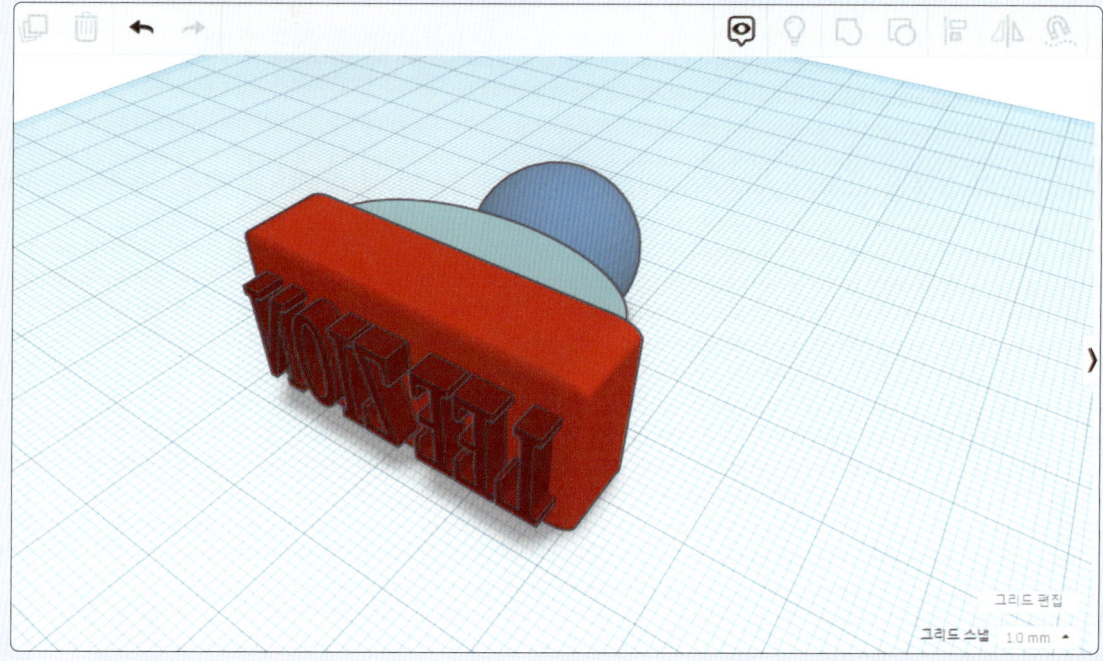

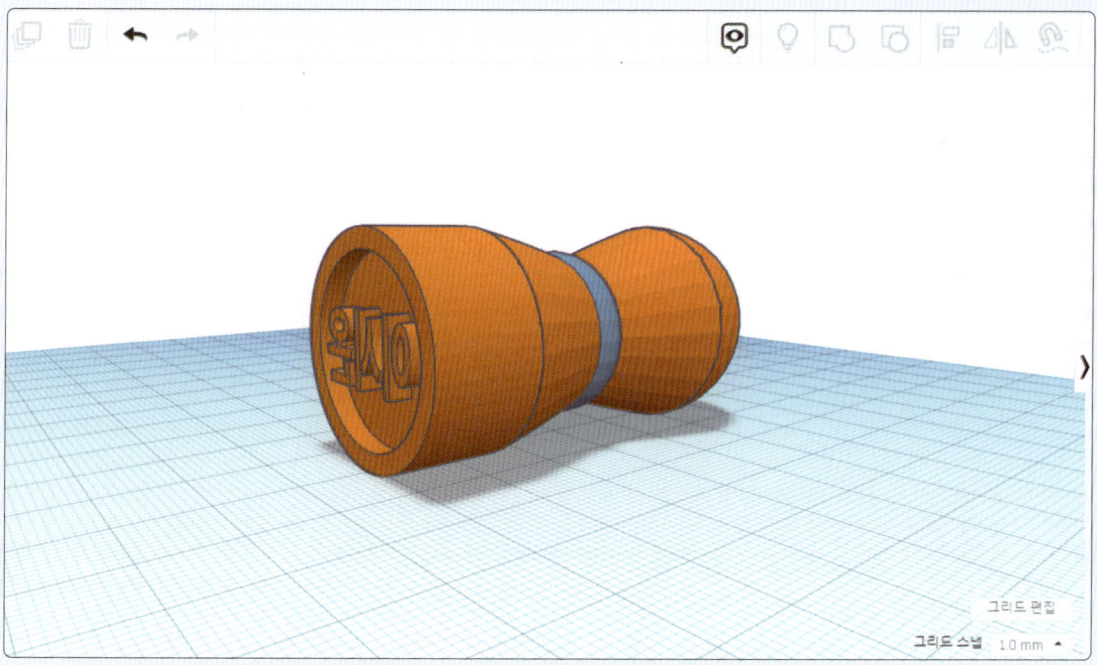

Chapter 12 - 도장 만들기　**85**

13 Chapter
케이크 만들기

1 기본 쉐이프의 원통을 가져와 크기(가로/세로 70, 높이 15) 및 색(흰색), 측면(60) 등을 지정합니다.

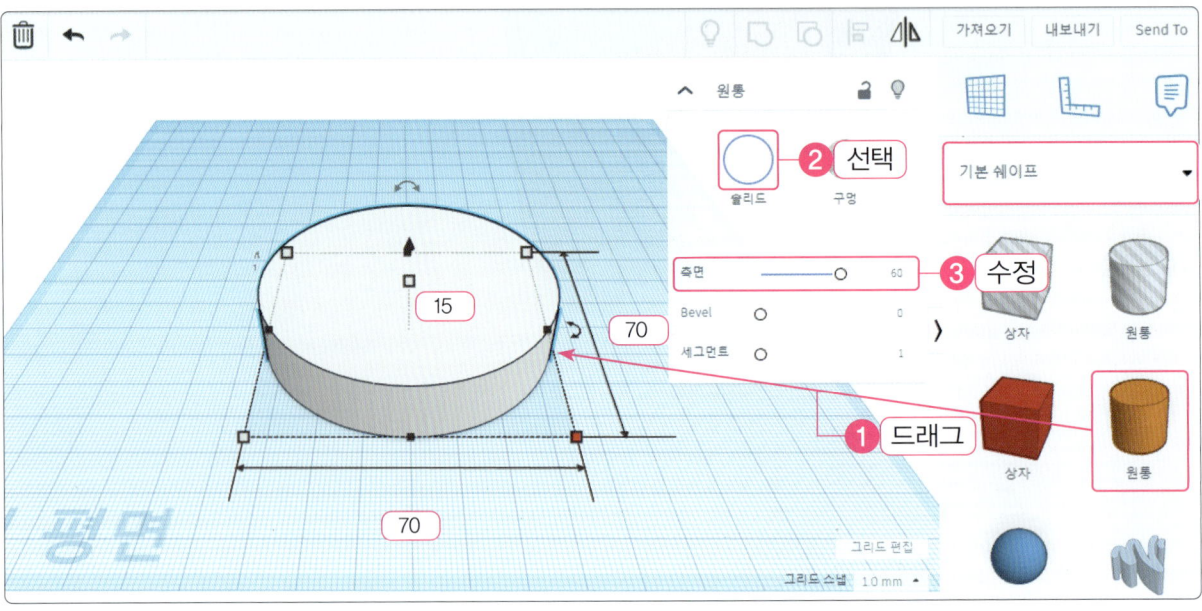

2 기본 쉐이프의 토러스를 가져와 옵션 패널에서 튜브(0.3) 및 측면(24), 색(분홍) 등을 수정하고 크기(가로/세로 75, 높이 3)를 지정합니다. (※ 주의 : 옵션 패널을 먼저 수정해야 합니다.)

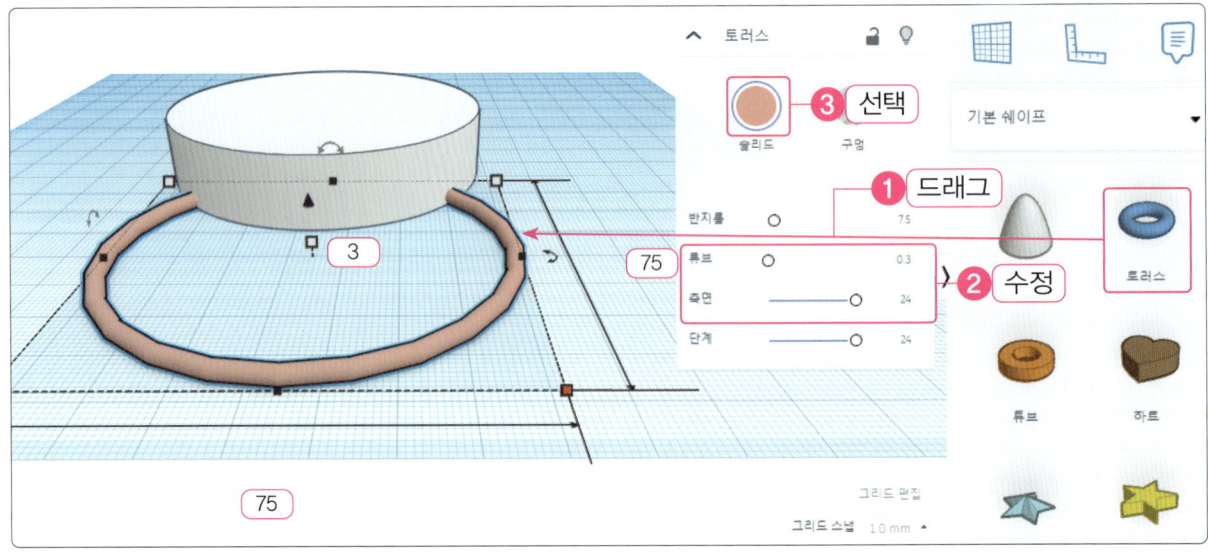

3 두 개의 도형을 모두 선택한 후 정렬(L)을 이용하여 가로 및 세로 가운데 맞춤을 지정합니다.

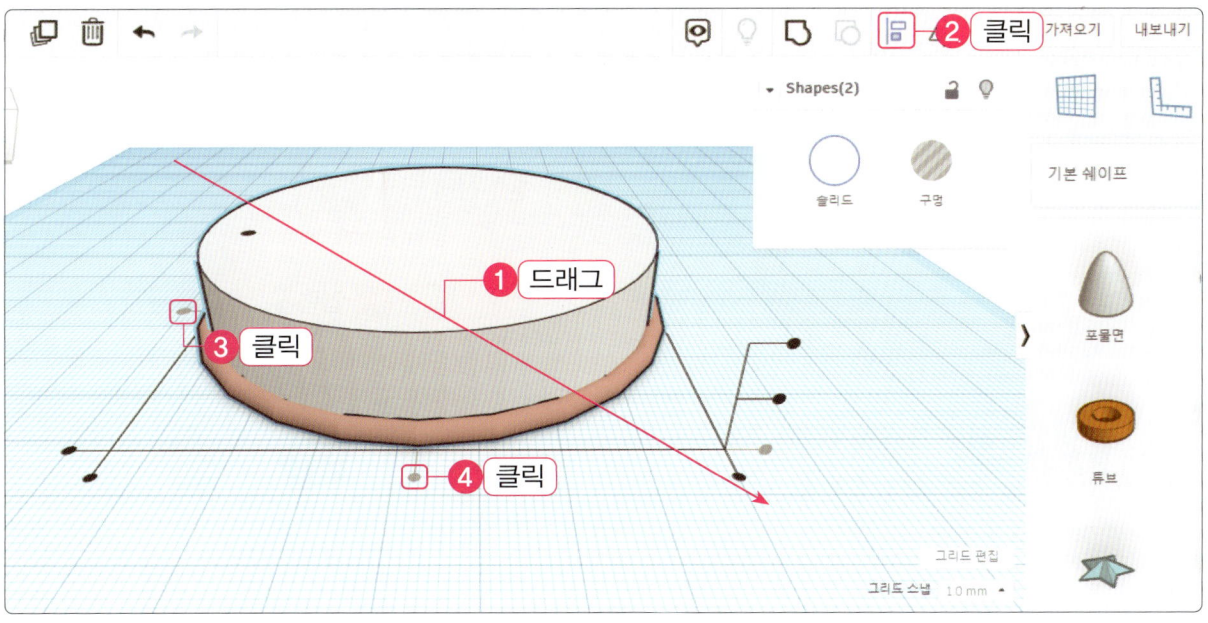

4 토러스를 복제(Ctrl+D)한 후 키보드의 Shift를 누르고 위쪽으로 드래그하여 3mm 올린 다음 복제(Ctrl+D)를 두 번 실행합니다.

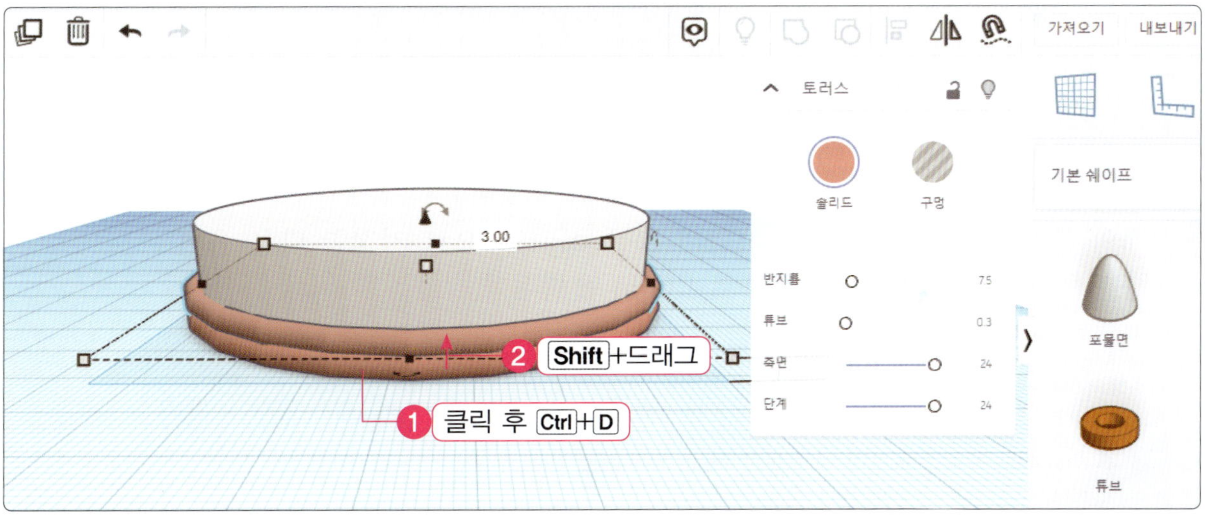

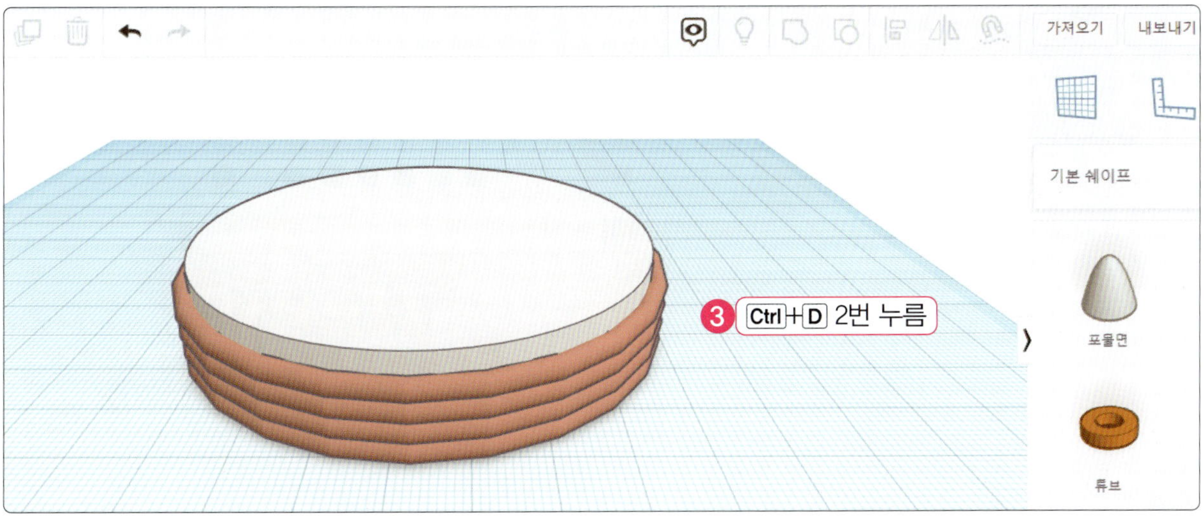

Chapter 13 - 케이크 만들기 **87**

5 기본 쉐이프의 문자를 이용하여 Happy를 입력한 후 크기(가로 40, 세로 15, 높이 3) 및 색(노랑)을 지정합니다. 같은 방법으로 문자를 이용하여 Birthday를 입력한 후 크기(가로 60, 세로 15, 높이 3) 및 색(빨강)을 지정합니다.

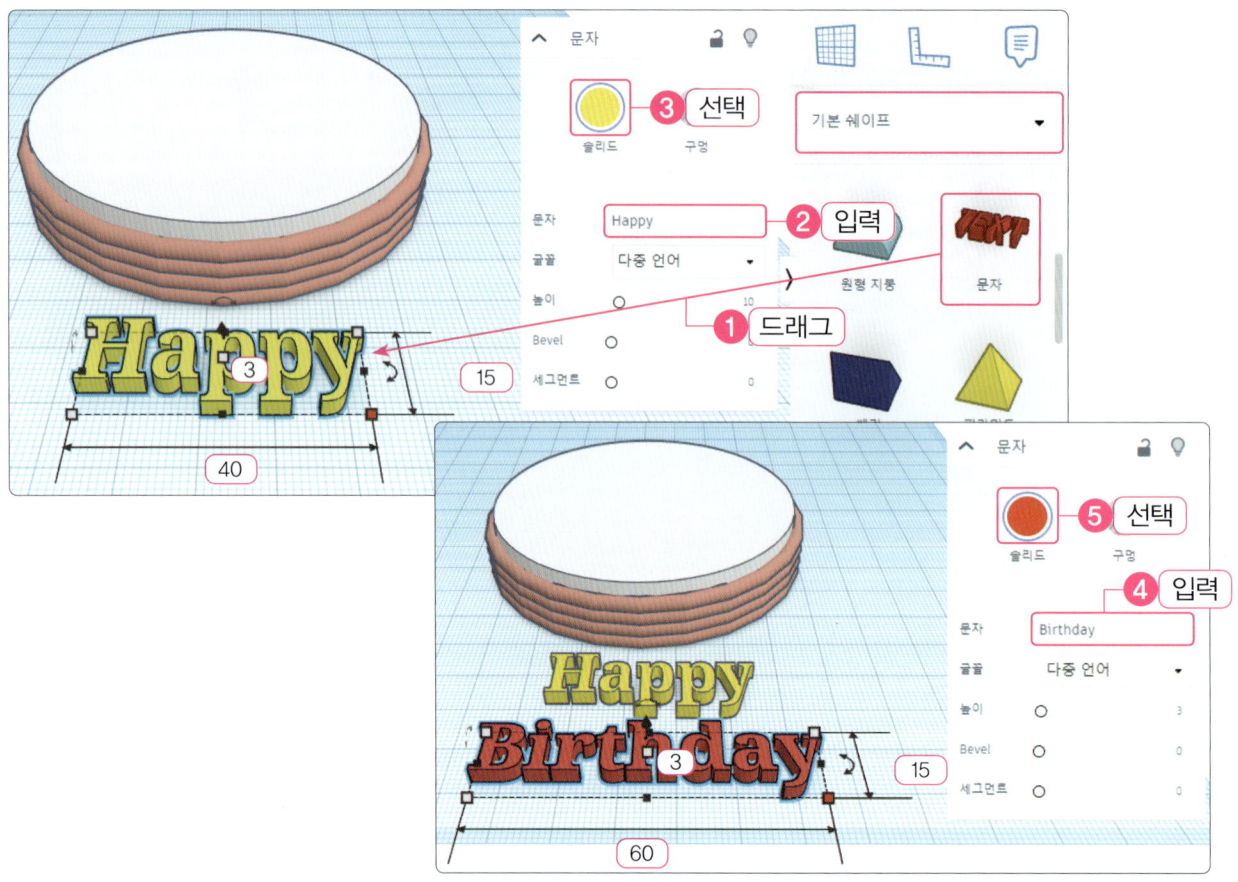

6 2개의 문자를 모두 선택한 후 하나의 그룹(Ctrl+G)으로 지정한 다음 옵션 패널에서 [여러 색]을 클릭하고 바닥에서 위쪽으로 13mm 올립니다.

7 작업 화면의 모든 도형을 선택한 후 정렬(L)을 이용하여 가로 및 세로 가운데 맞춤을 지정합니다.

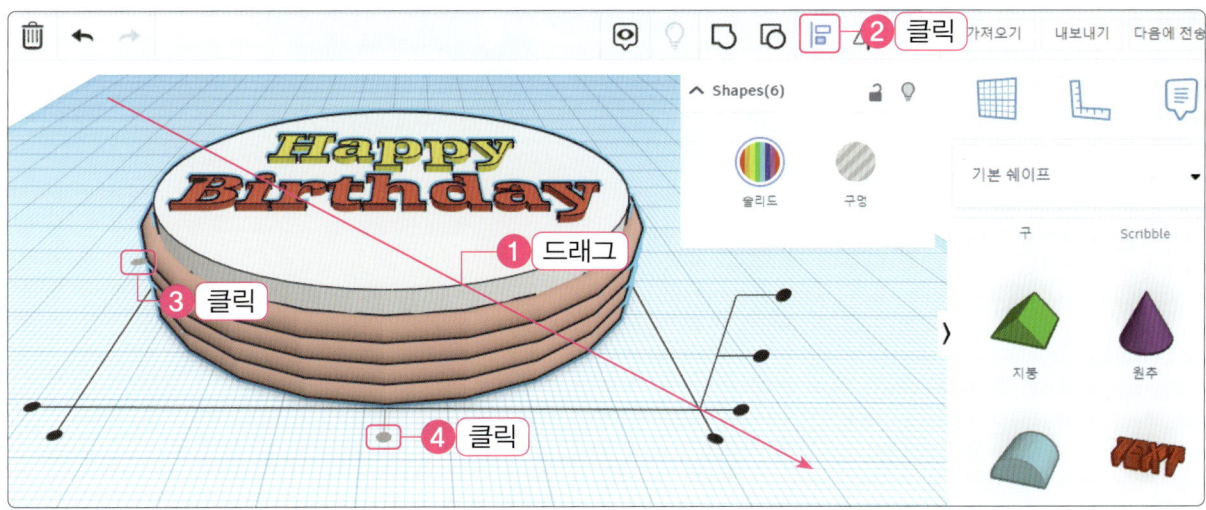

8 기본 쉐이프의 하트를 가져와 크기(하트1 : 가로/세로 10, 높이 5 / 하트2 : 가로/세로 15, 높이 5)를 지정하고 위쪽으로 13mm 올려 원하는 위치와 각도, 색 등을 지정, 배치합니다.

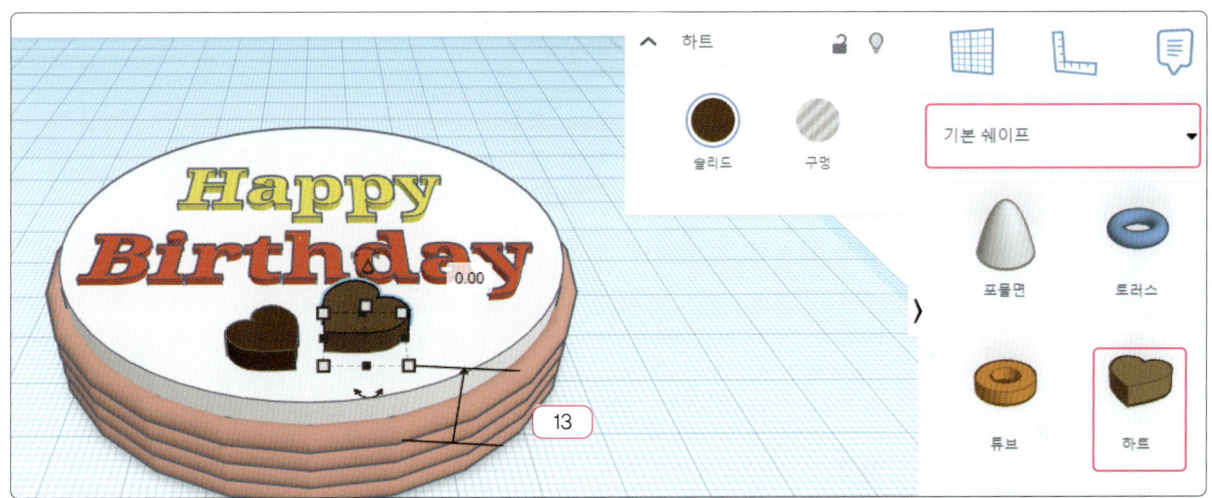

9 기본 쉐이프의 원통을 이용하여 초(가로/세로 3, 높이 20, 색(임의의 색)) 및 심지(가로/세로 1, 높이 22, 색(회색))를 만들고 정렬(L)로 가로 및 세로 가운데 맞춤을 지정, 하나의 그룹(Ctrl+G)으로 지정한 다음 케이크 안에 원하는 위치 및 높이를 조정하여 배치합니다.

Chapter 13 - 케이크 만들기

JUMP JUMP

http://gofile.me/4BQ07/w1hhQbVEH   Chapter13 ▶ Ch13(연습).mp4

01 다양한 모양의 케이크를 만들어 보세요.

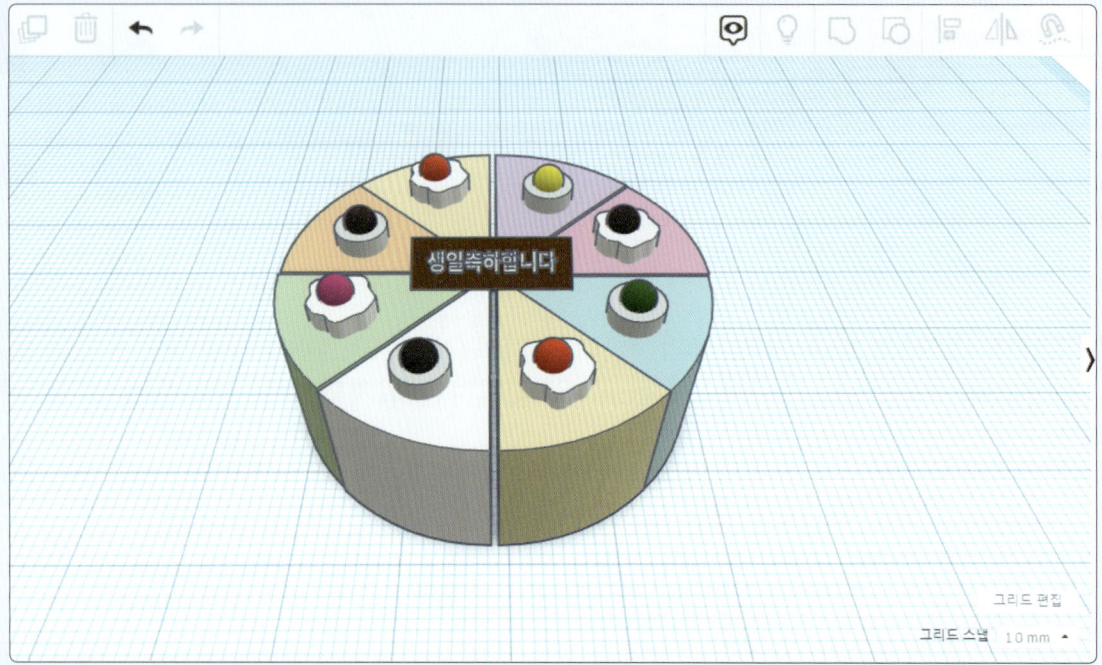

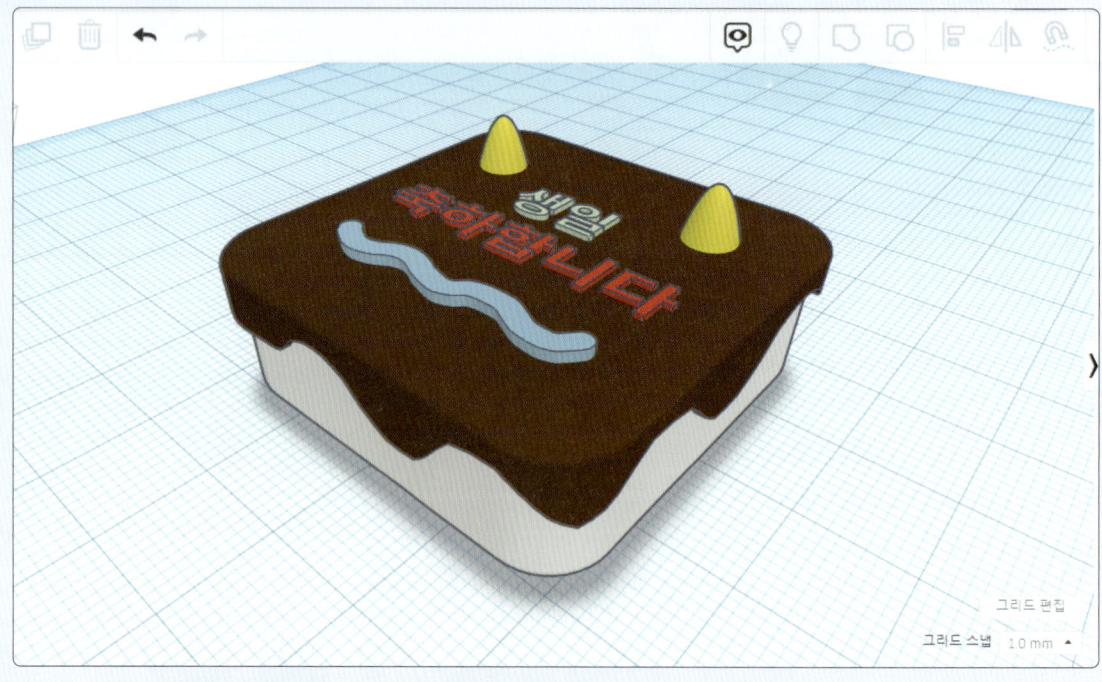

14 Chapter
반지 만들기

1 [기본 쉐이프]를 클릭 후 Shapes Library 목록에서 [쉐이프 생성기]를 클릭합니다.
[쉐이프 생성기]의 [모두]에서 직조 곡선을 가져와 옵션 패널의 곡선 각도(360) 및 행 직조(2), 열 직조(20) 등을 수정합니다.

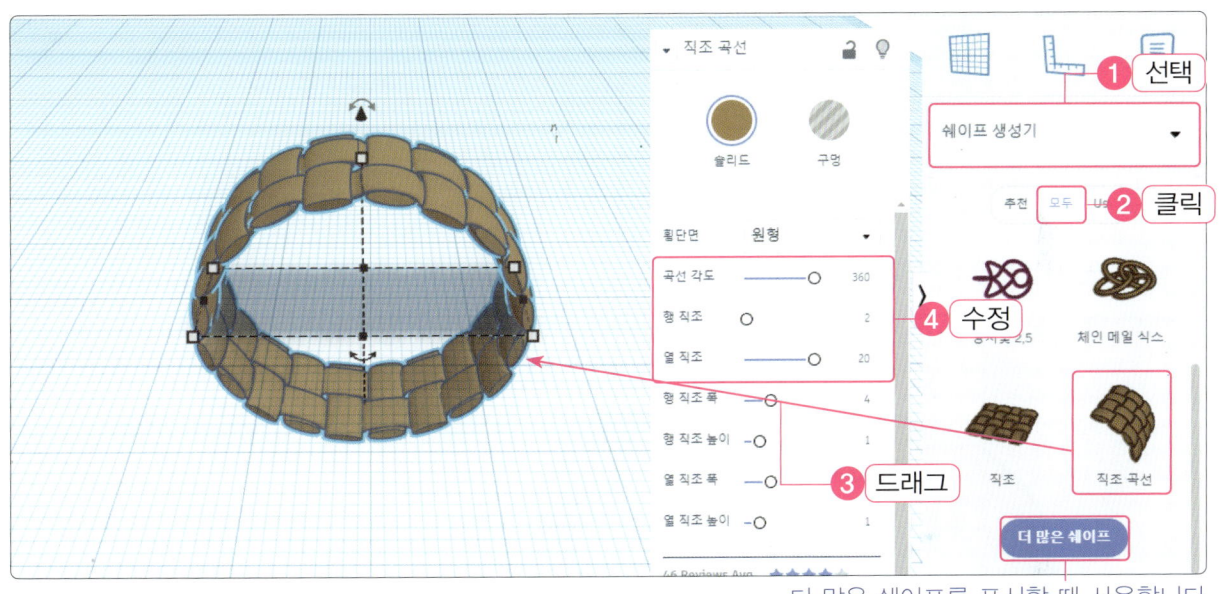

더 많은 쉐이프를 표시할 때 사용합니다.

2 직조 곡선을 90° 회전하여 눕히고 바닥(0)에 닿도록 위로 올려 조절한 후 크기(가로/세로 30, 높이 5)를 수정합니다.

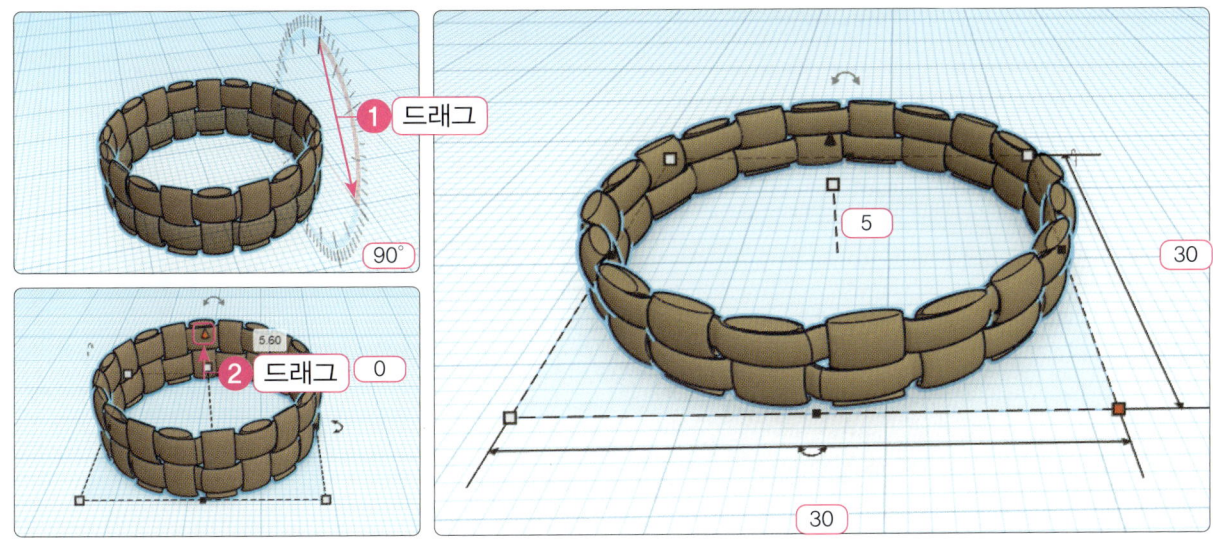

3 기본 쉐이프의 링을 가져와 옵션 패널에서 링의 모양을 수정한 후 크기(가로/세로 28, 높이 5)를 지정합니다.

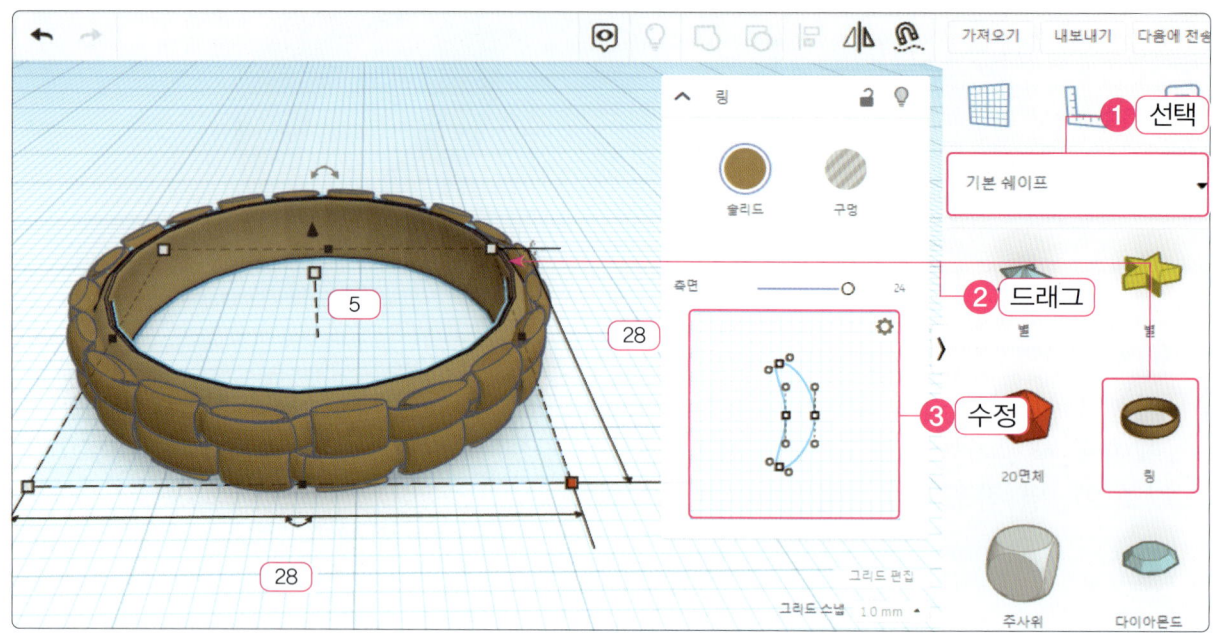

알아두면 실력튼튼

링의 단면 모양 바꾸기

링의 단면 모양은 옵션 패널에 표시된 단면 모양의 변경점을 드래그하여 수정할 수 있습니다.

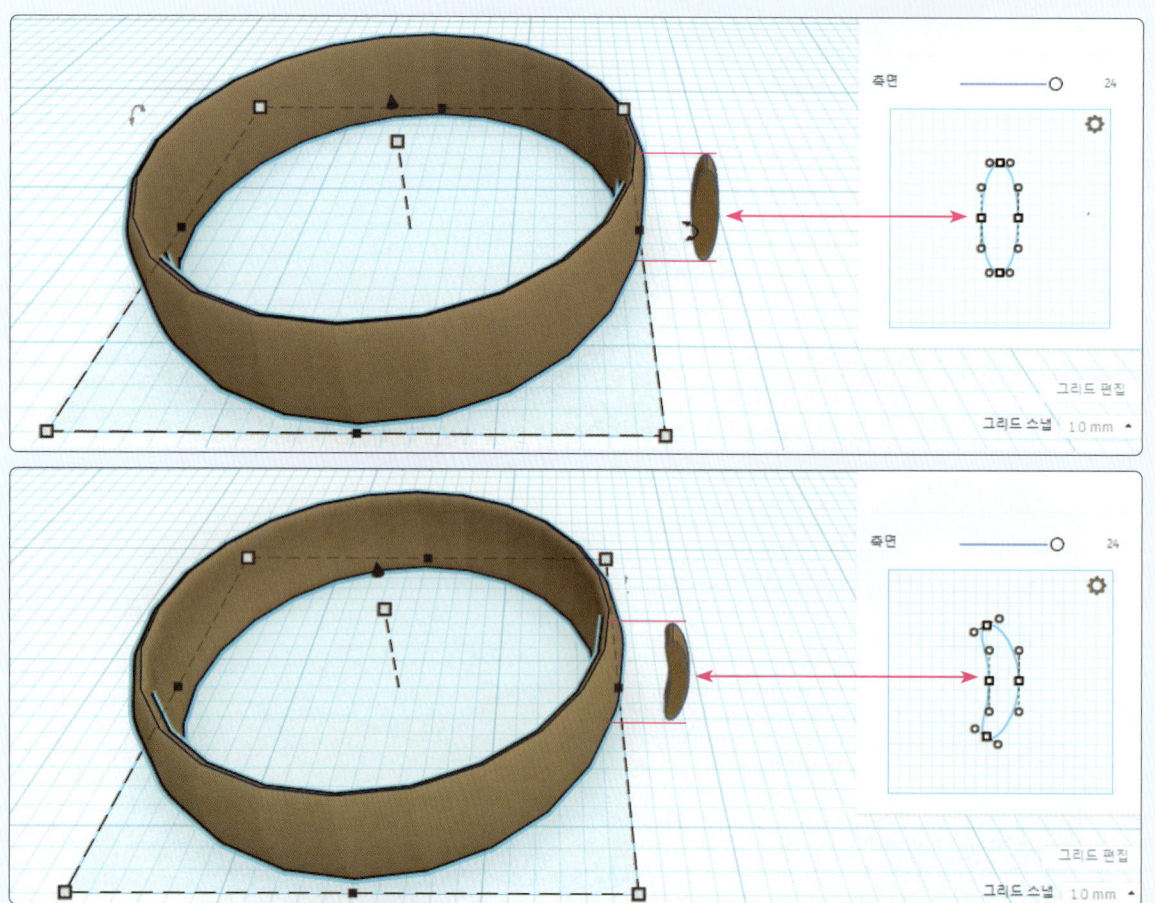

4 두 개의 도형을 모두 선택한 후 정렬(L)하여 가로 및 세로 가운데 맞춤을 지정한 다음 하나의 그룹(Ctrl+G)으로 만듭니다.

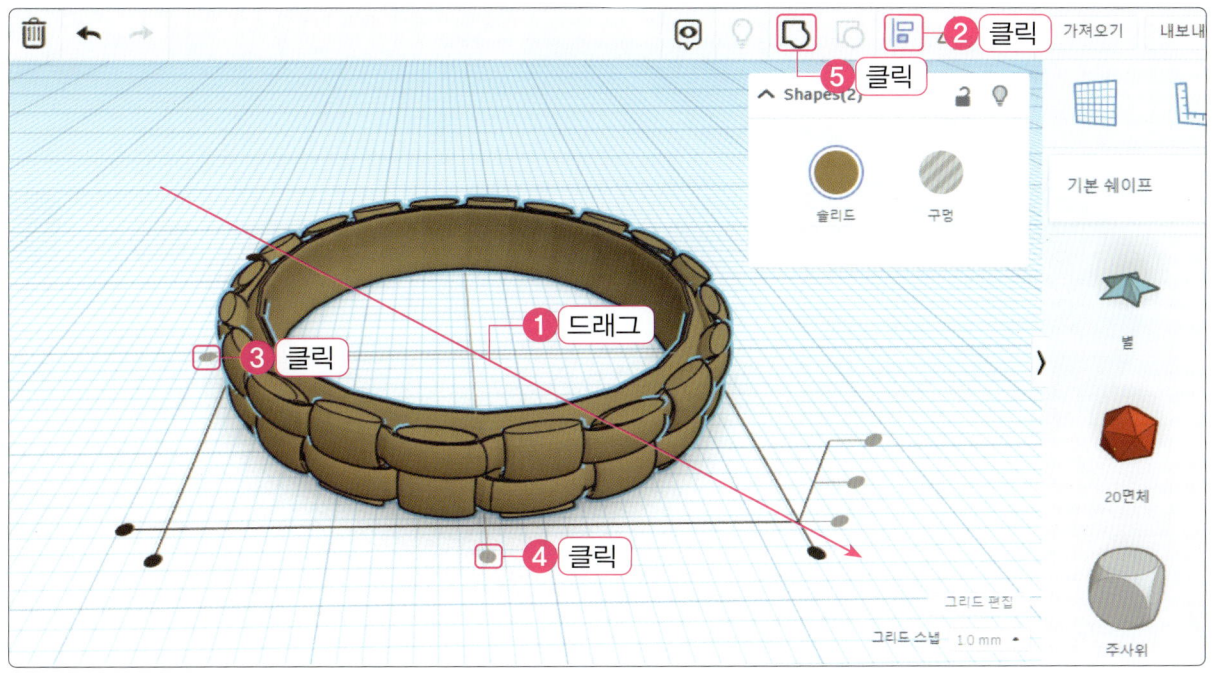

5 그룹으로 지정된 도형을 바닥에서 4mm 아래로 내립니다.

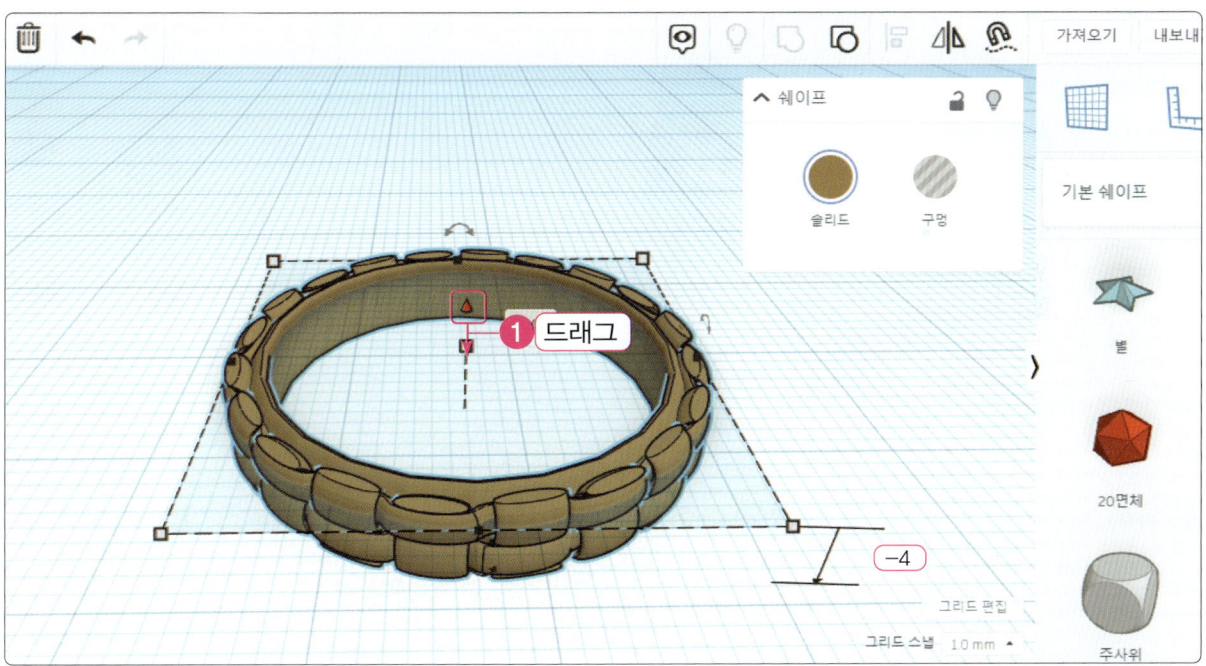

Chapter 14 - 반지 만들기

6 기본 쉐이프의 토러스를 가져와 옵션 패널에서 튜브 값(1)을 수정한 후 크기(가로/세로 30, 높이 2)를 지정합니다.

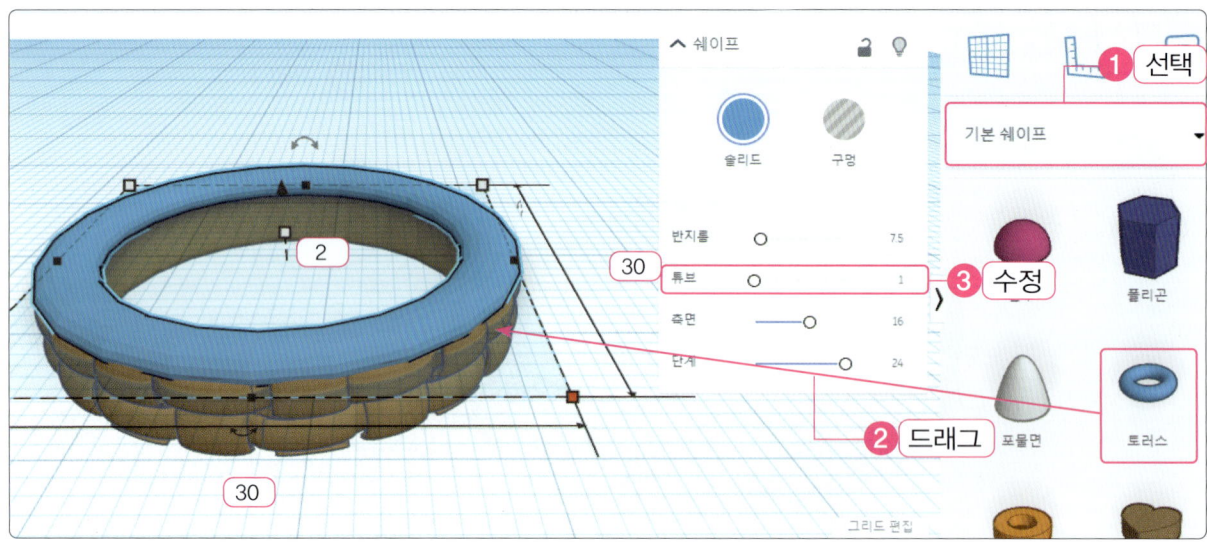

7 모든 도형을 선택한 후 정렬(L)로 가로 및 세로 가운데 맞춤을 지정합니다.

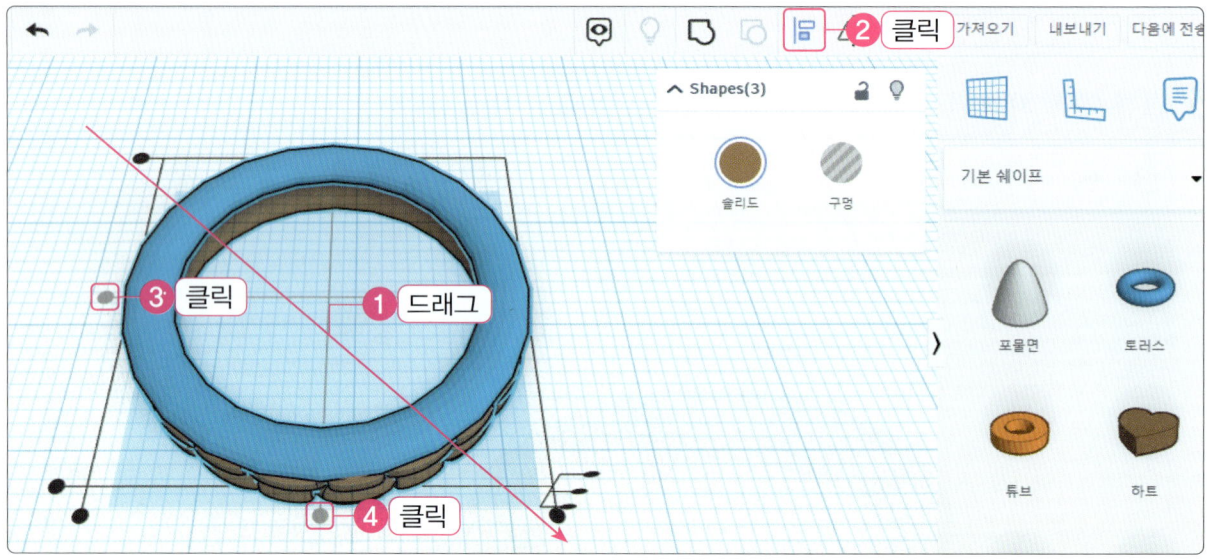

8 위쪽 토러스를 선택한 후 복제(Ctrl+D)한 다음 키보드의 Shift를 누르고 아래로 드래그하여 5mm 내립니다.

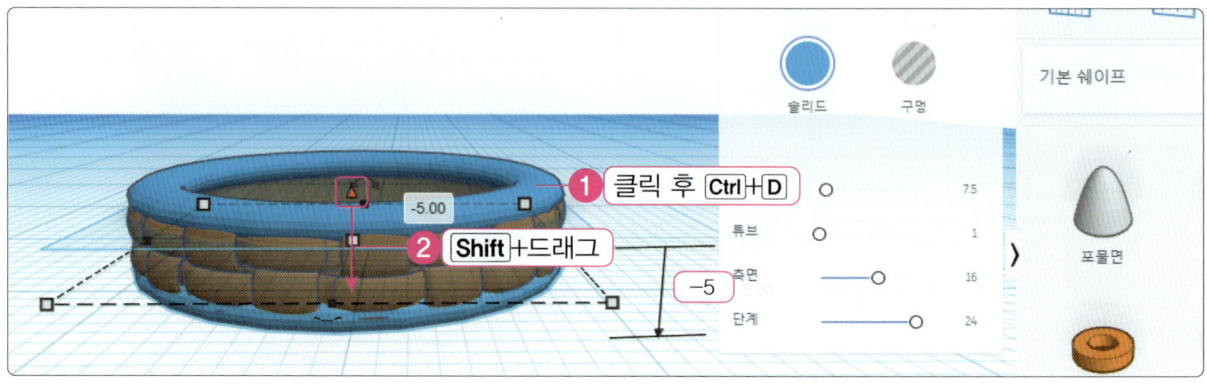

9 모든 도형을 선택한 후 하나의 그룹(Ctrl+G)으로 만든 다음 옵션 패널에서 [여러 색]을 클릭합니다.

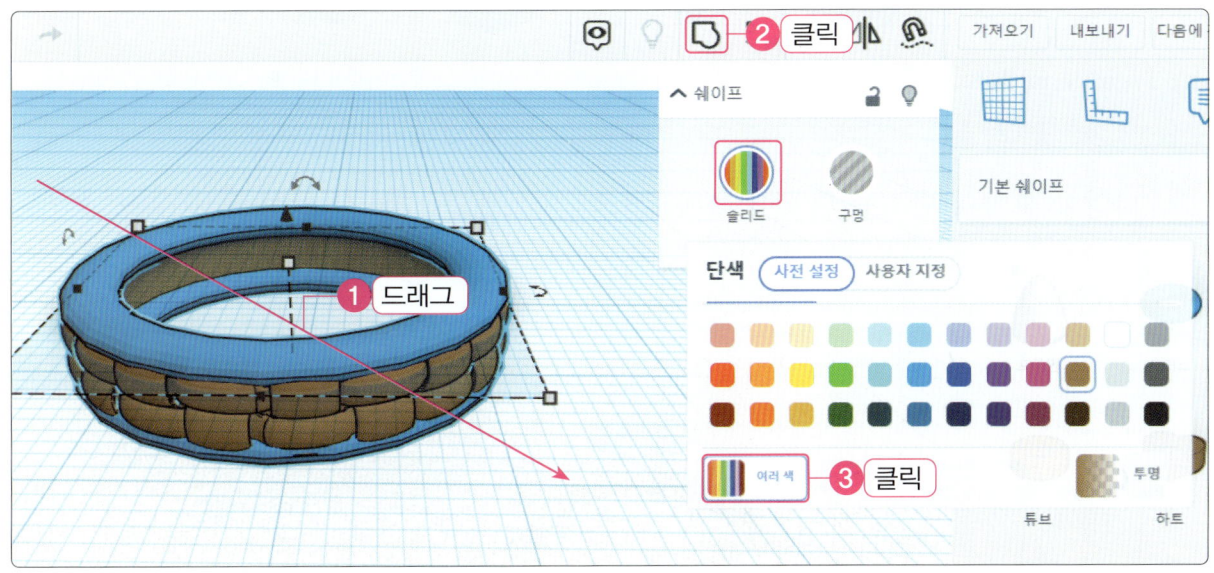

10 완성된 반지 모양을 90° 회전하여 세운 다음 위쪽으로 드래그하여 바닥과 일치하도록 만듭니다.

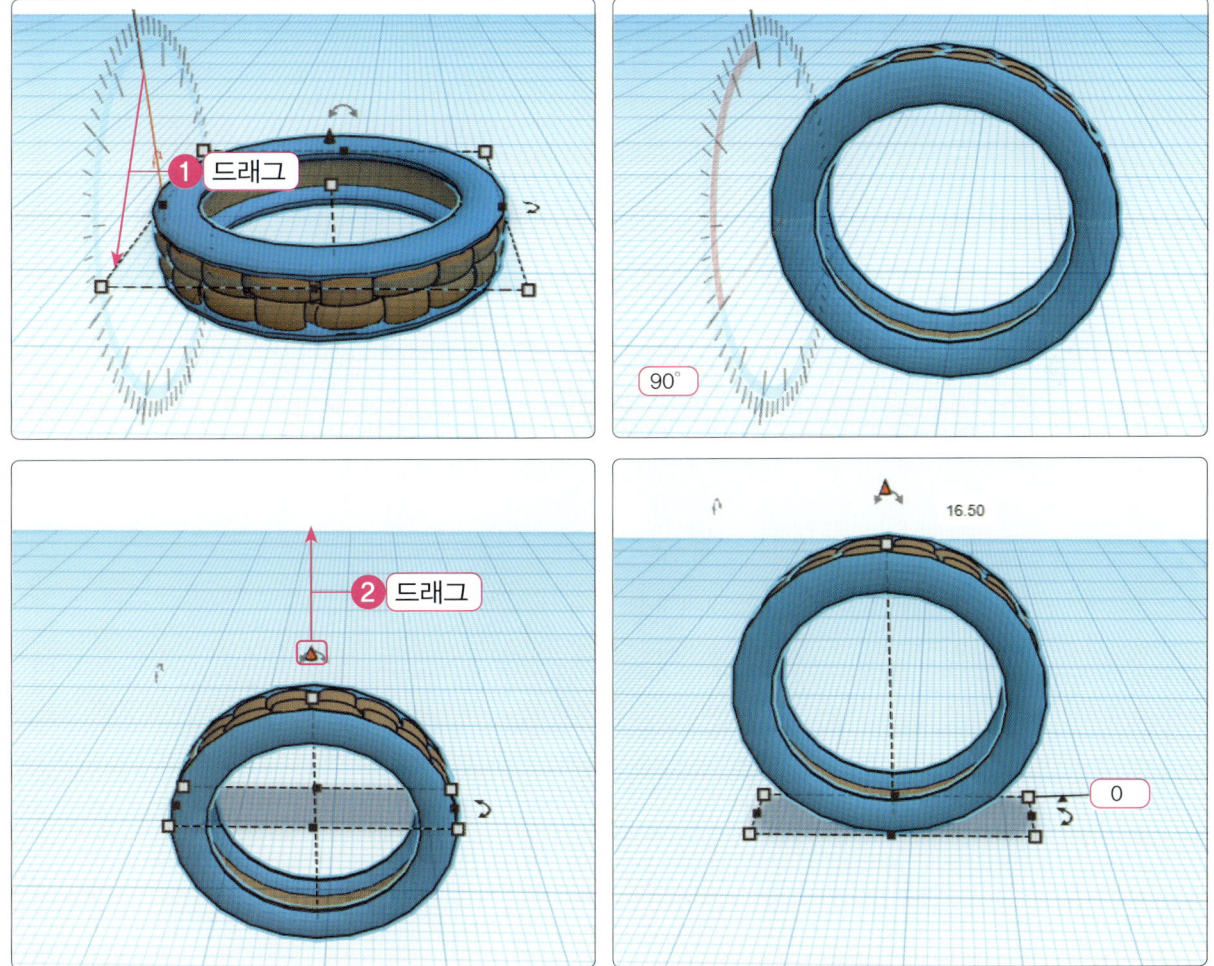

Chapter 14 - 반지 만들기

JUMP JUMP

http://gofile.me/4BQ07/b62PkefUF　　　　　　　Chapter14 ▶ Ch14(연습).mp4

01 다양한 모양의 반지를 만들어 보세요.

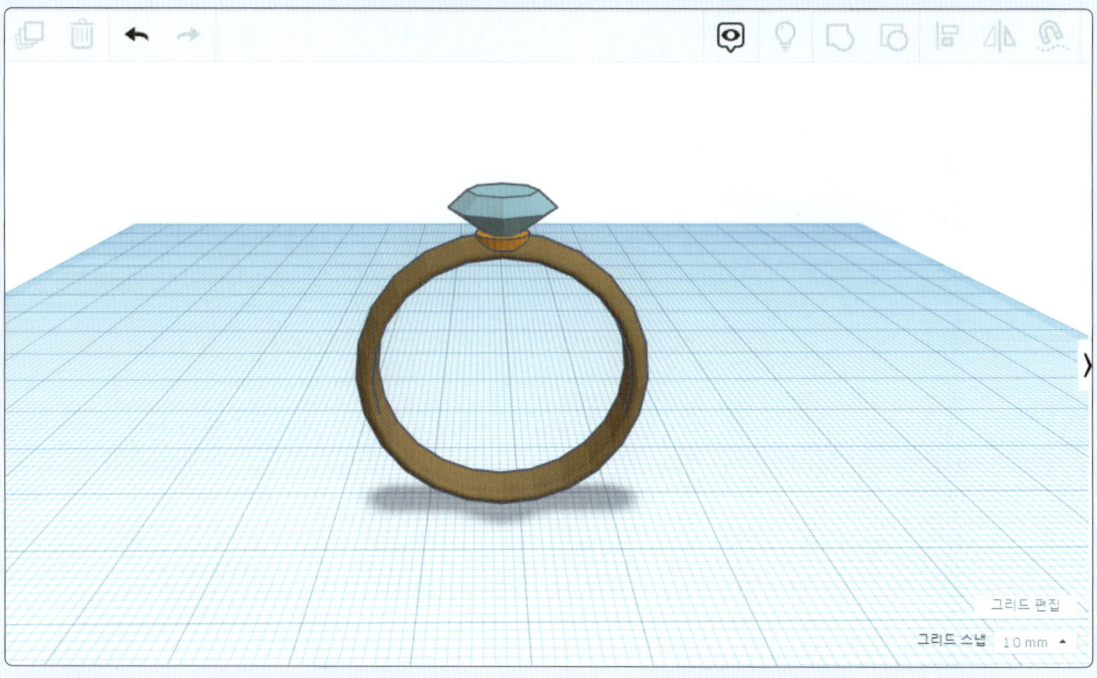

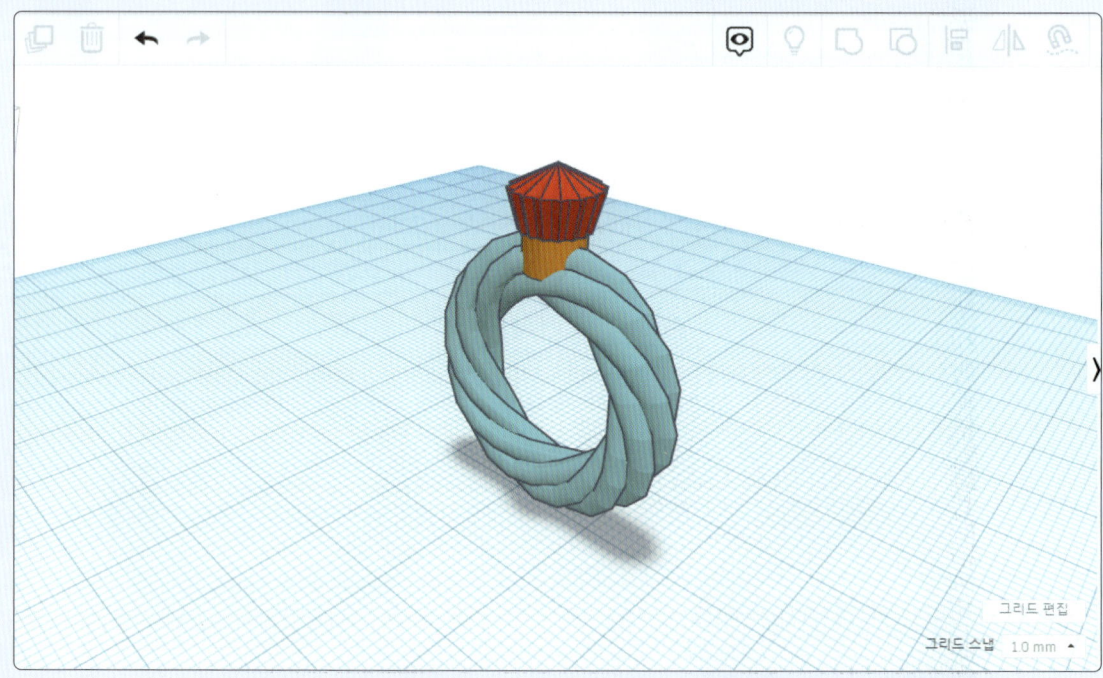

15 Chapter
석탑 만들기

1 기본 쉐이프의 상자를 가져와 크기(가로/세로 80, 높이 2)를 수정한 후 위쪽면을 작업 평면으로 만듭니다.

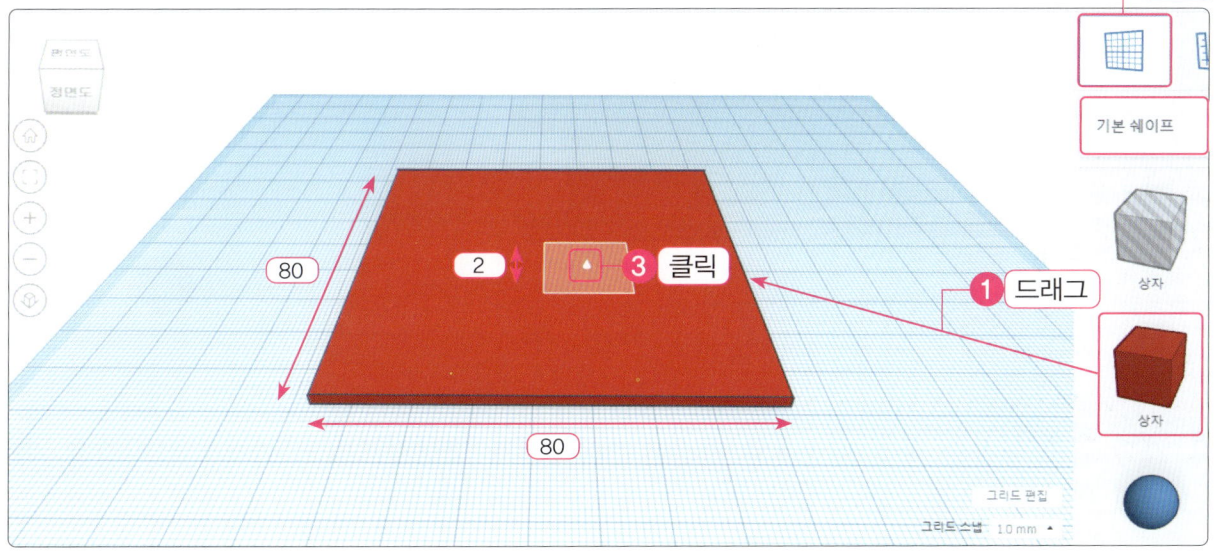

2 같은 방법으로 상자를 가져와 크기(가로/세로 70, 높이 15)를 수정하고 위쪽면에 또다른 상자(가로/세로 80, 높이 3)를 올려 정렬(L) 기능을 이용하여 모두 가로 및 세로 가운데 맞춤을 지정합니다.

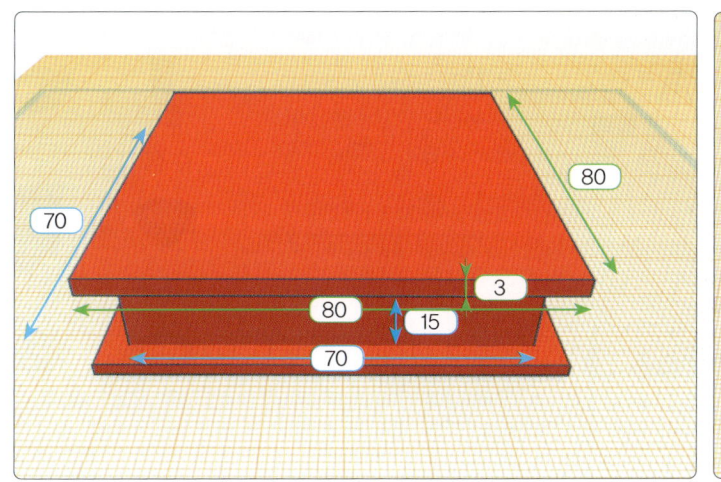 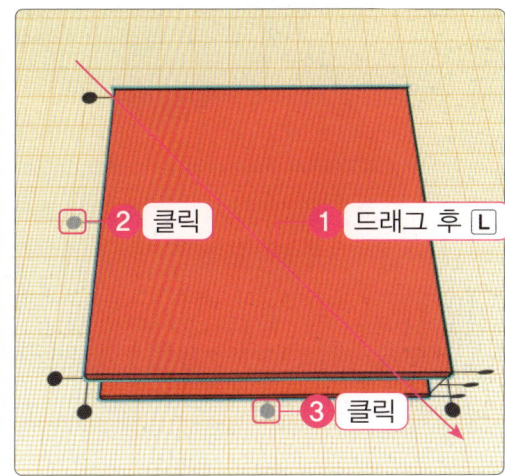

3 2층에 해당하는 탑을 쌓기 위해 작업 평면과 상자를 이용하여 다음과 같이 탑을 쌓아 올린 후 모든 도형을 선택하고 정렬(L)로 가로 및 세로 가운데 맞춤을 지정합니다.
  ❶ 상자 : 가로/세로 50, 높이 20
  ❷ 상자 : 가로/세로 60, 높이 1
  ❸ 상자 : 가로/세로 65, 높이 3
  ❹ 상자 : 가로/세로 60, 높이 2

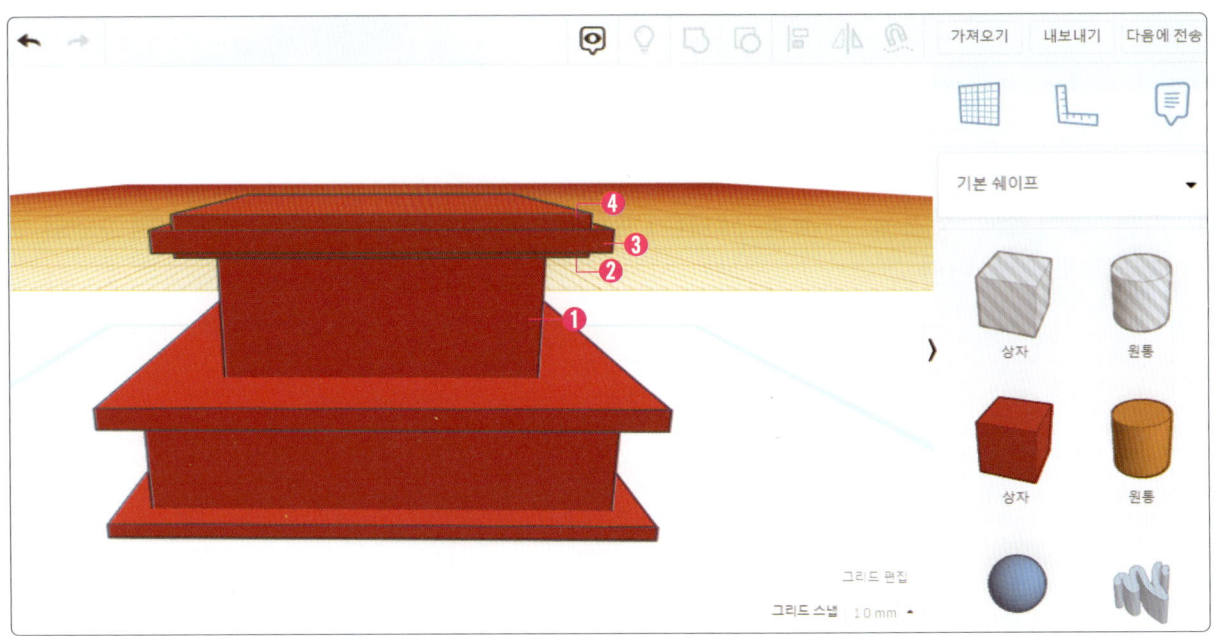

4 가장 위쪽 상자를 작업 평면으로 지정한 후 [쉐이프 생성기]의 [모두]에서 폴리컵을 가져와 옵션 패널의 면 수(4)를 수정합니다.

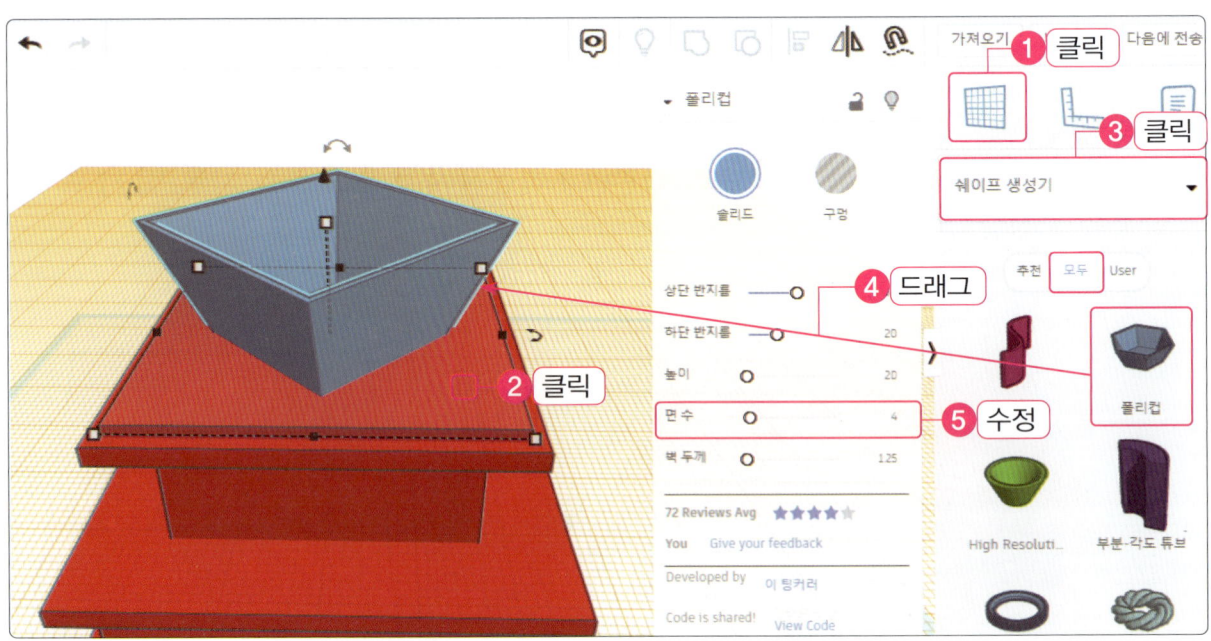

5 폴리컵을 옆으로 45° 회전한 후 180° 상하로 회전하여 뒤집고 크기(가로/세로 60, 높이 5)를 수정한 다음 정렬(L) 기능으로 가로 및 세로 가운데 맞춤을 지정합니다.

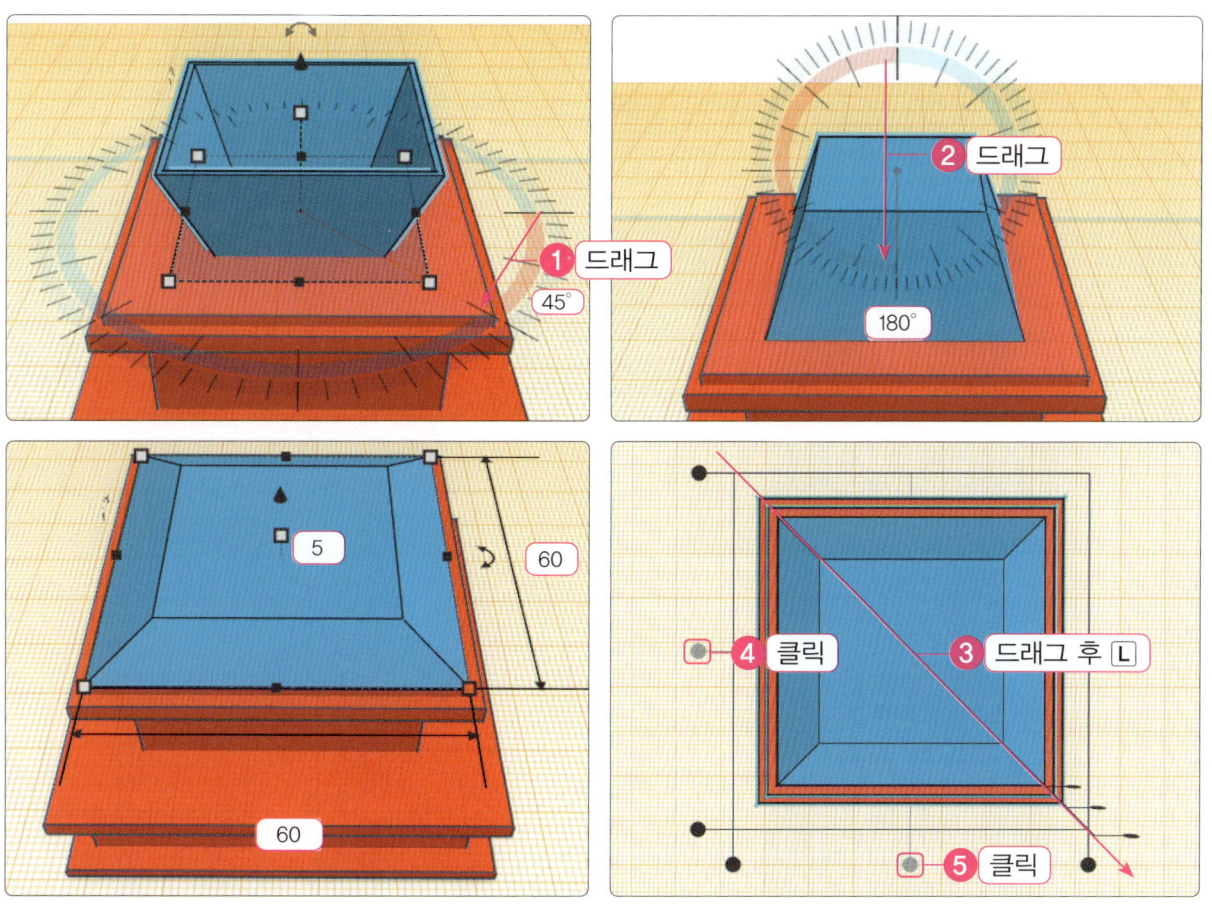

6 2층에 해당하는 도형만을 선택하여 하나의 그룹(Ctrl+G)으로 만듭니다.

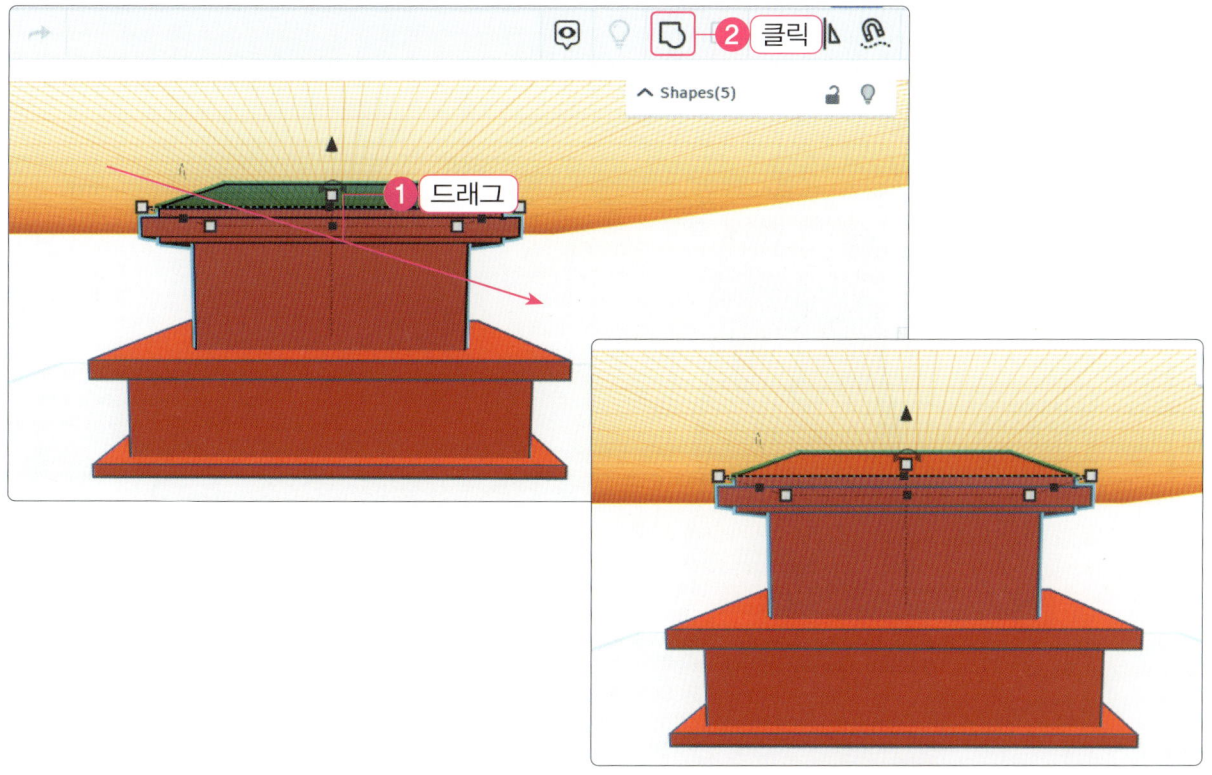

Chapter 15 – 석탑 만들기

7 가장 위쪽을 작업 평면으로 지정한 후 2층에 해당하는 그룹을 복제(Ctrl+D)한 다음 작업 평면의 바닥(0)에 닿을 수 있도록 위쪽으로 올리고 크기(가로/세로 55)를 수정한 다음 정렬(L) 기능으로 모든 도형을 가로 및 세로 가운데 맞춤으로 지정합니다.

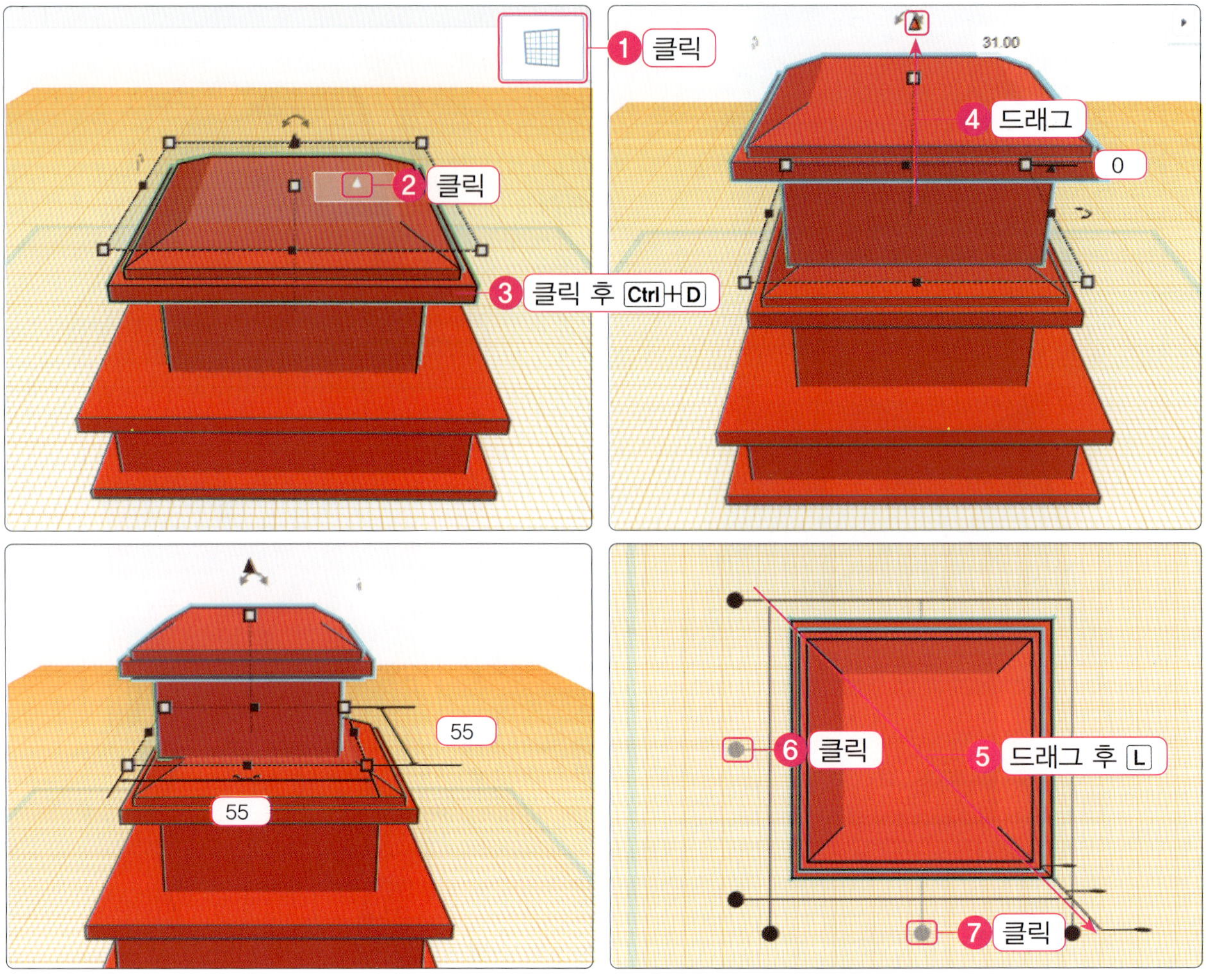

8 같은 방법으로 4층(가로/세로 45) 및 5층(가로/세로 35)을 만들고 가장 위쪽면을 작업 평면으로 지정합니다.

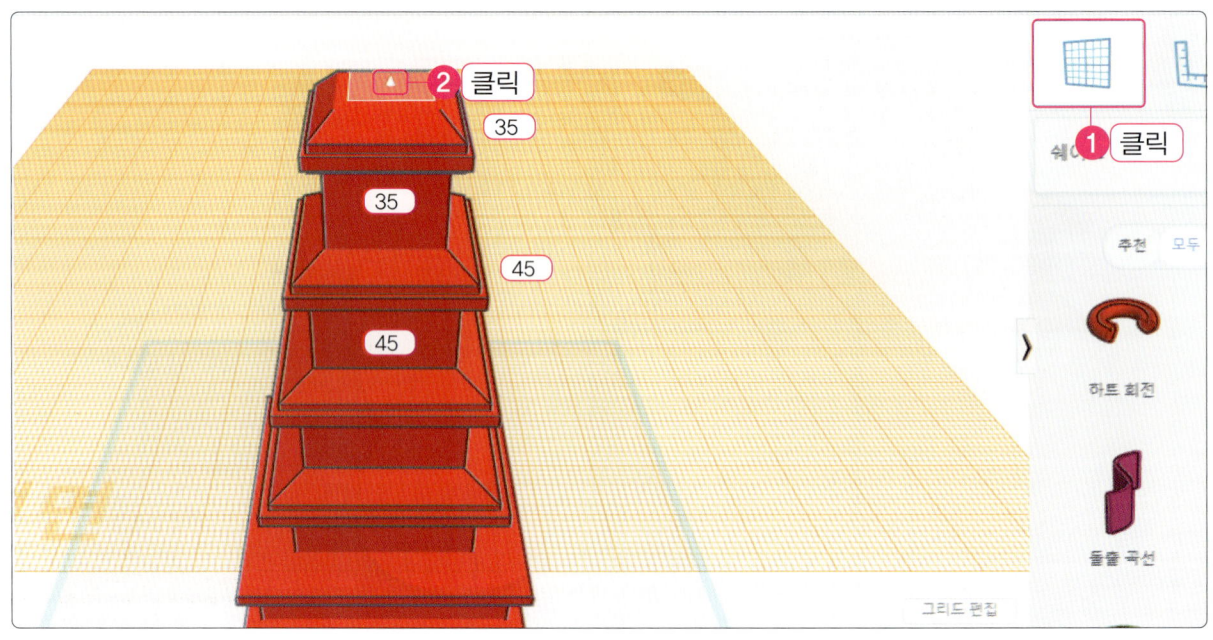

9 쉐이프 생성기의 [모두]에서 다중 점 원통을 가져와 옵션 패널에서 하단 반지름(10), 반지름1(10), 반지름2~3(5), 반지름4~5(8), 반지름6~7(4), 반지름8(6), 상단 반지름(1), 높이1(8), 높이2~4(2), 높이5(6), 높이6(3), 높이7~9(2) 등을 지정합니다. 다중 점 원통의 크기(가로/세로 20, 높이 35)를 수정합니다.

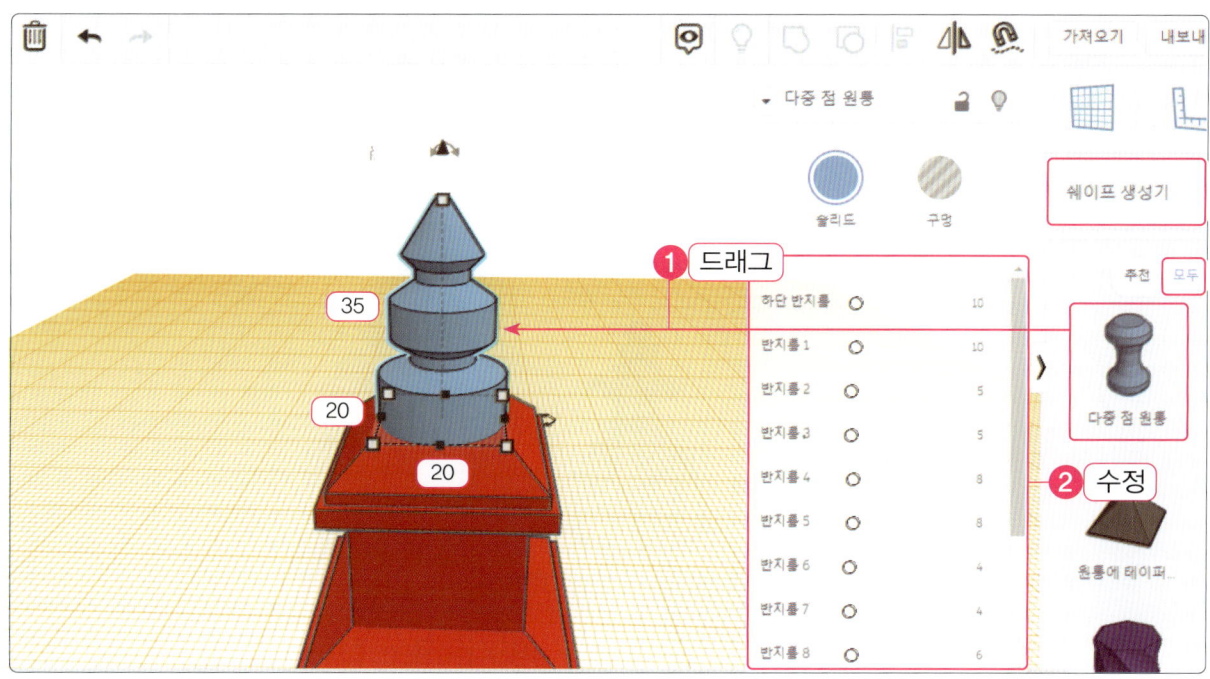

10 모든 도형에 정렬(L)로 가로 및 세로 가운데 맞춤을 지정하고 하나의 그룹(Ctrl+G)으로 만든 다음 옵션 패널을 이용하여 색(회색)을 수정합니다.

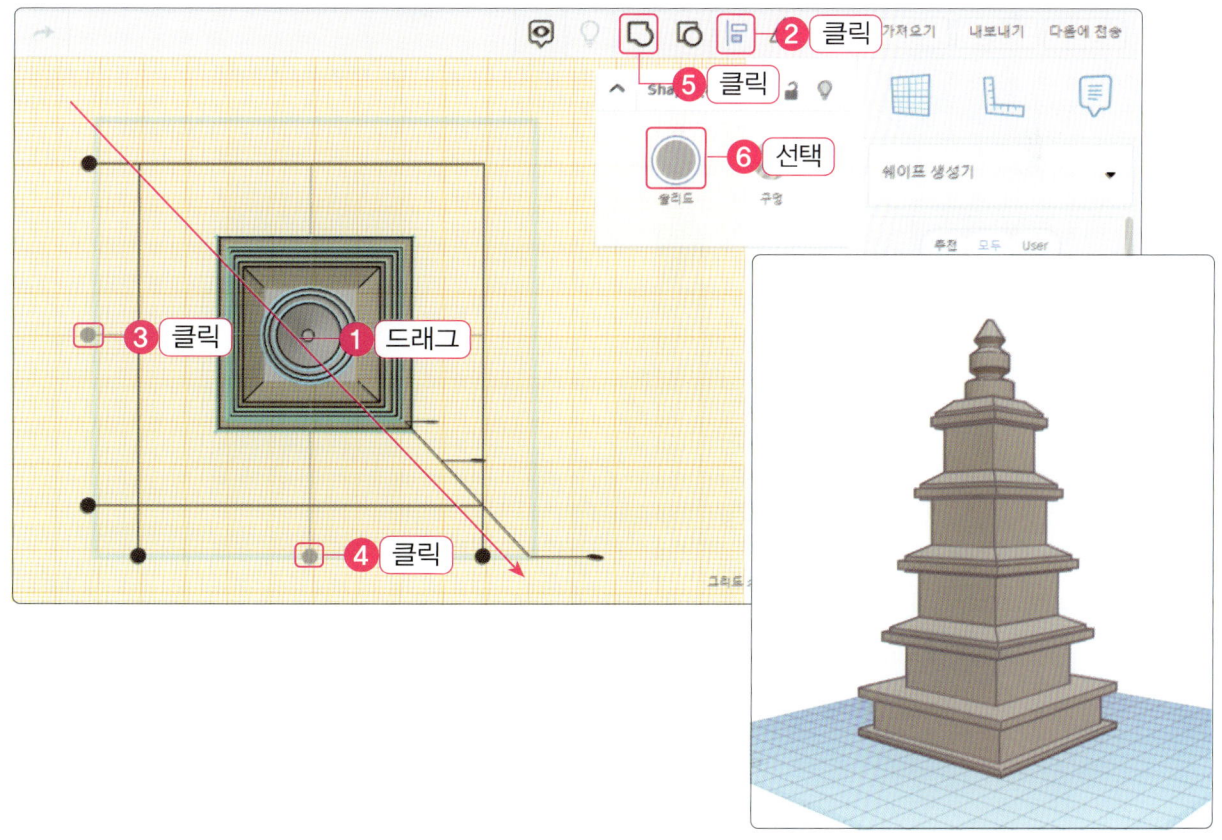

Chapter 15 - 석탑 만들기

http://gofile.me/4BQ07/UB3fu2hrI Chapter15 ▶ Ch15(연습).mp4

01 다양한 모양의 석탑을 만들어 보세요.

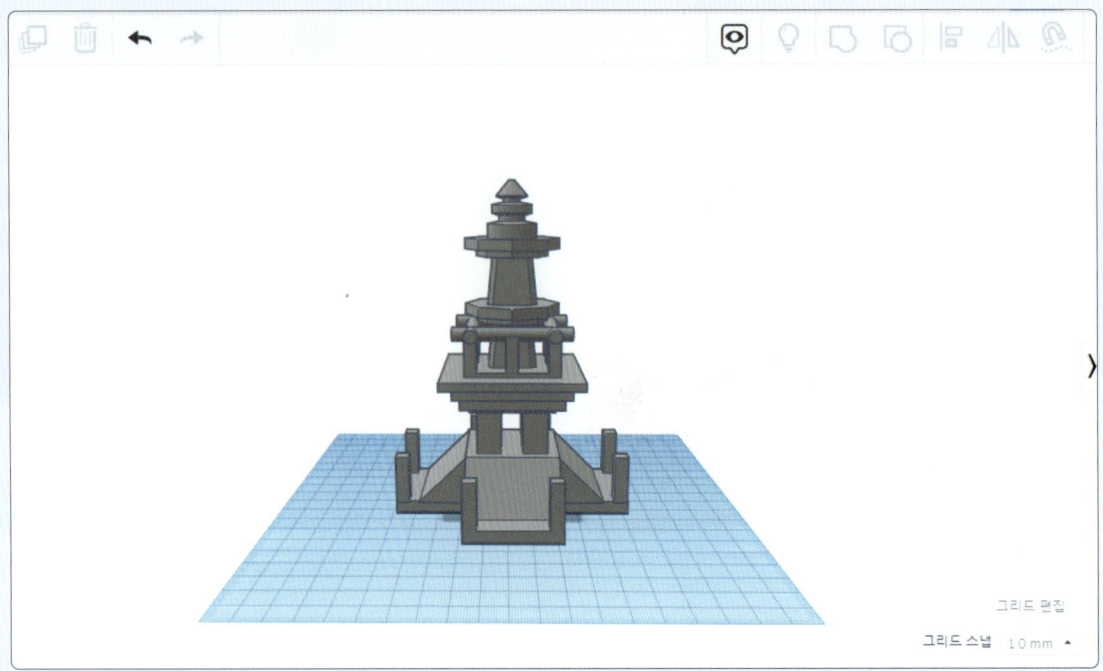

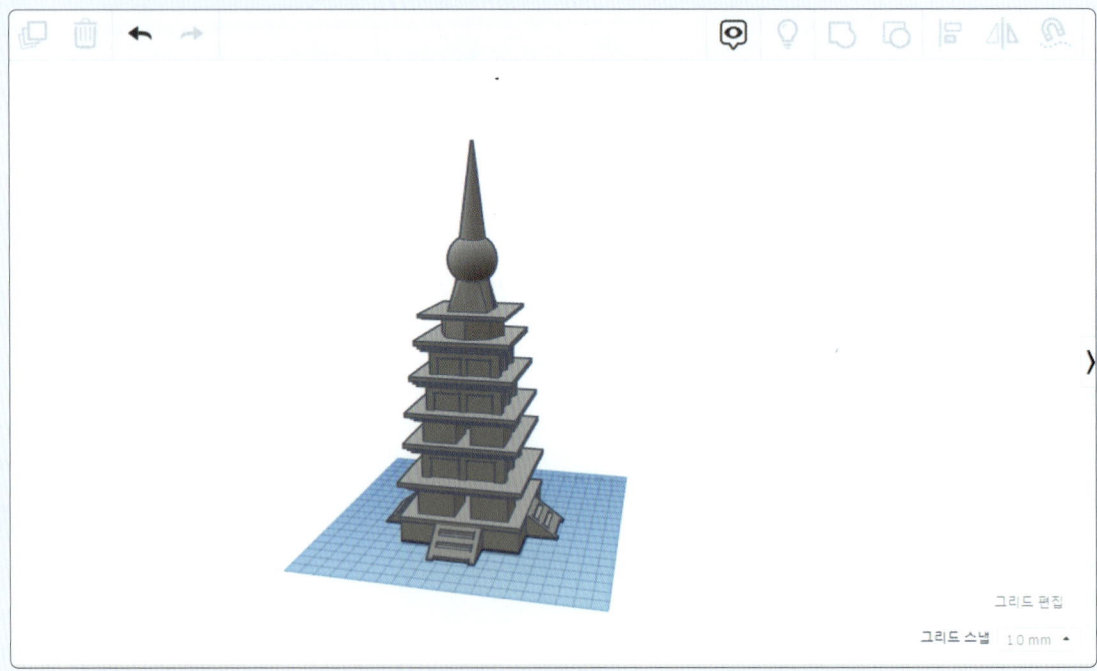

16 Chapter
피규어 만들기

1 기본 쉐이프의 상자를 가져와 크기(가로/세로 10, 높이 5)를 수정한 후 위쪽면을 작업 평면으로 만들어 상자를 하나 더 추가(가로 10, 세로 7, 높이 20)한 후 정렬(L)로 가로 가운데, 세로 오른쪽 맞춤하여 다리를 만듭니다.

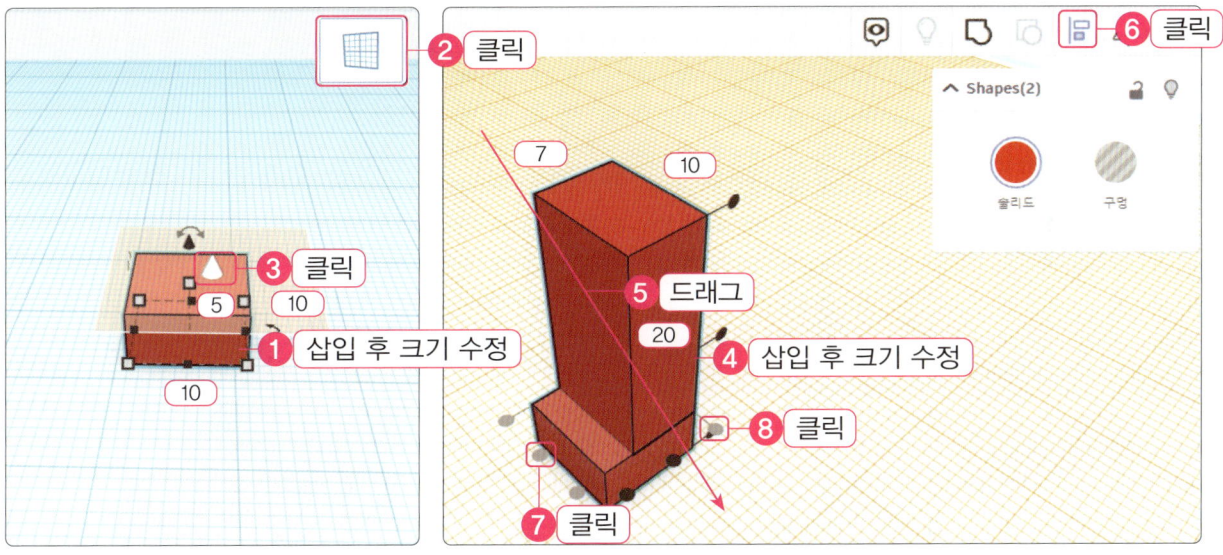

2 다리의 위쪽면을 작업 평면으로 지정한 후 기본 쉐이프의 원통을 가져와 크기(가로/세로 10, 높이 10)를 수정한 다음 가로 90° 회전합니다. 모든 도형을 선택한 후 정렬(L)로 가로 가운데 맞춤과 세로 뒤쪽 맞춤을 지정한 다음 아래 방향으로 5mm 내립니다.

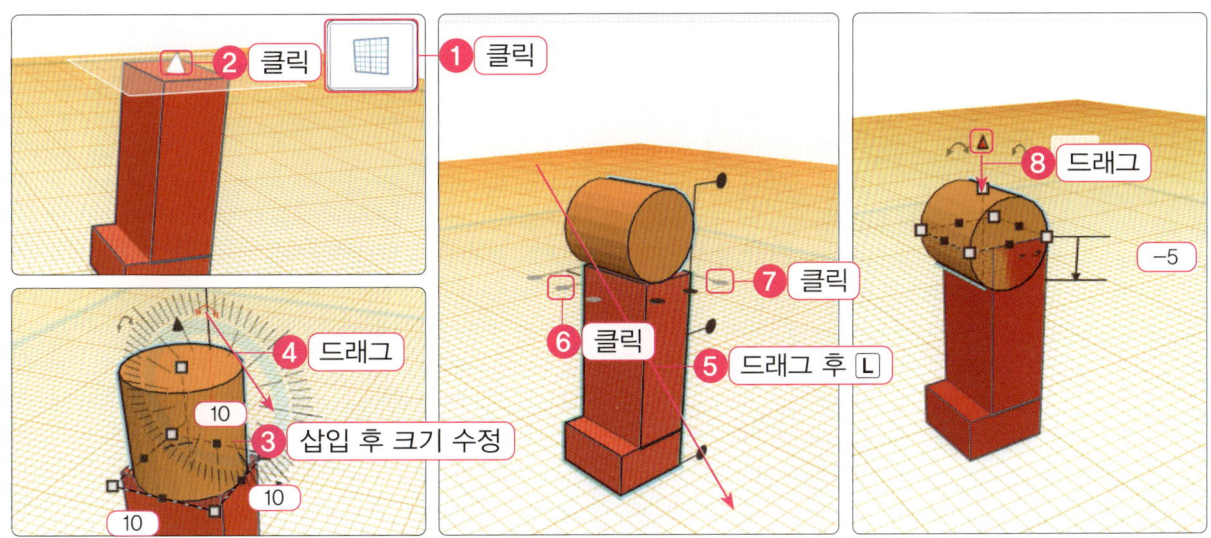

Chapter 16 - 피규어 만들기 **103**

3 다리를 복제(Ctrl+D)한 후 키보드의 Shift를 누른 상태에서 드래그하여 1mm 간격으로 이동, 두 개의 다리를 만든 후 하나의 그룹(Ctrl+G)으로 만듭니다.

4 기본 쉐이프의 상자를 가져와 크기(가로 21, 세로 10, 높이 2)를 수정한 후 정렬(L)로 가로 및 세로 가운데 맞춤을 지정한 다음 위쪽으로 4mm 올립니다.

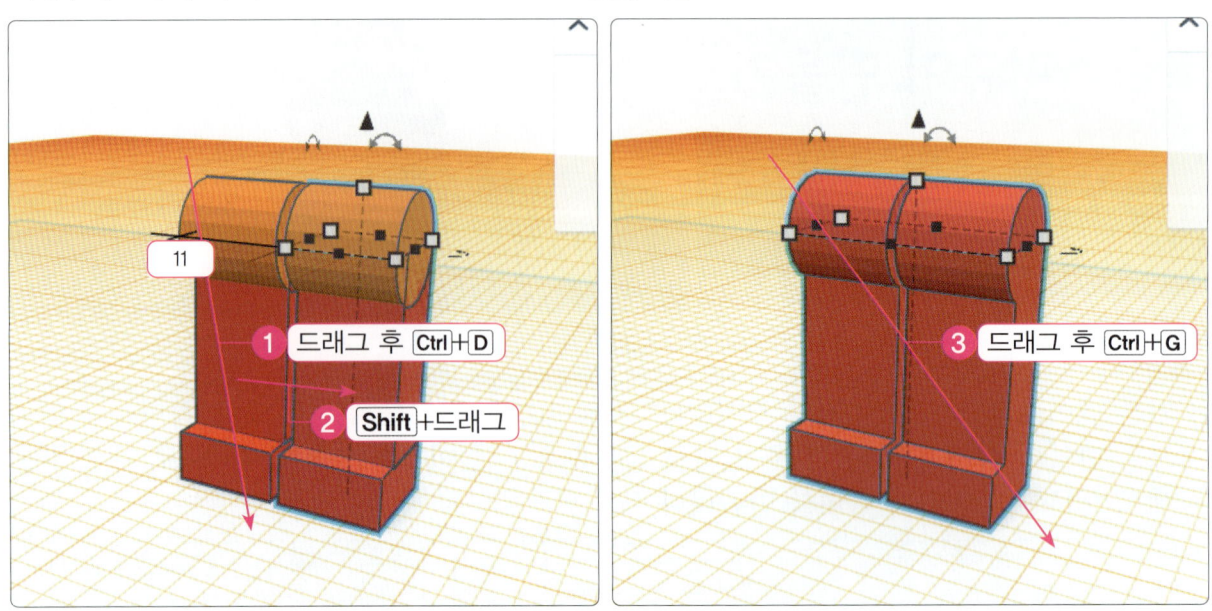

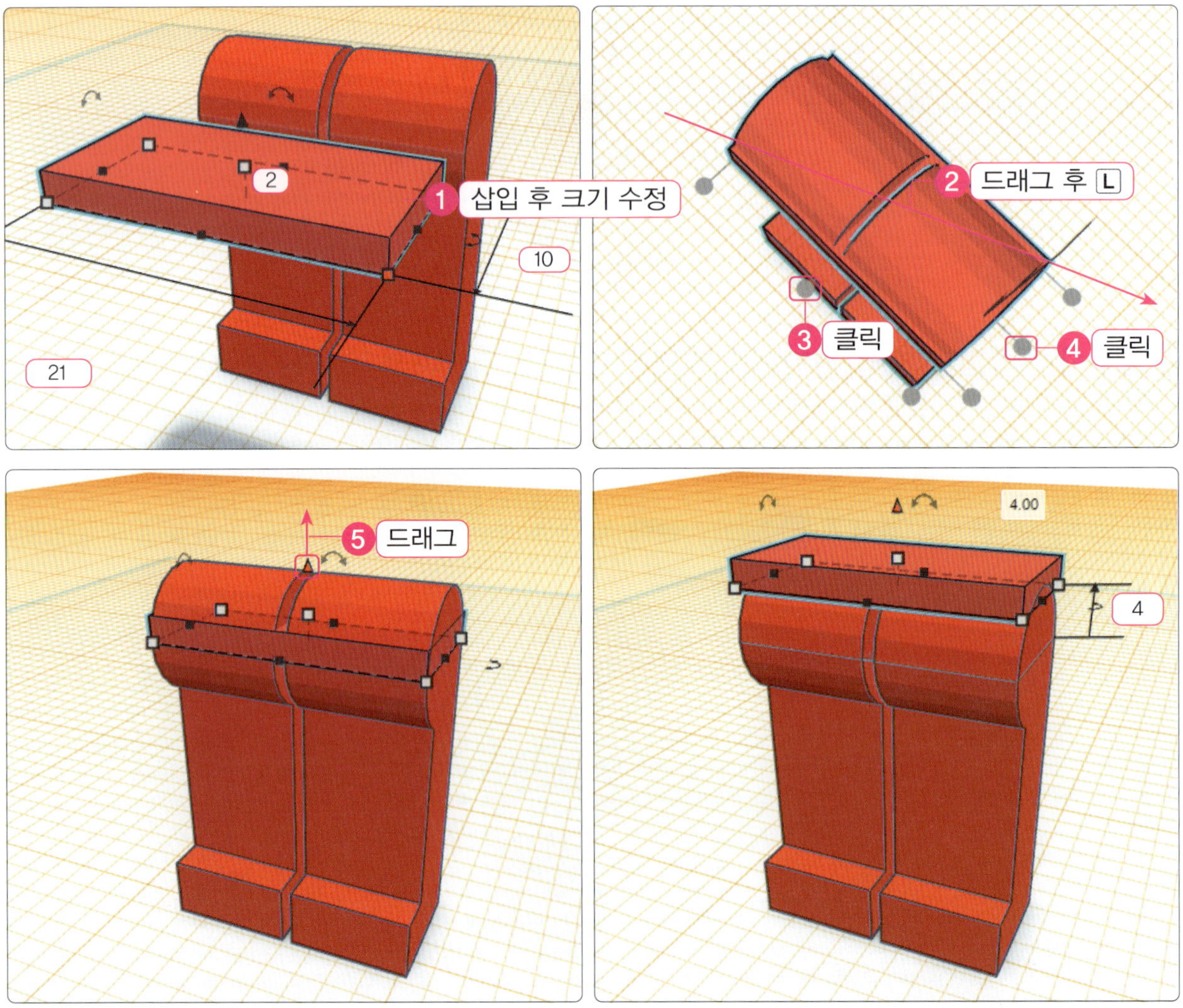

5 모든 도형을 하나의 그룹으로 지정한 후 위쪽면을 작업 평면으로 지정한 다음 쉐이프 생성기의 [모두]에서 사다리꼴을 가져와 크기(가로 21, 세로 10, 높이 20)를 수정하고 가로 및 세로 가운데 맞춤을 지정합니다.

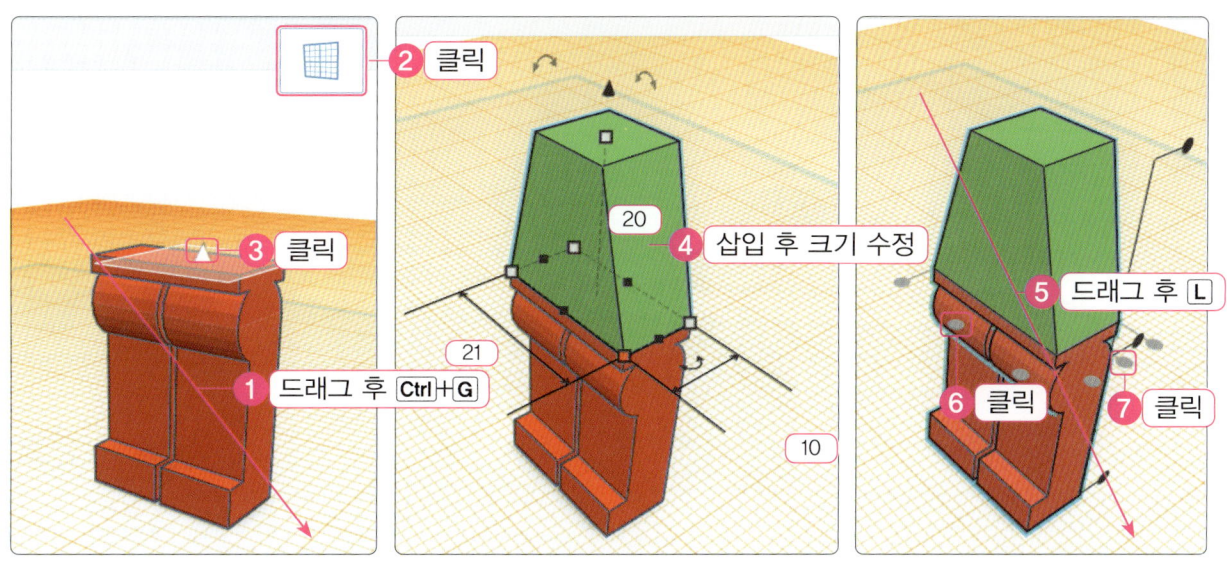

6 위쪽면을 작업 평면으로 지정한 후 쉐이프 생성기의 [모두]에서 원형 사다리꼴을 가져와 크기(가로 10, 세로 13, 높이 4)를 수정한 다음 옆으로 90° 회전하여 몸통 부분과 1mm 간격으로 겹치도록 붙입니다. 원형 사다리꼴을 복제(Ctrl+D)한 후 옆으로 180° 회전 및 이동하여 어깨를 만들고 2개의 원형 사다리꼴 도형을 선택, 아래쪽으로 4mm 내립니다.

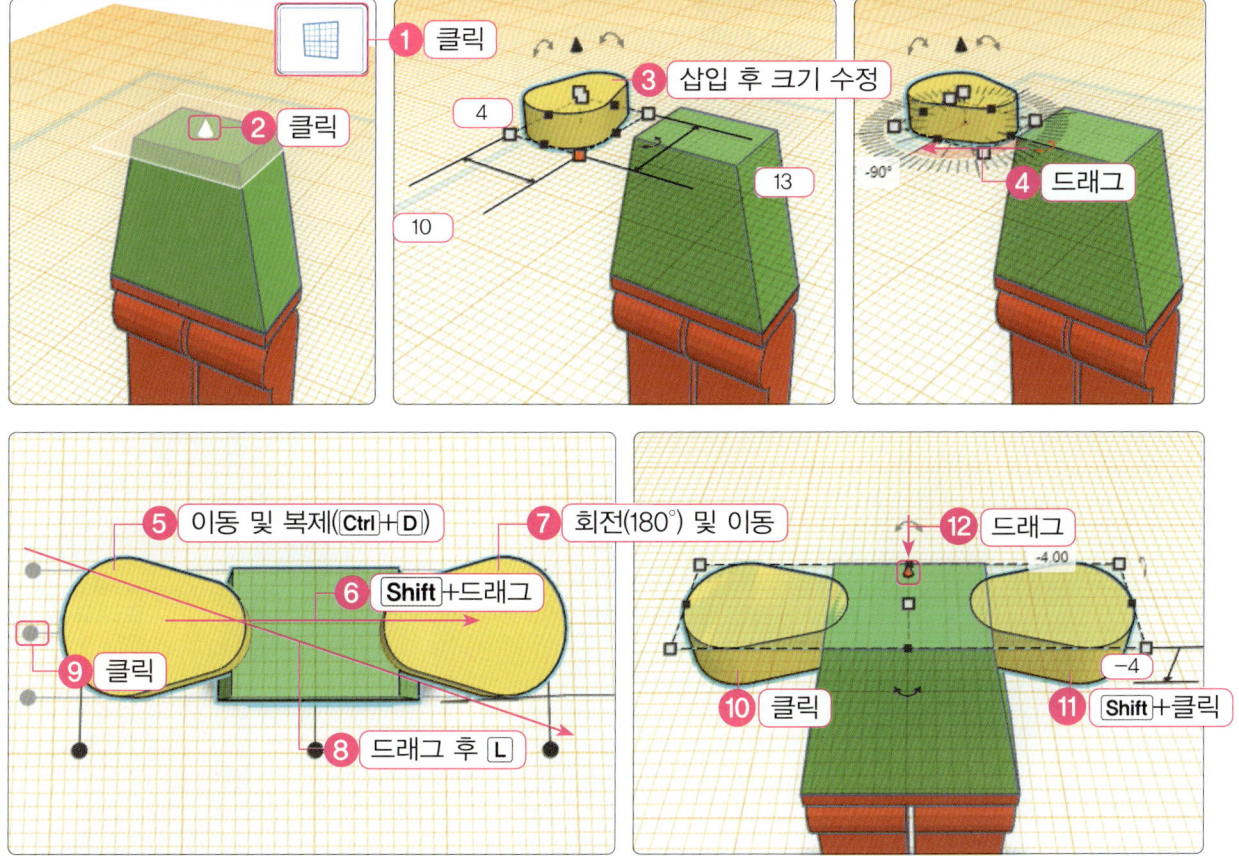

Chapter 16 – 피규어 만들기

7 피규어의 옆구리 부분을 작업 평면으로 지정한 후 쉐이프 생성기의 [추천]에서 휜 파이프를 가져와 옵션 패널의 외부 파이프 폭(25), 벽 두께(15), 호 지름(5), 리드인 길이(30), 리드아웃 길이(30) 등을 수정하고 크기(가로/세로 15, 높이 7)를 수정합니다.

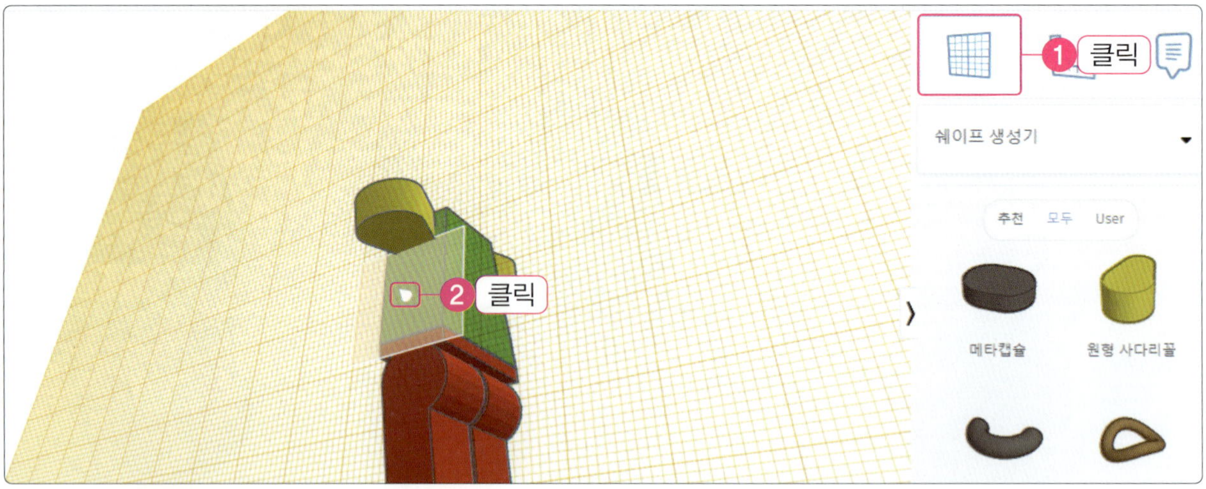

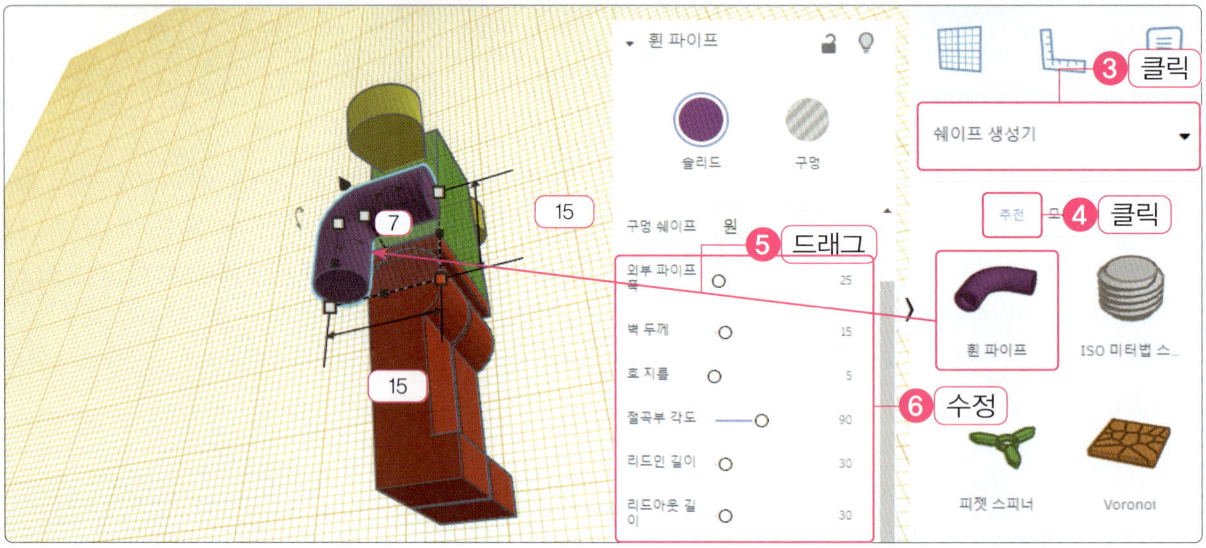

8 팔을 90° 회전하여 옆구리에 맞추어 어깨 위로 조금 올라가게 맞춥니다. 같은 방법으로 오른쪽 팔을 만들어 연결한 후 모든 도형을 선택하여 하나의 그룹(Ctrl+G)으로 만들고 [여러 색]을 클릭합니다.

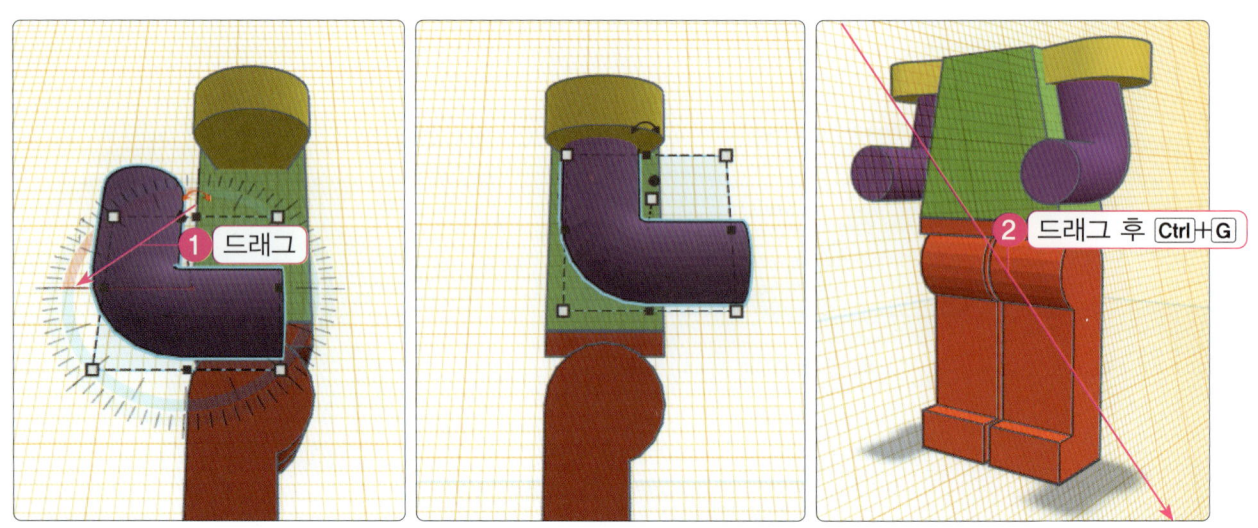

106 팅커캐드

9 피규어의 위쪽 부분을 작업 평면으로 지정한 후 쉐이프 생성기의 [모두]에서 롤러 원통을 가져와 옵션 패널의 작은 높이(2)를 수정한 후 크기(가로/세로/높이 20)를 지정합니다.

10 롤러 원통의 높이를 위로 2mm 올려 작업 평면(0)과 일치하도록 조절하고 정렬(L)로 가로 가운데, 세로는 몸통과 목이 일치하도록 이동한 후 기본 작업 평면 위치로 바꿉니다.

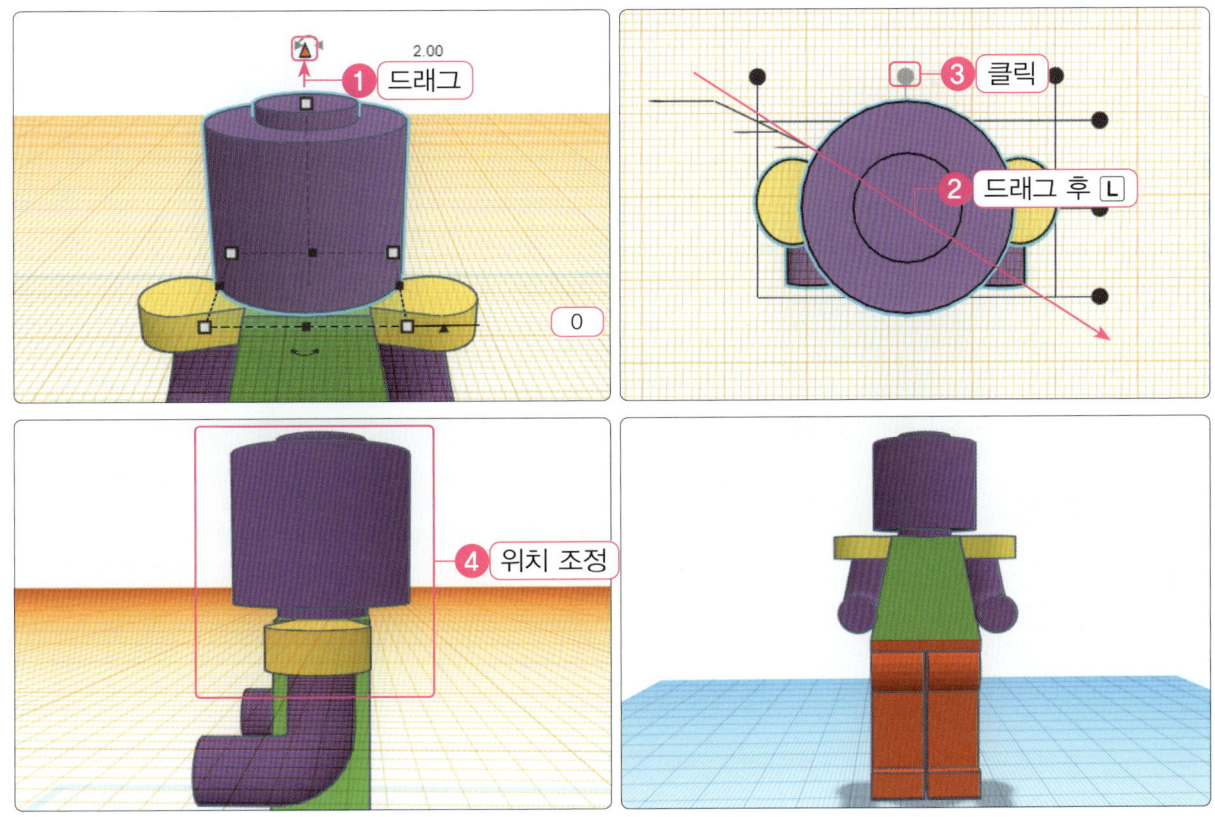

Chapter 16 – 피규어 만들기

JUMP JUMP

http://gofile.me/4BQ07/RrYWvmi7v　　　　　　　　　Chapter16 ▶ Ch16(연습).mp4

01 다양한 모양의 피규어를 만들어 보세요.

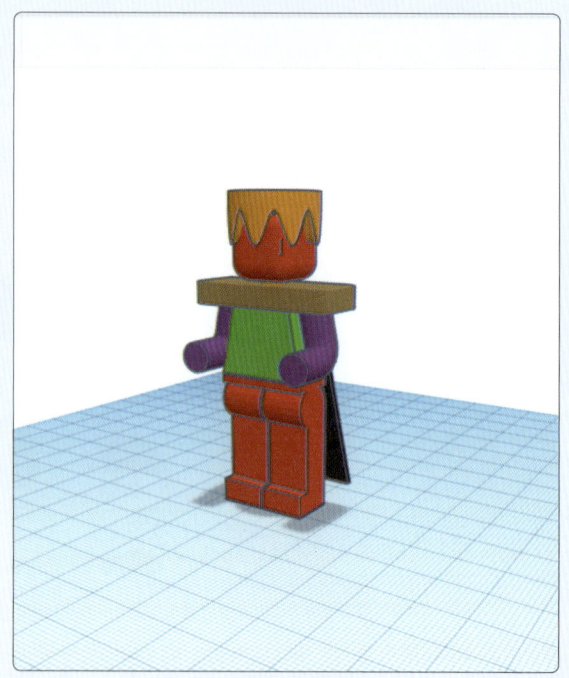
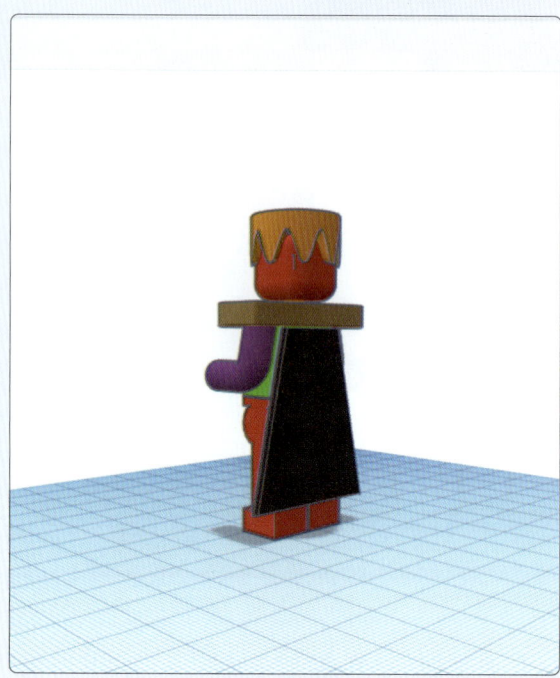

Chapter 17
장난감 자동차 만들기

1 쉐이프 생성기의 [모두]에서 휠을 가져와 크기(가로/세로 40, 높이 15)를 수정합니다.

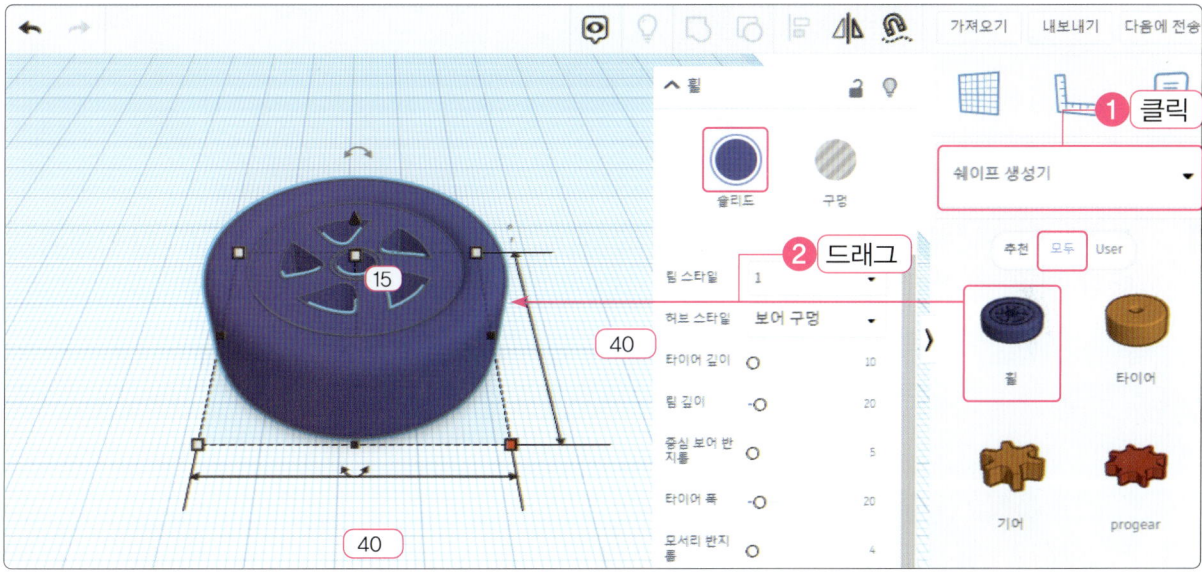

2 쉐이프 생성기의 [모두]에서 타이어를 가져와 옵션 패널의 구멍 지름(40), 두께(10) 등을 수정한 후 크기(가로/세로 60, 높이 15)를 수정합니다.

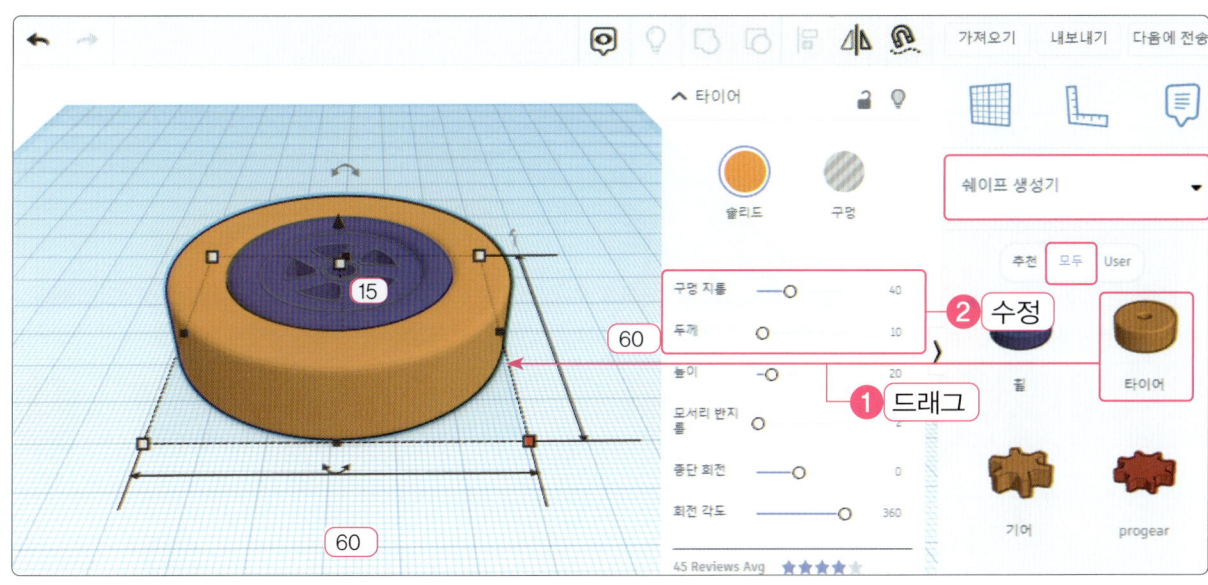

3 휠과 타이어를 모두 선택한 후 정렬(L)을 이용하여 가로 및 세로 가운데 맞춤을 지정하고 하나의 그룹(Ctrl+G)으로 만든 다음 옵션 패널에서 [여러 색]을 클릭합니다.

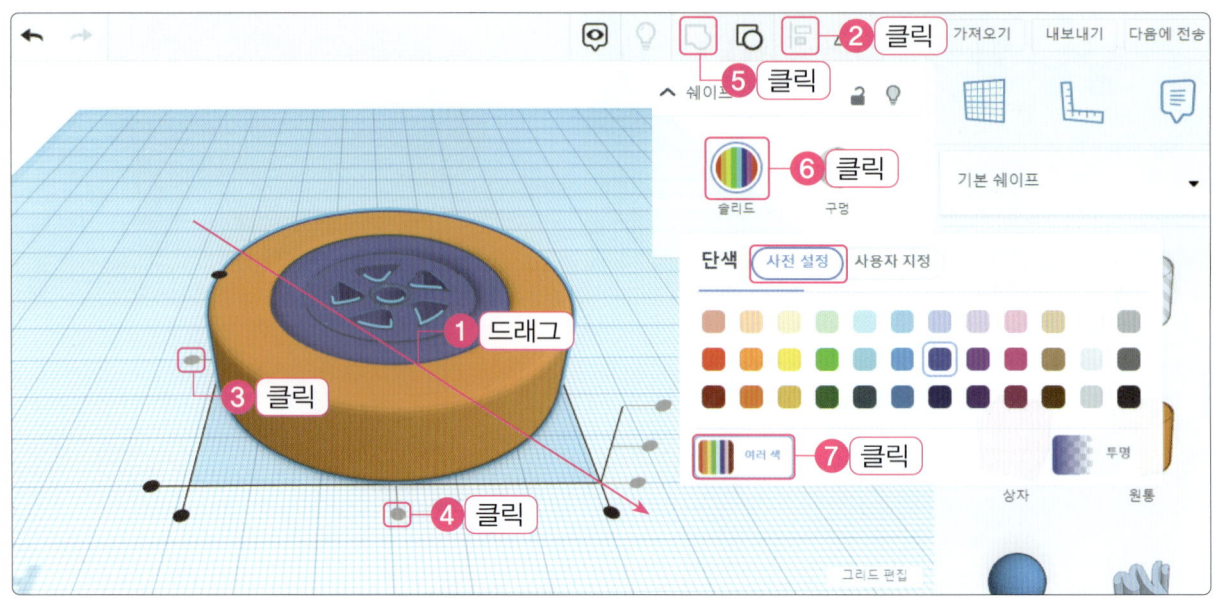

4 기본 쉐이프의 원통을 가져와 크기(가로/세로 5, 높이 20)를 수정한 후 타이어와 함께 선택한 다음 정렬(L)을 이용하여 가로 및 세로 가운데 맞춤을 지정합니다.

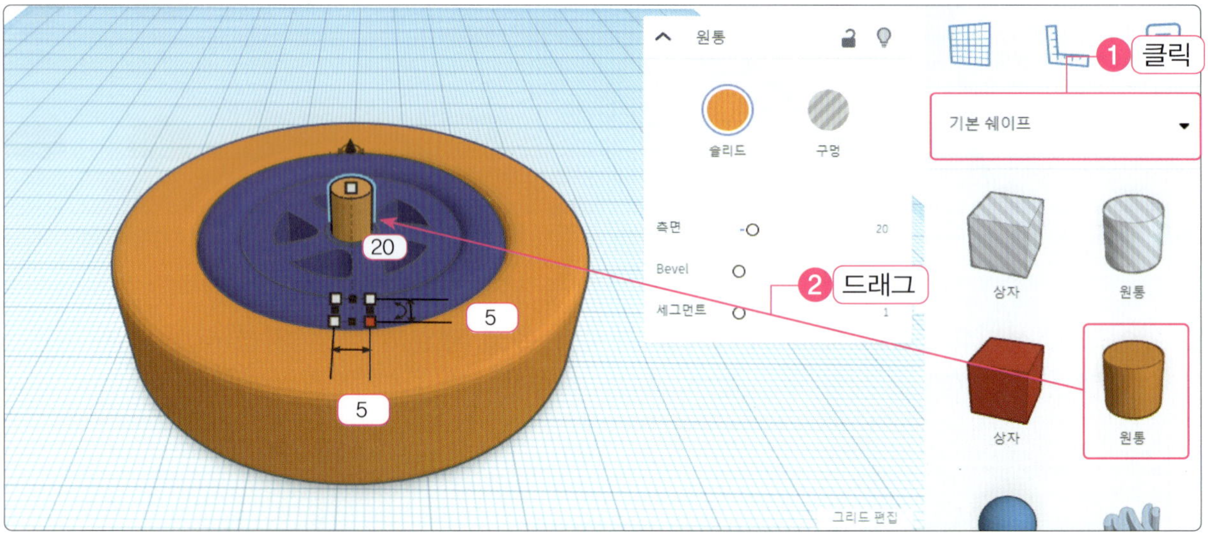

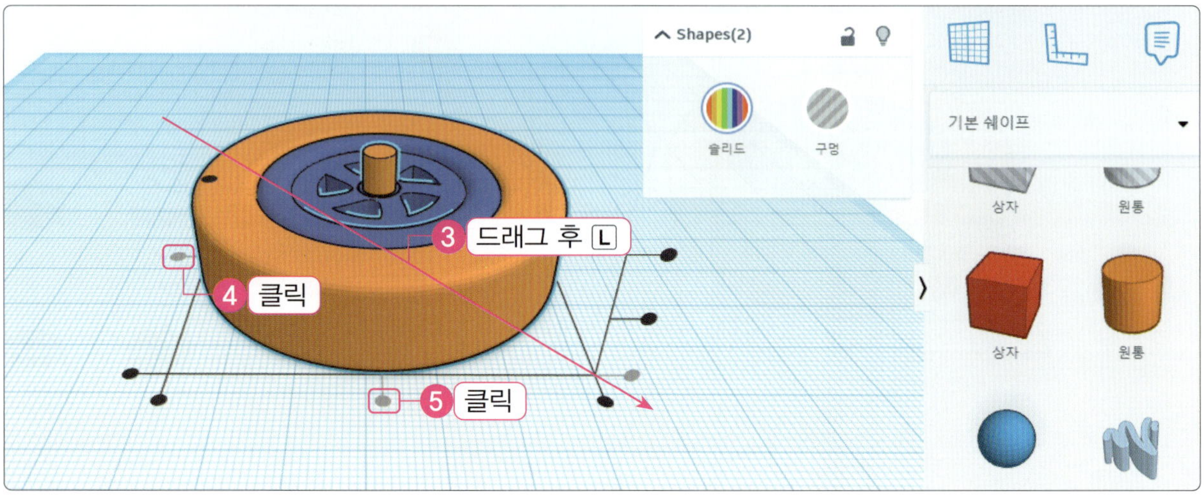

110 팅커캐드

5 타이어 아래쪽에 표시된 축을 작업 평면으로 지정한 후 기본 쉐이프의 반구를 가져와 크기(가로/세로 10, 높이 5)를 수정한 다음 정렬(L)을 이용, 가로 및 세로 가운데 맞춤을 지정합니다.

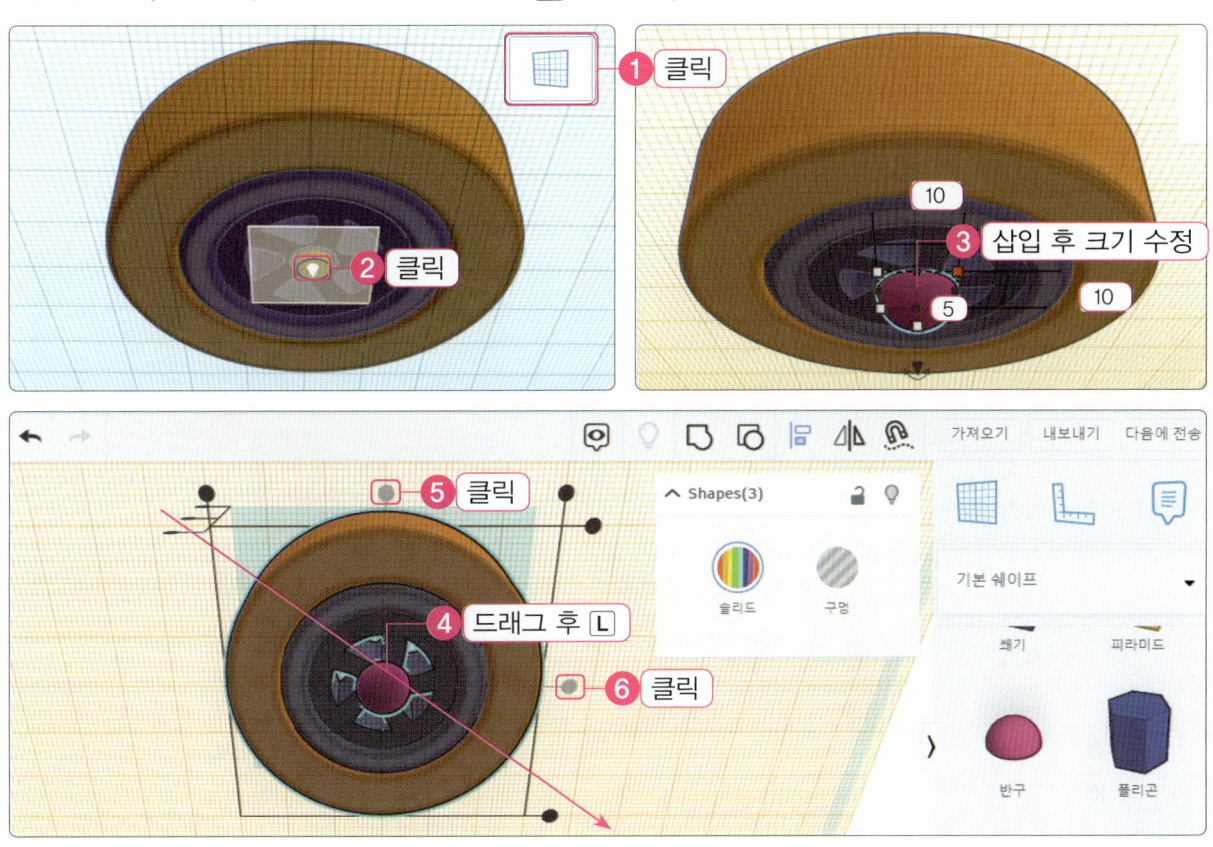

6 타이어 휠의 반대쪽 면을 작업 평면으로 지정한 후 기본 쉐이프의 원통을 가져와 크기(가로/세로/높이 10)를 수정합니다. 모든 도형을 선택한 후 정렬(L)을 이용하여 가로 및 세로 가운데 맞춤을 지정한 다음 하나의 그룹(Ctrl+G)으로 지정, 옵션 패널에서 [여러 색]을 클릭합니다.

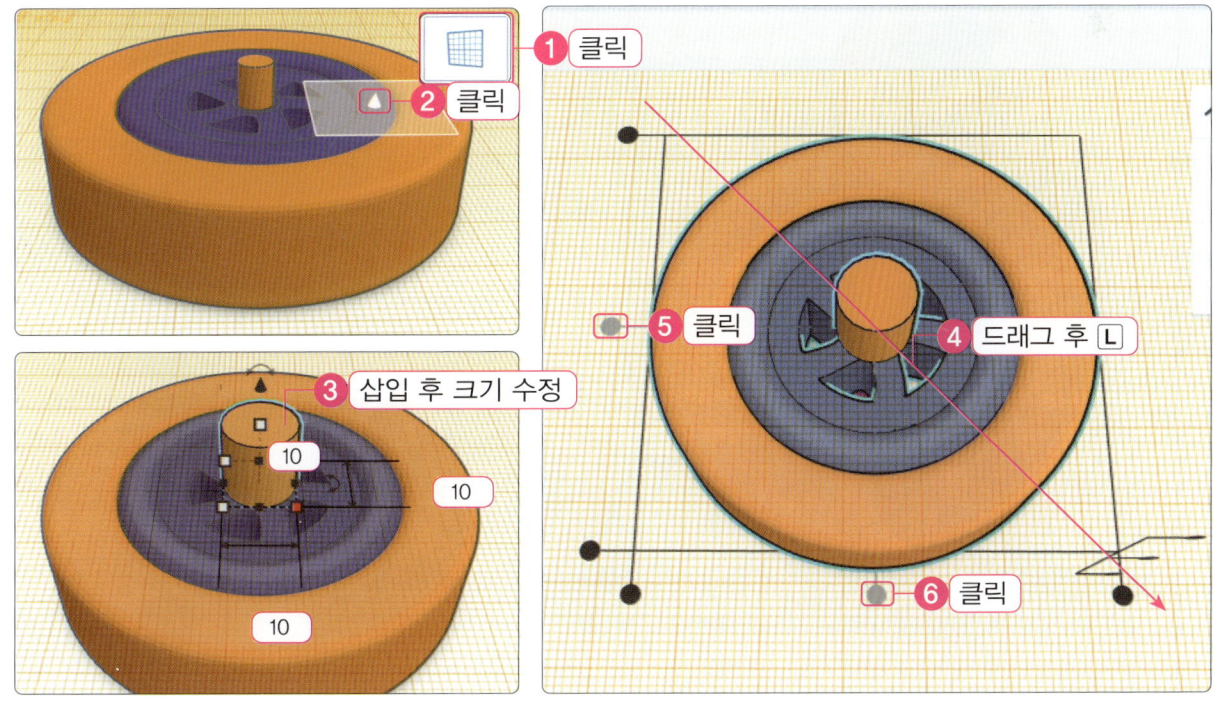

7 작업 평면을 기본 바닥으로 지정한 후 바퀴를 90° 회전한 다음 바닥에 타이어가 닿도록 높이를 위로 올려 0mm로 조절합니다.

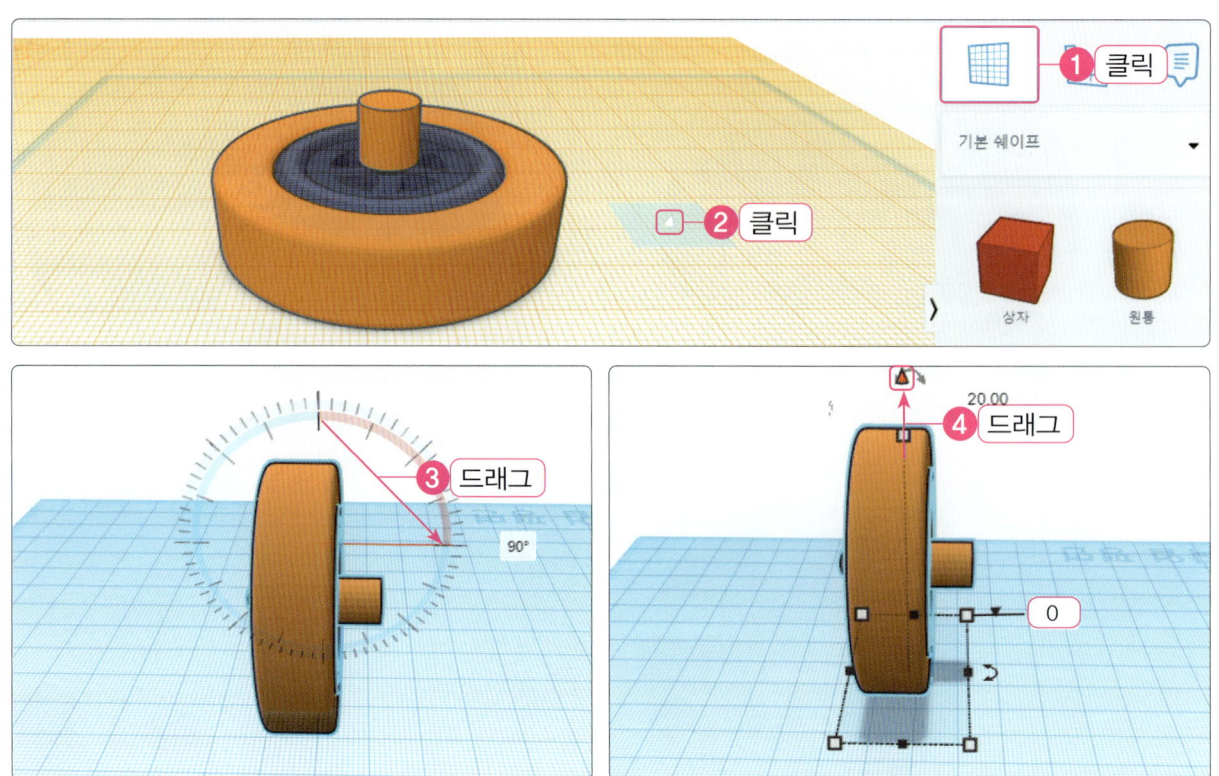

8 눈금자를 타이어의 왼쪽 앞부분에 일치하도록 놓아두고 도형을 복제(Ctrl+D)한 다음 키보드의 Shift를 누르고 드래그하여 앞 타이어에서 120mm 떨어진 위치에 배치합니다.

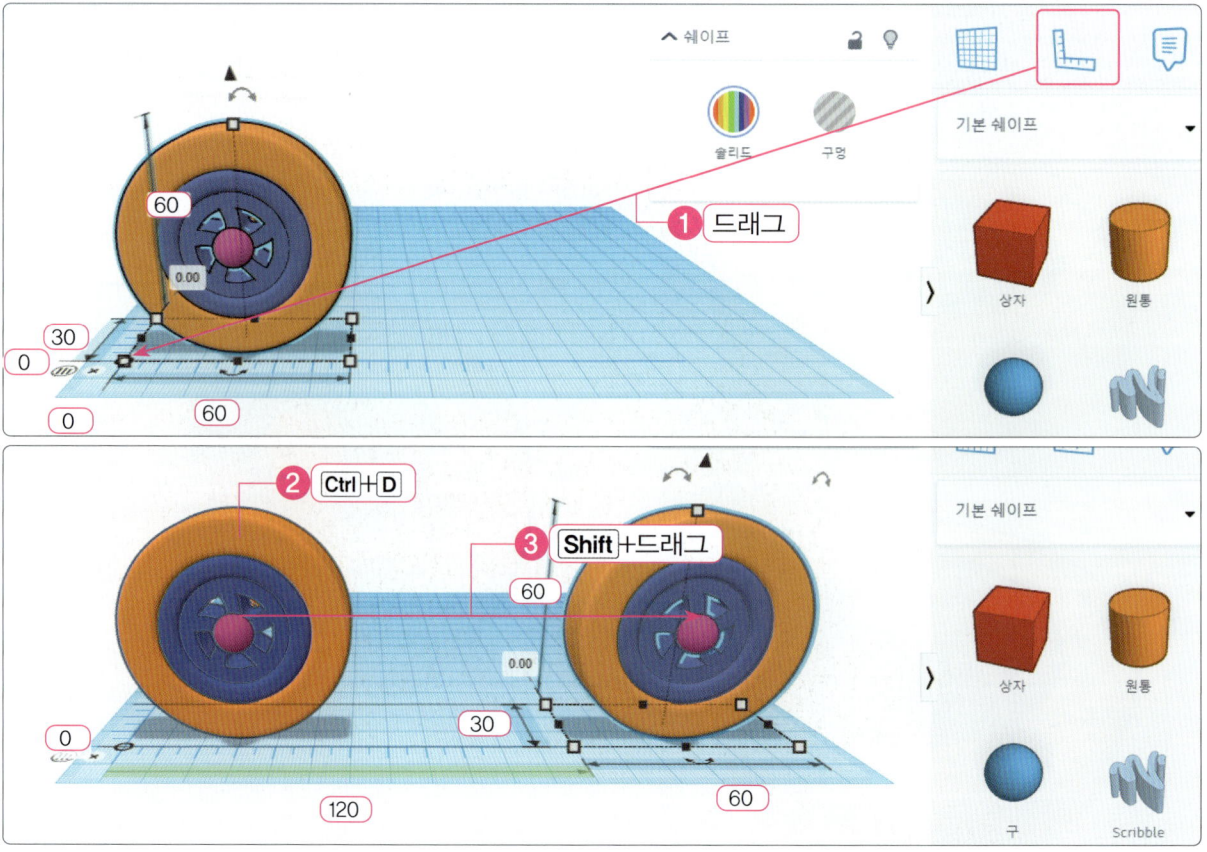

9 두 개의 타이어를 복제(Ctrl+D)한 후 키보드의 Shift를 누른 상태에서 드래그하여 100mm 간격을 두고 배치한 다음 반전(M)을 이용, 좌우를 반전시킵니다.

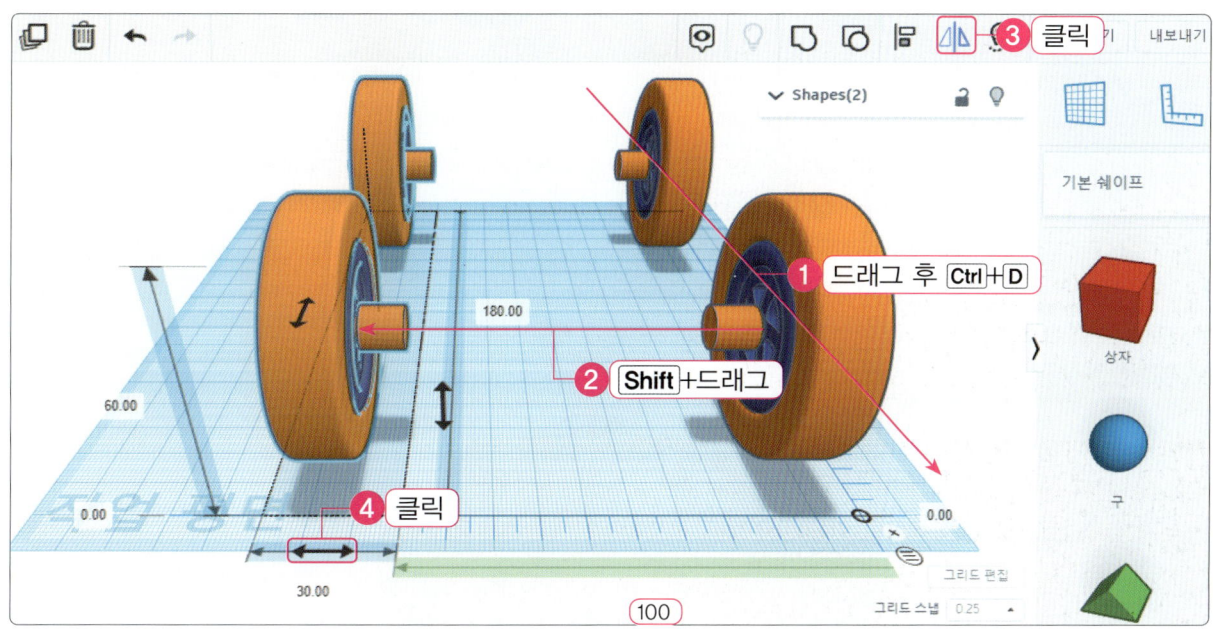

10 눈금자를 삭제한 후 4개의 바퀴를 하나의 그룹(Ctrl+G)으로 만듭니다.
　　기본 쉐이프의 상자를 가져와 크기(가로 80, 세로 180, 높이 40)를 수정, 옵션 패널에서 반지름(2), 단계(10)를 수정한 후 위로 20mm 올립니다.

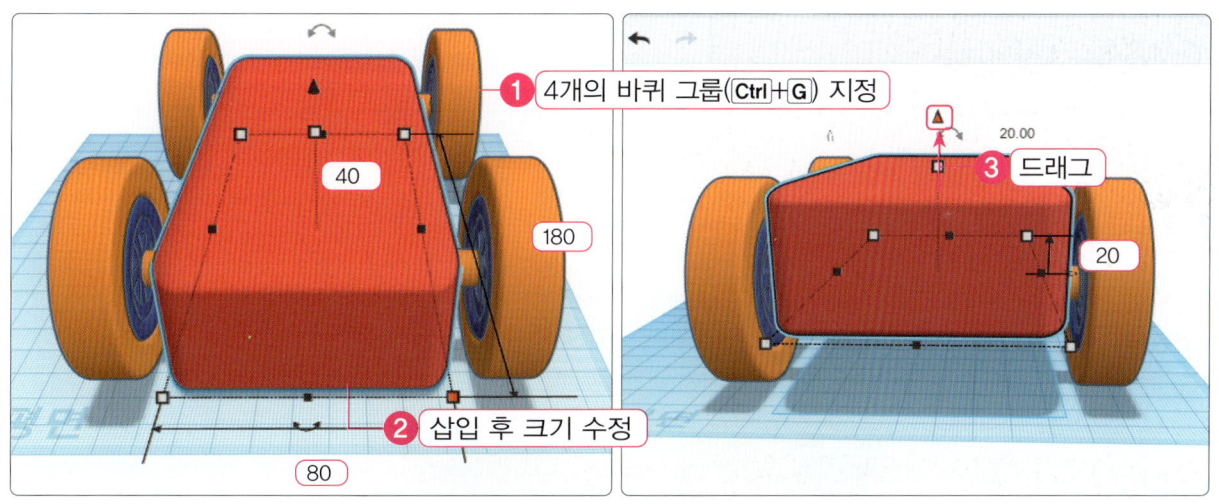

11 바퀴와 함께 모두 선택하여 정렬(L)로 가로 및 세로 가운데 맞춤을 지정하고 하나의 그룹(Ctrl+G)으로 지정합니다.

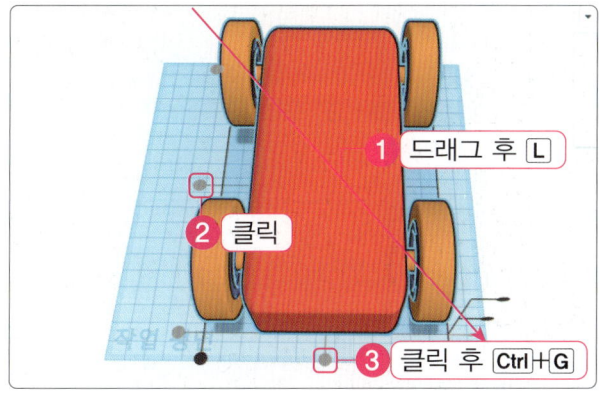

Chapter 17 - 장난감 자동차 만들기 **113**

http://gofile.me/4BQ07/T5HyHafNr Chapter17 ▶ Ch17(연습).mp4

01 다양한 모양의 장난감 자동차를 만들어 보세요.

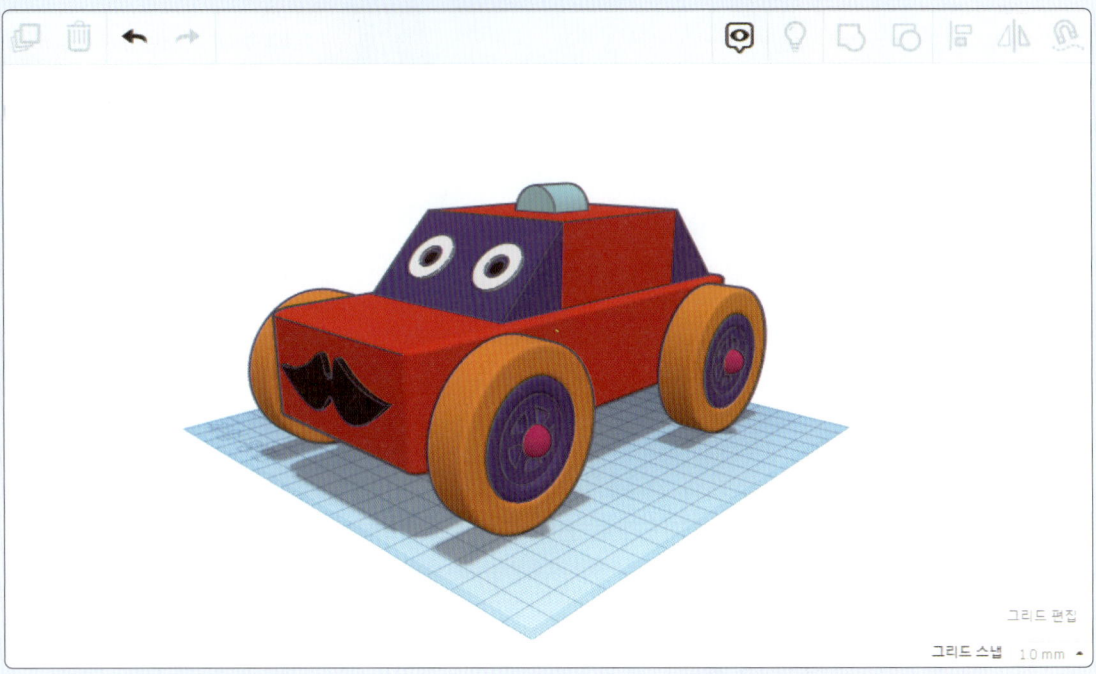

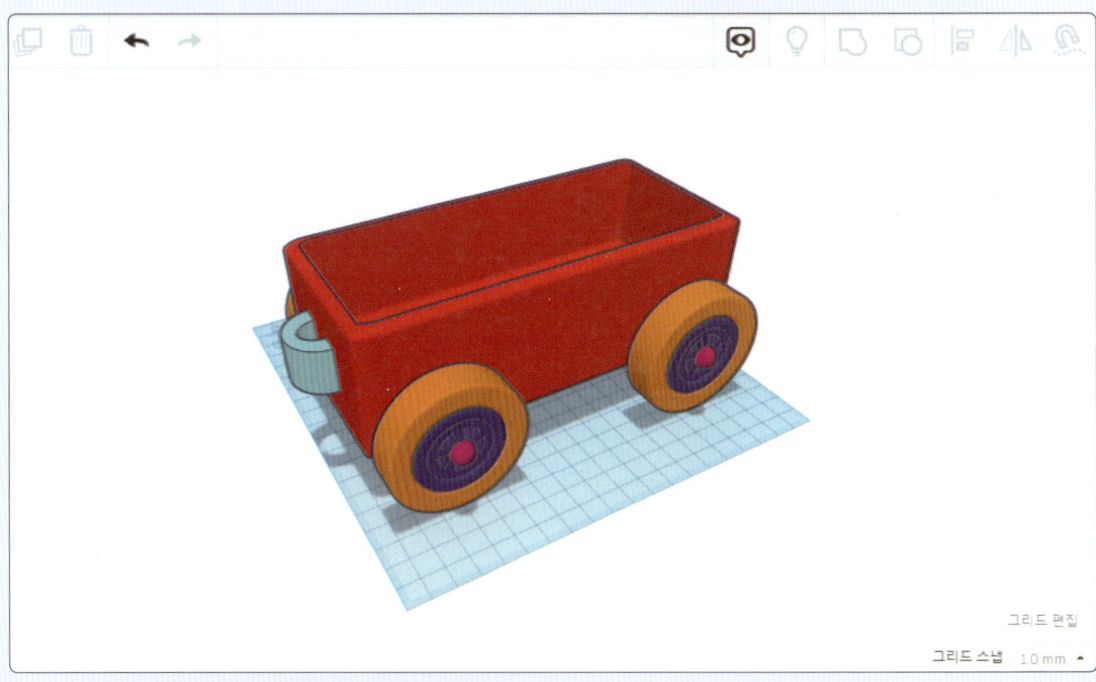

Chapter 18
비행기 만들기

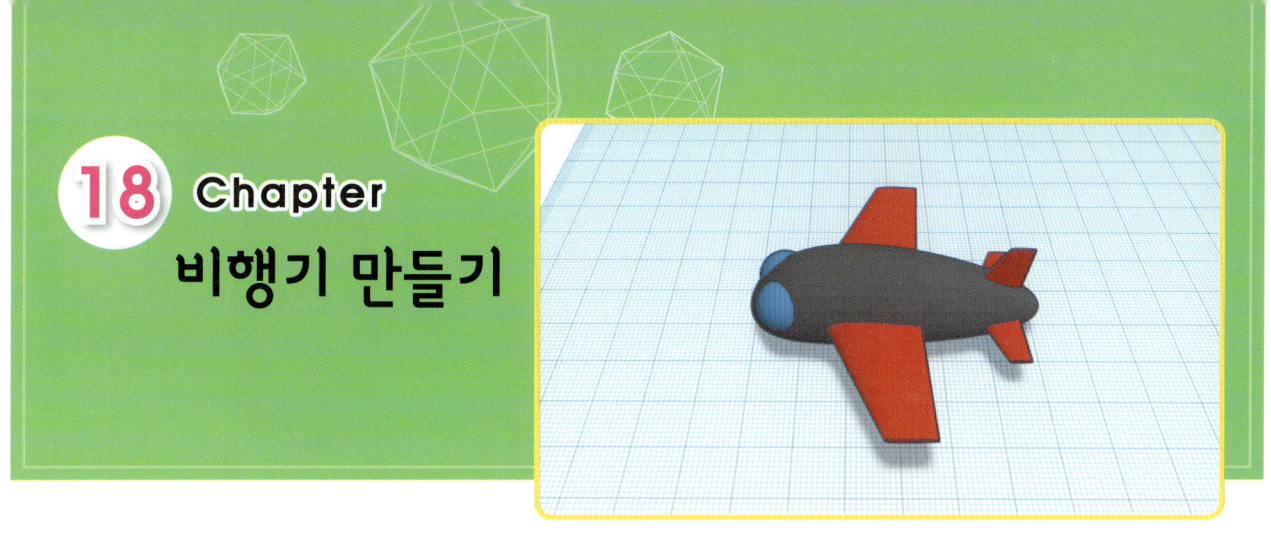

1 쉐이프 생성기의 [모두]에서 파인애플을 가져와 배치하고 옵션 패널의 비대칭2(-0.3)을 수정한 후 크기(가로 60, 세로/높이 20)를 수정합니다.

2 비행기 몸체를 옆으로 90° 회전하여 바로 세웁니다.

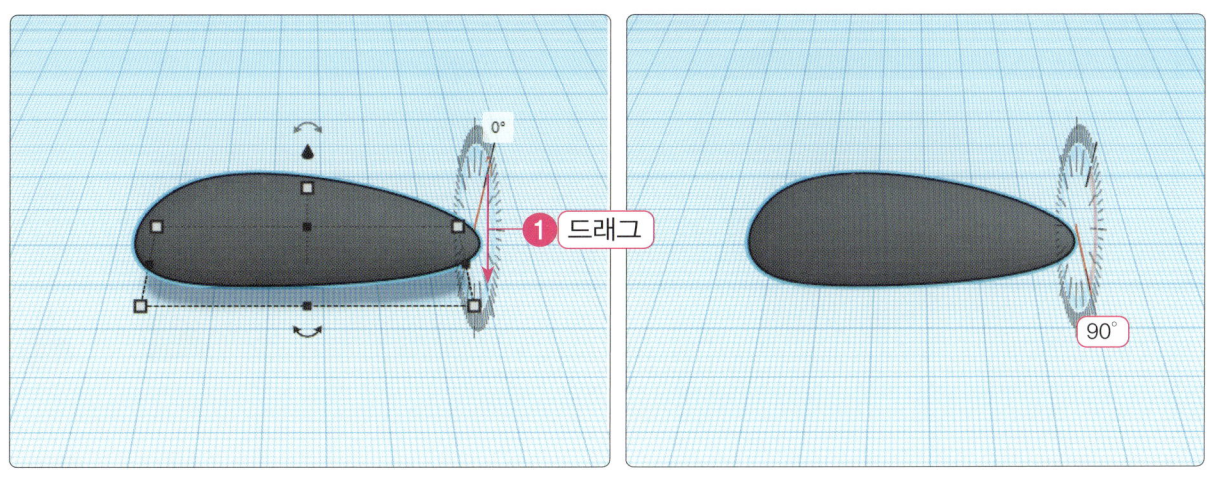

Chapter 18 - 비행기 만들기 **115**

3 눈금자를 가져와 비행기 몸체의 왼쪽 앞 부분과 일치하도록 만듭니다.

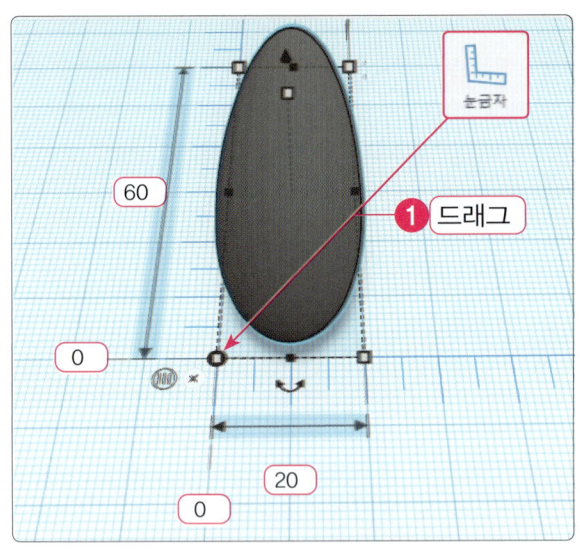

4 기본 쉐이프의 구를 가져와 크기(가로/세로/높이 10)를 수정한 후 눈금자를 기준으로 오른쪽으로 1mm, 뒤쪽으로 2mm, 위쪽으로 6mm 간격을 띄웁니다. 구를 복제(Ctrl+D)한 후 키보드의 Shift를 누르고 오른쪽으로 드래그하여 눈금자를 기준으로 오른쪽으로 9mm 간격을 띄운 다음 두 개의 도형을 하나의 그룹(Ctrl+G)으로 만듭니다.

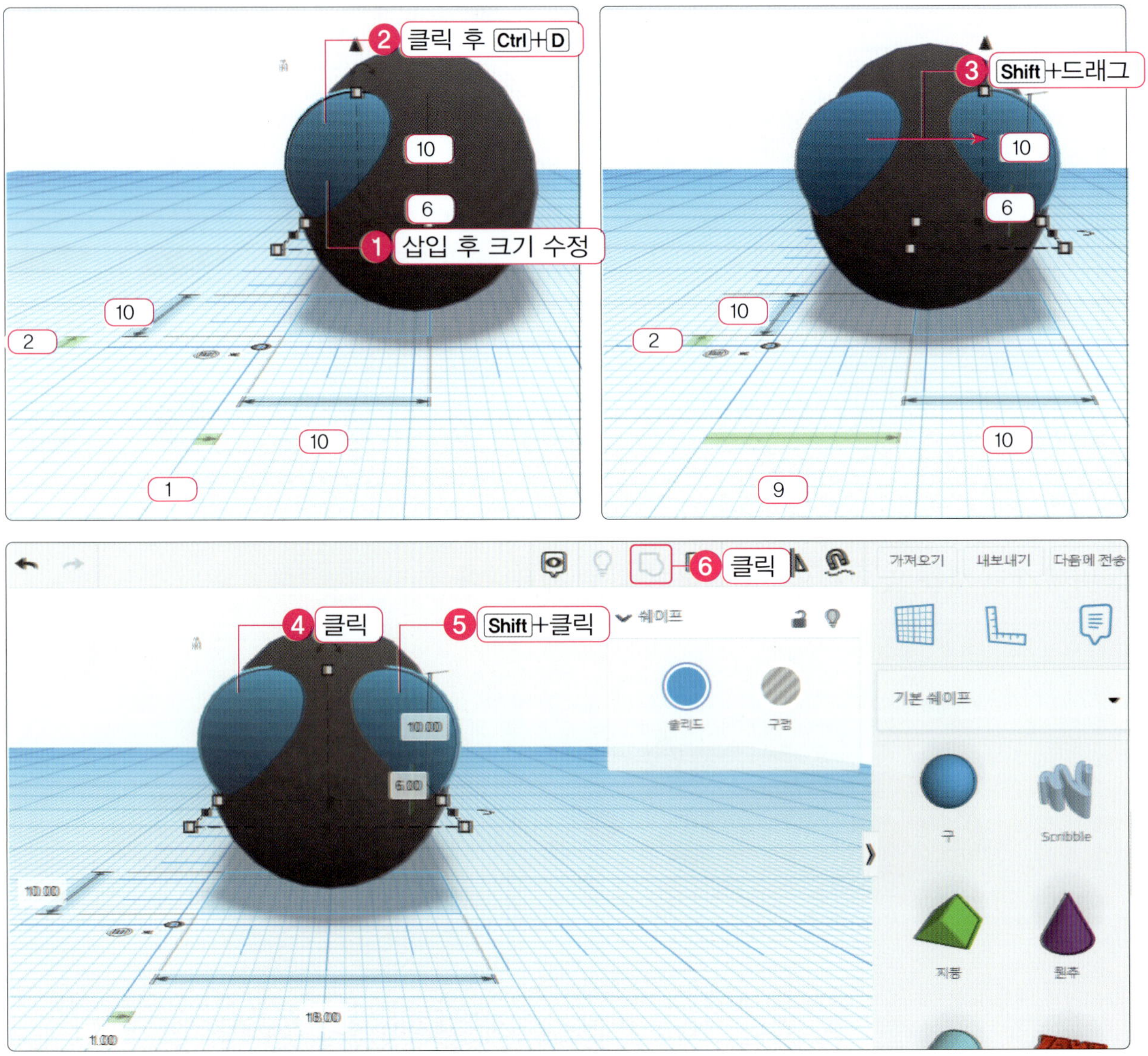

5 쉐이프 생성기의 [모두]에서 Swept NACA를 가져와 옆으로 90° 회전합니다.

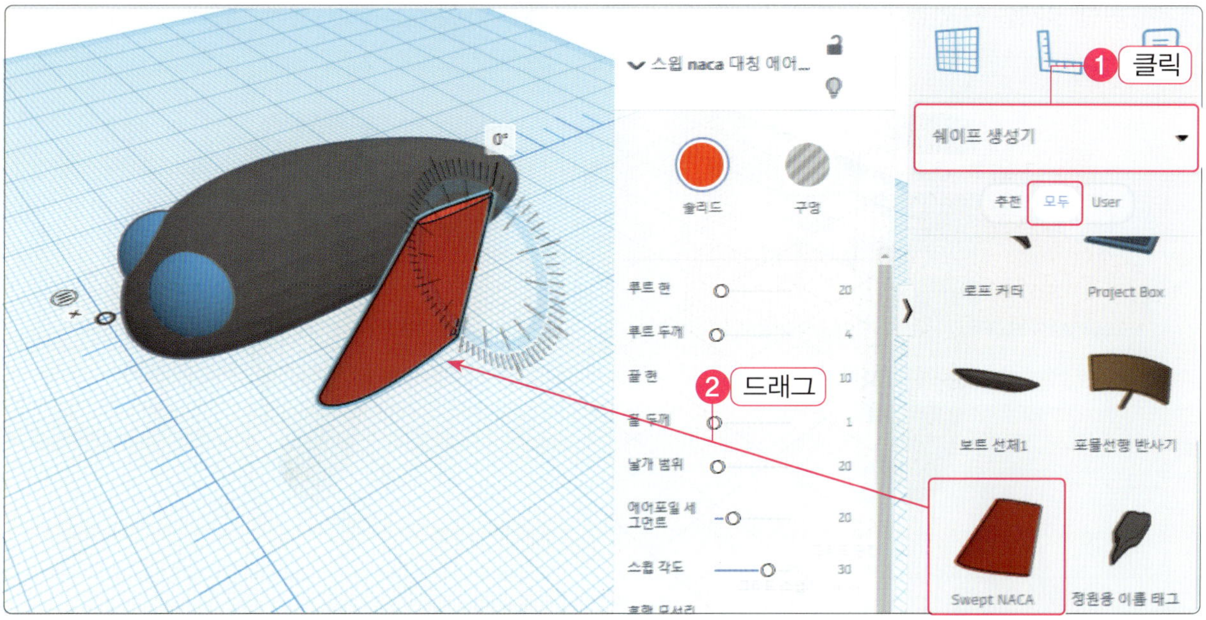

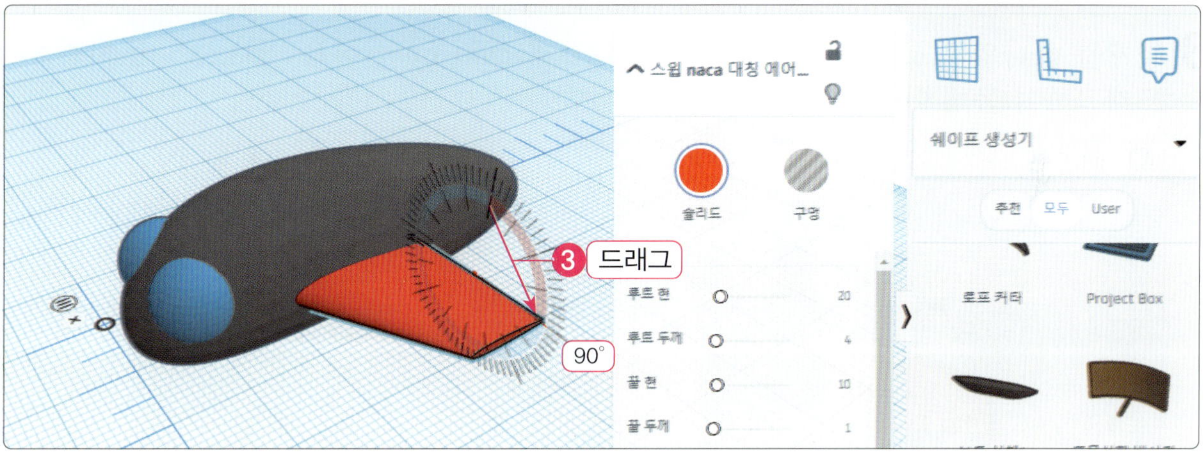

6 날개의 크기(가로20, 세로 25, 높이 4)를 수정한 후 눈금자를 기준으로 뒤쪽으로 15mm, 오른쪽으로 19mm 간격을 지정한 다음 바닥을 기준으로 8mm 올려줍니다.

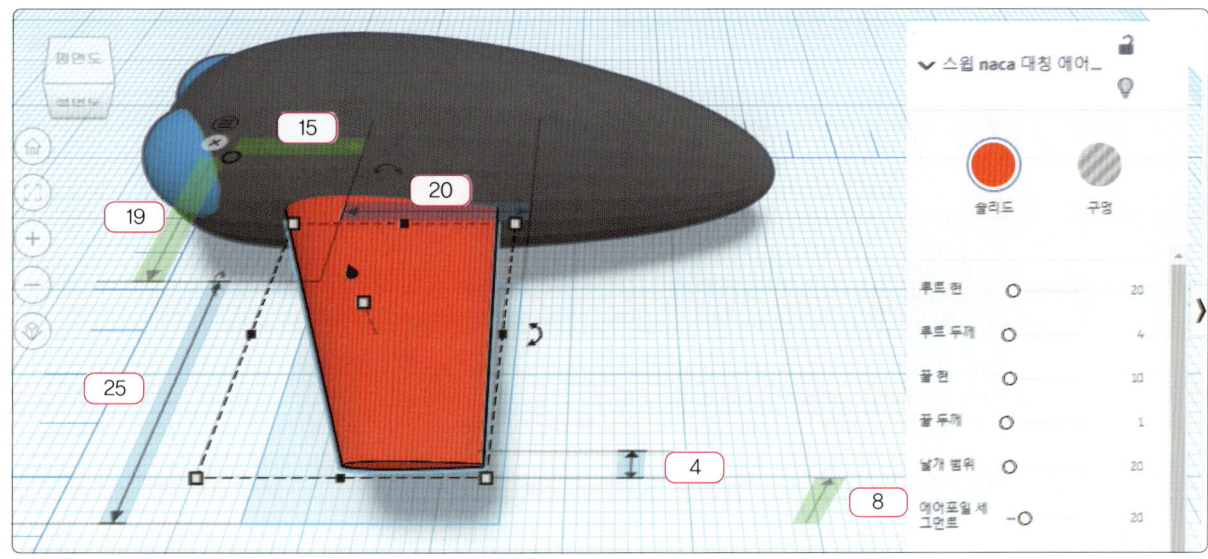

Chapter 18 – 비행기 만들기   **117**

7 날개를 복제(Ctrl+D)한 후 키보드의 Shift를 누르고 드래그하여 반대편 날개에 붙도록 이동한 다음 반전(M)을 이용하여 좌우 반전시킵니다.

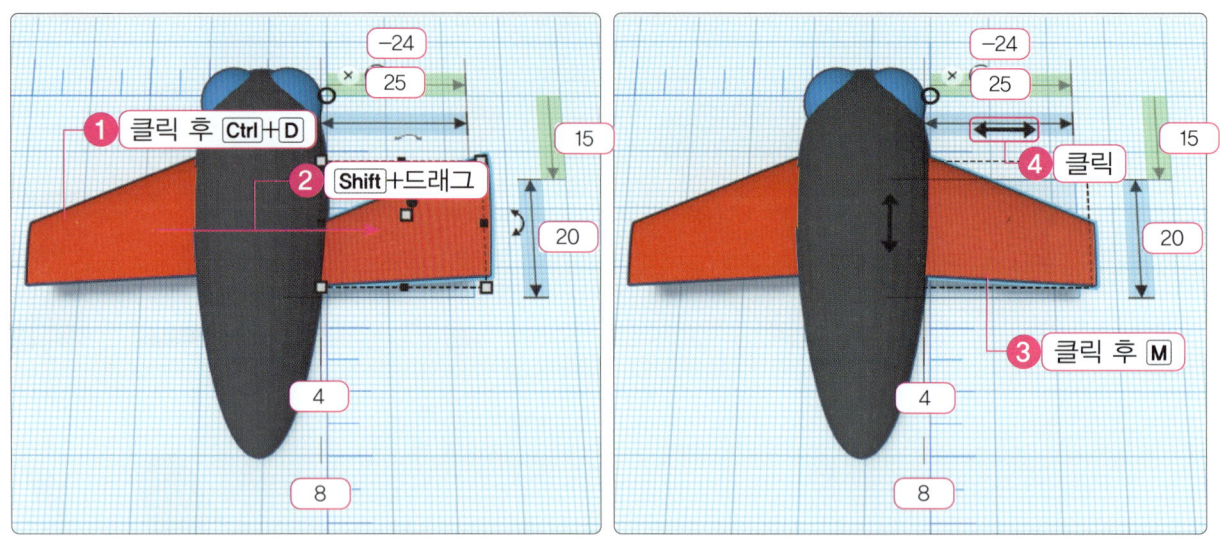

8 날개를 하나의 그룹(Ctrl+G)으로 만든 후 복제(Ctrl+D)한 다음 키보드의 Shift를 누르고 드래그하여 몸체 아래쪽으로 이동합니다.

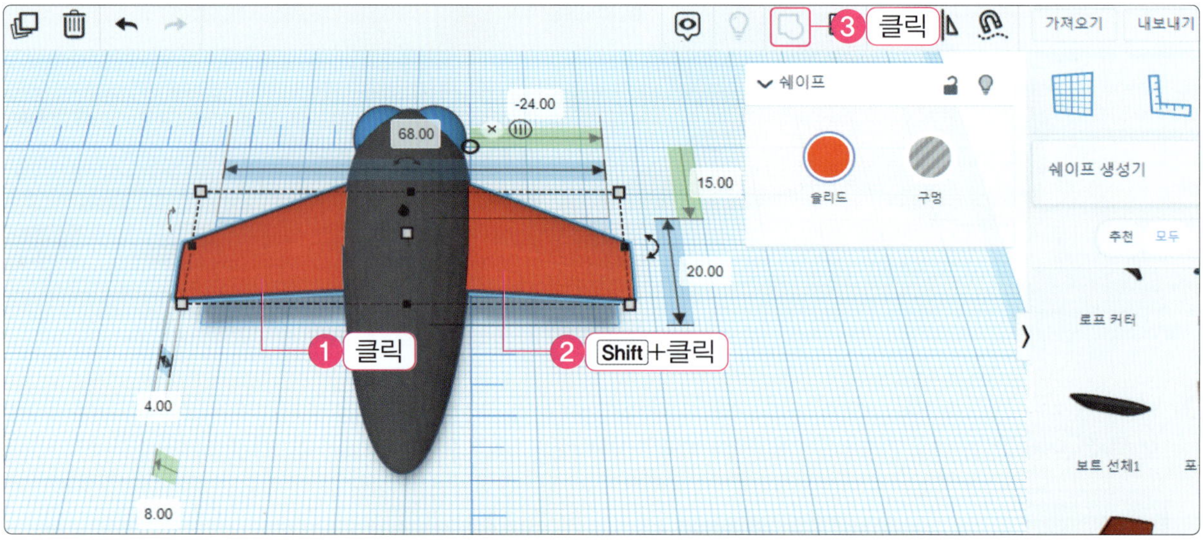

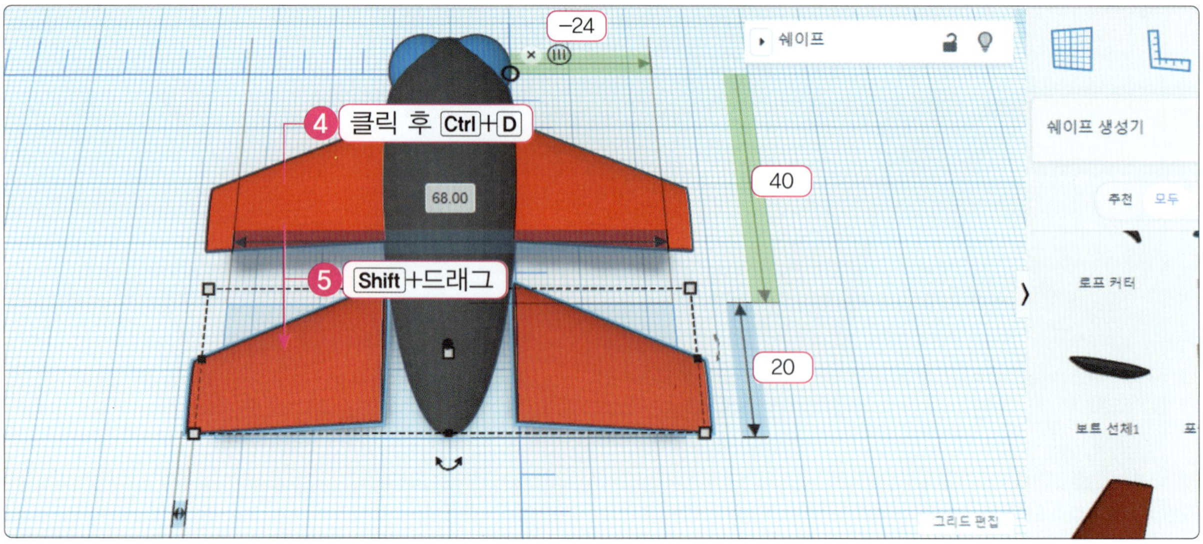

9 꼬리 날개의 크기(가로 30, 세로 9, 높이 2)를 수정한 후 눈금자를 기준으로 왼쪽으로 −5mm, 뒤쪽으로 48mm, 위쪽으로 6mm 위치에 배치합니다.

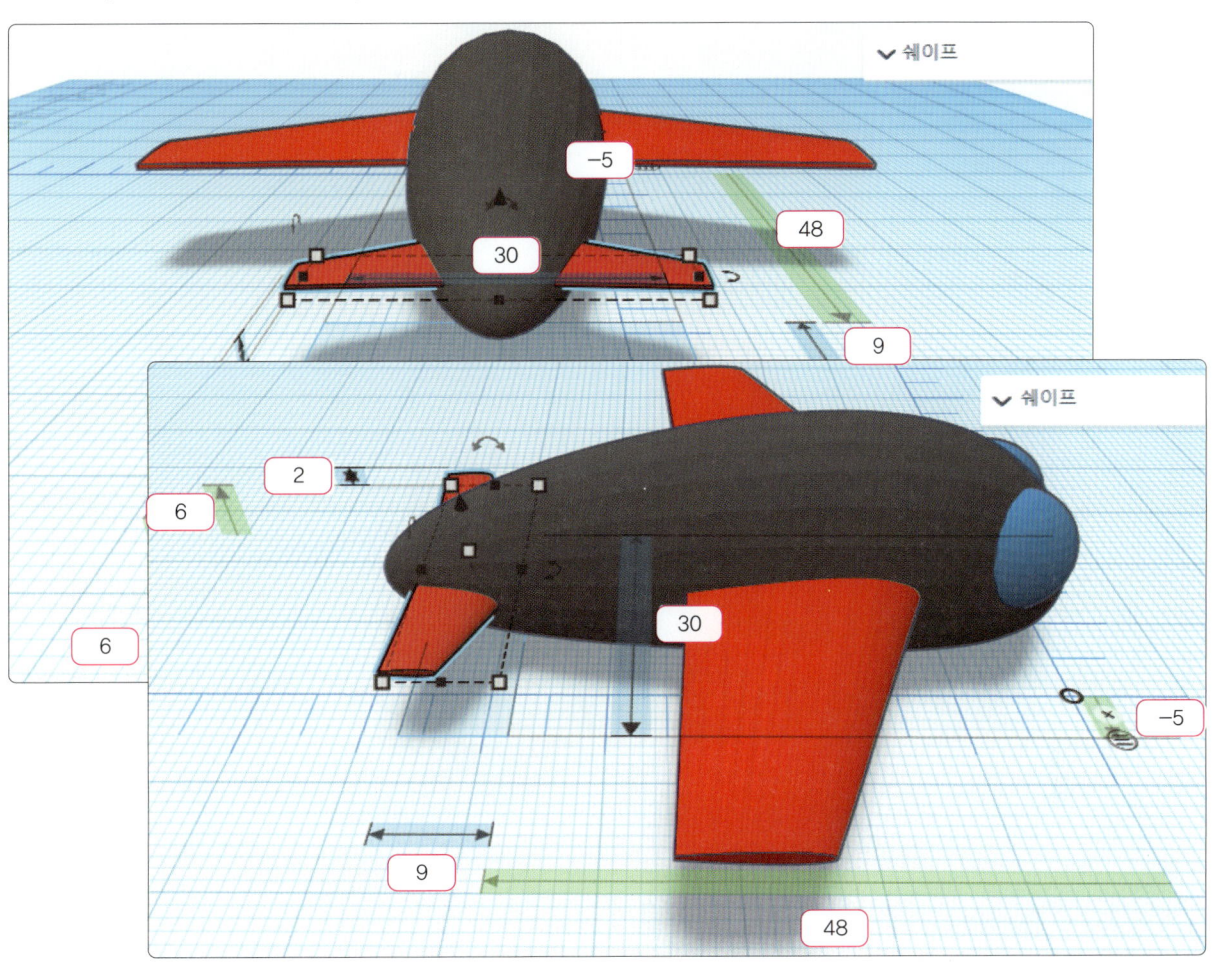

10 쉐이프 생성기의 [모두]에서 Swept NACA를 가져와 크기(가로 10, 세로 2, 높이 10)를 수정한 후 눈금자를 기준으로 오른쪽으로 9mm, 뒤쪽으로 48mm, 위쪽으로 10mm 위치에 배치합니다. 비행기가 완성되면 모두 선택한 후 하나의 그룹(Ctrl+G)으로 만듭니다.

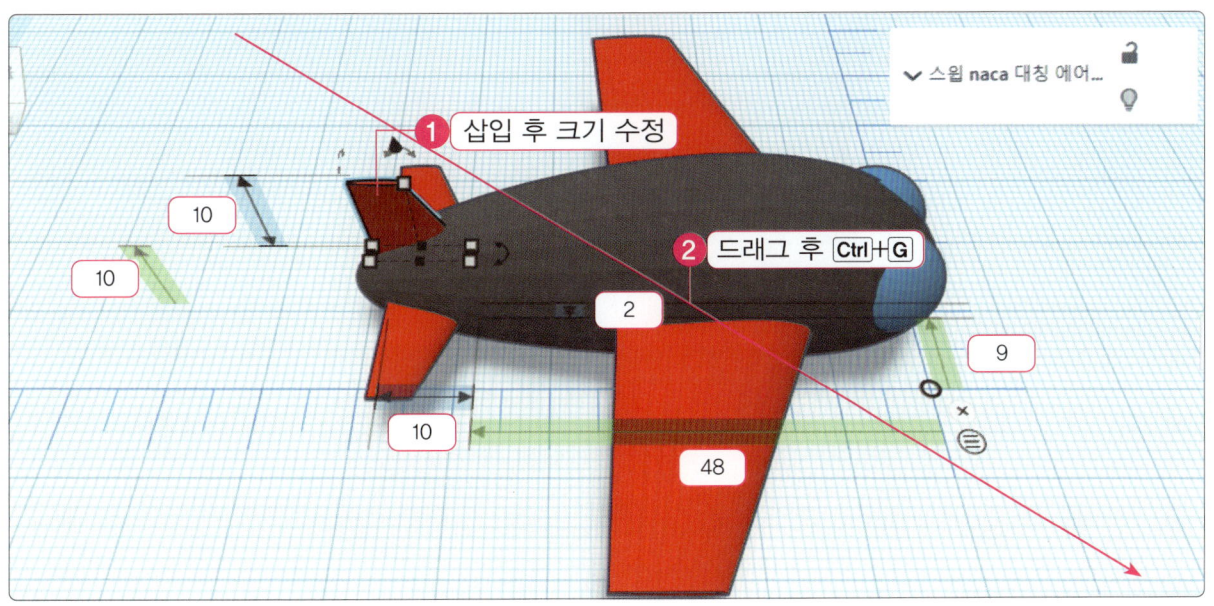

Chapter 18 – 비행기 만들기

JUMP JUMP

http://gofile.me/4BQ07/99a8tqYtG   Chapter18 ▶ Ch18(연습).mp4

01 다양한 모양의 비행기를 만들어 보세요.

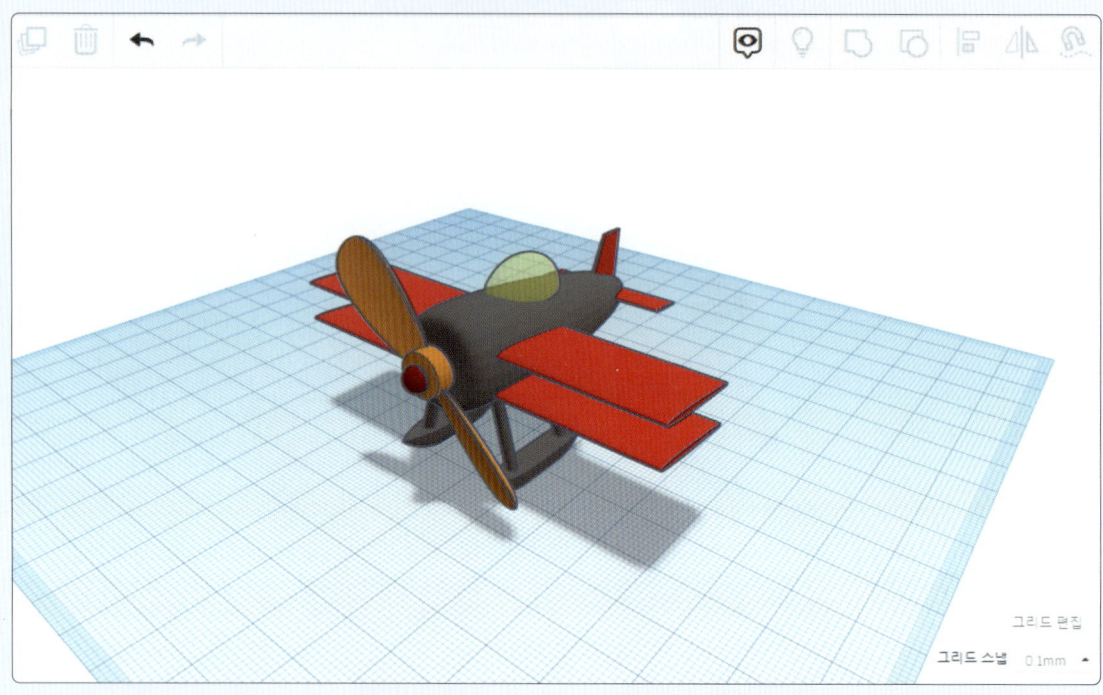

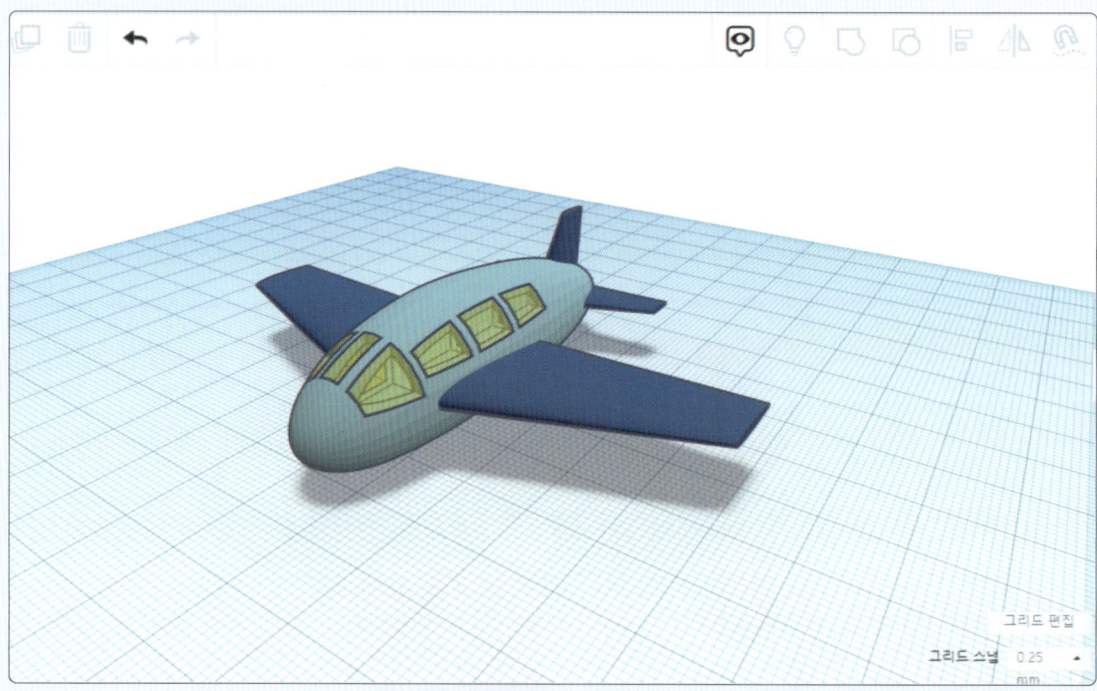

PART 03

팅커캐드 3D 코드 블록 사용하기

19장 코드 블록 사용법 알아보기

20장 코딩을 위한 블록 알아보기

21장 테이블 만들기

22장 공구 만들기

23장 필기구 만들기

24장 머그컵 만들기

Chapter 19
코드 블록 사용법 알아보기

팅커캐드의 모델링을 블록코딩을 이용하여 만들 수 있도록 도와주는 프로그램으로 쉐이프 및 수정, 제어, 수학, 데이터 블록 꾸러미 등을 이용하여 다양한 디자인이 가능합니다.

Section 01 코드 블록 시작하기

1 마이 페이지에서 [디자인]을 클릭한 후 내 디자인 화면에서 [만들기]-[코드 블록]을 클릭합니다.

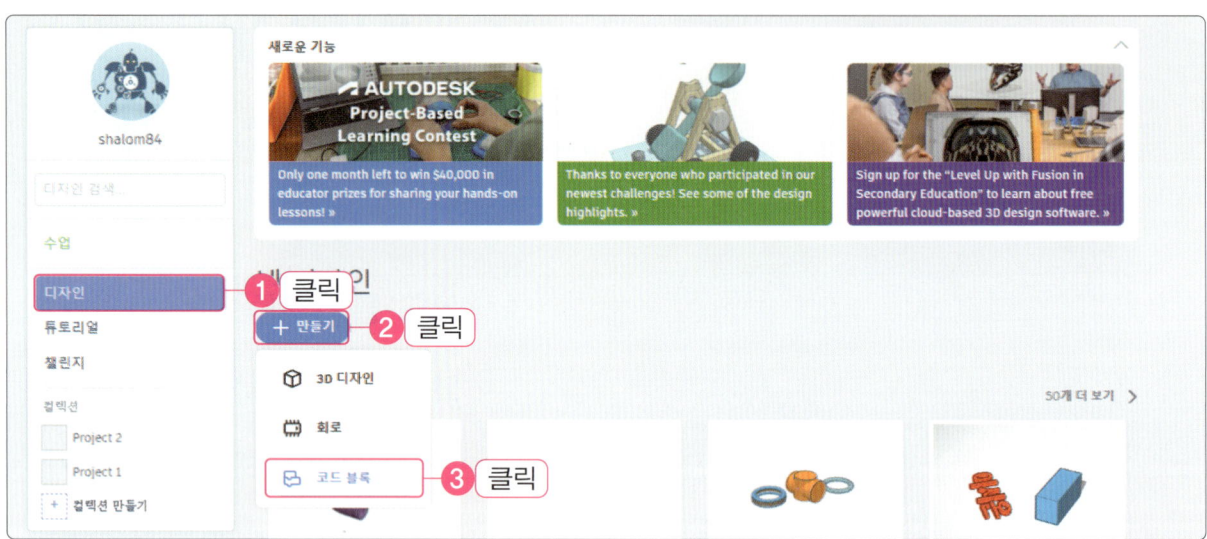

알아두면 실력튼튼

새 설계 만들기

[코드 블록]을 클릭하면 [디자인] 대화상자가 표시되며, [새 설계] 및 코드 블록의 설계 목록을 확인할 수 있습니다.

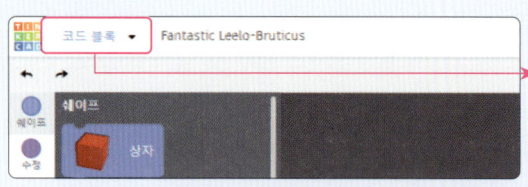

❶ **새 설계** : 블록 코드를 새로 시작합니다.

❷ **사용자의 코드 블록** : 저장한 블록 코드 파일 목록을 표시하며 선택하여 열 수 있습니다.

❸ **스타터 디자인** : 팅커캐드에서 제공하는 샘플 블록 코드 목록을 표시하며 선택하여 열 수 있습니다.

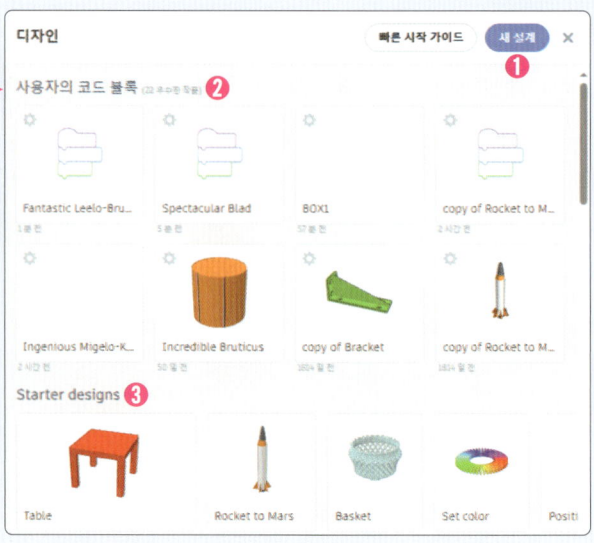

2 블록 꾸러미 및 블록 조립소, 그리고 결과물을 확인할 수 있는 작업 평면이 표시되며, 코드 블록을 연결하여 다양한 모양으로 모델링할 수 있도록 도와줍니다.

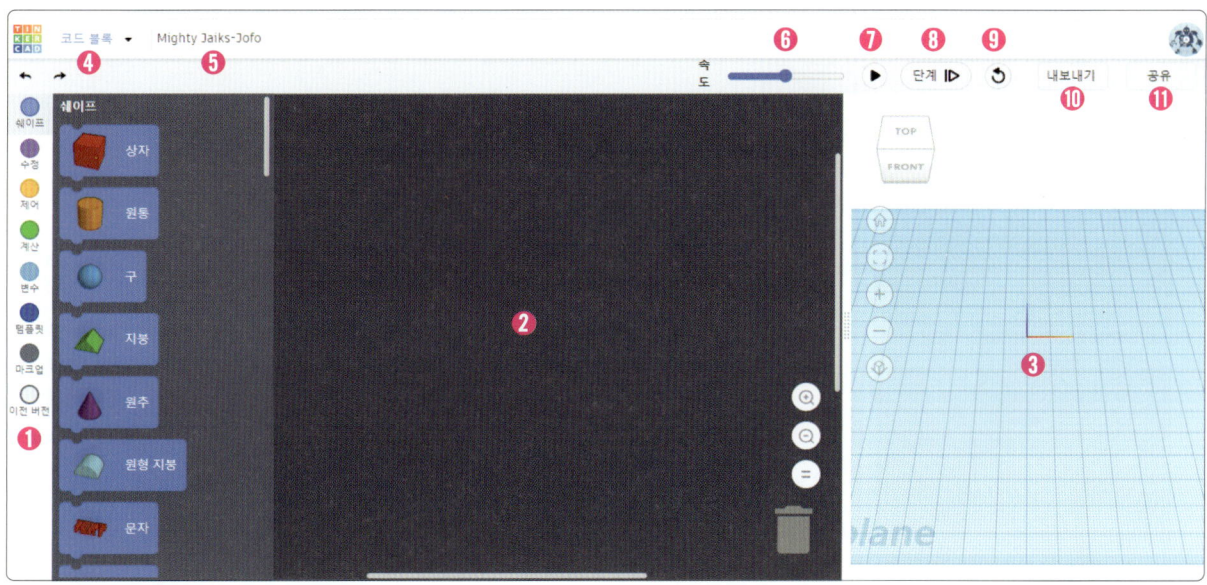

❶ **블록 꾸러미** : 모델링을 만드는데 사용되는 블록을 쉐이프, 수정, 제어, 수학(Math), 데이터, 주석(Markup) 등을 꾸러미 형태로 표시합니다.

❷ **블록 조립소** : 블록 꾸러미의 블록을 가져와 서로 연결하여 프로그램을 조립할 수 있습니다.

❸ **작업 평면** : 블록 조립소의 블록을 실행할 경우 그 결과를 보여줍니다.

❹ **코드 블록(Codeblocks)** : [디자인] 대화상자를 표시하며 코드 블록을 새 설계 또는 저장된 코드 블록 파일을 불러올 수 있습니다.

❺ **파일 이름** : 현재 코드 블록의 파일 이름을 표시하며, 파일 이름 또는 편집(✏)을 클릭하여 수정할 수 있습니다.

❻ **속도** : 블록 코딩의 결과를 실행할 때 실행 과정의 속도를 조절할 수 있습니다.

❼ **실행(▶)** : 블록 조립소의 블록 코딩을 실행합니다.

❽ **단계(▶|)** : 블록 조립소의 블록 코딩을 클릭할 때마다 단계별로 실행합니다.

❾ **실행 중지(↻)** : 블록 코딩의 실행 또는 단계별 실행을 중지하고 처음 상태로 만듭니다.

❿ **내보내기** : 블록 코딩을 통해 얻어진 모델링 결과물을 STL 또는 OBJ 파일 형식으로 저장하거나 팅커캐드 디자인에서의 부품으로 등록하여 사용할 수 있습니다.

⓫ **공유** : 블록 코딩을 통해 얻어진 모델링 결과물을 이미지(png) 또는 애니메이션 이미지(gif) 형태로 저장할 수 있습니다.

Chapter 19 - 코드 블록 사용법 알아보기 **123**

Section 02 코딩 내용 단계별 실행 및 연속 실행하기

1 코드 블록(Codeblocks)을 클릭한 후 [디자인] 대화상자에서 Starter designs 항목의 [Rocket to Mars]를 클릭합니다.

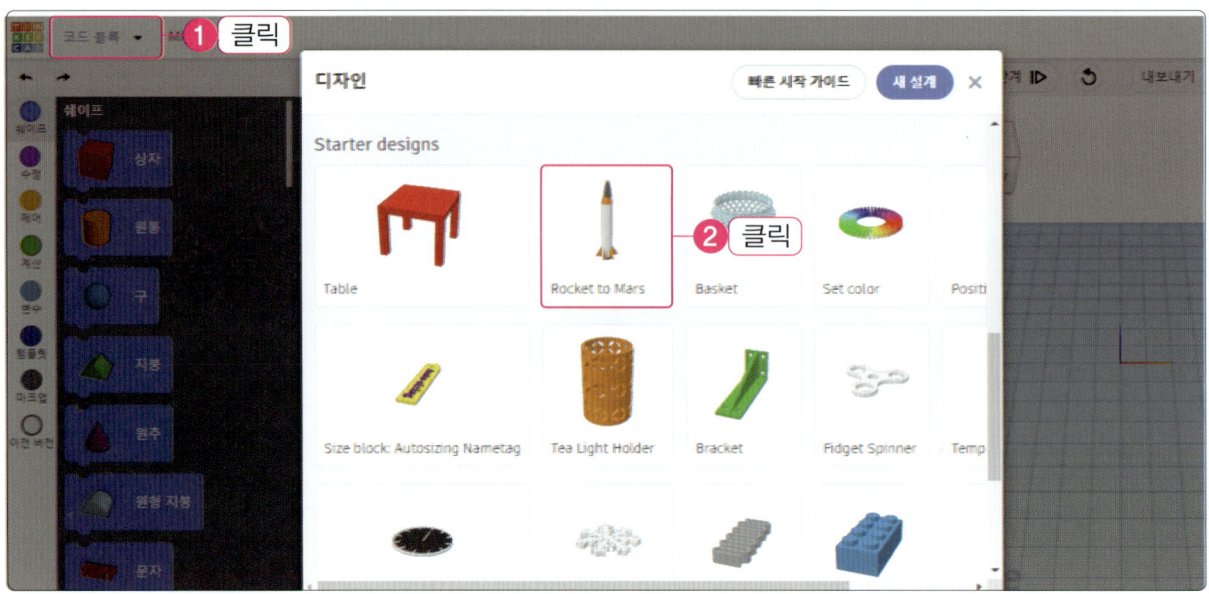

2 블록 꾸러미에 코딩 내용이 표시되며 단계(▷)를 클릭하면 첫 번째 블록 코드에 검은색 테두리가 표시됩니다. 한 번 더 클릭하면 다음 블록 코드로 검은색 테두리가 이동하며 명령을 실행, 작업 평면에 결과를 표시합니다. 같은 방법으로 다음(▷)을 클릭하면서 단계별로 실행해봅니다.

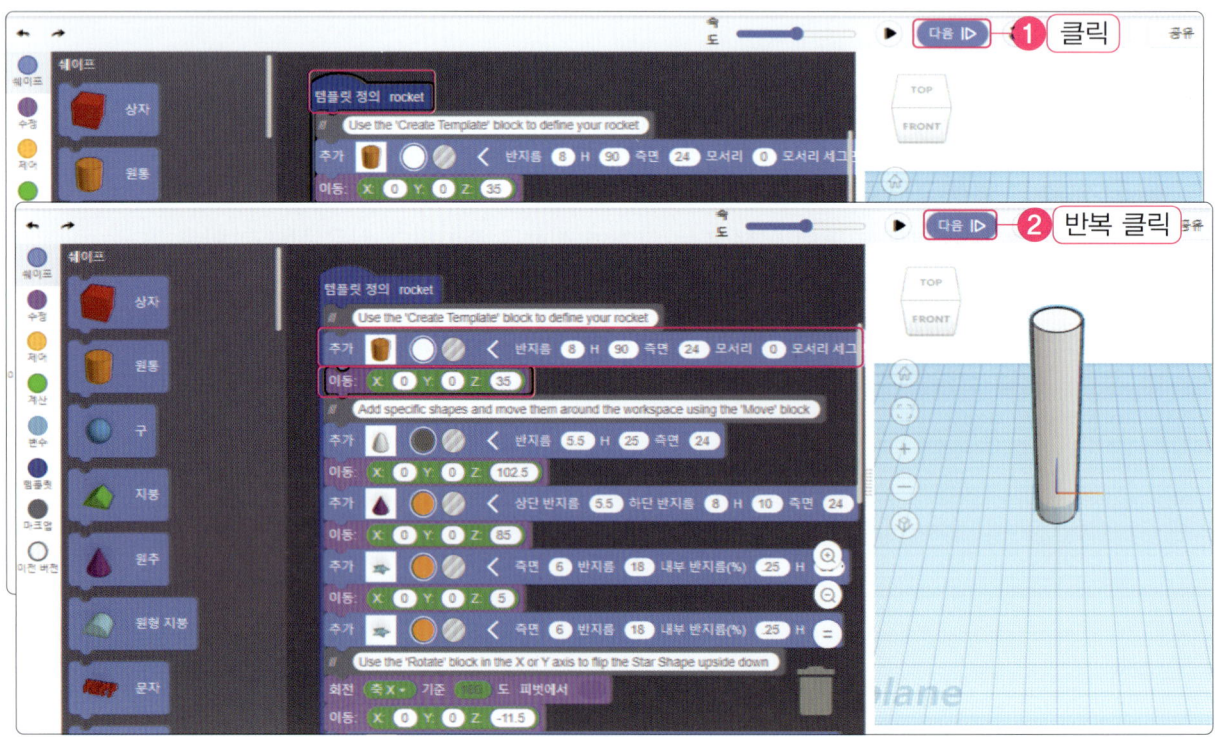

3 실행 중지(↻)를 클릭한 후 처음부터 끝까지 연속으로 실행하기 위해 실행(▶)을 클릭합니다.

Section 03 블록 삽입하기

1 코드 블록(Codeblocks)을 클릭한 후 [디자인] 대화상자에서 [새 설계]를 클릭합니다.
[쉐이프] 꾸러미의 상자 블록을 드래그하여 블록 꾸러미로 가져온 후 상자 블록의 색을 클릭한 다음 원하는 색(초록)으로 수정하고 확장(▶)을 클릭합니다.

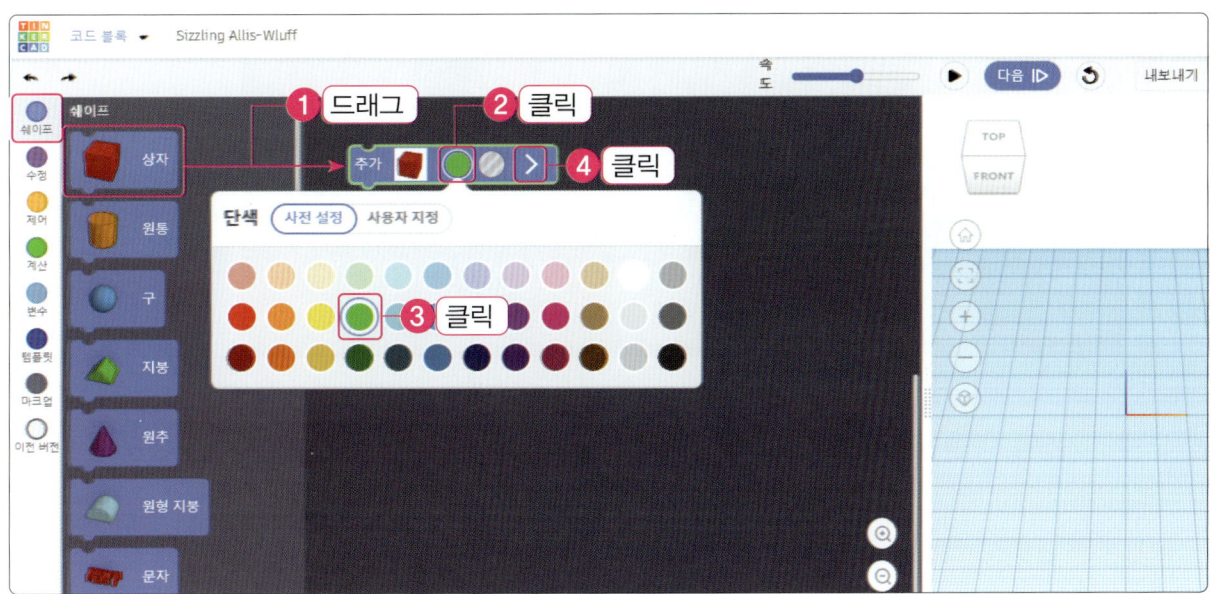

2 상자 블록의 폭[W(20)] 및 길이[L(30)], 높이[H(40)] 등을 수정합니다.

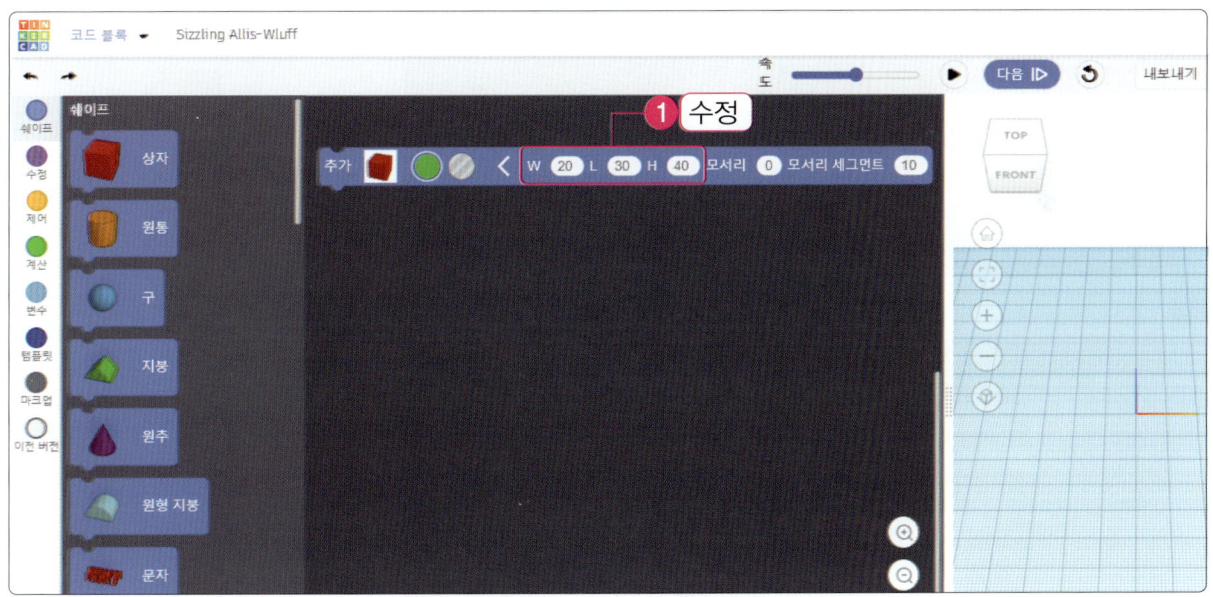

> **Tip**
>
> **블록 조립소 및 작업 평면의 화면 크기 조정하기**
> 블록 조립소와 작업 평면의 경계선에 마우스를 위치하여 포인터 모양이 ⇔ 모양으로 바뀌면 드래그하여 블록 조립소와 작업 평면의 화면 크기를 조정할 수 있습니다.

Section 04 블록 연결 및 실행하기

1 [수정] 꾸러미의 [이동] 블록을 드래그하여 블록 꾸러미의 상자 꾸러미와 연결한 후 Z축의 값(20)을 수정합니다.

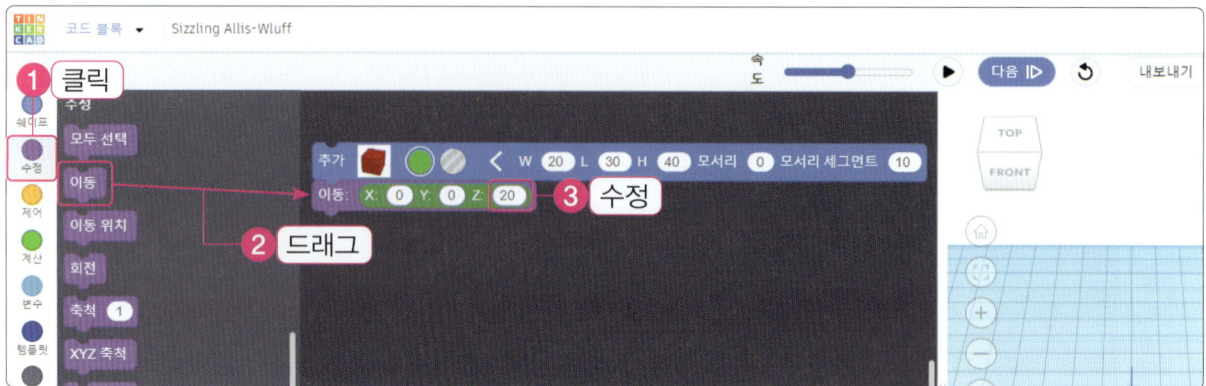

2 도구 모음의 다음(▶)을 2번 클릭하여 작업 평면에서 단계별 실행 결과를 확인합니다.

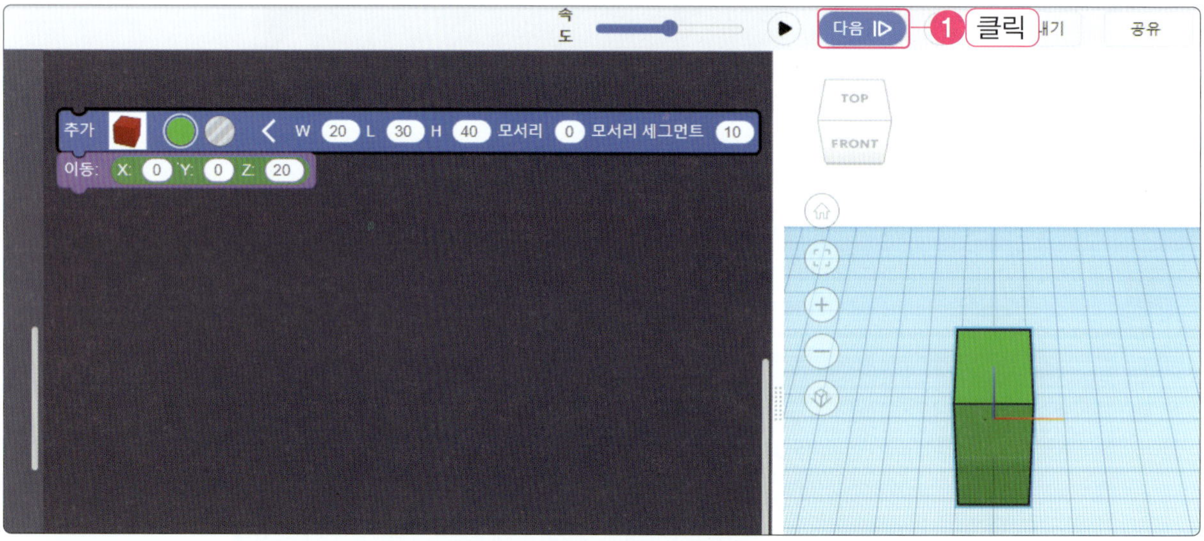

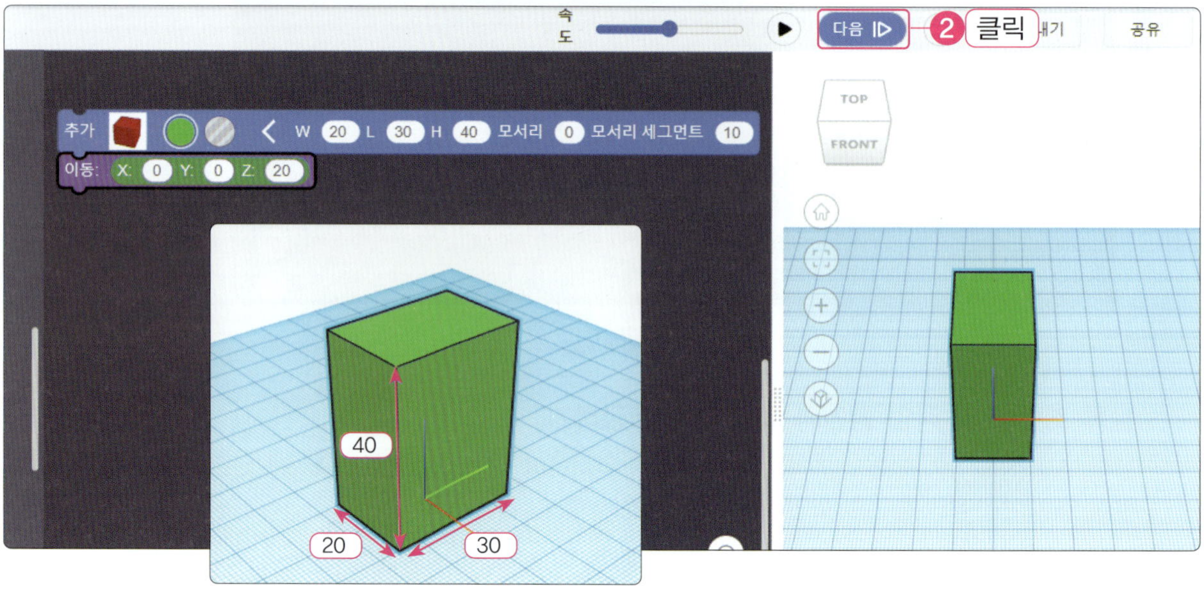

알아두면 실력튼튼

3D 좌표계 및 쉐이프(도형) 추가 알아보기

3D 좌표계의 빨간선 X는 폭(W), 초록색 Y는 길이(L), 파란색 Z는 높이(H)에 해당하며, 쉐이프(도형)의 추가는 3D 좌표계의 중심점을 기준으로 쉐이프(도형)의 중심이 되어 추가됩니다.

원형 지붕 및 쐐기, 피라미드, 반구, 폴리곤, 포물면과 같이 확장(>)에서 폭(W)과 길이(L), 높이(H) 등의 지정 부분이 없는 경우 쉐이프(도형)에 따라 기본 크기로 지정되며, 축척 블록(축척: X: 1 Y: 1 Z: 1) 등을 이용하여 확대 또는 축소하여 사용할 수 있습니다.

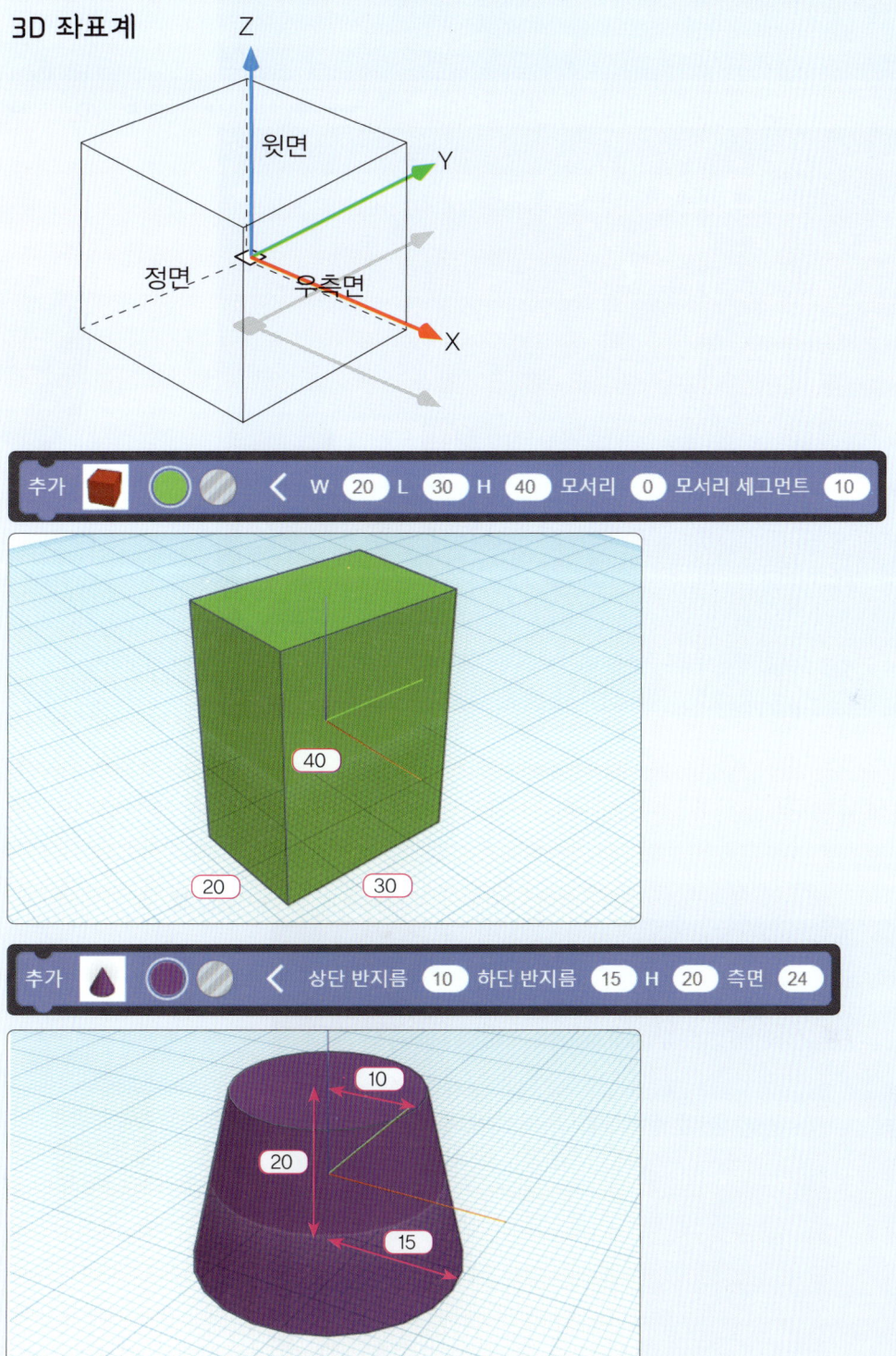

Section 05 블록 삭제하기

1 블록 꾸러미의 이동 블록을 휴지통(🗑) 위치까지 드래그하여 휴지통 모양(🗑)이 바뀔 때 마우스 왼쪽 단추에서 손을 떼면 삭제됩니다.

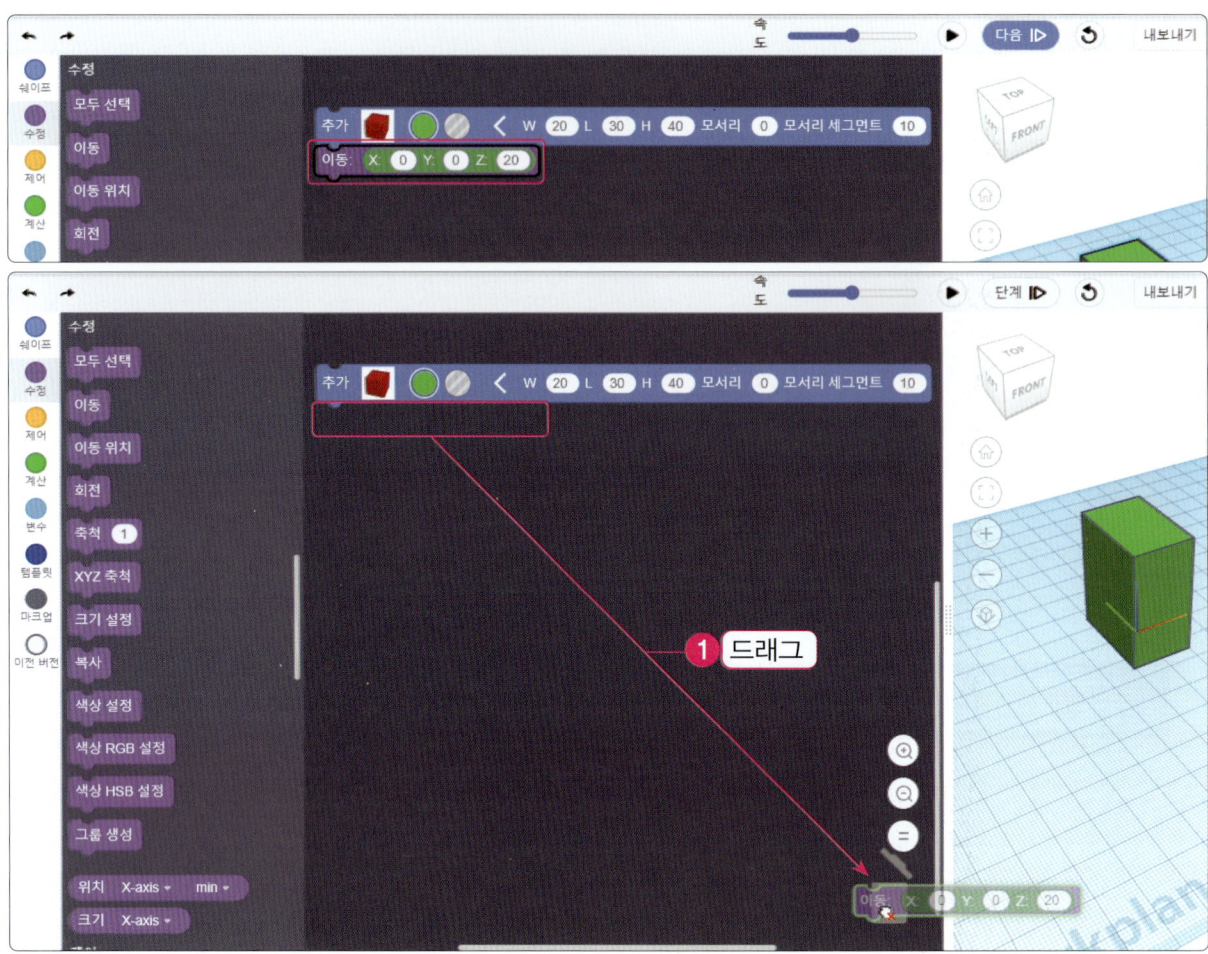

2 해당 블록이 삭제됩니다.

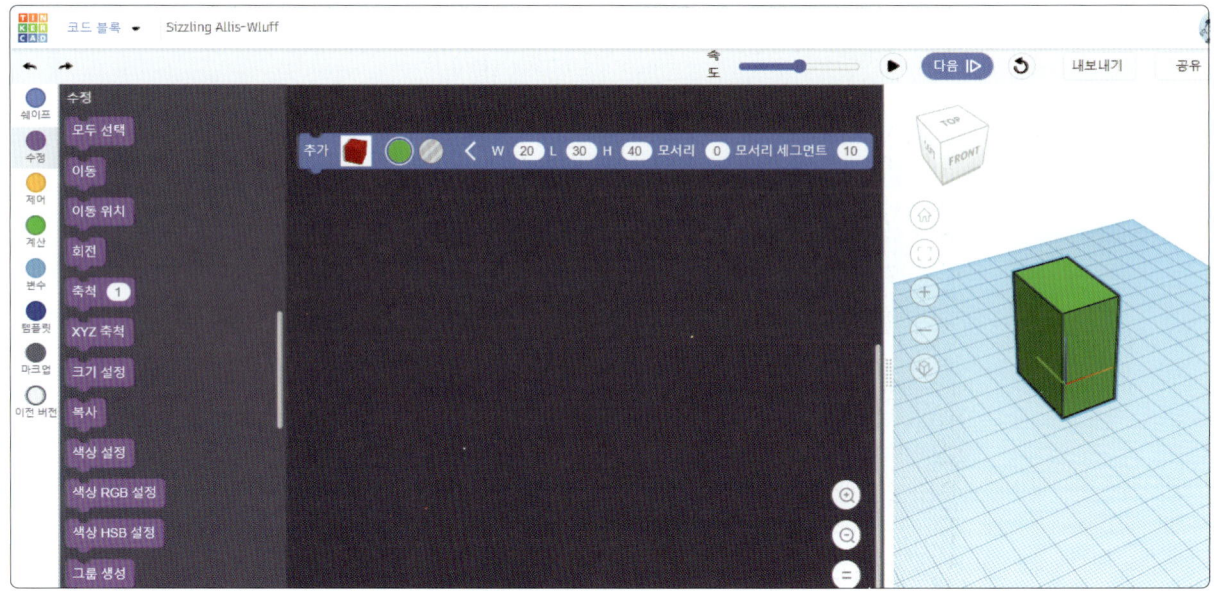

Section 06 파일 관리하기

1 저장 파일 이름 수정하기

파일 이름을 클릭 또는 뒤에 표시되는 편집(✏️)을 클릭한 후 파일 이름이 블록으로 지정되면 이름(box1)을 수정합니다.

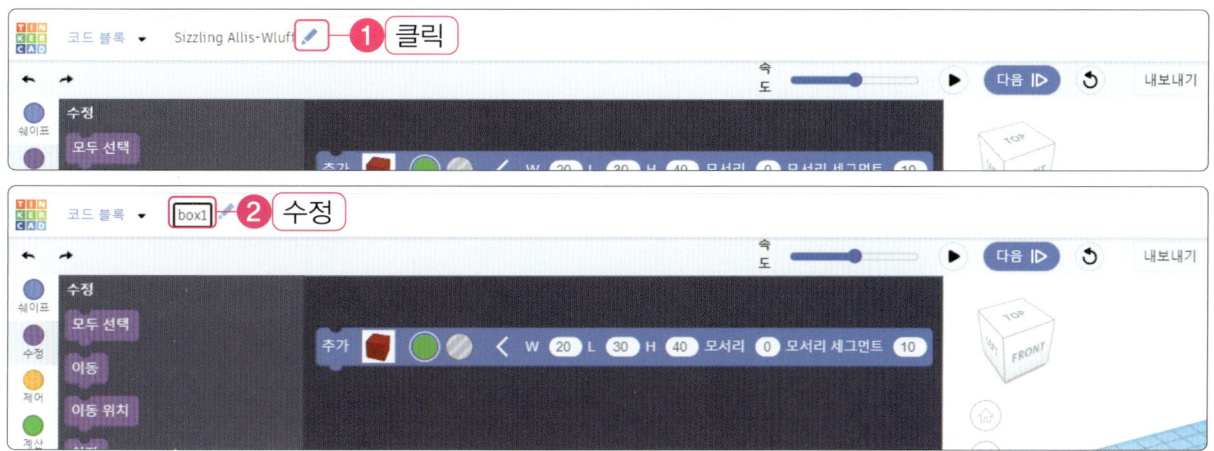

2 파일 설명 추가하기

코드 블록(Codeblocks)을 클릭한 후 [디자인] 대화상자의 코드 항목에서 변경할 파일의 설정(⚙️)을 클릭한 다음 메뉴가 표시되면 [Properties]를 클릭합니다.
[블록 특성 편집] 대화상자가 표시되면 설명을 수정한 후 [저장]을 클릭합니다.

3 파일 복제하기

[디자인] 대화상자의 코드 항목에서 변경할 파일의 설정(⚙)을 클릭한 후 [복제] 메뉴를 클릭하면 해당 파일이 복제되어 표시됩니다.

4 파일 삭제하기

[디자인] 대화상자의 코드 항목에서 변경할 파일의 설정(⚙)을 클릭한 후 [삭제] 메뉴를 클릭하면 해당 파일이 삭제됩니다.

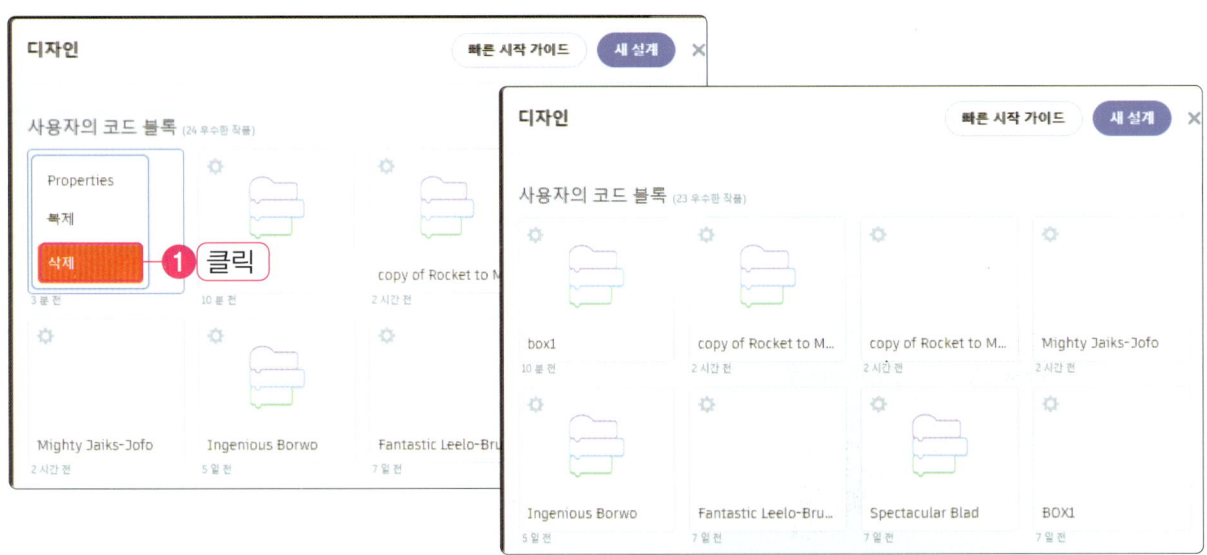

> **Tip**
>
> **코드 블록 파일 이름 수정하기**
>
> 팅커캐드의 내 디자인 목록에서 수정할 코드 블록의 설정(⚙)을 클릭 후 [특성]을 메뉴를 클릭하면 [디자인 특성] 대화상자가 표시되며, 디자인 이름 및 설명, 공개 유/무 등을 수정할 수 있습니다.
>
>

Section 07 내보내기 및 공유하기

내보내기는 3d 프린팅을 위한 파일로 저장해 주는 기능으로 stl 또는 obj 형식으로 저장할 수 있으며, 팅커캐드의 부품으로 등록할 수 있습니다. 또한 공유는 png 이미지 형식 또는 gif 애니메이션 이미지 형식 등으로 저장할 수 있습니다.

1 내보내기

도구 모음의 [내보내기]를 클릭한 후 원하는 저장 형식을 지정하면 화면 아래쪽에 저장 파일이 표시됩니다.

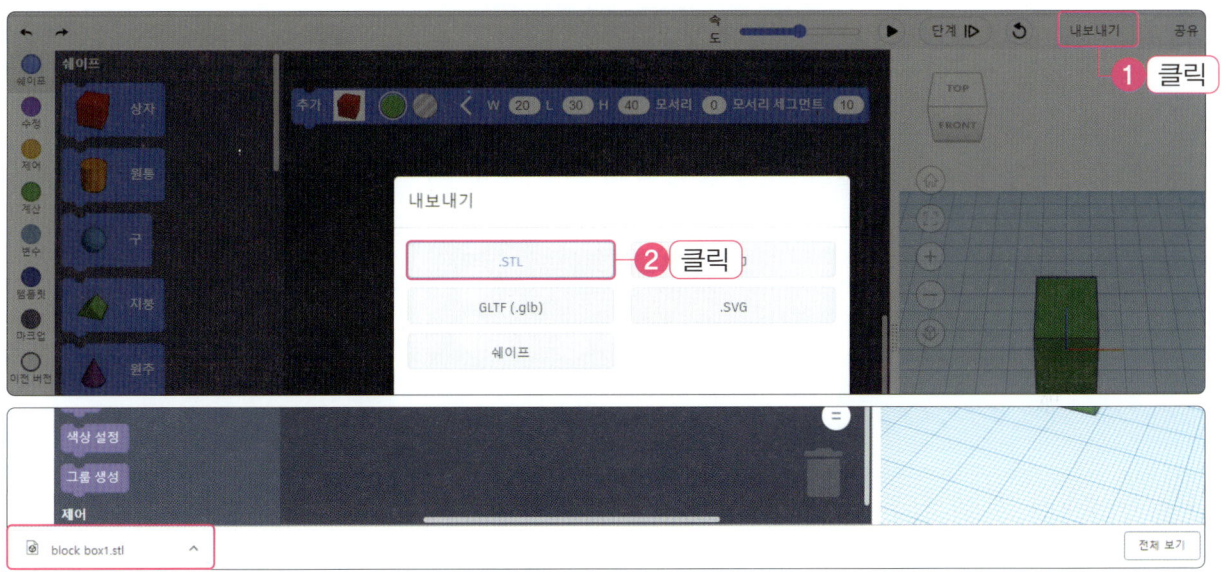

2 공유하기

도구 모음의 [공유]를 클릭한 후 [스크린샷]을 클릭하면 png 형식의 이미지로, [애니메이션 GIF]를 클릭하면 애니메이션 이미지 등으로 저장할 수 있습니다.

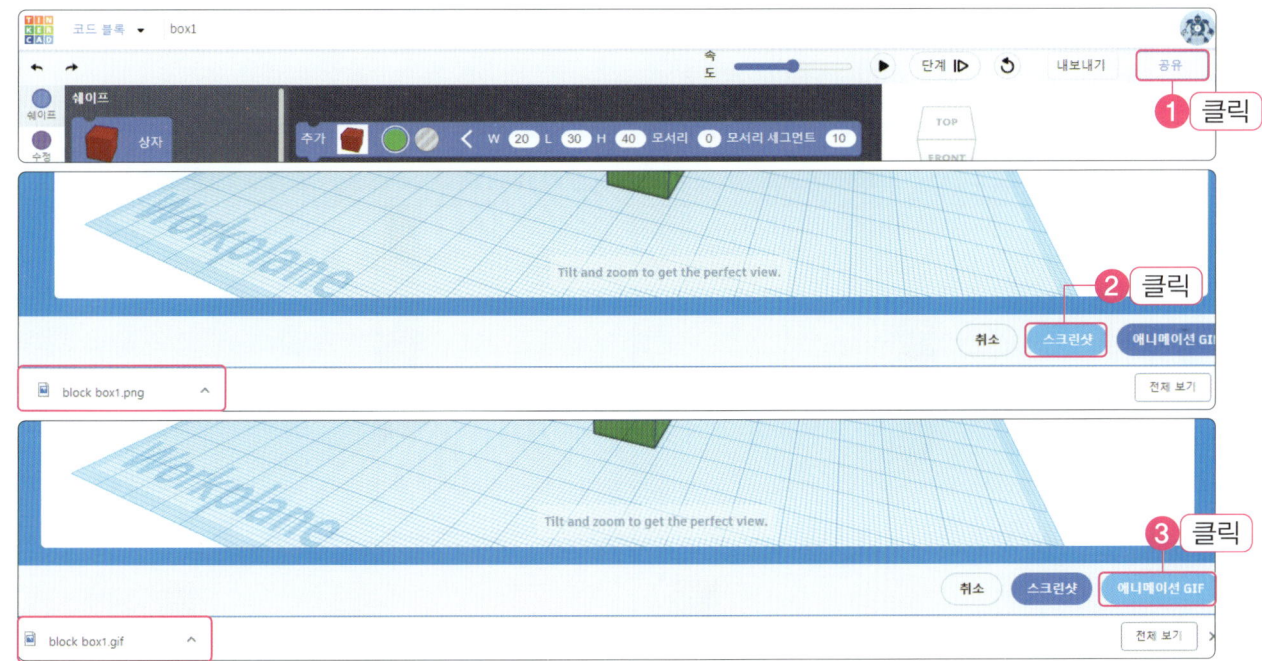

JUMP JUMP

01 코드 블록을 실행한 후 스타터 항목의 [Rocket to Mars]를 실행해 보세요.

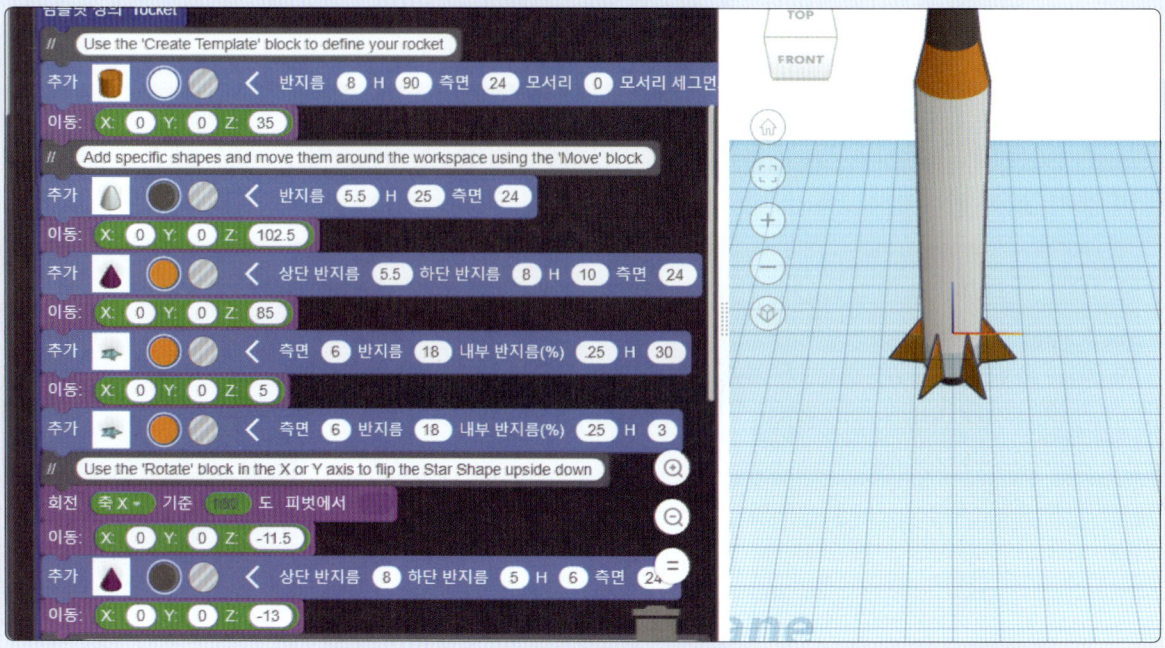

02 [Rocket to Nars] 파일을 애니메이션 GIF 이미지로 저장한 후 실행해 보세요.

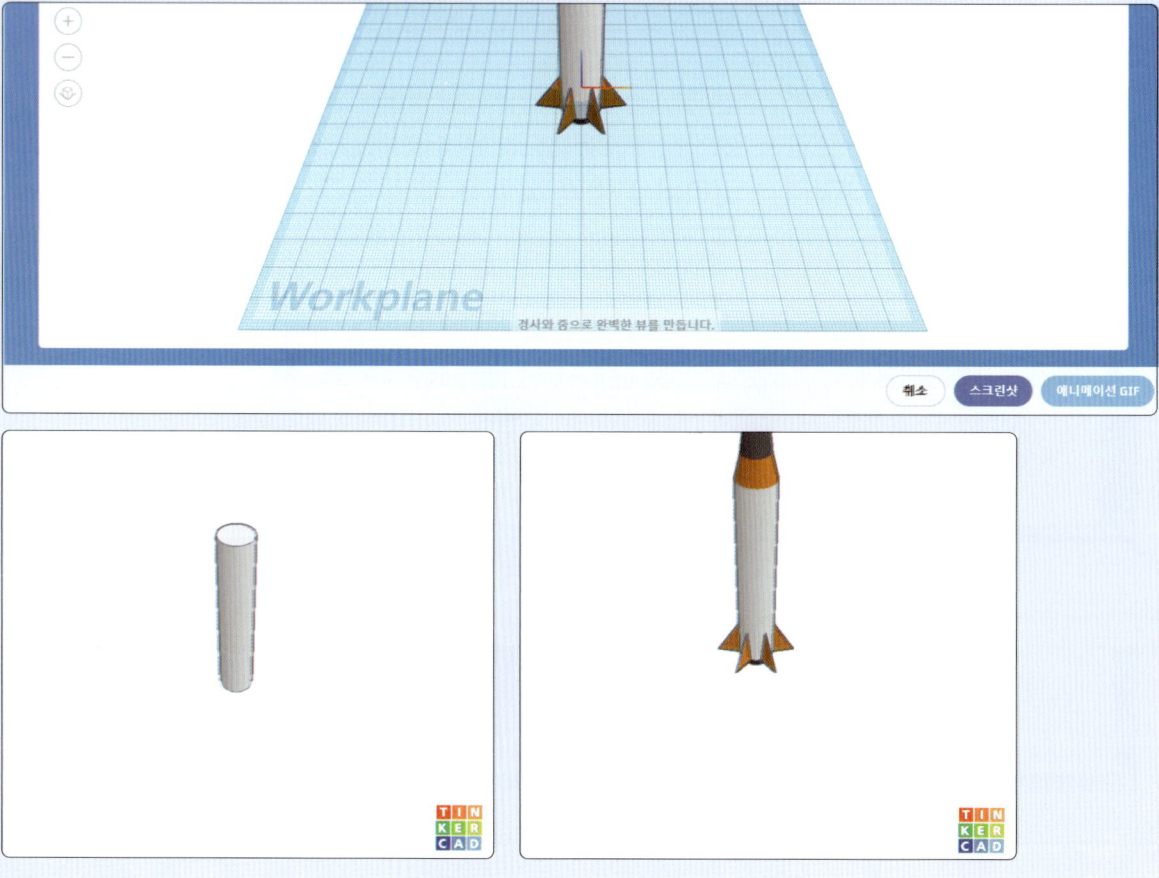

132 팅커캐드

20 Chapter
코딩을 위한 블록 알아보기

팅커캐드의 코드 블록에는 쉐이프, 수정, 제어, 수학(Math), 데이터, 주석(Markup) 등의 꾸러미가 있으며, 해당 꾸러미의 블록을 블록 조립소에 가져와 서로 연결하여 코딩을 합니다.

Section 01 쉐이프 블록 알아보기

상자를 추가하며, 색 지정 및 확장(>)을 통해 폭(W), 길이(L), 높이(H) 등을 지정할 수 있습니다.

원통을 추가하며, 색 지정 및 확장(>)을 통해 반지름, 높이(H) 등을 지정할 수 있습니다.

구를 추가하며, 색 지정 및 확장(>)을 통해 반지름, 단계 등을 지정할 수 있습니다.

지붕을 추가하며, 색 지정 및 확장(>)으로 길이(L)를 지정할 수 있습니다. [기본 : 폭(20), 높이(10)]

원추를 추가하며, 색 지정 및 확장(>)을 통해 상단 반지름, 하단 반지름, 높이(H) 등을 지정할 수 있습니다.

원형 지붕을 추가하며, 색을 지정을 지정할 수 있습니다. [기본 : 폭(20), 길이(20), 높이(10)]

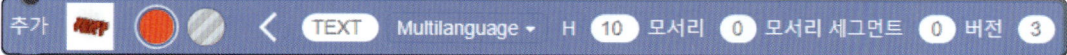

문자를 추가하며, 색 지정 및 확장(>)을 통해 내용, 글꼴, 높이(H) 등을 지정할 수 있습니다.

쐐기를 추가하며, 색을 지정할 수 있습니다. [기본 : 폭(20), 길이(20), 높이(20)]

피라미드를 추가하며, 색 지정 및 확장(>)을 통해 측면을 지정할 수 있습니다. [기본 : 높이(20)]

반구를 추가하며, 색을 지정할 수 있습니다. [기본 : 반지름(10), 높이(10)]

폴리곤을 추가하며, 색 지정 및 확장(>)을 통해 측면 등을 지정할 수 있습니다. [기본 : 높이(20)]

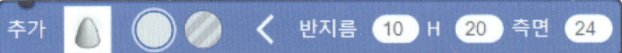

포물면을 추가하며, 색 지정 및 확장(>)을 통해 반지름, 높이(H) 등을 지정할 수 있습니다.

토러스를 추가하며, 색 지정 및 확장(>)을 통해 반지름, 측면, 튜브 등을 지정할 수 있습니다.

튜브를 추가하며, 색 지정 및 확장(>)을 통해 반지름, 벽 두께, 높이(H) 등을 지정할 수 있습니다.

하트를 추가하며, 색을 지정할 수 있습니다. [기본 : 높이(10)]

별을 추가하며, 색 지정 및 확장(>)을 통해 측면, 반지름, 내부 반지름(%), 높이(H) 등을 지정할 수 있습니다.

별을 추가하며, 색 지정 및 확장(>)을 통해 반지름, 내부 반지름(%), 높이(H) 등을 지정할 수 있습니다.

Section 02 수정 블록 알아보기

모두 선택
모든 객체를 선택할 수 있습니다.

이동: X: 0 Y: 0 Z: 0
객체의 특정 축(x/y/z)을 기준으로 이동할 수 있습니다.

X-axis ▼ min ▼ 을(를) 0.0 (으)로 이동
선택한 축(x/y/z)을 따라 정확한 지점으로 모양을 이동할 수 있습니다.

객체의 특정 축(x/y/z)을 회전할 수 있습니다.

객체를 축소 또는 확대할 수 있습니다.

객체의 특정 축(x/y/z)을 축소 또는 확대할 수 있습니다.

객체의 색을 지정할 수 있습니다.

객체의 특정 축(x/y/z)을 크기 설정할 수 있습니다.

객체를 복사한 후 색을 지정할 수 있습니다.

객체의 RGB 색상을 설정할 수 있습니다.

축(x/y/z)의 위치를 지정합니다.

객체의 색조/채도/밝기 등을 설정할 수 있습니다.

축(x/y/z)의 크기를 지정합니다.

객체를 하나의 그룹으로 지정학고 색을 지정할 수 있습니다.

Section 03 제어 블록 알아보기

블록 안에 연결된 블록들을 특정 횟수만큼 반복하여 실행합니다.

반복 실행할 때 사용하며 블록 안에 연결된 블록들을 시작값에서 기준값 단위로 증가하여 끝값이 될 때까지 반복하여 실행합니다.

일시 중지 　실시정지 합니다.

블록 안에 연결된 블록들을 조건에 따라 반복하여 실행합니다.

블록 안에 연결된 블록들을 조건에 따라 참인 경우와 거짓인 경우로 나누어 반복 실행합니다.

Section 04 계산 블록 알아보기

`X: 0 Y: 0 Z: 0`
객체의 축(x/y/z) 값을 입력합니다.

`0 + 0`
덧셈/뺄셈/곱셈/나눗셈 등 산술 계산에 사용합니다.

`0 에서 10 사이의 임의`
임의의 무작위 수(랜덤값)를 만듭니다.

`0 = 0`
비교 연산에 사용합니다.

`아님`
조건의 반대 조건을 만들 때 사용합니다.

`축 X`
객체의 특정 축을 선택합니다.

`사인 0`
수학 함수 값을 지정합니다.

`90`
회전값을 만듭니다.

`및`
'이고' 혹은 '이거나' 조건에 사용합니다.

Section 05 변수 및 템플릿 블록 알아보기

`변수 생성`
변수 생성에 사용합니다.

`i 을(를) 0 (으)로 설정`
특정 변수의 값을 지정합니다.

`템플릿 생성`
새로운 템플릿 생성에 사용합니다.

`i my variable`
기본 생성된 변수 이름입니다.

`1 에 의해 i 변경`
특정 값에 의해 변수를 변경합니다.

Section 06 데이터 및 주석 블록 알아보기

데이터 블록 : 현재 코드 블록 파일에서 사용하는 객체 이름 및 변수 등을 사용할 때 해당 이름이 표시되며, 블록 조립소에서 홈이 파인 동그란 원모양에 끼워 사용할 수 있습니다.

`// 주석`
실행과는 관계가 없으며 블록 코딩의 보충 설명을 입력하여 이해를 돕습니다.

`설명 메시지`
실행과는 관계가 없으며 블록의 설명 메시지를 입력하여 이해를 돕습니다.

JUMP JUMP

01 화면과 같이 2개의 상자를 만들때 필요한 코드 블록으로 아래의 빈칸을 채워보세요.

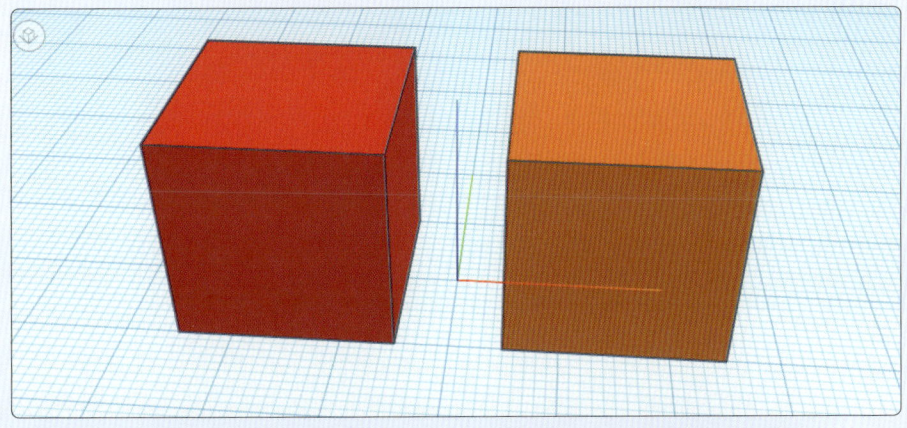

힌트 : 객체의 복사를 위한 블록

02 화면과 같이 모양을 만들때 필요한 코드 블록으로 아래의 빈칸을 채워보세요.

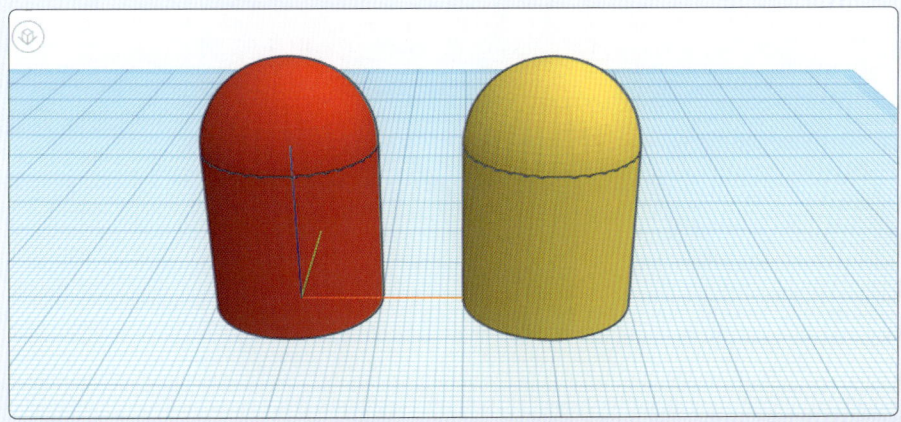

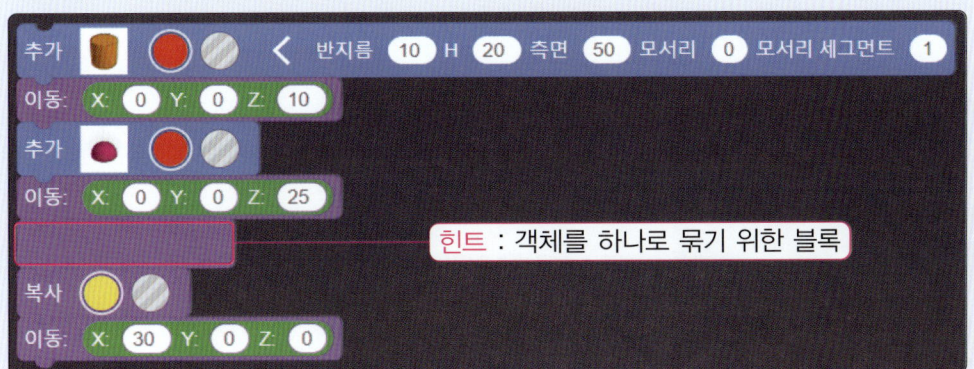

힌트 : 객체를 하나로 묶기 위한 블록

Chapter 20 – 코딩을 위한 블록 알아보기

JUMP JUMP

03 화면과 같이 모양을 만들때 필요한 코드 블록으로 아래의 빈칸을 채워보세요.

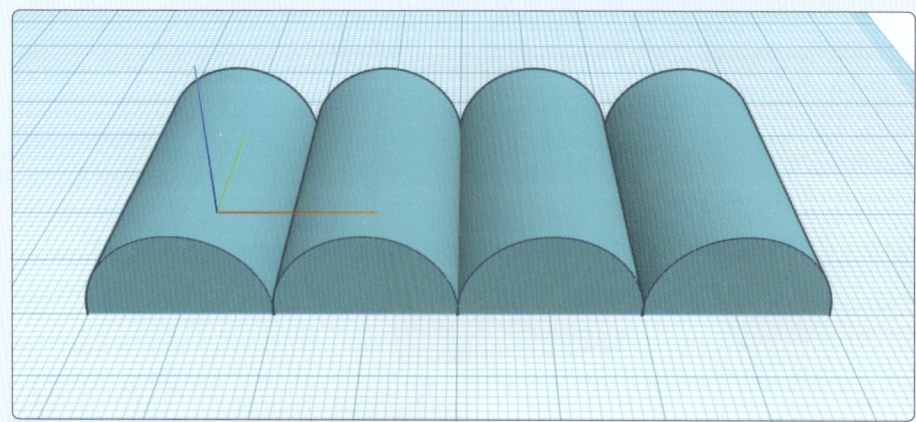

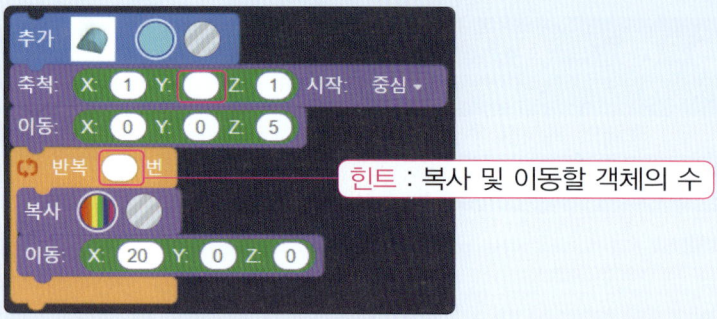

힌트 : 복사 및 이동할 객체의 수

04 화면과 같이 모양을 만들때 필요한 코드 블록으로 아래의 빈칸을 채워보세요.

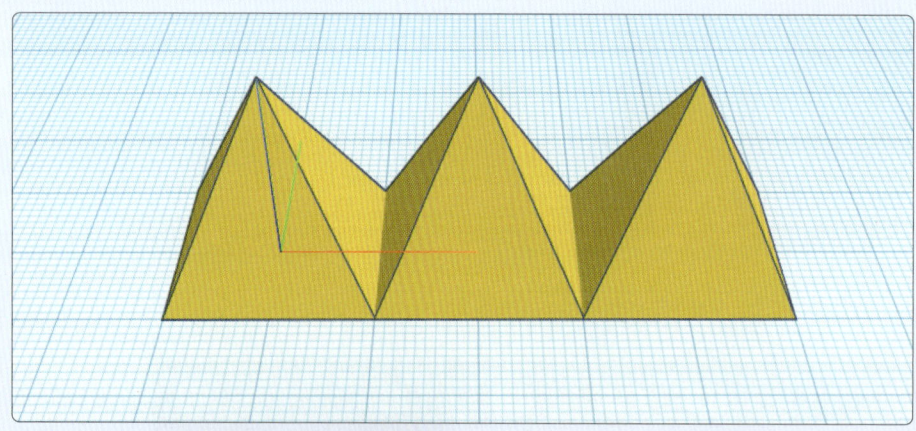

힌트 : 추가된 피라미드가 20 만큼씩 오른쪽으로 이동

JUMP JUMP

05 화면과 같이 모양을 만들때 필요한 코드 블록으로 아래의 빈칸을 채워보세요.

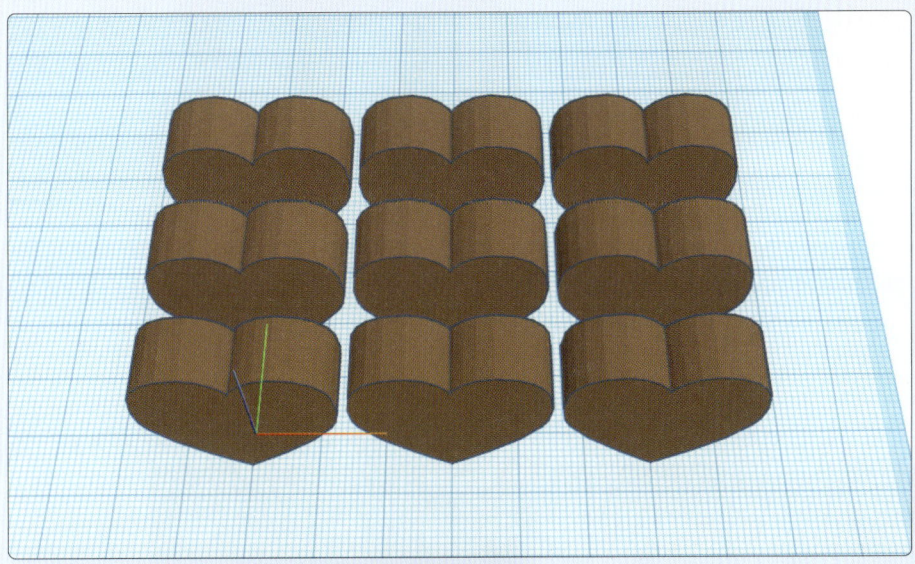

힌트

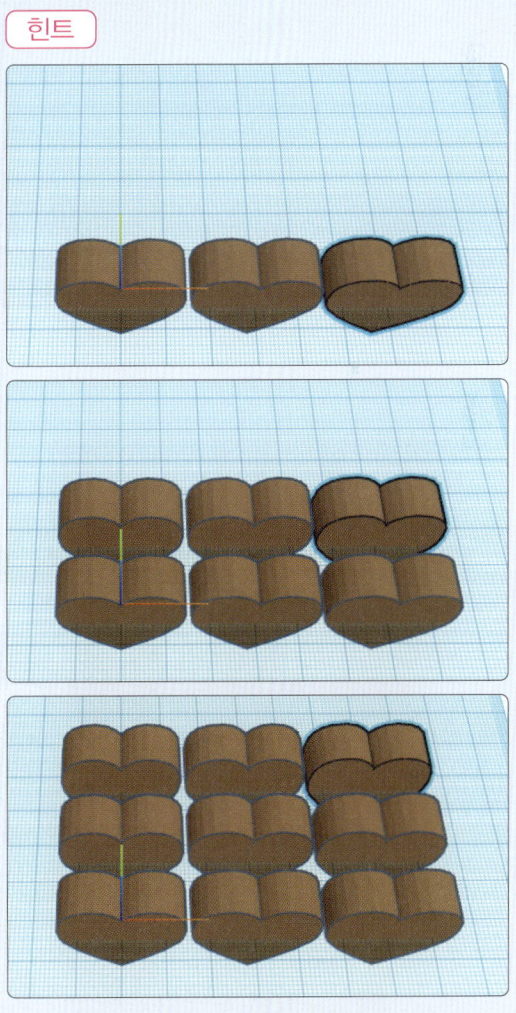

Chapter 20 – 코딩을 위한 블록 알아보기 **139**

21 Chapter
테이블 만들기

1 [쉐이프] 꾸러미의 [상자]를 가져와 블록과 연결한 후 확장(▶)을 눌러 크기[W(40), L(40), H(40)]를 수정합니다.

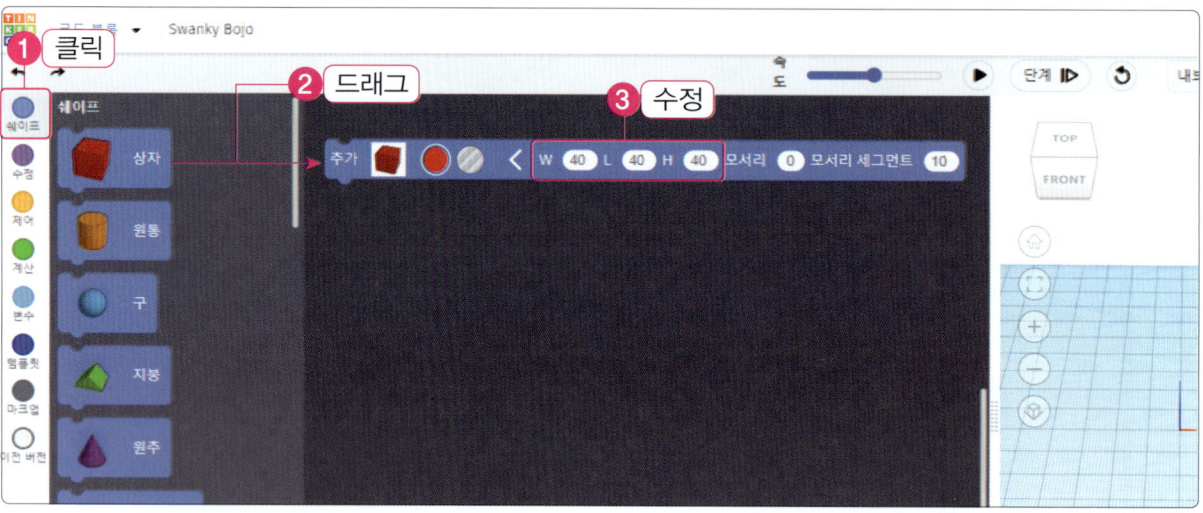

2 [수정] 꾸러미의 [이동]을 가져와 연결하고 위치[Z(5)]를 수정합니다.

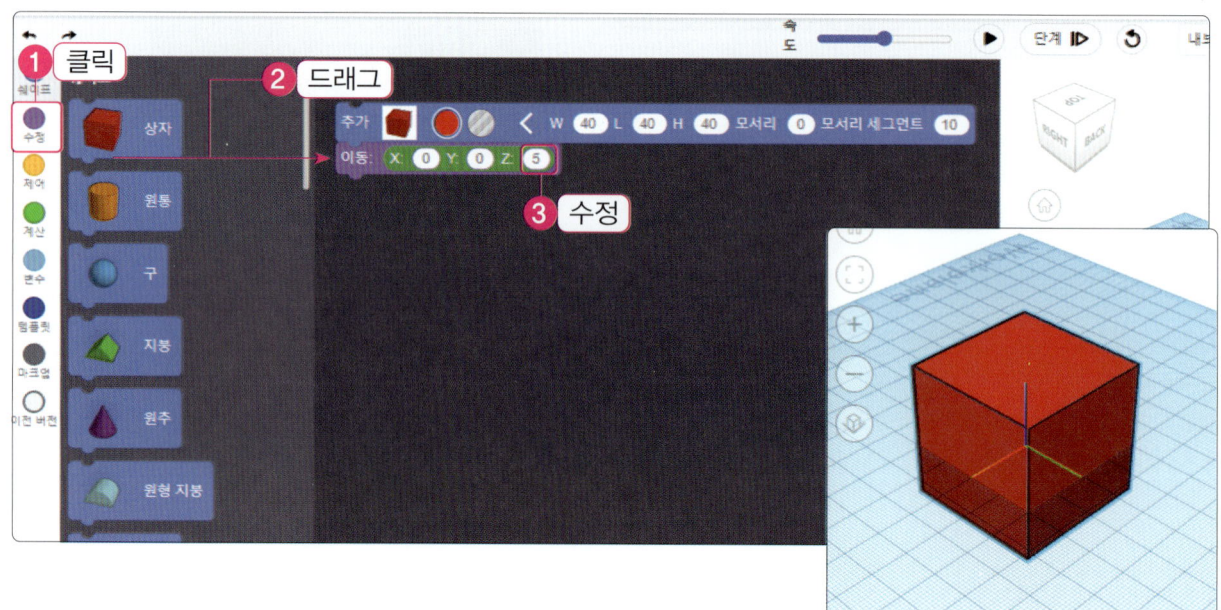

3 [쉐이프] 꾸러미의 [상자]를 가져와 투명(◉)을 지정한 후 확장(▶)을 눌러 크기[W(40), L(30), H(40)]를 수정합니다.

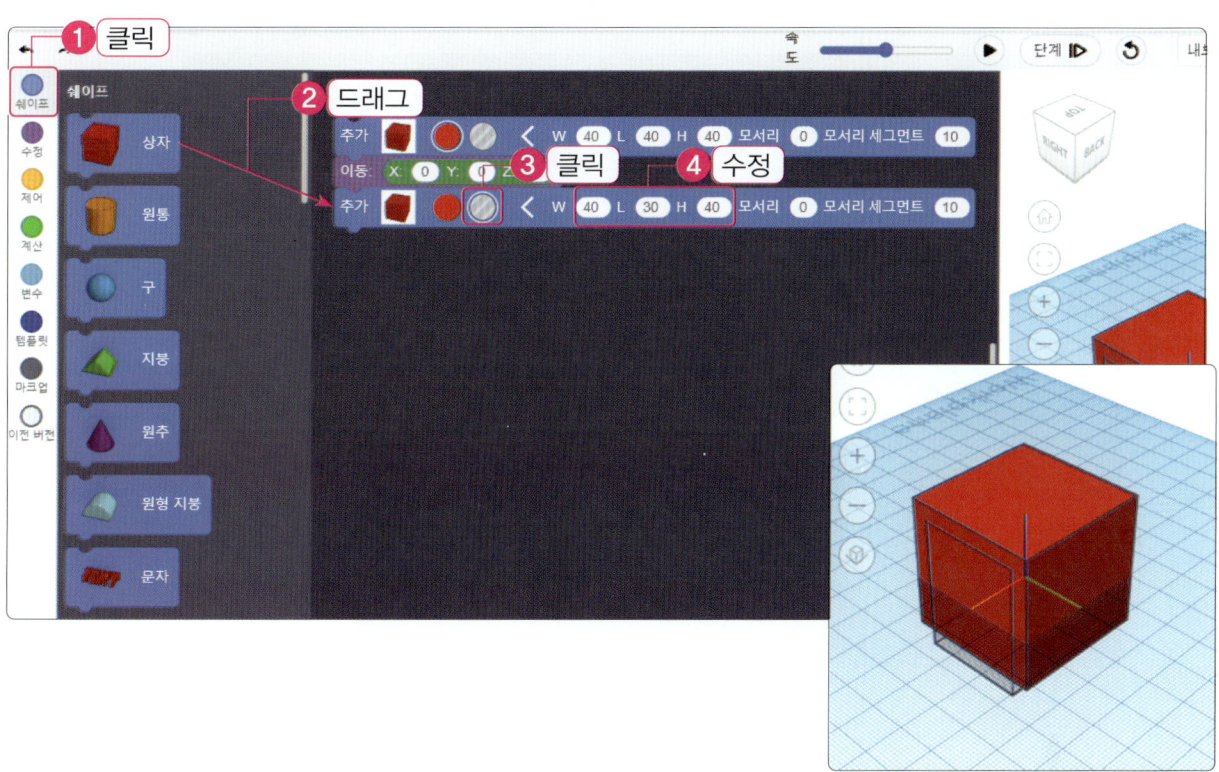

4 [쉐이프] 꾸러미의 [상자]를 가져와 투명(◉) 및 크기[W(30), L(40), H(40)]를 수정합니다.

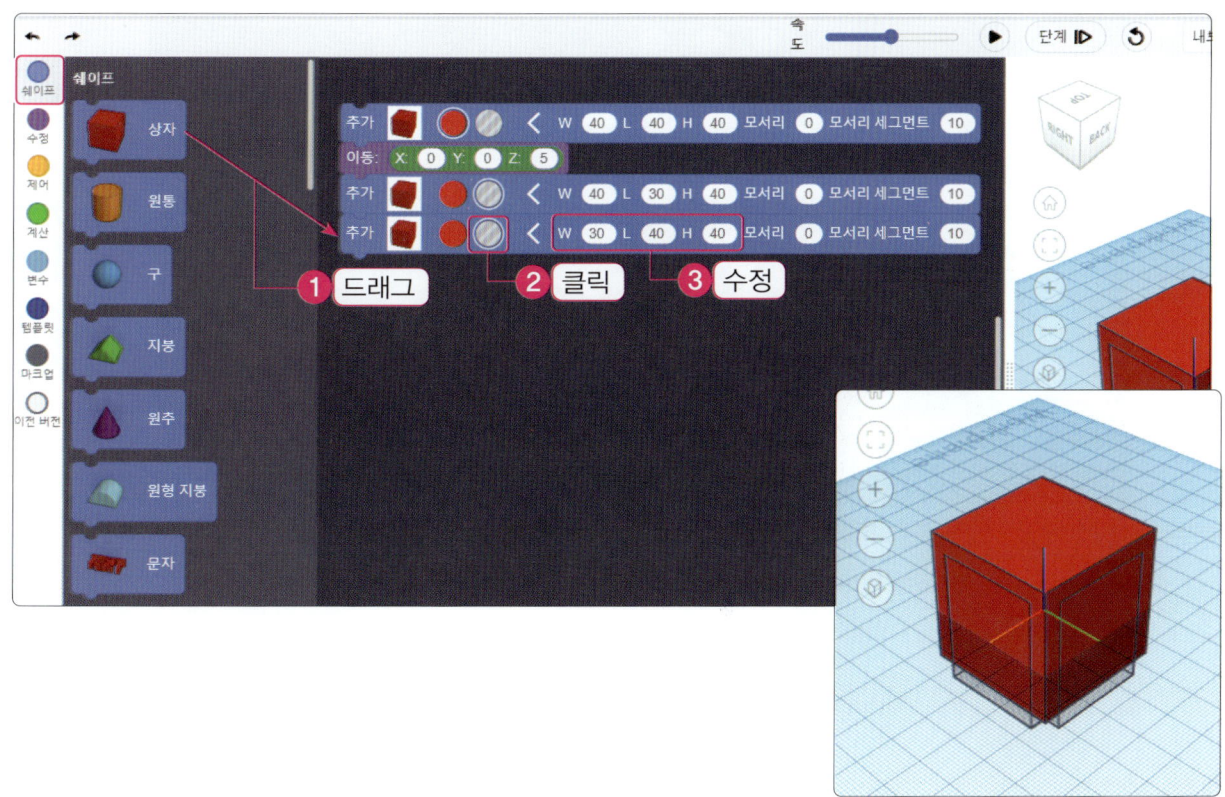

Chapter 21 - 테이블 만들기

5 [수정] 꾸러미의 [그룹 생성]을 가져와 연결한 후 [이동]을 같은 방법으로 블록 아래에 연결한 다음 위치[Z(15)]를 수정합니다.

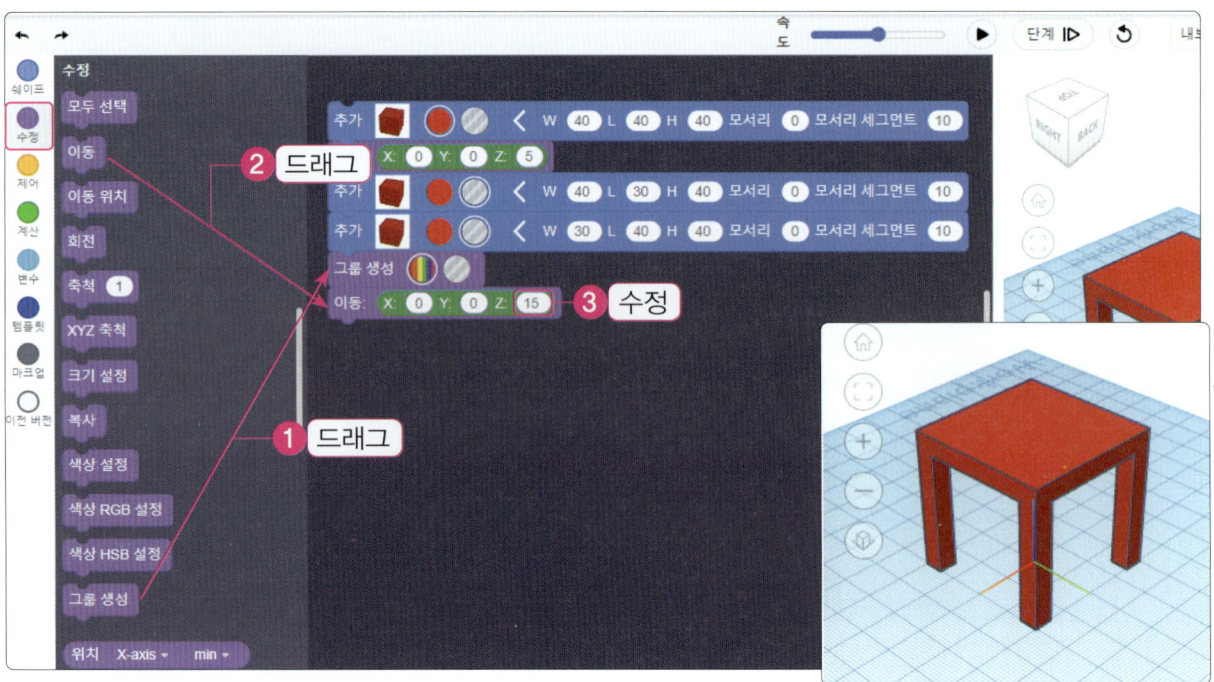

6 [쉐이프] 꾸러미의 [원통]을 가져와 블록 묶음 아래쪽 빈 공간에 배치 후 확장(>)을 눌러 크기[반지름(10), H(30), 측면(50)]를 수정합니다.

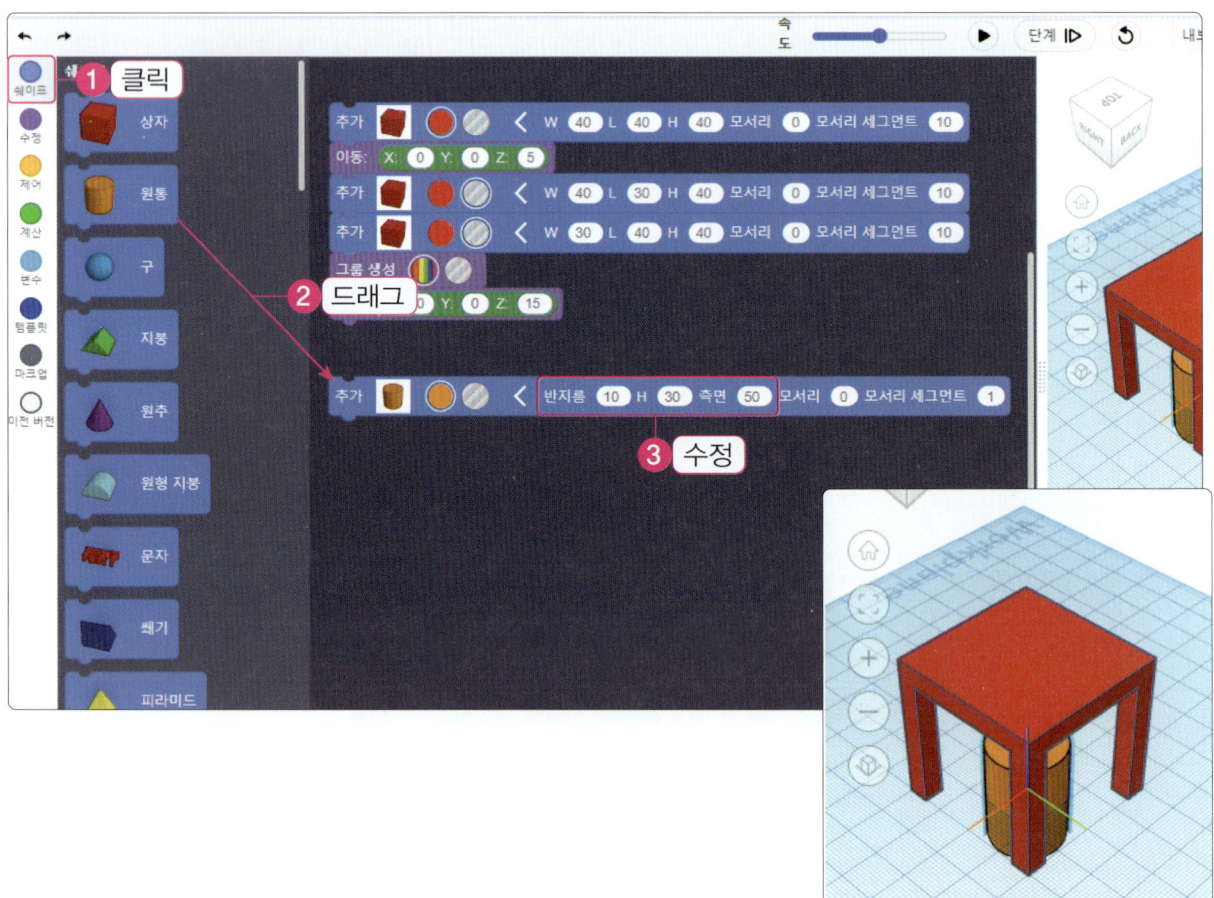

7 [수정] 꾸러미의 [이동]을 가져와 연결하고 위치[X(-30), Z(15)]를 수정합니다.

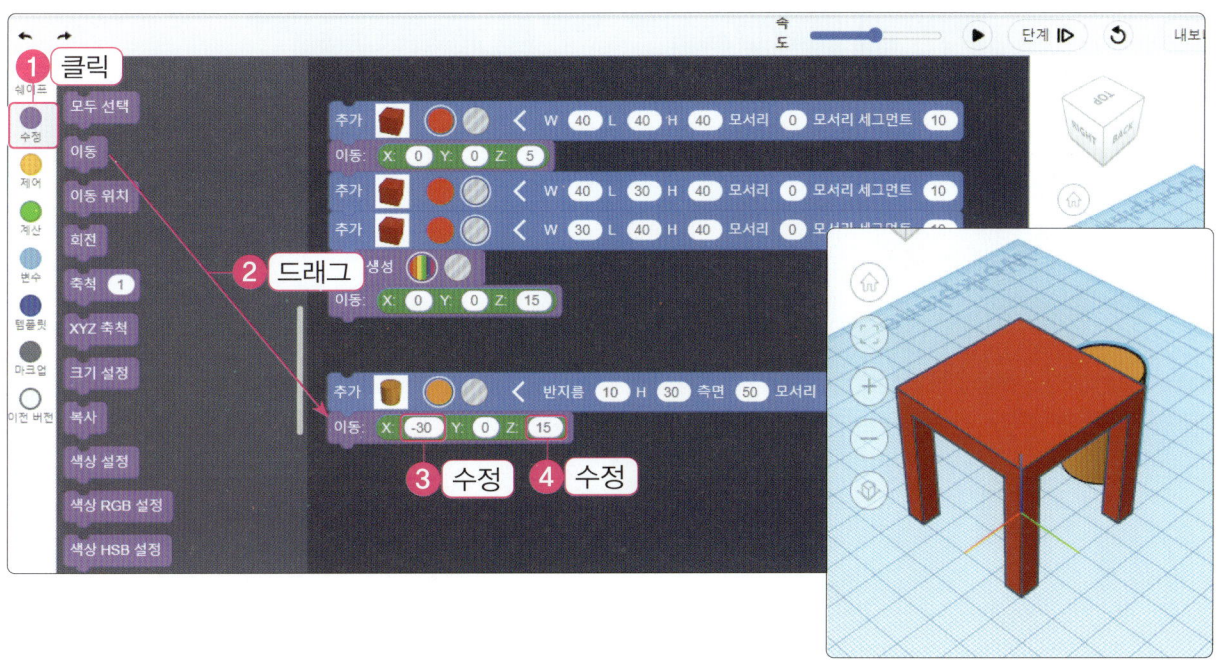

8 [수정] 꾸러미의 [복사]를 가져와 연결한 후 [이동]을 가져와 연결한 다음 위치[X(60)]를 수정하고 실행(▶)을 눌러 결과를 확인합니다.

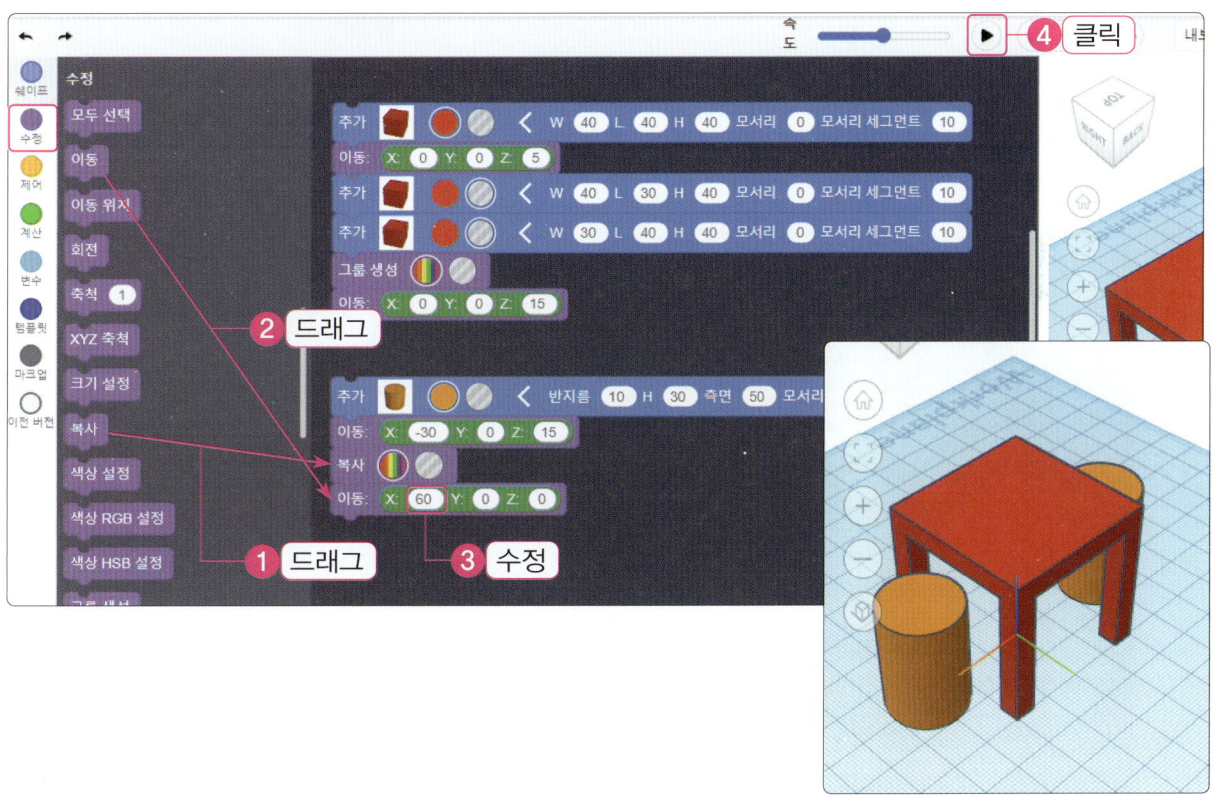

Chapter 21 - 테이블 만들기 **143**

JUMP JUMP

01 화면과 같이 모양을 만들때 필요한 코드 블록으로 아래의 빈칸을 채워보세요.

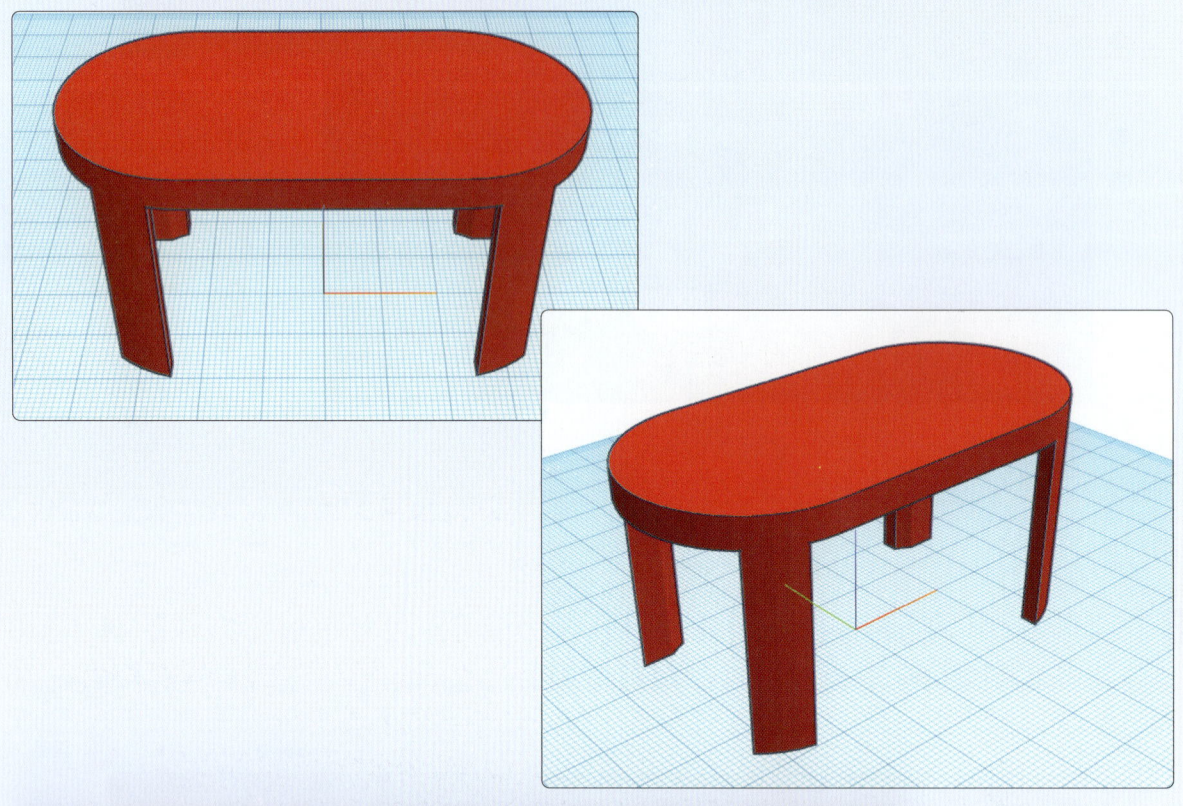

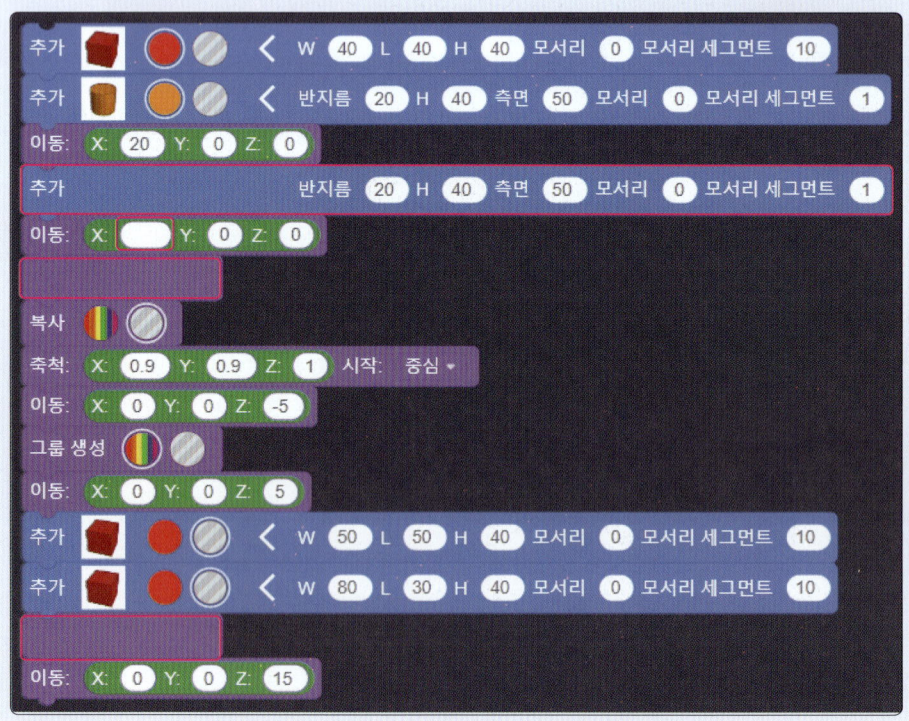

22 Chapter
공구 만들기

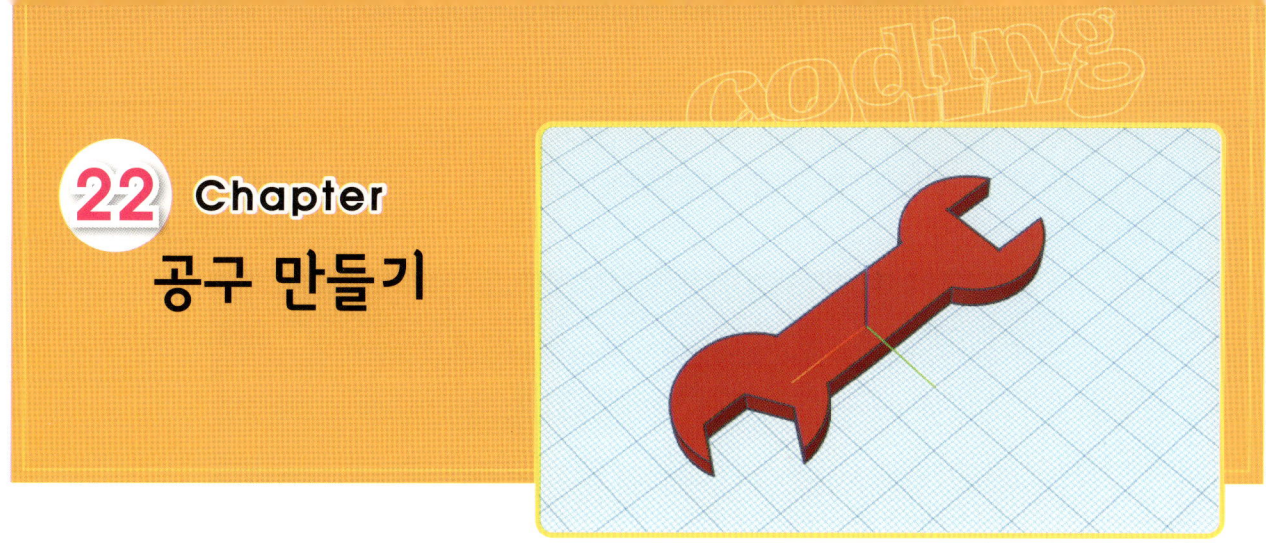

1 [쉐이프] 꾸러미의 [상자]를 블록 조립소에 가져와 배치한 후 확장(>)을 클릭한 다음 크기[W(60), L(15), H(5)]를 지정합니다.

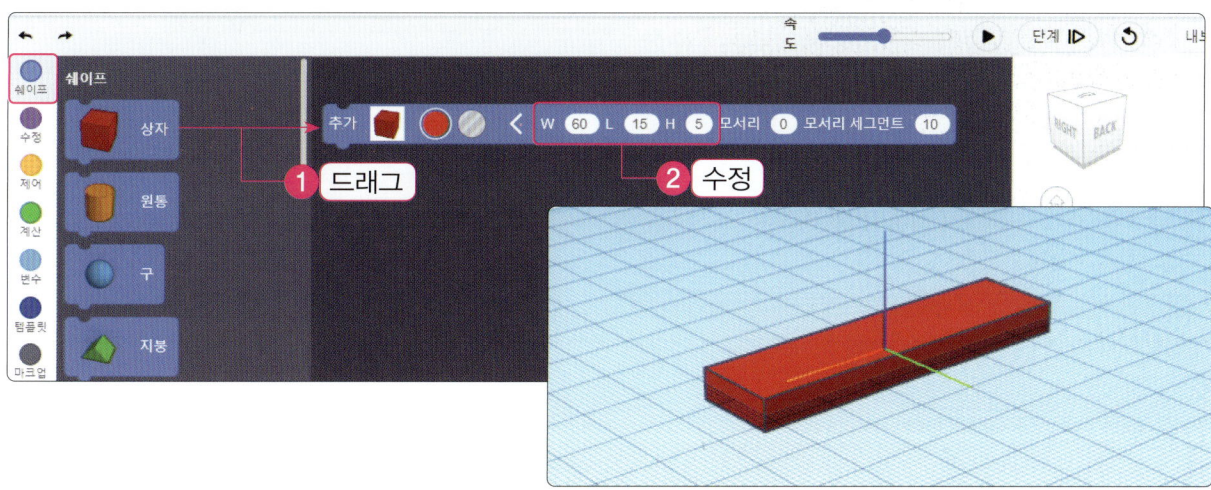

2 [쉐이프] 꾸러미의 [원통]을 가져와 연결한 후 확장(>)을 클릭, 크기[반지름(15), H(5), 측면(50)]를 지정하고 [수정] 꾸러미의 [이동]을 가져와 위치[X(-30)]를 수정합니다.

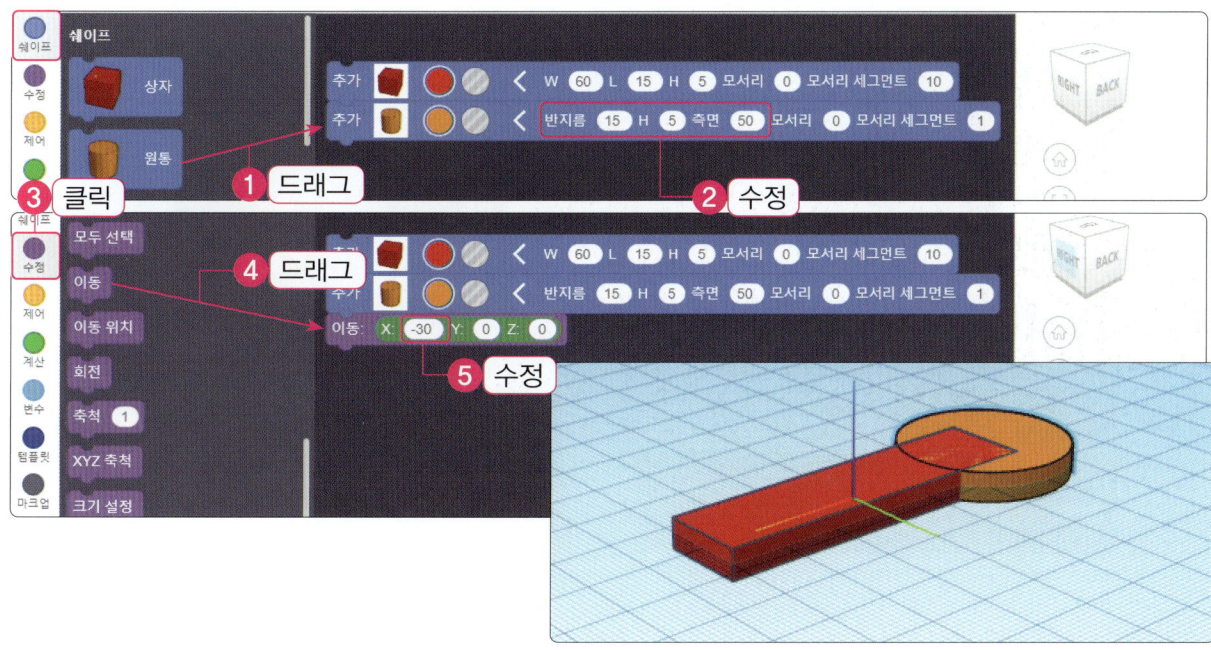

3 같은 방법으로 [쉐이프] 꾸러미의 [원통]을 가져와 연결한 후 확장(>)을 클릭, 크기[반지름(15), H(5), 측면(50)]를 지정하고 [수정] 꾸러미의 [이동]을 가져와 위치[X(30)]를 수정합니다.

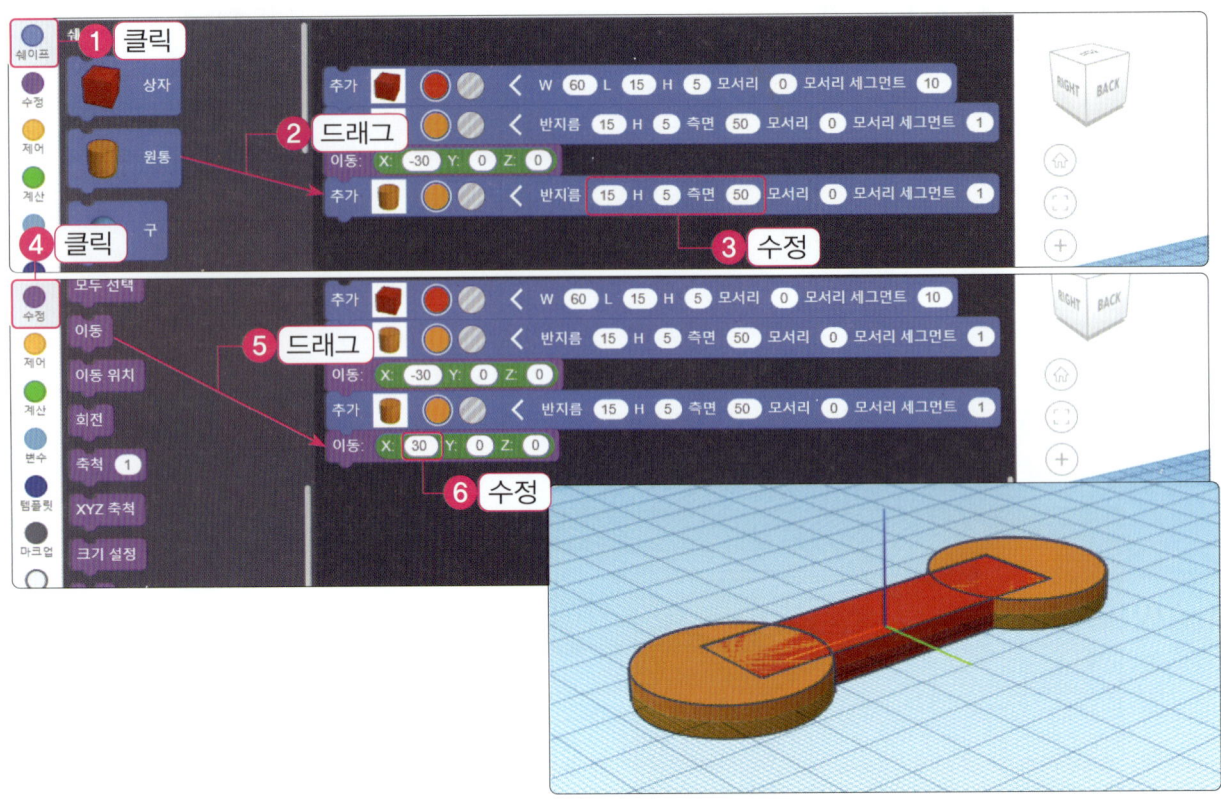

4 [수정] 꾸러미의 [그룹 생성]을 연결한 후 색을 클릭한 다음 원하는 여러 색을 체크 해제하고 색(빨강)을 선택합니다.

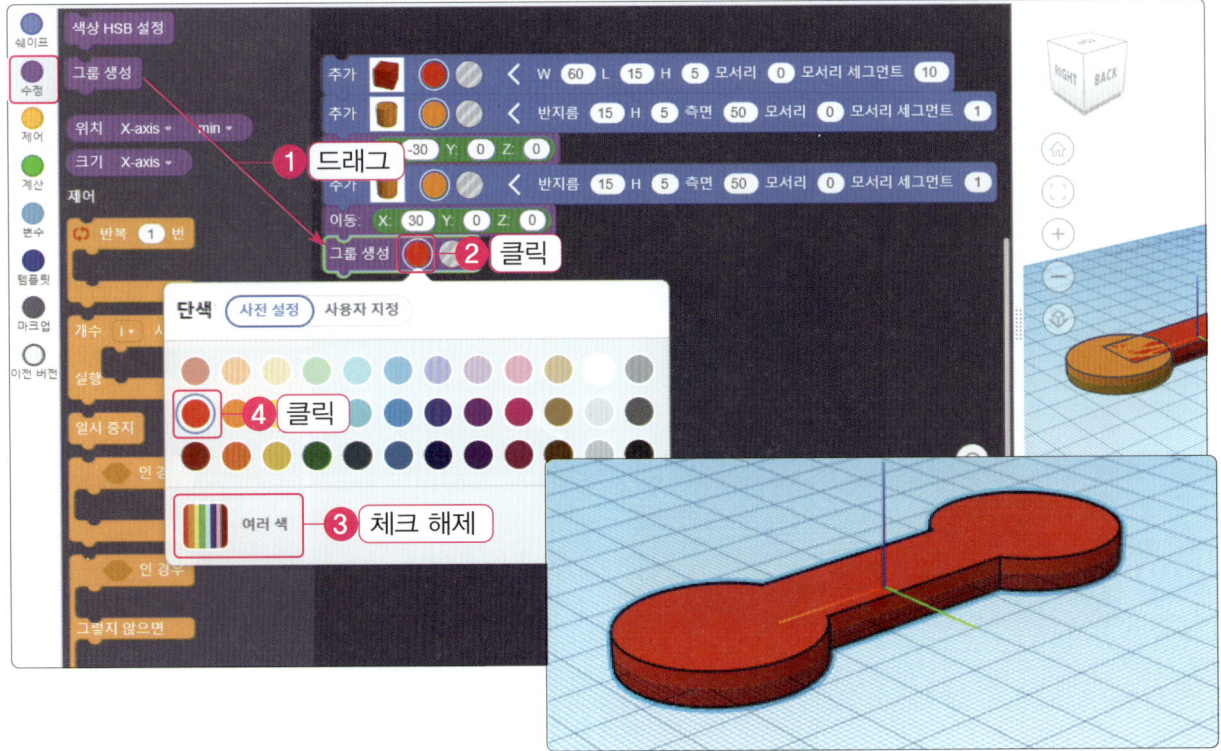

5 [쉐이프] 꾸러미의 [상자]를 가져와 연결한 후 투명(◯)을 클릭한 다음 확장(>)을 눌러 크기[W(15), L(15), H(5)]를 수정합니다. [수정] 꾸러미의 [이동]을 가져와 연결하고 위치 [X(-38)]를 수정합니다.

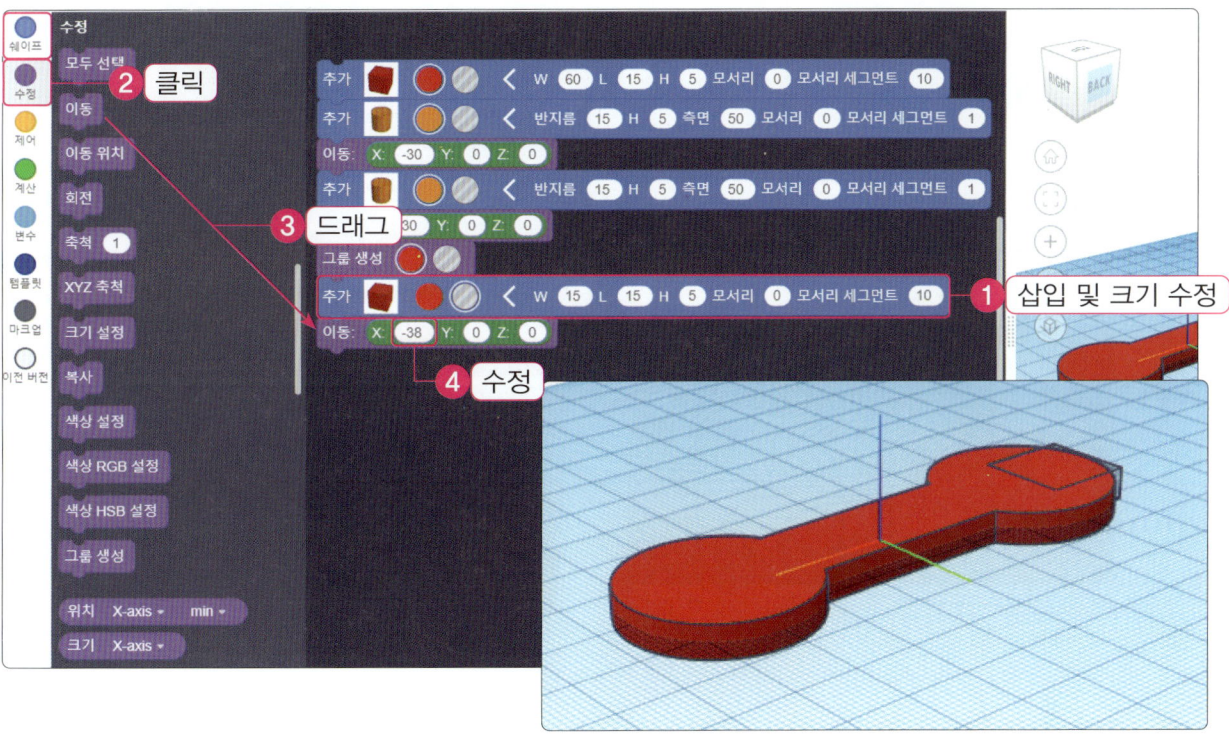

6 [쉐이프] 꾸러미의 [폴리곤]을 가져와 연결한 후 투명(◯)을 클릭하고 확장(>)을 눌러 측면(6)을 확인합니다. [수정] 꾸러미의 [이동]을 가져와 연결한 후 크기[X(35), Y(7)]를 수정합니다.

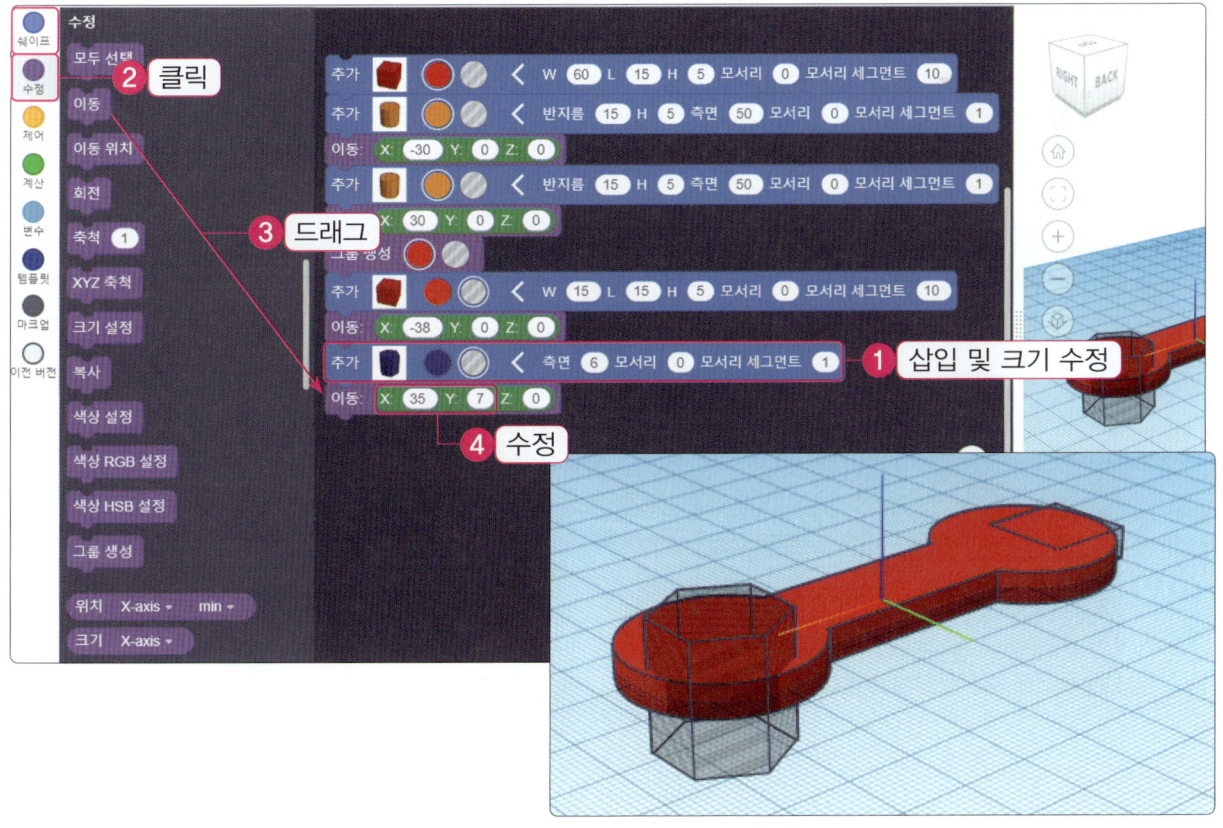

Chapter 22 - 공구 만들기

7 [수정] 꾸러미의 [회전]을 가져와 연결한 후 기준 축(축Z) 및 회전 각도(30)를 수정합니다.

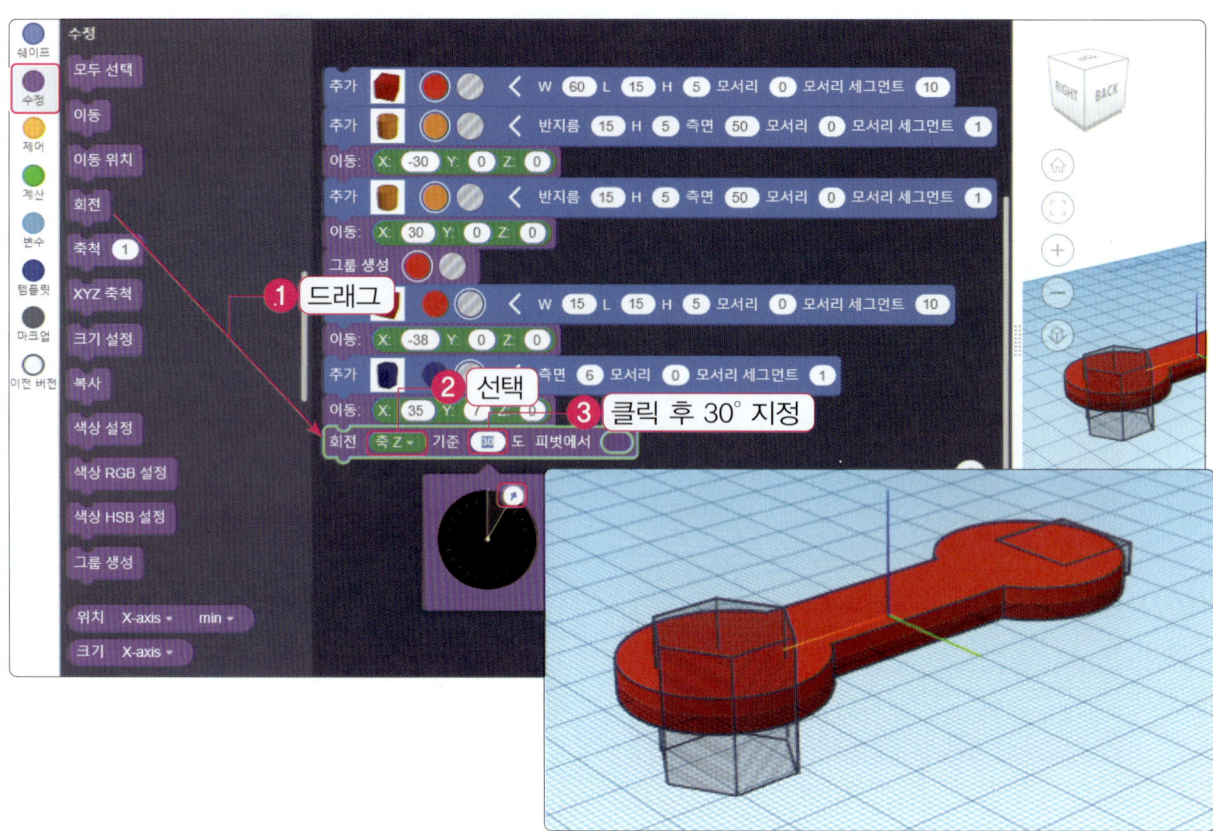

8 [수정] 꾸러미의 [그룹 생성]을 가져와 연결한 후 [이동]을 바로 아래에 연결하고 위치 [Z(2.5)]를 수정합니다. 블록 코딩이 완성되면 실행(▶)을 눌러 결과를 확인합니다.

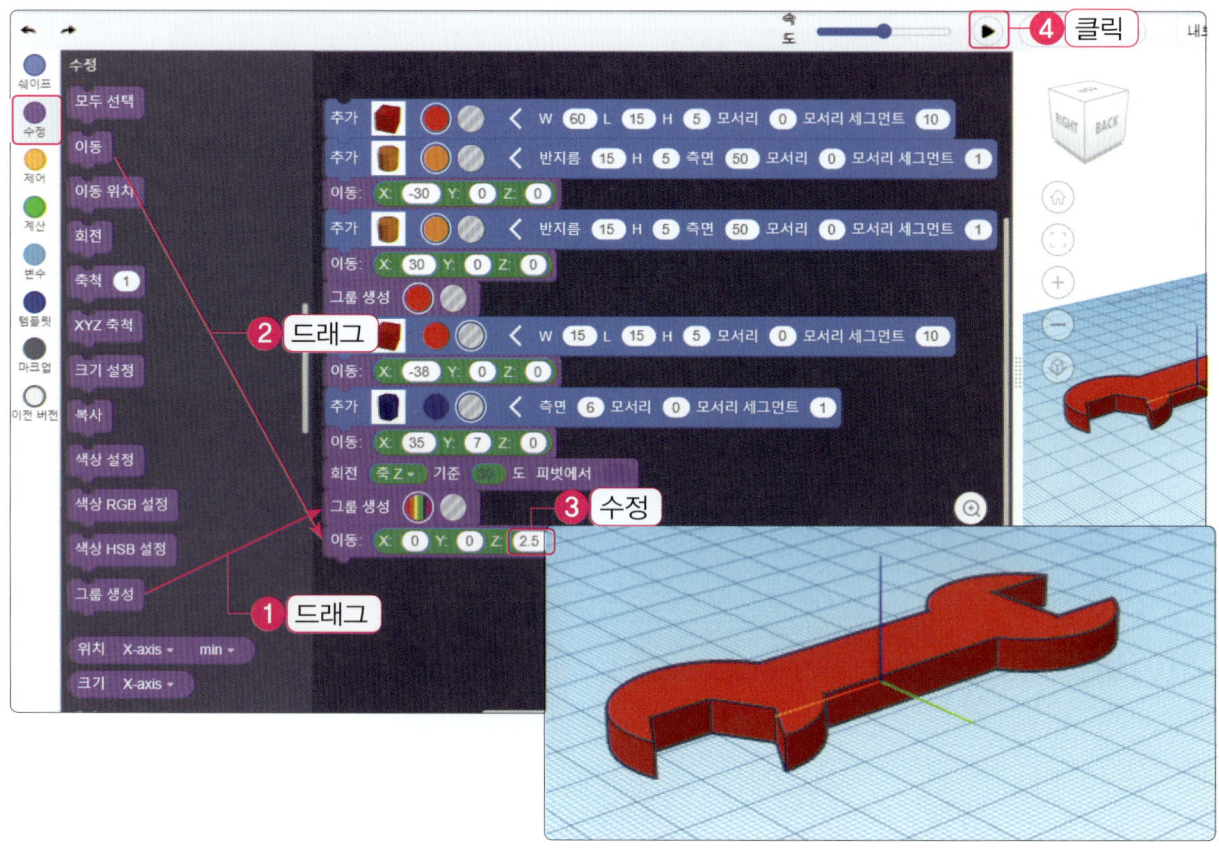

JUMP JUMP

01 스패너 공구를 만들기 위한 블록 코딩을 작성했을 때 아래의 빈칸을 채워보세요.

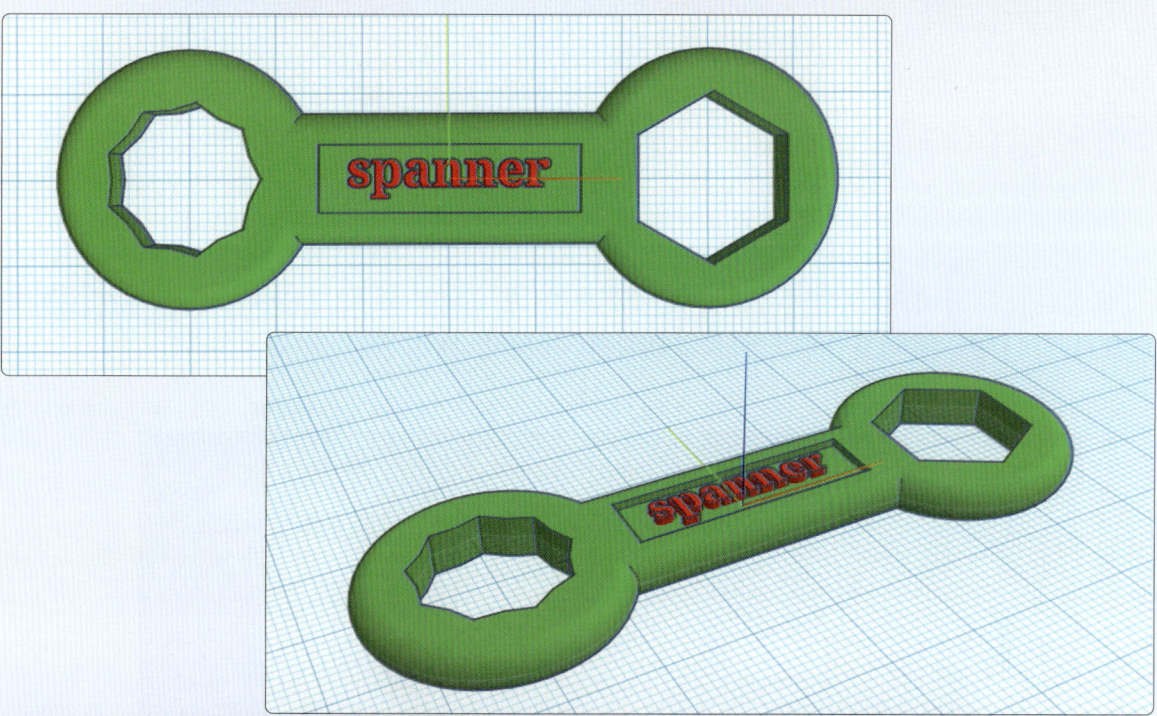

Chapter 22 - 공구 만들기

23 Chapter
필기구 만들기

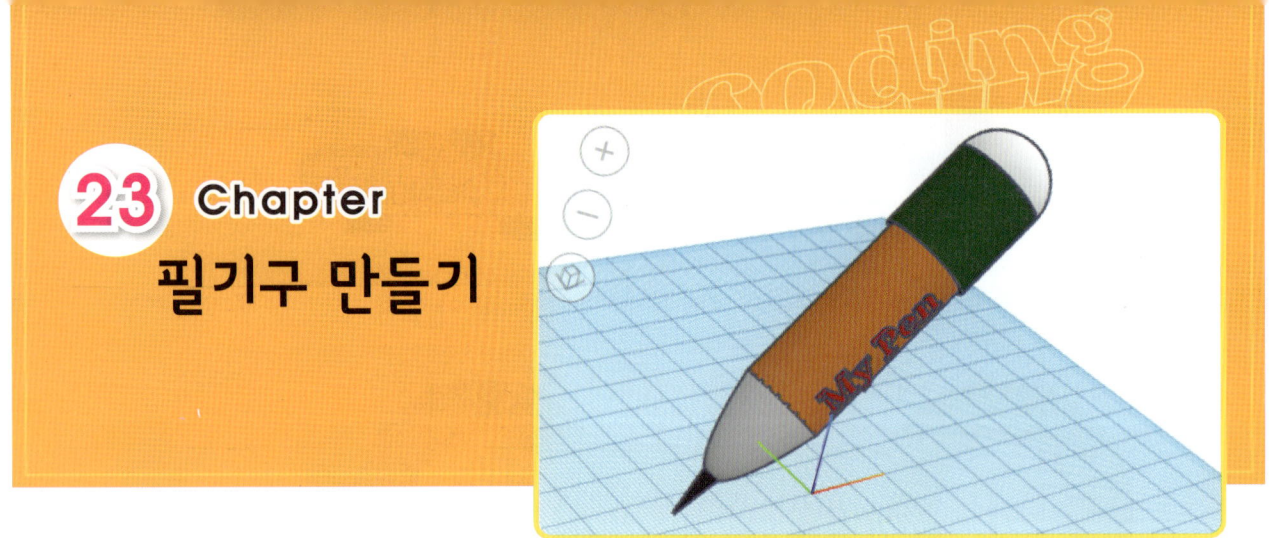

1 [쉐이프] 꾸러미의 [원추]를 가져와 연결한 후 색(검정)을 선택한 다음 확장(▶)을 눌러 크기[상단 반지름(0), 하단 반지름(3)]를 수정합니다.

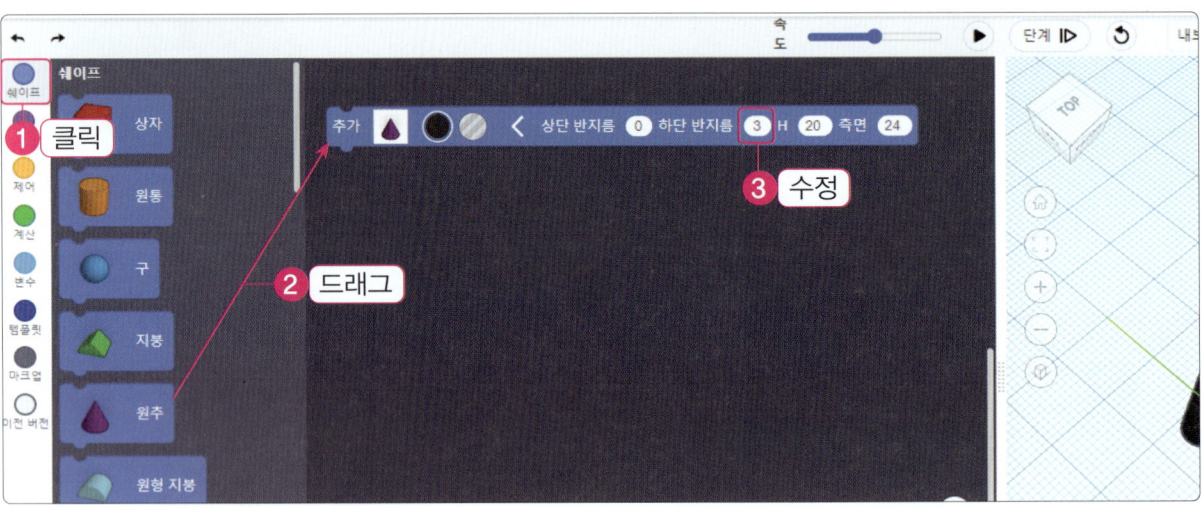

2 [수정] 꾸러미의 [이동]을 가져와 연결한 후 위치[Z(80)]를 지정합니다.

3 [쉐이프] 꾸러미의 [포물면]을 가져와 블록과 연결한 후 확장(>)을 눌러 크기[반지름(9), H(20), 측면(50)]를 수정한 다음 [수정] 꾸러미의 [이동]을 가져와 연결하고 위치[Z(70)]를 수정합니다.

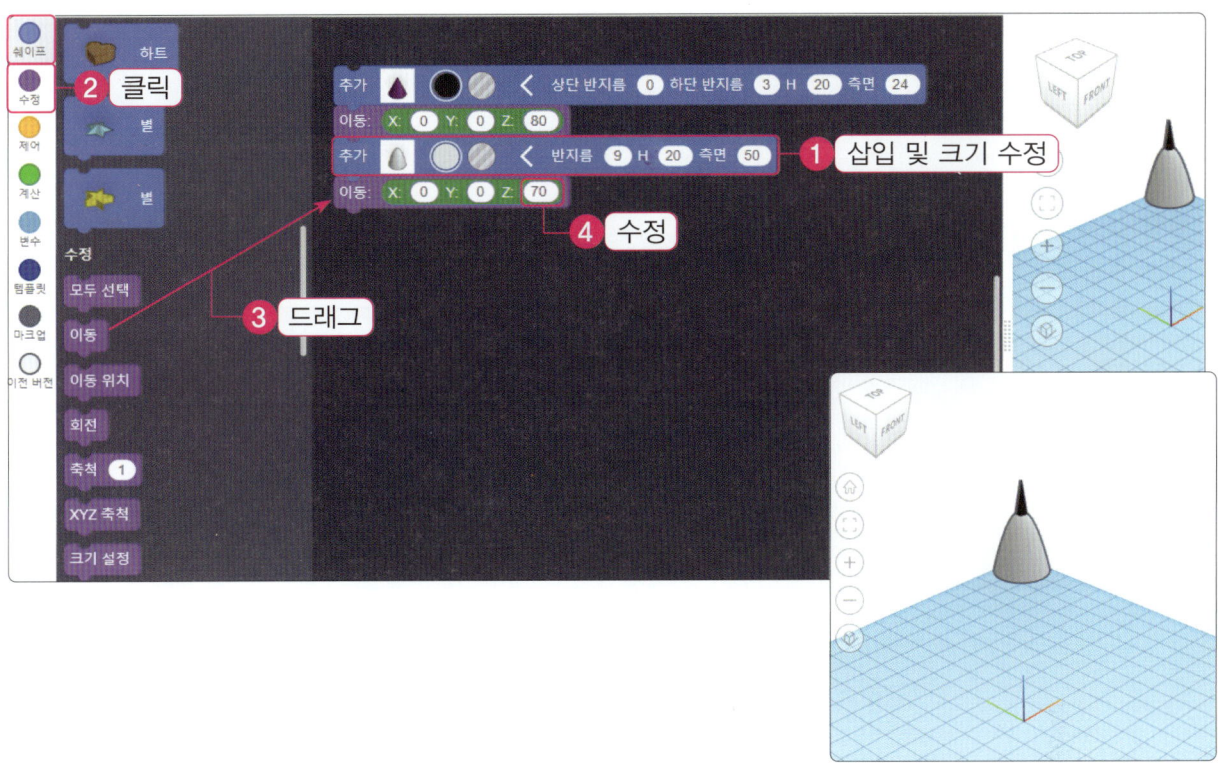

4 [쉐이프] 꾸러미의 [원통]을 가져와 블록과 연결한 후 확장(>)을 눌러 크기[반지름(9), H(40), 측면(50)]를 수정하고 [수정] 꾸러미의 [이동]을 가져와 연결한 후 위치[Z(40)]를 지정합니다.

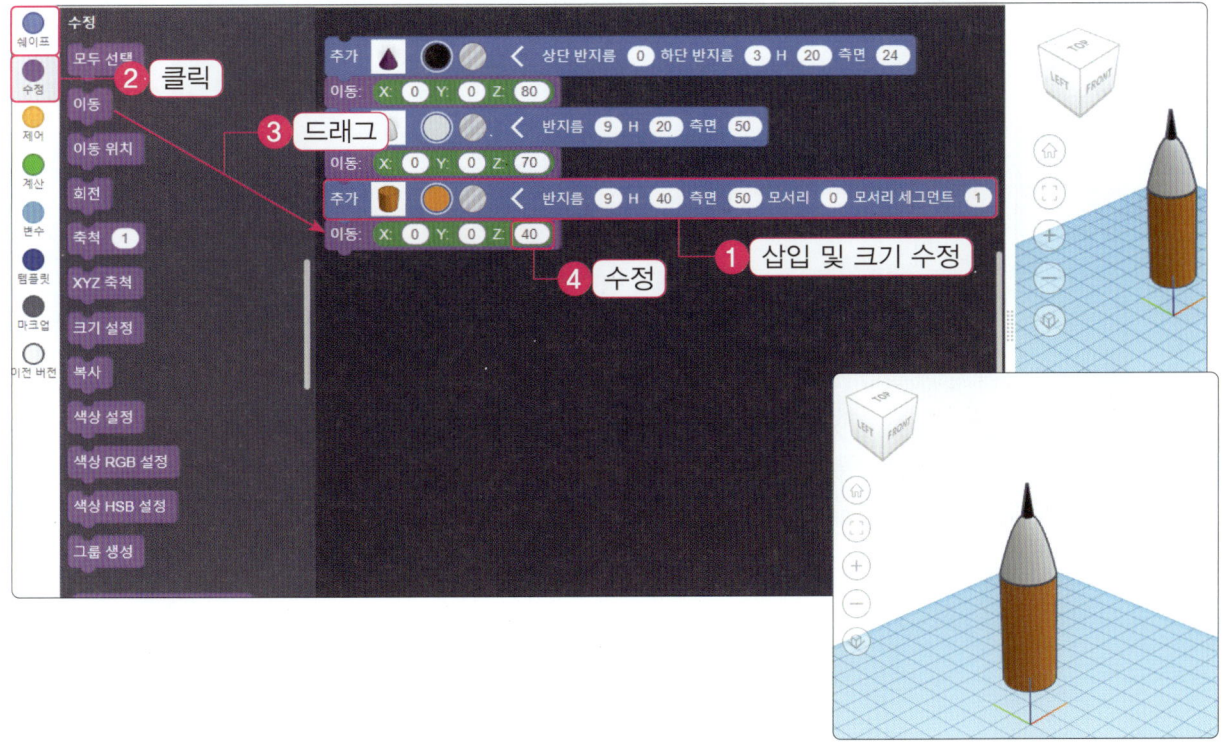

Chapter 23 – 필기구 만들기

5 [쉐이프] 꾸러미의 [문자]를 가져와 블록과 연결한 후 확장(>)을 눌러 내용(My Pen) 및 크기[H(2)]를 수정합니다. [수정] 꾸러미의 [축척]을 가져와 가로(X) 및 세로(Y)를 0.3(30%)으로 줄이고 [회전] 블록을 2개 가져와 연결, X축으로 90°, Y축으로 90°를 회전한 후 [이동]을 아래쪽에 연결한 다음 위치[Y(-8), Z(40)]를 수정합니다.

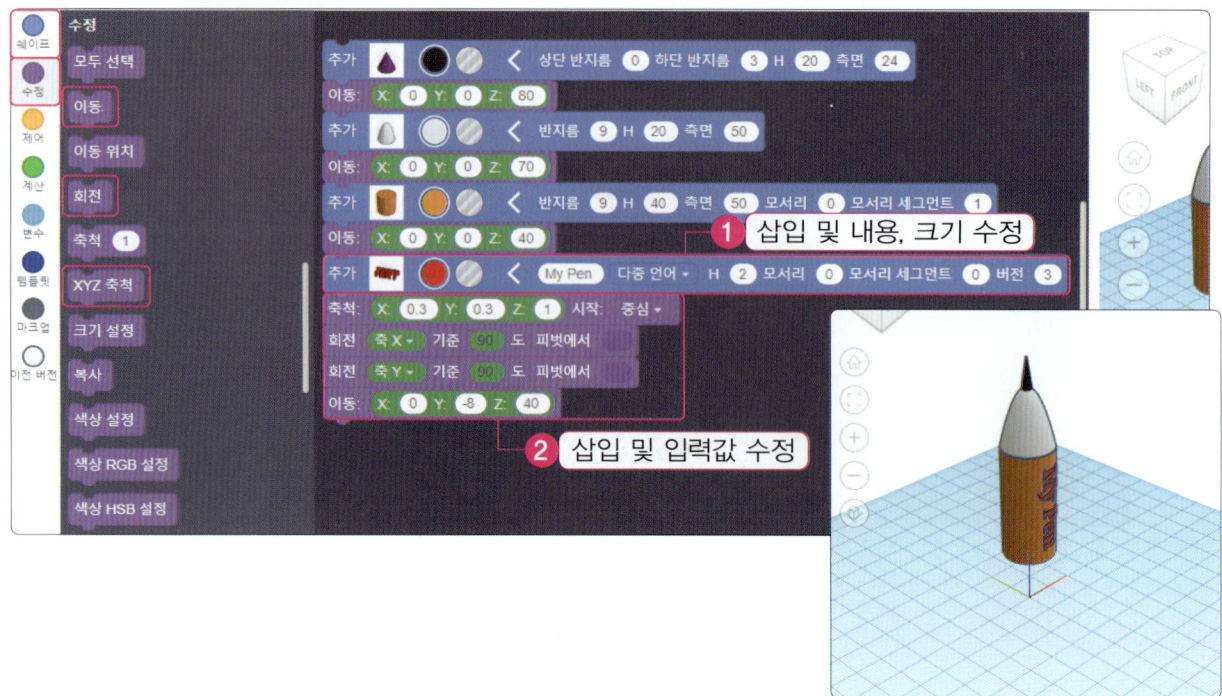

6 [쉐이프] 꾸러미의 [원통]을 가져와 연결한 후 확장(>)을 눌러 크기[반지름(10), H(20), 측면(50)]를 수정하고 [수정] 꾸러미의 [이동]을 가져와 연결한 후 위치[Z(10)]를 수정합니다.

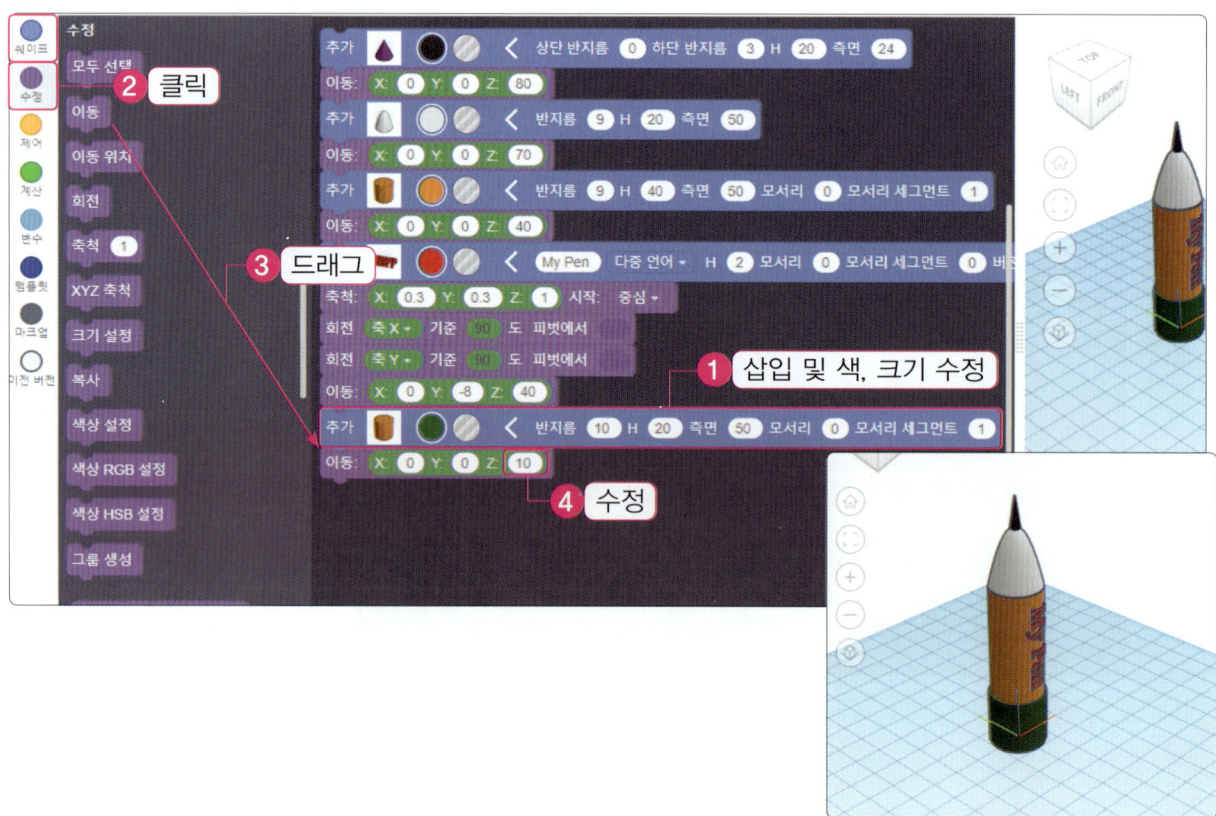

7 [쉐이프] 꾸러미의 [반구]를 가져와 연결한 후 색(흰색)을 지정합니다. [수정] 꾸러미의 [회전]을 가져와 연결하고 X축으로 180° 회전한 후 [이동]을 가져와 연결하고 위치[Z(-5)]를 수정합니다.

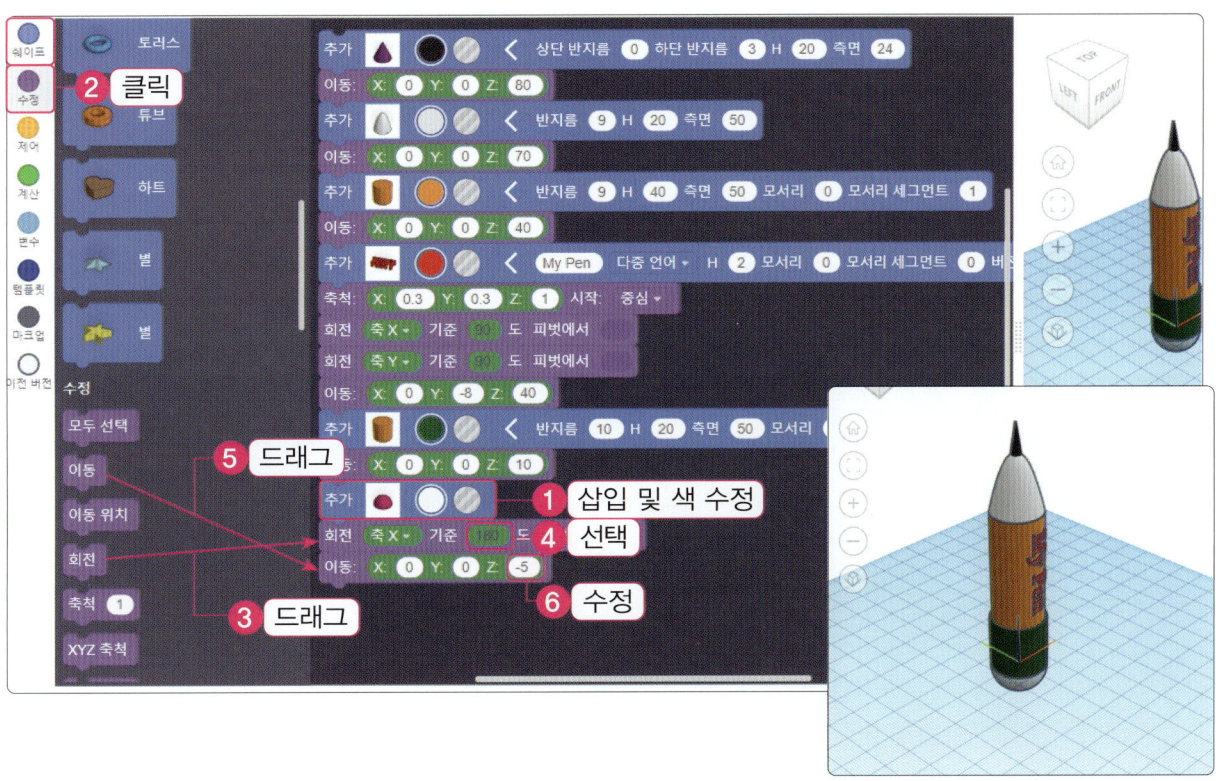

8 [수정] 꾸러미의 [그룹 생성]을 가져와 연결한 후 [회전]을 블록 아래에 연결한 다음 Y축으로 -135° 회전합니다. 블록이 완성되면 실행(▶)을 눌러 결과를 확인합니다.

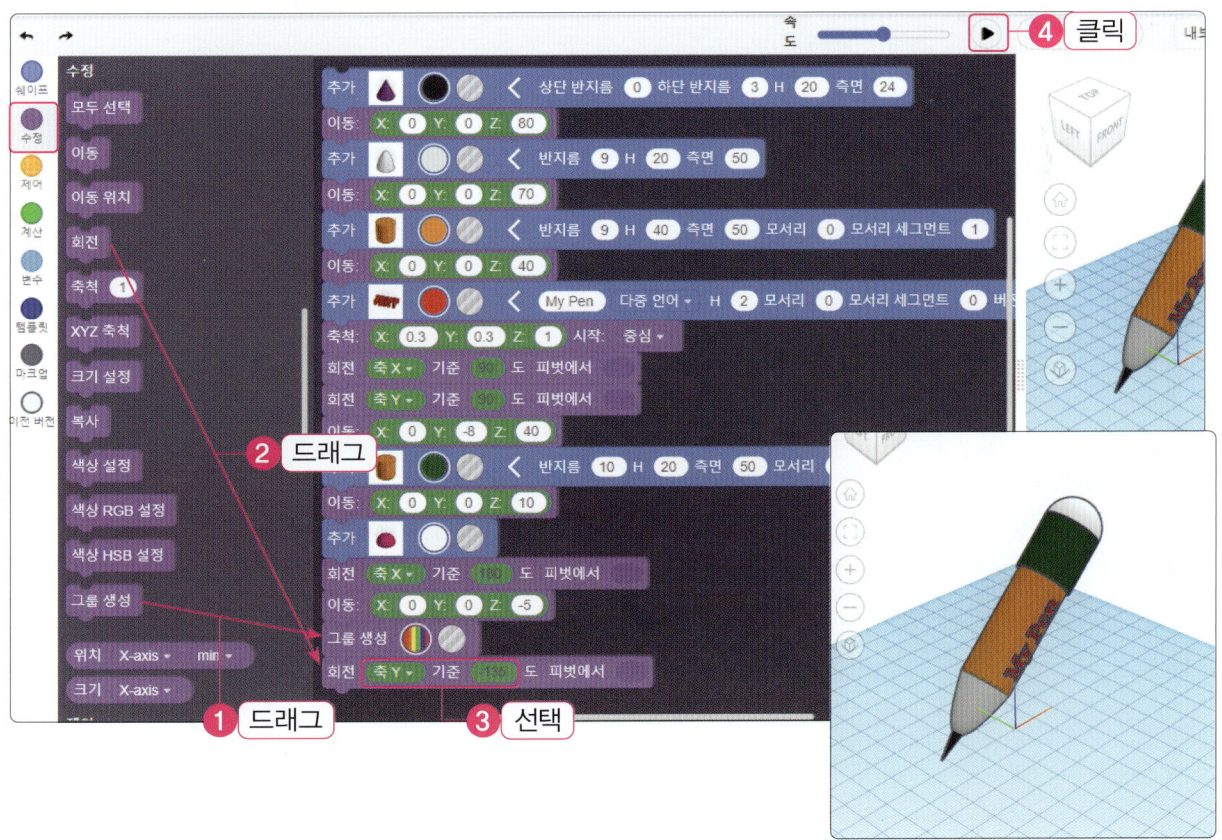

Chapter 23 - 필기구 만들기

JUMP JUMP

01 화면과 같이 블록으로 펜을 만들었을 때 아래 조건에 따라 [pen] 객체를 완성해 보세요.

[Pen] 객체의 조건

- pin1, pin2, body 객체의 복사본을 추가한 후 하나의 그룹으로 생성하고 Y축으로 −150° 회전합니다.
- pin1, pin2, body 객체를 삭제합니다.

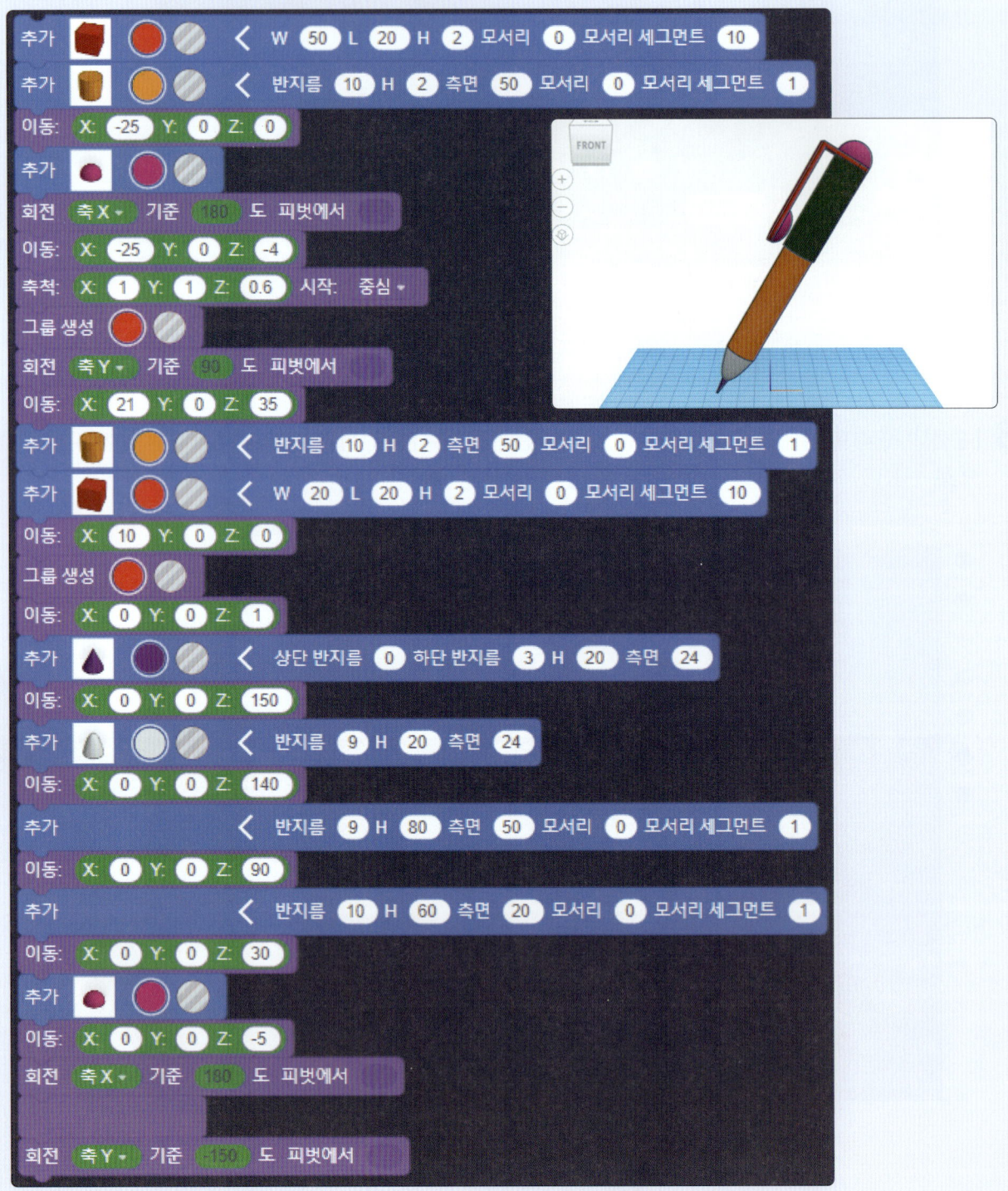

24 Chapter
머그컵 만들기

1 [템플릿] 꾸러미의 [템플릿 생성] 단추를 클릭 후 템플릿의 새 변수 이름을 입력할 수 있는 대화상자가 표시되면 이름(컵몸통)을 입력한 다음 [확인] 단추를 클릭합니다.

2 컵몸통 템플릿 블록이 표시되면 컵몸통 블록 안에 다음과 같이 [쉐이프] 및 [수정] 꾸러미를 이용하여 원통 및 텍스트(LOVE)를 표시하고 축척(X:0.5, Y:0.5), 회전(축X:90, 축Y:90), 이동(Y:20) 등을 수정합니다.

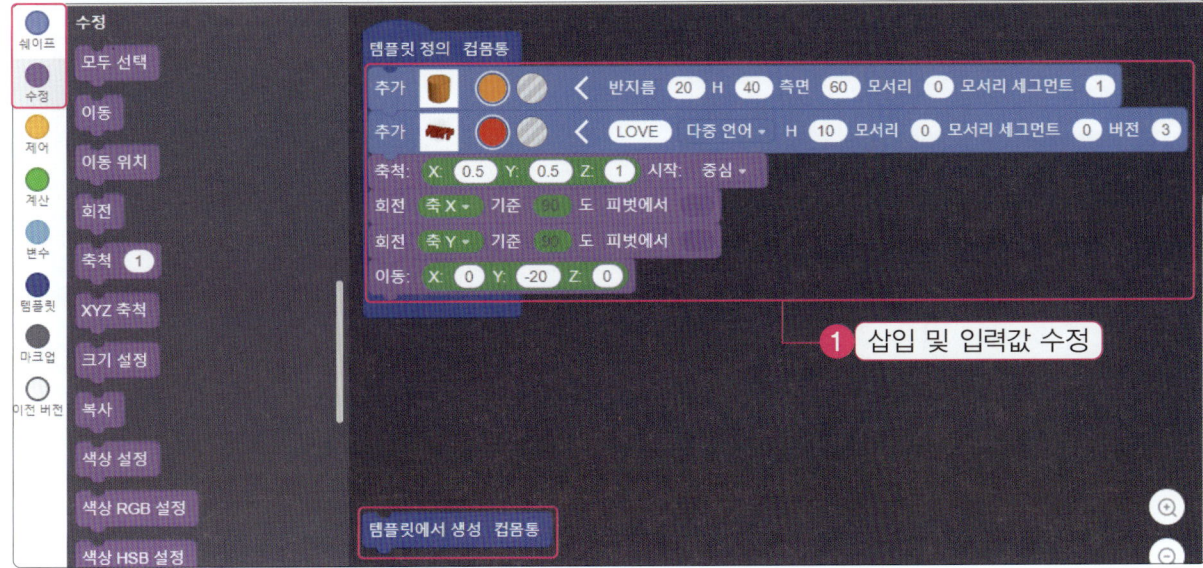

Chapter 24 - 머그컵 만들기 **155**

3 [쉐이프] 꾸러미의 [원통]을 가져와 연결한 후 투명(◉)을 선택한 다음 확장(▶)을 클릭, 크기[반지름(17), H(40), 측면(60)]를 지정합니다. [수정] 꾸러미의 [이동]을 연결한 후 위치[Z(5)]를 지정하고 [그룹 생성]을 연결합니다.

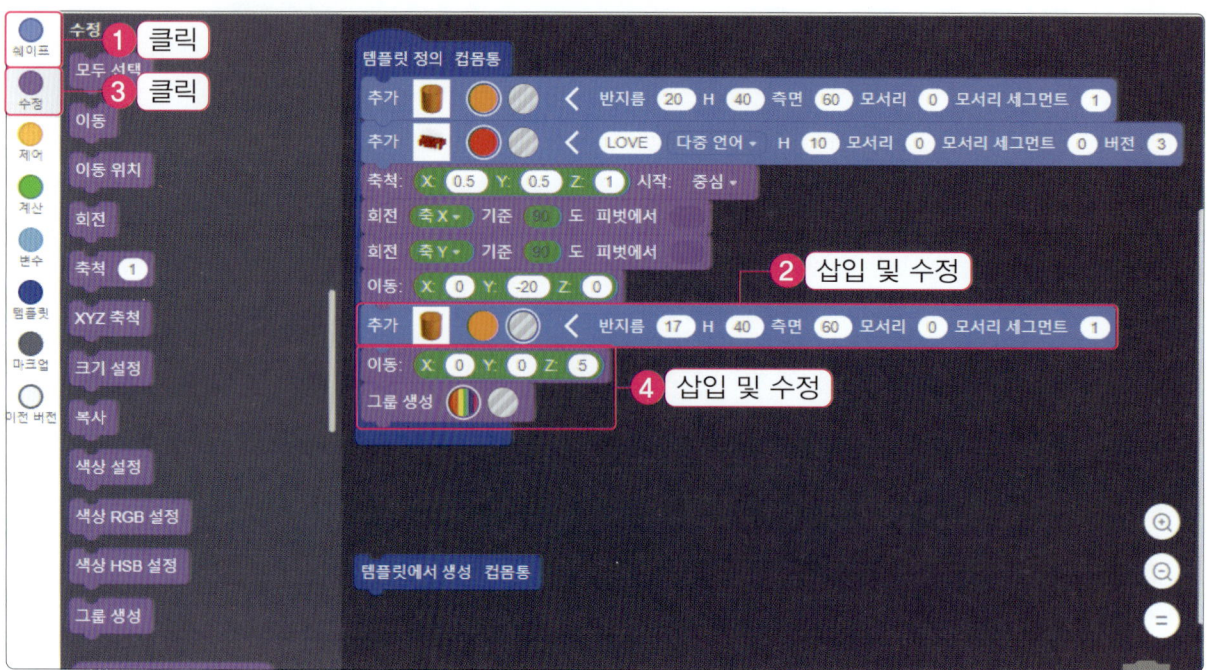

4 [템플릿] 꾸러미의 [템플릿 생성] 단추를 클릭 후 템플릿의 새 변수 이름을 입력할 수 있는 대화상자가 표시되면 이름(자르기툴)을 입력한 다음 [확인] 단추를 클릭합니다.

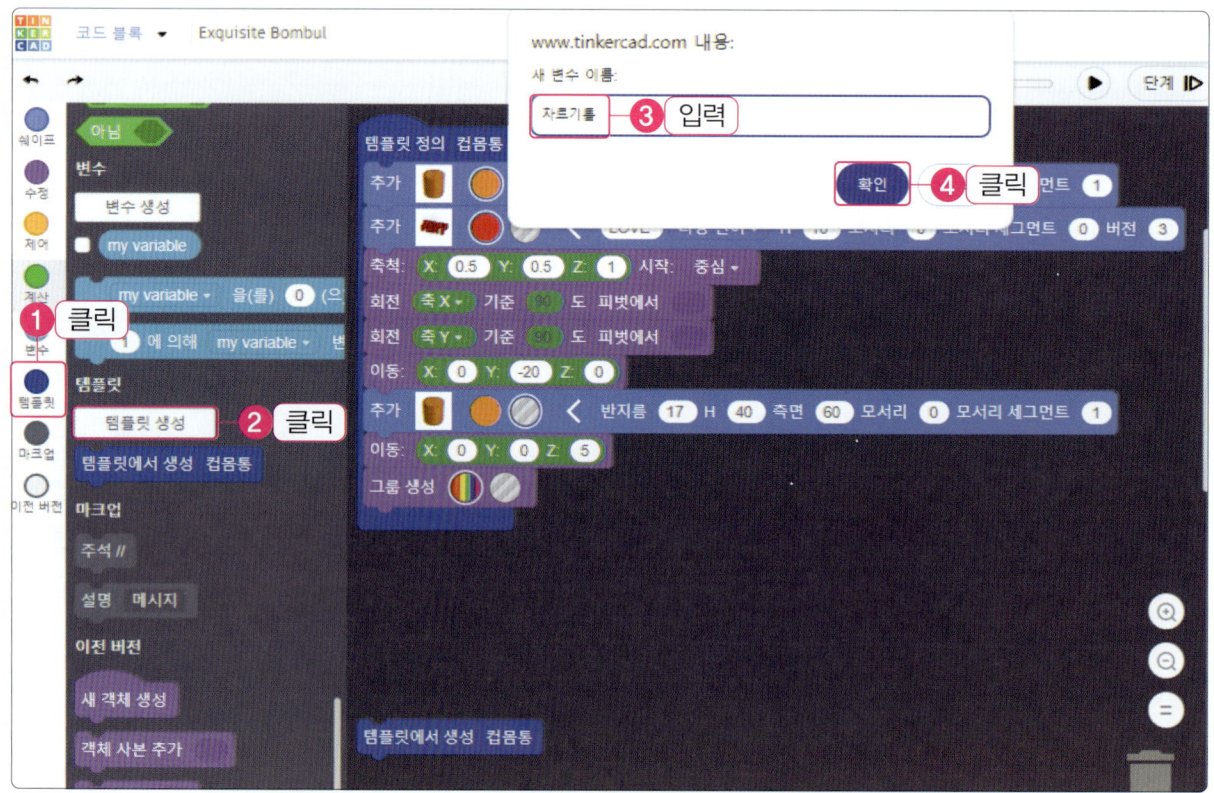

5 자르기툴 템플릿 블록이 표시되면 블록 안에 다음과 같이 [쉐이프] 꾸러미의 [원통]을 가져와 연결, 투명(◉) 및 크기[반지름(21), H(40), 측면(60)]를 지정하고 [상자]를 가져와 연결한 후 크기[W(80), L(80), H(40)]를 지정합니다. [수정] 꾸러미의 [그룹 생성]을 가져와 연결한 후 투명(◉)을 지정하여 돌출된 문자를 자를 수 있도록 외곽틀을 만듭니다.

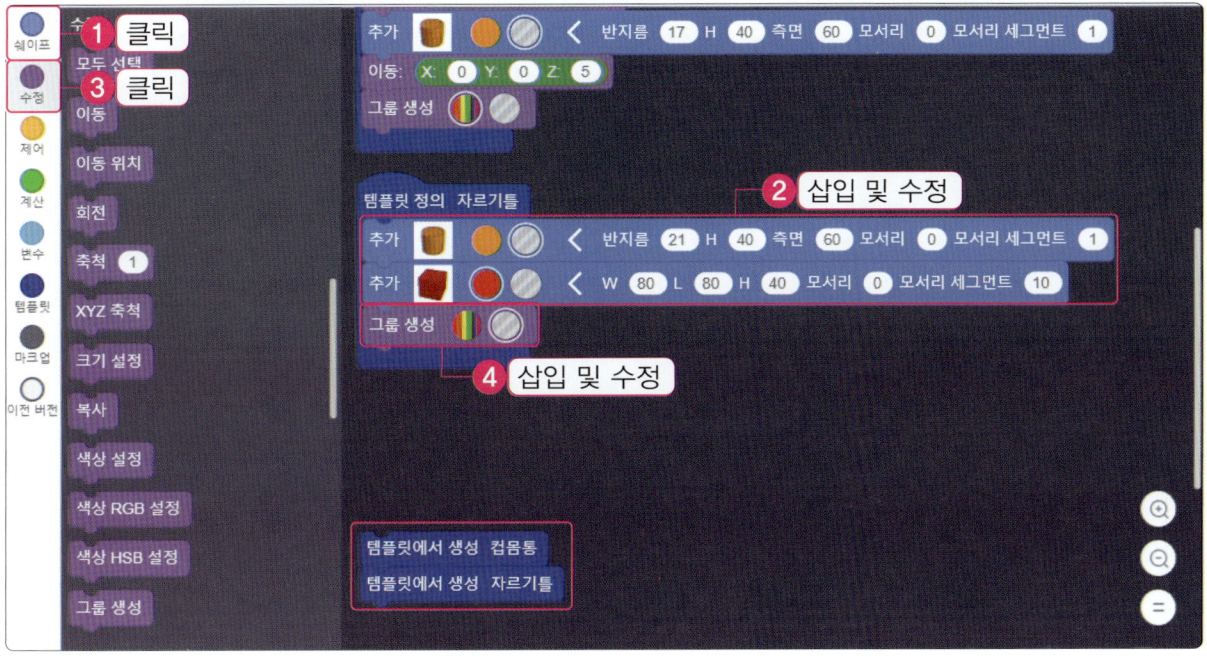

6 [템플릿] 꾸러미의 [템플릿 생성] 단추를 클릭 후 템플릿의 새 변수 이름을 입력할 수 있는 대화상자가 표시되면 이름(손잡이틀)을 입력한 다음 [확인] 단추를 클릭합니다.

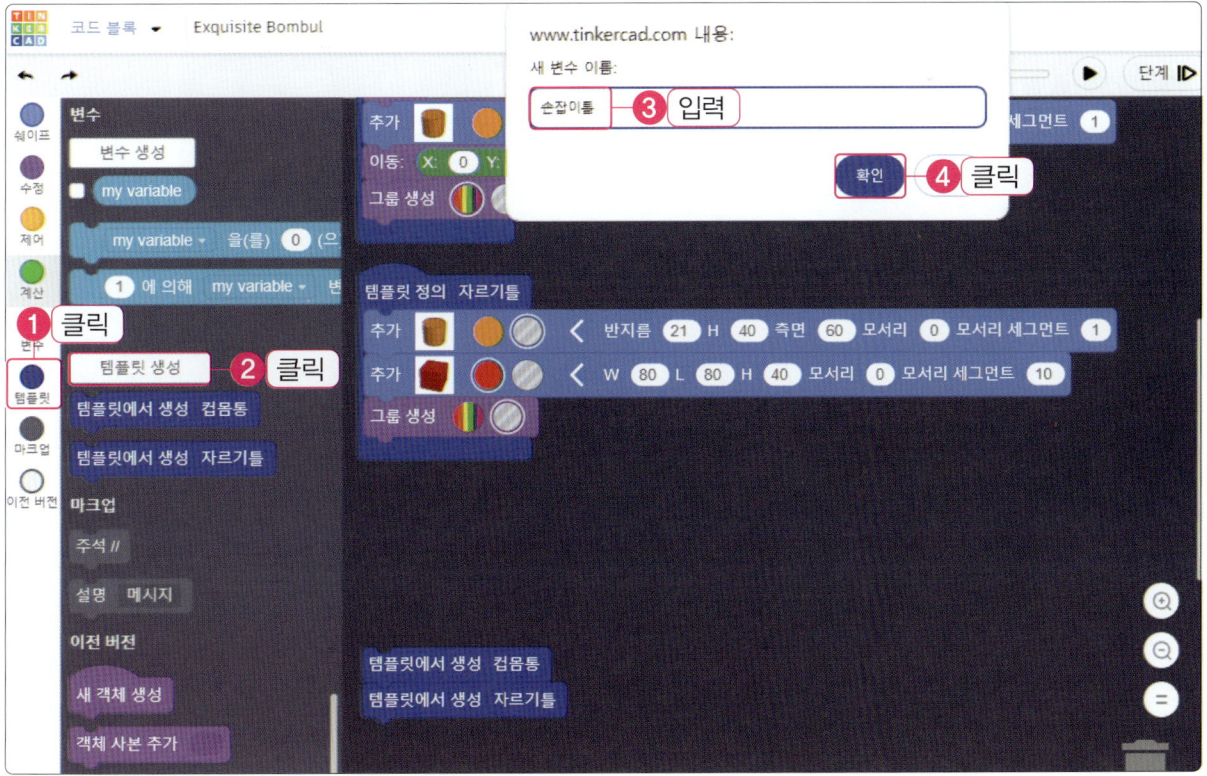

7 손잡이툴 템플릿 블록이 표시되면 블록 안에 [쉐이프] 및 [수정] 꾸러미를 이용하여 토러스를 추가하고 회전(축X:90) 및 이동(X:22) 후 원통을 투명으로 추가한 다음 그룹으로 묶어 손잡이 모양을 만듭니다.

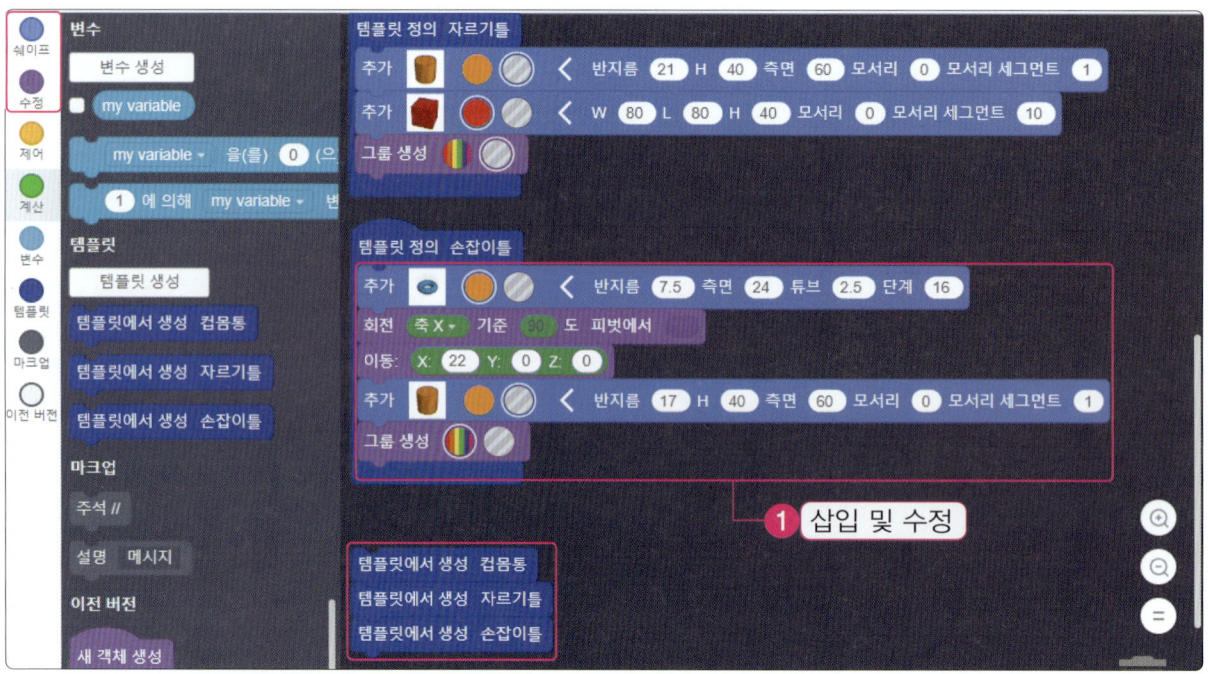

8 작업 공간에 컵몸통 및 자르기툴 블록을 연결 후 [수정] 꾸러미의 그룹 생성 블록을 연결하고 손잡이툴 블록을 연결한 다음 그룹 생성 및 이동(Z:20) 블록을 연결합니다. 컵몸통 ▶ 자르기툴 ▶ 그룹 ▶ 손잡이툴 ▶ 그룹 ▶ 이동 순서로 코딩이 완성되면 실행(▶)을 눌러 결과를 확인합니다.

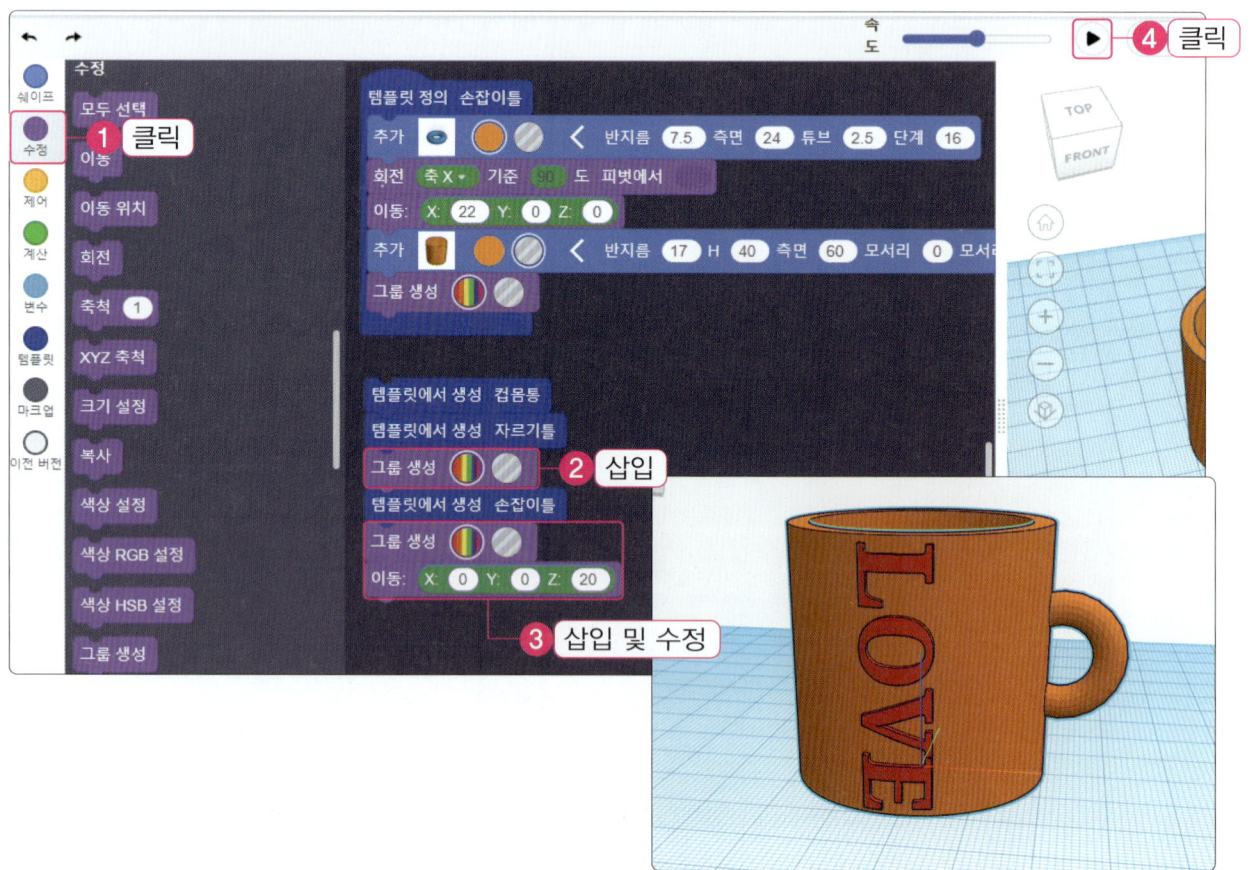

01 아래의 블록을 이용하여 [보기1]과 같이 모양을 만들었다. [complete] 객체의 아래에 블록을 연결하여 [보기2]의 모양을 완성해 보세요.

[보기1]   [보기2]

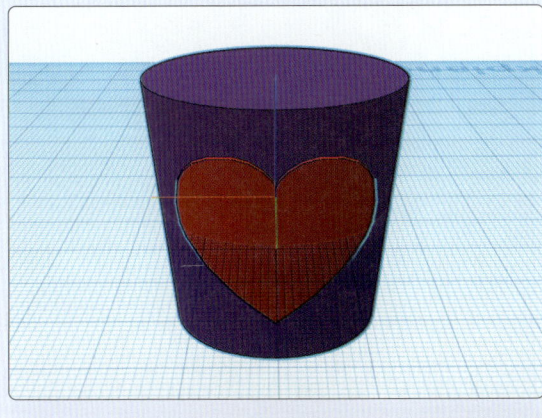 

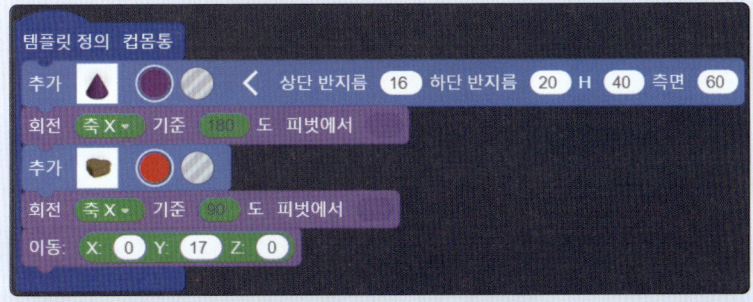

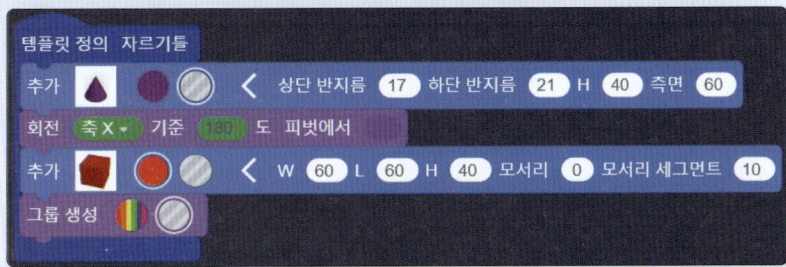

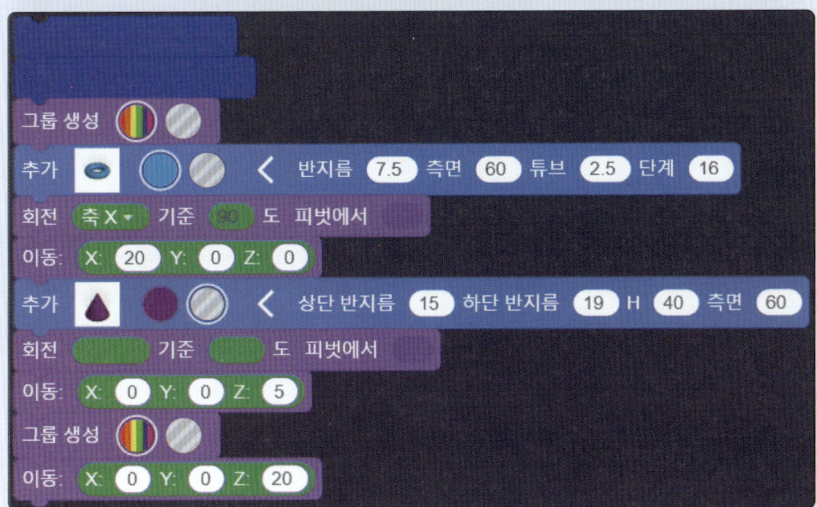

Chapter 24 – 머그컵 만들기

20~24 Jump Jump 정답

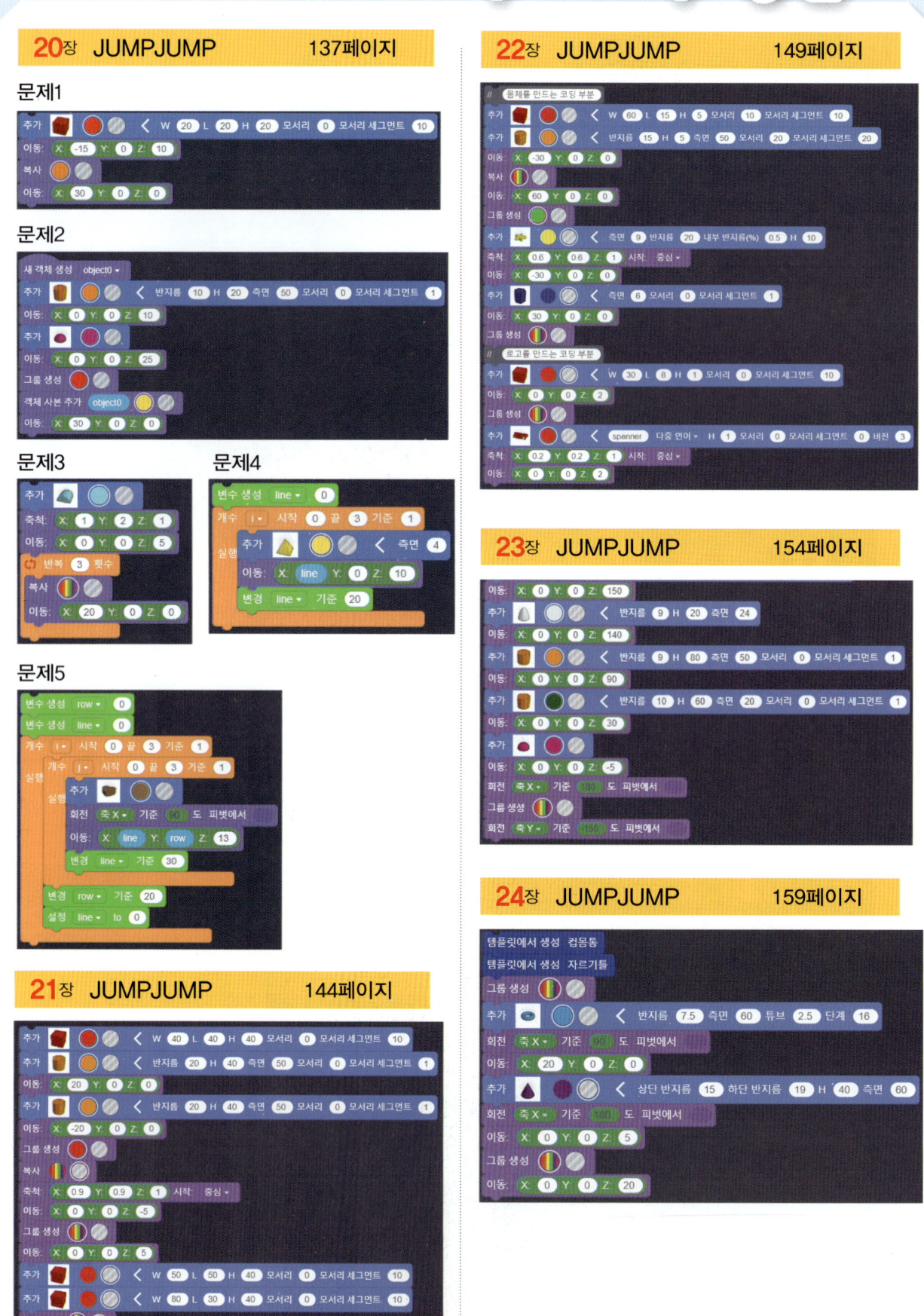